Anne de Bretagne

suivi de

Ninon de Lenclos

MIREILLE LESAGE

Anne de Bretagne

L'Hermine et le Lys

CLAUDE & DANIELLE DUFRESNE

Ninon de Lenclos

La « sainte patronne » des courtisanes

ÉDITIONS FRANCE LOISIRS

Édition du Club France Loisirs,
avec l'autorisation des Éditions Télémaque

Éditions France Loisirs,
123, boulevard de Grenelle, Paris
www.franceloisirs.com

ISBN : 978-2-298-05191-9

SOMMAIRE

Anne de Bretagne
L'Hermine et le Lys

BRETAGNE

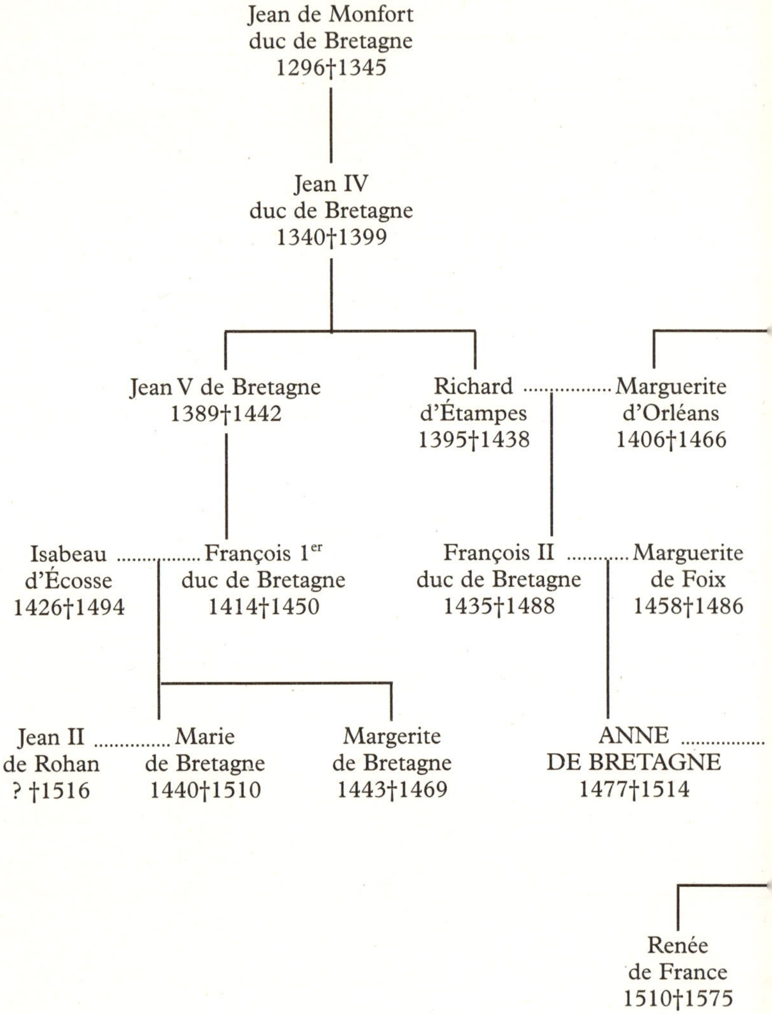
Jean de Monfort
duc de Bretagne
1296†1345
Jean IV
duc de Bretagne
1340†1399
Jean V de Bretagne
1389†1442
Richard
d'Étampes
1395†1438
Marguerite
d'Orléans
1406†1466
Isabeau
d'Écosse
1426†1494
François 1er
duc de Bretagne
1414†1450
François II
duc de Bretagne
1435†1488
Marguerite
de Foix
1458†1486
Jean II
de Rohan
? †1516
Marie
de Bretagne
1440†1510
Margerite
de Bretagne
1443†1469
ANNE
DE BRETAGNE
1477†1514
Renée
de France
1510†1575

Généalogie simplifiée d'Anne de Bretagne

FRANCE (Valois)

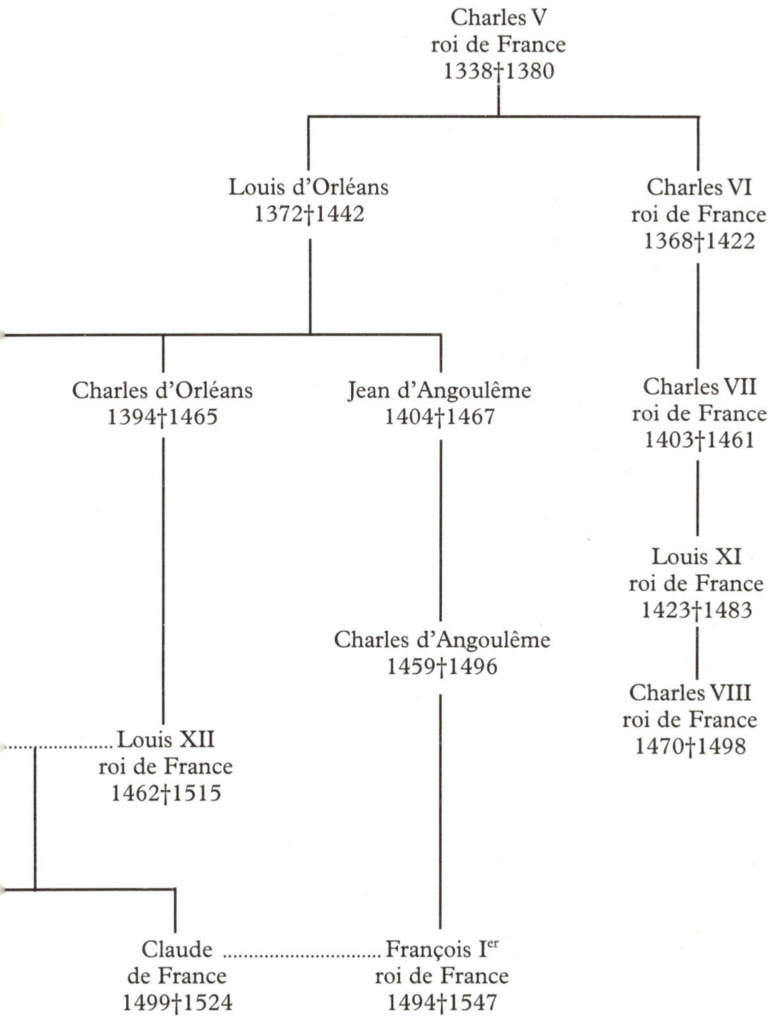

I

L'Hermine

avril 1484 – septembre 1488

« Riche pays, contrée très heureuse
Aimez de Dieu, ce voit-on clairement ;
Duché sans pair, Bretaigne plantureuse.
Jehan Meschinot

1

Jamais Louis d'Orléans ne devait oublier la première fois où il vit Anne.

Elle n'était alors qu'une enfant de sept ans et lui, à vingt-deux ans, un jeune et plaisant coureur de jupons, insatiable et léger. Mais s'il aimait les femmes – toutes les femmes –, en revanche il n'éprouvait aucun penchant pervers pour les petites filles. Aussi n'aurait-on pu parler d'un coup de foudre ni même d'un élan amoureux lorsque Anne lui était apparue, joliment vêtue de velours violet. Cependant, son fier maintien et sa grâce l'avaient touché d'emblée, ravivant en son cœur une douleur intime qu'il abritait généralement derrière sa bonne humeur et ses mines insouciantes. En découvrant la gracile silhouette d'Anne, Louis n'avait pu s'empêcher d'évoquer l'image obsédante du monstre auquel on l'avait marié de force.

La voix du duc de Bretagne François II qui l'accueillait avec empressement, les mots aimables de la duchesse Marguerite l'arrachèrent fort heureusement à la vision cauchemardesque de sa lamentable épouse.

C'était à Nantes, par une lumineuse journée d'avril 1484[1]. Mouettes, corneilles et moineaux piaillaient au-dessus des remparts du château où ondulaient les bannières ducales frappées d'hermines. Du bras de Loire qui battait le pied des murailles, montaient des effluves de vase et de limon adoucis par des senteurs toutes printanières. L'air embaumait la violette. Quand il embrassa son élégant cousin, Louis comprit que François devait particulièrement apprécier cette fragrance : il en était inondé ! Les membres de sa famille et leur suite affichaient d'ailleurs tous un raffinement, une élégance qui ne laissaient pas de surprendre ; la cour de France que Louis venait de quitter était en effet loin d'étaler un tel luxe, de manifester autant de courtoisie.

— Soyez le bienvenu en Bretagne, mon cousin, déclara le duc. Nous allons faire en sorte que vous ne regrettiez pas votre séjour parmi nous.

Sa chaleur allait d'évidence bien au-delà d'une simple politesse dictée par certains enjeux politiques dont ils s'occuperaient plus tard. Louis d'Orléans s'inclina, une jambe tendue, la main sur la poitrine. Se redressant, ses yeux clairs croisèrent le regard réfléchi de la petite Anne qui opinait aux paroles de son père. Qu'y avait-il sous ce front bombé, dans cette tête sagement recouverte d'un chaperon noir ? Elle se comportait avec une courtoisie exquise, une dignité rare à son âge. Habituée très tôt à remplir

1. Les dates indiquées tout au long de l'ouvrage correspondent à notre actuel calendrier, mis en vigueur au milieu du XVIe siècle. À l'époque d'Anne de Bretagne, la nouvelle année commençait le jour de Pâques.

son rôle d'héritière du duché breton, elle était déjà rompue aux usages et au cérémonial de la cour, toujours bien droite auprès du duc. Des liens tendres et puissants unissaient visiblement le père et la fille, mais l'on aurait difficilement pu dire lequel veillait avec le plus d'attention sur l'autre. François était un homme prématurément vieilli autant par les plaisirs que par les soucis de sa charge. Louis ne tarda pas à surprendre les égards inquiets et touchants que lui prodiguait Anne.

— Je ne crois pas avoir jamais à regretter d'être venu, cher cousin, assura-t-il en réponse à son hôte.

Envolée la fatigue du voyage ! Oubliés les mesquineries, les désillusions, le climat trouble qui régnaient pour lors en France. Louis se sentit subitement convaincu d'avoir eu raison de suivre son intuition, d'avoir fait le bon choix. Dans cette petite fille qui lui souriait avec gravité, rayonnait une promesse qui effaçait soudain les ombres de sa vie.

— Et un de plus ! gloussa Antoine en choisissant, parmi les nombreux plats qui garnissaient la table, un petit pâté d'anguille.

Jamais l'adolescent n'avait mieux mérité son surnom de Dolus – le rusé – que lui donnaient ses proches. Sa sœur Françoise lui sourit d'un air entendu. Tout comme lui, elle avait remarqué la complicité qui unissait le duc François et son cousin d'Orléans dont l'entrain ravissait les convives du banquet de bienvenue. Aussi comprit-elle immédiatement qu'Antoine ne faisait pas allusion aux pâtés qu'il engloutissait à la chaîne.

— Ils sont trop nombreux, j'avoue me perdre dans le compte, soupira-t-elle la mine faussement préoccupée.

La petite Isabeau, de six ans à peine, pouffa au-dessus de son assiette, sans saisir vraiment le sens caché des propos de ses aînés. Elle n'osait se tourner vers Anne qui s'efforçait de rester de marbre devant leur manège.

— Faisons un rapide récapitulatif si vous le voulez bien, mes mignonnes, reprit Dolus sarcastique.

Après s'être essuyé les mains à la nappe, il entreprit de calculer sur ses doigts :

— Nous avons eu, un Édouard, prince de Galles, ce pauvre petit fiancé assassiné par un méchant oncle dans la Tour de Londres. Deux : Henri Tudor, probablement le futur roi d'Angleterre. Trois : le duc de Buckingham. Voilà pour nos bons alliés anglais. Mais nous avons aussi, quatre : l'infant d'Espagne et cinq : Maximilien d'Autriche, un veuf très sémillant paraît-il. Plus proche de nous, messire de Rohan se verrait bien en duc de Bretagne. Et de six ! Avec le duc d'Orléans cela fait donc sept : sept prétendants à la main de notre chère petite Anne.

— Ce n'est pas mal en effet, commenta Françoise. En ce qui me concerne, personne ne m'a encore demandée en mariage, bien que j'en aie atteint l'âge depuis peu… Mais qu'importe ! Souhaitons que, dans cette foule de fiancés possibles, se trouve le bon.

— Physiquement, messire Louis est plutôt beau prince, intervint Isabeau qui ne savait pas encore dissimuler.

À ces mots, Anne sentit sa patience atteindre ses limites. Les projets matrimoniaux de François de Bretagne étaient un sujet trop sérieux pour en plaisanter. Après tout, c'était son propre destin qui était en jeu ! Par ailleurs, Anne perdait vite le sens de l'humour quand elle était la cible de taquineries. Malgré l'affection qu'elle portait à son demi-frère et à sa demi-sœur, tous deux bâtards du duc mais élevés à la cour avec elle et sa cadette Isabeau, elle n'admettait pas qu'ils se moquent d'elle, même gentiment. Manquer de tact à ce point ! C'était bien assez de n'être qu'un pion dans les grandes parties qui se jouaient en Europe.

Depuis l'âge de quatre ans et ses premières fiançailles avec le malheureux Édouard d'Angleterre, on lui cherchait assidûment un époux. Riche et surtout puissant, cela allait sans dire. Menacée par la France qui désirait annexer le duché, convoitée par certains grands seigneurs bretons, ceux-là mêmes qui auraient dû la défendre, la Bretagne occupait une position délicate. Si les ducs n'avaient jamais manqué de rendre hommage aux rois de France, ils l'avaient toujours fait debout, l'épée au côté, sans s'incliner, sans promesse ni serment. Embrasser le roi, oui ; se déclarer son homme lige, se reconnaître son vassal, non !

François II, qui défendait l'indépendance de sa couronne, n'avait de cesse de trouver des appuis sûrs. Louis XI, mort l'année précédente après avoir tout tenté pour s'approprier les États voisins du royaume, avait été pour lui un redoutable adversaire. Son fils, le jeune Charles VIII, encouragé par sa sœur

Anne de Beaujeu, régente de France, semblait lui aussi trépigner aux frontières de Bretagne. La force politique de François, son atout, c'était donc elle, Anne, qu'il destinait aux uns et aux autres, au gré des événements, en échange de promesses de soutien ou de subsides. En ce domaine, les goûts d'une enfant importaient peu. Jamais une fille de son rang n'avait voix au chapitre. Anne, qui avait compris ces règles très tôt, ne faillirait pas à ses devoirs, ne décevrait pas son père ni ceux qui plaçaient en elle leurs espoirs.

Louis d'Orléans était le premier prince de sang français et, en l'absence de dauphin, l'héritier du trône. Il avait toutes les raisons du monde d'en vouloir à la régente car celle-ci avait réussi à l'écarter plus ou moins du Conseil royal pour régner de fait avec un mari âgé tout à sa dévotion. Outre l'amitié réelle qui le liait à François de Bretagne, il avait donc intérêt à faire, avec son cousin, front commun contre les appétits des Beaujeu. Épouser Anne ne serait-il pas le meilleur moyen de sceller leur accord ?

Néanmoins, la fillette jugeait déplacé d'en débattre avec son frère et ses sœurs et, agacée, voulut leur clore le bec :

— Vous oubliez que le duc d'Orléans est marié depuis déjà huit ans avec Jeanne de France, la propre sœur du roi Charles et de la régente.

— Mariage imposé et non consommé, c'est de notoriété publique, rétorqua Antoine. Ce qui signifie qu'il est nul. J'ai entendu notre père dire que messire Louis allait envoyer un émissaire à Rome, auprès du pape, afin de faire annuler une union qui n'a aucune valeur.

— Vous avez mal entendu. Et quand bien même ce serait vrai, l'affaire n'est pas gagnée et doit rester secrète. Ne vous mêlez pas de cela, Antoine.

Une grande femme s'était approchée de leur table sans que les enfants ne s'en aperçoivent. Elle avait dû être très belle. À cinquante ans, son visage quoique autoritaire et sévère le prouvait. Françoise de Dinan était leur gouvernante ; elle avait plus particulièrement en charge l'éducation d'Anne et d'Isabeau.

Apparentée aux plus illustres familles bretonnes, héritière de nombreuses et importantes seigneuries, cette riche veuve était en outre une érudite, familière des arts et des sciences, parlant parfaitement le français bien sûr, qui était la langue employée à la cour, mais aussi l'anglais, le latin et le grec. Rares étaient les domaines qui échappaient à son savoir. Grâce à elle, l'esprit dAnne était ouvert à tout, notamment à la poésie, à la musique, à la beauté en général. De plus, bien se tenir, savoir paraître et écouter, affiner son jugement, rien n'avait été négligé. Quant aux pratiques religieuses, elles occupaient une part essentielle dans le quotidien des enfants, auxquels Mme de Dinan, très pieuse, avait transmis sa foi et son exigence. François II n'aurait pu les confier à de meilleures mains, le but principal étant de faire d'Anne une princesse accomplie. Il fallait admettre que le résultat était remarquable. Cependant, auprès d'une telle éducatrice, les occasions de badiner étaient rares. Tout était pris avec sérieux, à plus forte raison s'il s'agissait de sa précieuse élève.

Se penchant sur la fillette, Mme de Dinan lui glissa :

— Je vous recommanderais de ne pas vous emballer au sujet du sire d'Orléans.

Anne se contenta de hocher la tête. Le conseil était superflu. Depuis qu'elle avait failli devenir reine d'Angleterre, elle avait appris à considérer avec prudence les multiples tractations dont elle était l'objet. Toutefois, elle se détourna, craignant que la perspicace gouvernante ne devinât son intérêt pour l'invité de leur père. Isabeau n'avait pas tort : Louis d'Orléans, fin et charmeur, attirait les sympathies. À la cour, il n'était déjà question que de ses prouesses à cheval, de son agilité à la paume et de ses succès féminins. Il savait aussi amuser le duc, le tirer de son apathie maintenant fréquente. Rien que pour cela, Anne le considérait favorablement.

La soirée battait son plein ; les musiciens vêtus de rouge et de noir, aux couleurs ducales, et qui, du haut d'une galerie, jouaient en sourdine, se firent soudain plus présents. Violes, rebecs et tambourins se mirent à rivaliser avec le brouhaha du festin, couvrant même les voix gouailleuses des Gascons, nombreux en Bretagne depuis que le duc avait épousé une princesse de Foix. L'entourage du couple était du reste très cosmopolite ; Anglais, Espagnols, Allemands s'y croisaient, intriguaient. Pro et anti-Français se cherchaient des noises, surtout parmi les Bretons qui avaient souvent des intérêts hors frontière. La cour était tout sauf un paisible séjour et François II en souffrait.

« Il n'est trésor que de liesse » : pendant longtemps il avait fait sienne cette devise. S'amuser, s'amuser avant tout, sans rien prendre au sérieux. Hélas, les dures lois de sa charge avaient émoussé ses désirs ! Fatigué, mélancolique, il avait souvent des absences et laissait son entourage en profiter.

Ce soir pourtant il semblait être redevenu lui-même sous son élégant bonnet noir, confectionné tout exprès pour lui par un chapelier parisien. Son visage avait repris des couleurs. Bien sûr, le muscadet du pays de Nantes y était pour quelque chose mais aussi l'atmosphère détendue, fort appréciée après les événements de la semaine précédente.

L'affaire avait été grave. Un groupe de conjurés, parmi lesquels de grands noms bretons tels Rohan, Rieux, Laval, Tournemine, avaient fait irruption au château pis qu'une troupe de soudards. Ils exigeaient la tête du Grand Trésorier, Pierre Landais. Cet ancien marchand de drap de Vitré avait su gagner habilement les faveurs du duc, qui après l'avoir chargé de sa garde-robe avait fini par lui confier la gérance des Affaires. Landais était intelligent et œuvrait beaucoup pour maintenir le duché dans ses droits. Mais il était cupide et demeurait aux yeux de la grande noblesse un vulgaire parvenu.

L'incident du 7 avril avait bien failli tourner à l'émeute. Les conjurés avaient rudoyé le duc ; ses appartements avaient été visités, ainsi que ceux de sa femme et de ses filles, terrorisées. En la circonstance, Anne avait fait montre de beaucoup de sang-froid malgré sa peur, mais cet épisode l'avait fortement marquée. Voir son père humilié avait été pour elle insupportable. Sans le calme résolu du capitaine des gardes, Philippe de Montauban, et le soutien des Nantais fidèles à François, Dieu seul sait ce qui serait advenu. Un peu calmés, les rebelles avaient dû admettre que Landais ne se trouvait pas au château et que leur intérêt pour l'heure était de déguerpir au plus vite. Tous avaient fui en France, accueillis à bras ouverts par la régente, et Landais avait pu reprendre sa place à la cour.

Ce soir, la faible nature de François s'estompait un peu et la présence de Louis d'Orléans lui redonnait un semblant d'enthousiasme. Décidément, l'homme lui plaisait.

La musique vigoureuse et gaie des ménestriers attirait maintenant les convives au milieu de la salle, encouragés par François qui appela ses enfants à les rejoindre. Lui-même invita la duchesse Marguerite à danser. Douce et discrète, surnommée « sein de lait » par les admirateurs de ses chairs blanches et sans défaut, Marguerite avait su s'attacher profondément son volage époux. Tous deux, elle encore jeune, lui bien que déjà fané, racé, élégant, formaient toujours un beau couple dont Anne était très fière. Avec plaisir, elle vit ses parents mener le branle et ne se fit pas prier lorsque Antoine voulut l'entraîner à leur suite.

Avec grâce et souplesse, elle se mêla au cortège de robes éclatantes, de pourpoints dorés, soies vives et ondoyantes autour des corps soumis à la cadence. Anne les imita, cachant son plaisir sous un air sérieux que lui reprocha son frère en plaisantant :

— Un sourire par pitié, sœurette ! Tu ressembles à un évêque un jour de carême.

— Tais-toi, Dolus ! Tu sais bien que je déteste parler en dansant.

— Allons, souris ! On nous regarde.

« On » : Louis d'Orléans qui conduisait avec entrain une fille d'honneur de la duchesse. Anne redoubla d'application. Elle surveillait d'autant plus son maintien qu'elle claudiquait légèrement : une infirmité congénitale, bénigne, atténuée par le port d'une chaussure adaptée.

Comment résister à Dolus ? Une rangée de quenottes répondit enfin à la prière du jeune garçon.

Louis, à quelques pas, les observait. Ainsi, elle boitait ! Il l'avait entendu dire, vaguement. Ce n'était pas flagrant, il fallait un œil exercé pour le voir et la joliesse de l'enfant faisait vite oublier cette faiblesse. Mais tout de même ! À croire qu'il était maudit !

Louis avait beau souhaiter ardemment ajouter le duché de Bretagne à son apanage, tenir le roi de France et la régente en échec, il ne se sentait pas pour autant capable de s'unir de nouveau avec une infirme. Moralement, il n'en aurait pas le courage. Pourtant, Anne était si mignonne ! Se pouvait-il que cette robe seyante, au buste allongé, aux manches évasées ourlées de fourrure, cachât un corps difforme ?

À la pensée de Jeanne, sa femme, un voile noir et oppressant retomba sur lui. Il se refusait à un second sacrifice, pas même pour ce beau duché, ni pour aucun trésor au monde, aucune couronne, aucun pouvoir !

Brusquement, il eut une idée dont l'incongruité voire l'indécence lui échappèrent tant son angoisse, son désarroi étaient violents. Avant de s'engager plus avant auprès de François II qui ne cessait de lui vanter les perfections de sa fille, il voulait savoir s'il pouvait lui faire confiance. Car cette fois-ci, il se refusait à être la victime de calculs sordides. Et pour en avoir le cœur net, il n'existait qu'un seul moyen...

2

La pluie s'était mise à tomber peu avant l'aube et, depuis, le château peinait à émerger de la grisaille. Même le Grand Logis flambant neuf, une merveille de l'art gothique dont la construction n'était pas encore entièrement achevée, paraissait déjà terni.

Dans la demi-pénombre d'un corridor qui sentait la peinture fraîche, cheminaient deux silhouettes silencieuses. Pour ce qu'il s'était décidé à faire, Louis n'aurait pu souhaiter temps plus favorable que celui de ce matin, brumeux, propre au mystère et allié de la discrétion.

Dunois l'accompagnait, un cousin de la branche bâtarde d'Orléans, venu de France avec lui. Ils se connaissaient depuis toujours, soudés par une affection réciproque. Dunois, qui avait lui aussi maille à partir avec la régente Anne de Beaujeu, était sans doute l'un des hommes les plus estimables d'Europe, un esprit chevaleresque, c'était certain. Le plan de Louis lui déplaisait, il le lui avait dit avec franchise quoiqu'il comprît le sens de sa démarche. C'était d'ailleurs pour cette raison qu'il avait finalement accepté de le suivre.

Dunois n'ignorait rien, en effet, des souffrances que le jeune prince endurait depuis qu'à l'âge de quatorze ans il avait dû obéir au défunt roi Louis XI et, sous la menace, épouser sa fille Jeanne, de deux ans plus jeune que lui. « Les enfants qu'ils auront ensemble ne leur coûteront guère à nourrir », avait déclaré le roi. Cynique, cruel et manipulateur, résolu à voir s'éteindre la lignée des Orléans qu'il détestait, Louis XI avait délibérément enchaîné un innocent à une créature qui, selon toute apparence, serait incapable de procréer.

Née contrefaite, rachitique et bossue, l'épaule basse, le pied bot, tordue, lippue, Jeanne avait été élevée loin des siens, loin de la cour et des curieux, au château de Lignières, une lugubre forteresse isolée au cœur du Berry. En grandissant, elle avait vu ses infirmités s'accentuer irrémédiablement. Seuls ses yeux limpides avaient quelque beauté. Mais justement, parmi tant de laideur, leur lumière dérangeait. En découvrant la jeune fille le jour des noces, Dunois avait frémi comme toute l'assistance, comme Louis dont le tremblement et les larmes les avaient tous bouleversés.

Par la suite, l'adolescent n'avait pu se résoudre à l'approcher. Des médecins, des fidèles du roi, des domestiques, l'entourage de Jeanne, de hauts seigneurs, des valets de bas étage, tout le monde s'était pourtant ingénié à le pousser dans le lit conjugal, usant de stratagèmes honteux, abjects, exacerbant ses sens par les moyens les plus obscènes, jouant avec sa virilité naissante. En vain ! Louis avait toujours résisté farouchement. « Je deviendrais fou si je couchais avec cette horreur ! », protestait-il avec des sanglots de rage et de dégoût. Il haïssait sa femme ; il haïssait sa propre mère qui avait accepté cette union épouvantable. Dunois était l'une des rares personnes à connaître les crises de désespoir qui régulièrement secouaient encore son cousin, ses accès de haine alors qu'il était d'un naturel bon et affectueux. Rien d'étonnant à ce que Louis, très tôt, se fût jeté à corps perdu dans les plaisirs faciles. La compagnie de jolies femmes l'aidait à exorciser le mauvais rêve. Il lui arrivait même, pendant ses séjours imposés à Lignières, d'amener des prostituées jusque dans la chambre de sa pitoyable épouse et de faire l'amour devant elle, savourant une vengeance au goût amer. Et Jeanne de ne jamais se plaindre, de tout pardonner ! D'accourir à son chevet comme l'année dernière, lorsqu'il avait souffert de la petite vérole. D'aucuns disaient qu'elle était une sainte. Une victime, elle aussi… Dunois soupira dans la pénombre, décidé à soutenir Louis, coûte que coûte.

Un escalier à vis, taillé comme un coquillage dans la pierre nacrée, les conduisit à une porte dont le battant était entrouvert. La domestique qui les guettait les fit pénétrer sans bruit dans un passage exigu. Combien Louis l'avait-il payée pour cela ? Peut-être guère plus qu'un sourire ou une caresse ? Les femmes en général ne lui refusaient rien. Celle-ci était une toute jeune et fraîche chambrière au service de la petite duchesse Anne. Parvenus au seuil d'un cabinet étroit, elle mit un doigt sur ses lèvres puis désigna une tenture dont les deux hommes s'approchèrent.

De l'autre côté, se mêlaient des voix, des rires, des roucoulades d'oiseau, des jappements, des glissements d'étoffes et un bruit d'eau déversée. Dunois et Louis pouvaient aussi capter des effluves de savon et de poudre. La fragile paroi laissait deviner tout un univers raffiné, la plupart du temps interdit aux hommes. La toilette d'une femme, comme un rite sacré, devait demeurer mystérieuse et secrète. Louis, soudain intimidé, hésita, pris d'un scrupule tardif. Sur le visage de Dunois, il lut le reproche et la compassion. Mais, chassant aussitôt ses doutes, il écarta la tenture, légèrement, juste de quoi glisser un œil.

Des chandeliers éclairaient la chambre, tendue de vert. Quelques tableaux, des scènes religieuses, en rompaient l'unité et, au fond, des pans relevés découvraient un grand lit de bois sombre garni de soie où devaient dormir Anne et Isabeau. Pour le moment, ces dernières étaient plongées, chacune, dans une petite cuve ronde posée sur un trépied sous lequel rougeoyaient des braises. Une légère vapeur odorante ennuageait la pièce où s'affairaient les servantes. L'une d'elles se pencha sur Isabeau et se mit à l'étriller, trop vigoureusement sans doute au gré de l'enfant qui protesta en éclaboussant la maladroite.

Un petit chien tout excité ne cessait de tourner en aboyant autour d'Anne qui s'amusait à lui lancer des pichenettes d'eau, sans le calmer pour autant, bien au contraire. Louis la regarda rire, d'un rire enfantin, de son âge, qui secouait ses maigres épaules.

— Que porterez-vous aujourd'hui, dame Anne ? lança une chambrière, une robe à chaque bras. La rouge ou la jaune ?

Anne fit la moue, réfléchit :

— La jaune ! Pour compenser l'absence de soleil et faire plaisir à mon père. Père aime bien le jaune.

— Moi, je veux ma robe verte. Je préfère le vert, clama Isabeau.

Quelques secondes avaient suffi à Louis pour découvrir cette scène charmante. Jamais il n'avait eu l'occasion d'en contempler de pareilles. Intime, amusante et si innocente, ponctuée sans trêve par les trilles mutins d'une linotte perchée dans une jolie cage dorée ! Soudain Anne émergea de son bain. Une servante lui tendit un drap blanc et l'aida à s'en envelopper, à enjamber le rebord de la cuve. Louis eut juste le temps, en un simple éclair, d'entrevoir le corps adorable de la fillette, son torse plat, ses hanches minces, ses membres frêles, rosis par l'eau chaude. Un corps d'oiselet auquel manquaient encore chair et plumage mais parfaitement droit et normalement proportionné.

Soulagé, attendri, un peu confus aussi, il laissa retomber la tenture.

— Quel dommage que vous ne restiez pas plus longtemps parmi nous, soupira tristement François II quelques jours plus tard.

— Je le regrette autant que vous, confessa Louis. La perspective de retrouver les Beaujeu ne m'enchante guère. Mais, pour m'obliger à revenir en France, la régente a avancé à dessein la date du sacre, sachant que je ne pourrais me dérober aux cérémonies sans déchoir.

— Le premier prince de sang doit en effet y tenir le rôle principal : Charles VIII a besoin de vous. Vous devez vous y rendre.

— Oui, je serai fin mai à Reims à ses côtés et, pour son entrée dans Paris, j'ai prévu des réjouissances dont on se souviendra. D'autre part, m'attarder ici risquerait d'attirer les soupçons des Beaujeu.

Les deux hommes achevaient la visite de la ménagerie du château. Des fauves avaient été acheminés d'Afrique à grands frais. François possédait aussi des petits singes du sud de l'Espagne et une remarquable collection d'oiseaux exotiques. Devant la cage d'une hyène, Louis observa avec humour que l'aimable sourire de l'animal lui rappelait celui de la régente, une boutade qui mit en joie les pages batifolant autour d'eux.

— Je me suis laissé dire, reprit le duc, que Mme de Beaujeu avait le béguin pour vous, gentil cousin.

Louis partit d'un bel éclat de rire.

— C'est vrai et elle ne me pardonne pas d'avoir repoussé ses avances.

— Vous aviez pourtant fort à gagner à lui céder.

— Sans doute, mais c'est déjà bien assez d'avoir à me débarrasser de sa sœur.

— Sans compter que je n'aurais pas eu la chance de vous compter parmi mes amis, assura chaleureusement François en s'appuyant au bras du jeune homme.

Puis, baissant le ton :

— Avez-vous fait le nécessaire ?

— Oui, Chaumart est parti ce matin.

Secrétaire et accessoirement agent secret de Louis d'Orléans, le moine Chaumart venait de prendre incognito la route de Rome, porteur d'un dossier à remettre au pape. Un contrat de fiançailles promettant Anne à Louis avait été signé la veille entre les deux cousins dans la plus grande confidentialité. François désignait Louis comme son héritier et futur gendre sous condition évidemment qu'il fût libéré de son premier mariage et en règle au regard de l'Église. Il n'y avait plus maintenant qu'à laisser le temps faire son œuvre, concrétiser ces projets ou, au contraire, les reléguer parmi les vieilles lunes ou les nombreuses promesses non tenues. François savait par expérience que même les plus sincères pouvaient être rompues et cela l'attristait vaguement.

Louis, trop jeune pour être aussi désabusé que son cousin, plutôt confiant de nature et sûr de lui, avait en revanche bon espoir. Ainsi serait-il débarrassé du monstre ! Et Anne qui grandirait vite serait un jour une belle jeune fille... Perspectives réjouissantes autant que celle de devenir, si Dieu le voulait bien, l'un des princes les plus puissants d'Occident tout en damant le pion aux Beaujeu.

— Pourrais-je m'entretenir avec madame Anne avant mon départ ? demanda-t-il à François dont il nota l'air tout à coup absent.

Le duc s'ébroua, sourit et fit signe à son capitaine des gardes :

— Montauban, conduisez monseigneur auprès de ma fille.

3

— Est-elle à votre goût ?

Louis s'adressait à Anne assise sur un carreau de soie, dans l'embrasure d'une fenêtre. À l'extrémité de la chambre, Isabeau, Françoise et Mme de Dinan, occupées à broder une nappe d'autel, les épiaient, l'œil en coin, celui de la gouvernante se faisant particulièrement aigu.

Anne, pensive, tournait entre ses doigts une bague sur laquelle chatoyaient les feux d'un rubis rouge sang. Avec le consentement de son père, Louis la lui avait offerte comme gage de foi en l'avenir.

— Elle est très belle, concéda-t-elle sur un ton grave.

— Un peu grande peut-être ?

Elle fit glisser l'anneau sur son majeur droit.

— Oui, un peu. Mais cela n'a aucune importance, elle me plaît, je vous remercie, messire.

Puis elle confessa, les joues soudain plus roses, la voix plus claire, qu'elle aimait les bijoux.

— Ce n'est pas un péché, repartit Louis, amusé. En tout cas vous me voyez enchanté d'avoir pu vous faire plaisir.

Il rayonnait, content de son choix au point d'en oublier le prix que lui avait coûté la pierre, bien trop élevé pour son penchant à l'économie.

— Cette bague vous rappellera l'intérêt que je continuerai à vous porter, même absent.

— *Cominus et eminus*, de près et de loin, murmura Anne, déchiffrant la devise latine gravée à l'intérieur du bijou.

— C'est bien cela. Je serai toujours le serviteur de votre père et le vôtre, malgré mon éloignement. Et si vous avez besoin de moi, si vous désirez quelque chose...

— Un chien ! coupa-t-elle brusquement en dardant sur Louis, quelque peu surpris, des yeux brillant comme ardoise après l'ondée. J'aimerais beaucoup que vous me fassiez parvenir l'un de vos chiens. Mon père m'a dit que vous possédiez des meutes remarquables et de beaux lévriers. Je viens de perdre une levrette à laquelle j'étais très attachée. Réservez-moi un chiot d'une prochaine portée sans lui donner de nom, je m'en chargerai moi-même.

Elle avait une manière à la fois si charmeuse et si autoritaire d'exprimer sa volonté qu'il aurait été bien difficile de lui refuser quoi que ce fût. Prêt à céder à tous ses caprices, Louis s'exclama :

— D'accord pour un petit chien !

— Je les adore.

Un toussotement sec interrompit leur tête-à-tête. Jugeant qu'il avait assez duré, Mme de Dinan s'interposait. Son manque de chaleur en disait long sur la sympathie que lui inspirait le duc d'Orléans. Les fiançailles « secrètes » ne l'étaient pas pour elle et elle ne semblait guère les approuver, au contraire de Marguerite qui estimait que l'aimable jeune homme si rudoyé par l'existence ferait probablement pour sa fille un excellent époux.

— Anne, il va bientôt être l'heure de nous rendre à la chapelle. Vos sœurs ont rejoint votre mère dans ses appartements. Elles seront prêtes avant vous, ne les faites pas attendre, pressa l'intraitable créature.

— Je m'en voudrais de retarder vos dévotions, assura Louis tout en s'inclinant, avec un soupçon de malice que seule perçut Mme de Dinan.

Anne salua, elle aussi.

— Je vous souhaite un bon voyage de retour, messire mon cousin, dit-elle, très digne et courtoise, comme on le lui avait appris, comme il seyait à l'héritière de Bretagne.

La gouvernante pouvait être satisfaite de l'élève.

Louis s'inclina cérémonieusement une seconde fois avant de déposer, en un geste spontané, un baiser sur la joue de la fillette.

— *Cominus et eminus*, chuchota-t-il, si bas que seule cette dernière l'entendit.

4

Quelques semaines plus tard, une petite levrette blanche fut apportée de Blois, la résidence principale du duc d'Orléans. Anne, ravie, la découvrit lovée dans une corbeille capitonnée de velours. Elle l'appela Mellita, ce qui signifie « douce comme le miel », et en fit sa favorite. Une tendre reconnaissance s'insinua en son cœur qu'elle ne confia à personne, pas même à ses sœurs curieuses et taquines.

À l'instar de leur père, elle adorait les animaux, montait à cheval sans peur et commençait à suivre les chasses au faucon lancées par le duc lorsque celui-ci se sentait dispos. Mais ces intermèdes se faisaient rares tout comme les joyeuses réunions de la cour. Jongleurs, ménestrels, poètes n'égayaient plus guère les soirées de Nantes, de Vannes ou de Guérande. Depuis les fêtes données en l'honneur de Louis, François et Marguerite n'avaient plus conduit de bal.

Beaucoup d'événements échappaient encore à Anne et, en apparence, sa vie conservait une régularité rassurante auprès des siens, partagée équitablement entre leçons, lectures, jeux, ouvrages de dames, devoirs religieux. Marguerite emmenait souvent les enfants au carmel des Couëts dont la mère supérieure, Françoise d'Amboise, duchesse douairière de Bretagne, dispensait son pieux savoir aux petites filles. Les jours coulaient donc tel un fleuve domestiqué, telle la Loire si noble et paisible, sur laquelle allaient et venaient barques, voiliers et gabarres chargés de sel, de vin et de tant d'autres denrées. Pourtant, chacun savait combien ses eaux pouvaient être imprévisibles et cacher de redoutables remous.

Intuitive, Anne devinait confusément que rien n'était définitif, que le sentiment de bien-être, de sécurité dû à l'amour dont l'entouraient ses parents, était illusoire. Quand d'imprécises angoisses la tourmentaient, elle tentait de les chasser par la prière et la possession de diverses amulettes qu'elle portait toujours sur elle. La foi n'empêche pas la superstition. Un peu de poudre de licorne, une crapaudine ou de saintes reliques avaient à ses yeux le même pouvoir face aux sombres manœuvres du Mal.

Mme de Dinan, en la préparant à accepter les brutales volontés de Dieu, et Mme d'Amboise, la sainte carmélite qui lui prêchait les vertus chrétiennes, inculquaient à la petite fille une gravité, un sens des responsabilités bien au-dessus de son âge. Malgré les rires partagés avec Dolus et ses sœurs, les galopades des petits chiens, malgré les baisers de François et de Marguerite, tous ces charmants instants, Anne grandissait en se forgeant une cuirasse qu'elle voulait sans faille, but louable certes, mais qui, en retour, accentuait son tempérament autoritaire, rancunier, susceptible, et son manque d'indulgence envers les défauts d'autrui. En revanche, sa loyauté et sa générosité étaient sans bornes à l'égard de ceux qu'elle aimait ou qui la suivaient avec dévouement.

— Il faut savoir pardonner, ma mignonne, lui répétait cependant la douce Marguerite, qui admirait et déplorait en même temps le caractère entier de sa fille.

— Pardonner et ne pas s'entêter, sauf sur l'essentiel, complétait le duc. Or, l'essentiel pour nous, pour toi plus tard, est de conserver l'intégrité de notre pays.

Il était le seul dont Anne supportait les faiblesses sans manifester d'impatience ou de mépris. Inquiète, elle suivait les effets visibles de cette maladie sournoise qui éteignait souvent toute étincelle dans les yeux de François, voûtait ses larges épaules, faisait trembler ses mains, altérait sa mémoire, le dégoûtait du pouvoir, qu'il abandonnait quand les crises étaient trop fortes à la compétence du trésorier Landais.

Mais quelle joie si elle constatait un mieux, un retour de flamme, un regain d'énergie ! François II reprenait alors la barre du navire, louvoyait, avec cet art consommé qui lui avait toujours réussi, parmi les écueils de la politique et charmait son entourage.

Cet été-là, comme de coutume, la cour s'installa au château de Suscinio, dans la presqu'île de Rhuys. Loin des chaleurs et des relents délétères qui entretenaient en ville des foyers de fièvre et de peste, depuis plus d'un siècle le fier château fortifié, adossé à la forêt, recevait de plein fouet les vents et les embruns de l'Atlantique. « Le logis du bout du monde », l'appelaient les enfants. Favorisant une affectueuse promiscuité, paisible comme un cocon.

Entre ses murailles solides, ils pouvaient sans crainte écouter l'Océan leur apporter les échos de contrées aventureuses, guetter la montée des marées qui venaient engorger les douves et refluaient pour revenir encore, inexorablement.

À Suscinio, tout incitait à se croire à l'abri des tracas et des conflits. Pendant plus de deux mois, il ne fut même plus question de l'avenir d'Anne. Toutefois, la présence de Mellita entretenait le souvenir de Louis d'Orléans et, peu à peu, la fillette finissait par considérer comme acquis leur futur mariage. La bague, trop grande pour elle, avait d'abord été suspendue à une chaînette d'or, ornant quelque temps son corsage, jusqu'au jour où Mme de Dinan lui avait conseillé de ne pas la porter aussi ostensiblement. Un joyau de ce prix ne manquerait pas de titiller la malveillance des adversaires du duc. On s'interrogerait certainement sur sa provenance. Au grand regret d'Anne, son père avait été d'accord avec l'avisée Bretonne. L'air sombre et buté mais sans exprimer sa déception, elle avait donc obéi et rangé dans son coffret à bijoux le rubis compromettant.

François n'avait-il pas d'ailleurs oublié son engagement auprès de son cousin ? Il semblait évident qu'il envisageait déjà d'autres combinaisons possibles. Aussi, l'automne venu, les beaux jours de Suscinio prirent-ils pour la fillette la consistance d'un rêve. Déjà, à l'horizon, un nouveau prétendant s'apprêtait à faire son apparition.

5

— Ah, les traîtres !

Effondré, François II prenait connaissance des dernières nouvelles de France. Cette fois la menace se précisait sans la moindre équivoque. Les traîtres, c'étaient les grands barons bretons, ceux qui en avril dernier avaient eu l'outrecuidance de lui réclamer la tête de son trésorier : Rieux, Rohan, Laval et les autres ; ceux qui s'étaient réfugiés auprès de la régente et servaient maintenant sa cause moyennant ses largesses. Anne de Beaujeu avait su habilement jouer de leurs appétits pour les amener à signer, le 26 octobre 1484 à Montargis, un accord qui tôt ou tard lui livrerait le duché.

Le traité était on ne peut plus explicite : tous s'y engageaient à soutenir le jeune Charles VIII et à le déclarer seul héritier légitime de Bretagne, après la mort de François. Rien n'avait été laissé au hasard, pas même le sort de Marguerite qui une fois veuve recevrait un douaire convenable ni celui des deux sœurs orphelines, Anne et Isabeau, que la régente promettait aux fils du vicomte de Rohan, ce dernier se voyant de surcroît nommé chef des armées.

Il fallut plusieurs jours au duc pour se remettre d'un pareil coup.

— Cette femme-là est bien la digne fille de son père. Ce n'est pas pour rien qu'on surnommait Louis XI « l'universelle aragne ». Rusée comme lui, là régente tisse sa toile, guette le moment propice pour nous paralyser de son venin. Mais je ne resterai pas sans réagir !

— Je ne comprends pas : pourquoi le roi de France prendrait-il votre place ? s'indigna Anne que la perspective de devenir vicomtesse de Rohan exaspérait profondément.

Voir son père dans cet état, elle ne le supportait pas.

— Il n'en a pas le droit ! protesta Isabeau avec véhémence, tout aussi angoissée que sa sœur.

Ce soir-là, François avait réclamé leur présence, certain que leurs frais minois l'aideraient à recouvrer quelques forces et le goût de la lutte. Allongé sur une courtepointe de renard, le teint aussi rouge que son bonnet, emmitouflé dans une houppelande de grosse laine pourpre surfilée de soie, il avait la sueur au front, le souffle court et bruyant. Marguerite, qui avait recommandé à ses filles de ne pas le harceler de questions, voulut s'interposer. François sourit avec indulgence.

— Laissez, ma mie. Il est bon qu'elles sachent, Anne surtout.

Sa parole était laborieuse mais ne l'empêcha pas d'expliquer clairement comment on en était arrivé là. Isabeau s'agita légèrement puis s'efforça de calquer son attitude sur celle de son aînée, suspendue aux lèvres de leur père.

La situation découlait en grande partie d'événements déjà lointains, entre autres de la signature du traité de Guérande, vieux de plus d'un siècle. Il avait été établi après des années de luttes fratricides entre deux familles rivales qui se disputaient la

Bretagne : les Montfort soutenus par les Anglais, contre les Penthièvre protégés du roi de France. Victorieux, Jean de Montfort, le duc Jean IV, aïeul de François, avait accepté les clauses du traité : la succession du duché se ferait par ses héritiers mâles, fils, frères, neveux, mais, à défaut, reviendrait aux descendants des Penthièvre. Ces dispositions n'avaient pas échappé à l'esprit de calcul de Louis XI qui avait malignement racheté à la dernière représentante des Penthièvre ses droits sur la Bretagne. Voilà pourquoi Anne de Beaujeu avait « beau jeu » – François eut un sourire amer en lançant ce calembour – de revendiquer l'héritage pour son frère Charles, le légitime ayant droit.

— Puisque nous n'avons que deux filles, vous mes chéries, précisa Marguerite de sa voix tranquille.

Elle dévisagea son mari : la même tristesse assombrissait leurs yeux. De fils, ils n'en auraient point et le savaient. Le temps n'était plus pour eux aux tendres ébats. L'amour se réduisait maintenant aux caresses stériles, aux regrets partagés, et l'avenir de la Bretagne reposait entièrement sur les fragiles épaules de leur petite Anne.

Les enfants instinctivement ressentirent la lassitude et le désarroi de leurs parents. Des explications de leur père elles avaient compris l'essentiel.

— Que ne suis-je un garçon ! déclara Anne en saisissant sa main chargée de bagues.

Et dire qu'en Bretagne on ne reconnaissait pas la loi salique, en vigueur en France ! Cette loi, qui était appliquée en vertu d'une très vieille et brumeuse coutume des Francs saliens, stipulait que les filles devaient être écartées du trône !

À y bien réfléchir, François trouvait tout cela confus et extrêmement fatigant. En soupirant, il pressa Anne contre son cœur.

— Je suis fier de toi malgré tout, ma jolie. Quoi qu'il arrive, nous trouverons bien un moyen. Ce n'est pas la première fois que notre pays risque de basculer dans le giron français. Je trouverai un bon gendre capable de m'aider à sortir de ce mauvais pas, à mater la régente et son avorton de frère.

— François ! protesta Marguerite.

— Un avorton, le roi Charles ? s'étonna Isabeau qui se faisait une image plus prestigieuse du plus grand souverain d'Occident.

Anne, quant à elle, resta silencieuse. Son engagement avec Louis semblait remis en cause. On venait d'apprendre que ses affaires à Rome n'avançaient guère. La mort du pape retardait les démarches d'annulation de son mariage. Toujours époux devant Dieu de Jeanne de France, Louis d'Orléans voyait toutes ses entreprises tourner court. On l'avait même soupçonné de vouloir enlever Charles VIII, de le soustraire à l'influence néfaste de la régente. Certes, il était indéniable que Charles, adolescent gauche et timide, éprouvait de l'admiration pour son sémillant beau-frère, et souffrait par ailleurs d'être traité en irresponsable. Résultat ? Anne de Beaujeu avait réagi en retenant son jeune frère pratiquement cloîtré à Gien, loin de l'influence de Louis. Celui-ci s'était alors lancé ouvertement dans une « guerre folle », avec le soutien de Dunois, des ducs d'Alençon et d'Angoulême. Mais leurs manœuvres s'étaient révélées peu efficaces, leur affrontement avec l'armée royale sans grands effets. Affaibli, Louis avait dû se soumettre, faire profil bas, du moins pour le moment. Aussi, depuis quelques mois, le disait-on uniquement occupé de la gestion et de la rénovation de ses bonnes villes de Montrichard, de Blois et d'Orléans.

Dans ces circonstances, Landais, qui était pourtant l'un de ses chauds partisans, n'avait pas eu de mal à convaincre François II de chercher un appui ailleurs. Le rapprochement avec Maximilien de Habsbourg était donc de nouveau d'actualité, et l'on avait dépêché une autre ambassade aux Pays-Bas. Ce qui, paradoxalement, n'empêchait pas aujourd'hui le duc de Bretagne de se tourner vers un autre parti.

Alain d'Albret ! Capable de tout pour obtenir le duché. Son nom allait longtemps hanter les cauchemars de la petite Anne.

6

Leur première rencontre eut lieu rue de Briord, à l'hôtel de Châteaubriant, propriété de Mme de Dinan. En raison des travaux qui se poursuivaient au château, le duc et la duchesse occupaient le manoir de la Touche, aux portes de la ville, tandis qu'Anne et ses sœurs étaient provisoirement logées chez le sieur Duplessis, riche bourgeois et doyen de Nantes. Chaque matin les fillettes parcouraient avec entrain la courte distance qui les séparait de leur gouvernante pour aller chez elle prendre leurs leçons.

Le cortège où trottaient les pages, où gambadaient les chiens, encadré de gardes, grossi de pimpantes demoiselles d'honneur, d'un maître d'hôtel, d'un aumônier, attirait toujours une foule bienveillante. Les Nantais ne manquaient pas de manifester leur attachement à ces enfants nées dans leurs murs et qu'ils voyaient grandir avec attendrissement. Anne était un objet de vénération. Sa façon naturelle de sourire, d'accepter leurs hommages, les comblait de fierté. Lorsque François II, ripostant au traité de Montargis, leur avait demandé de la reconnaître comme future duchesse, les notables de la ville, les petits et les grands seigneurs, les membres du clergé et le peuple dans son ensemble avaient accepté, spontanément.

Bercée par la Loire, Nantes était une cité prospère, ouverte sur le monde. Marins, étrangers, soldats, religieux de tous ordres hantaient ses quais, ses rues, ses tavernes, ses églises. Les enfants ducaux s'égayaient à la vue de tous ces personnages rencontrés en chemin, sujets de malicieux commentaires surtout si Dolus était de la partie, et Mme de Dinan avait souvent du mal, à leur arrivée chez elle, à calmer leur excitation.

Mais ce jour-là, ce fut une silhouette découpée dans l'entrée de l'hôtel qui tempéra le joyeux élan habituel.

L'homme était court, massif, impressionnant. Sa robe de velours noir et feu découvrait des mollets exagérément musclés que des chausses orange n'avantageaient guère. À son chaperon luisait une barrette de diamants ; sur sa poitrine s'étalait un gros maillon d'or. Tout chez lui respirait la force et l'opulence. Cependant, si l'habit était celui d'un grand seigneur, le visage grossier, couperosé, évoquait celui d'un soudard. Il souriait, découvrant des dents jaunies, ses petits yeux fixés sur les enfants soudain intimidés.

Mme de Dinan intervint aussitôt pour faire les présentations. Né du second mariage de sa propre mère Catherine de Rohan avec un grand seigneur gascon, Alain d'Albret n'était autre que son demi-frère. Les enfants, qui avaient entendu parler de lui, l'avaient peu vu à la cour, Albret étant jusqu'ici occupé à gérer et à agrandir ses innombrables fiefs. Héritier du Béarn et de la Navarre, d'importantes possessions en France et en Bretagne, Albret était un riche et puissant personnage. Aussi avait-il été fort bien accueilli par le duc lorsqu'il était réapparu, lui offrant ses services. Mais un beau geste est rarement gratuit. Albret avait à assurer l'avenir de ses nombreux enfants, huit légitimes plus une nuée de bâtards. Il avait aussi un appétit démesuré de pouvoir. Sans compter que, veuf depuis quelques années, il se sentait encore assez fringant, à quarante-cinq ans, pour convoler de nouveau. Et pourquoi pas avec la petite Anne qui lui apporterait la Bretagne dans sa corbeille de noces ? La différence d'âge n'était pas pour le gêner, au contraire. Albret appréciait les chairs fraîches. Il n'avait pas seulement les traits d'un soudard, il en avait aussi les instincts.

Anne eut d'abord peine à croire qu'un pareil individu pût être si proche parent de Mme de Dinan. Puis elle s'étonna d'entendre celle-ci, d'ordinaire peu encline aux compliments, vanter les mérites de son demi-frère. À l'en croire, Albret était un homme de guerre accompli, un fin diplomate, un habile administrateur, amateur de musique et de romans courtois. Le parfait chevalier en somme. La fillette mit cet enthousiasme sur le compte d'une vive affection fraternelle, d'un esprit de clan. Toutefois l'insistance de la gouvernante finit par la mettre mal à l'aise, à éveiller sa méfiance, sentiment qu'elle chercha à dissiper en s'associant à Françoise, Isabeau et Dolus qui ne se privaient pas de se moquer du Gascon.

Elle se sentit réellement menacée quand son père la convoqua pour lui faire part de son dernier plan.

— Ma fille, m'est avis que nous avons là un fiancé intéressant. Enfin !

Anne se vit défaillir. Brusquement elle eut chaud, puis froid, se mit à trembler un peu, fit un vaillant effort pour garder contenance. Elle était seule face au duc, à l'exception de Philippe de Montauban qui, en qualité de capitaine des gardes, ne quittait guère son maître. À la recherche d'un soutien, la petite fille tourna vers lui un regard affolé. Le visage loyal de l'officier exprimait tristesse et impuissance : Montauban non plus n'en croyait pas ses oreilles.

— Mais oui, mais oui ! s'empressa de reprendre François, agacé par leur éloquente et pourtant muette connivence. J'ai promis ta main au sieur d'Albret.

D'où était venue cette idée à son père ? De Landais ? Mais le trésorier, qui avait longtemps misé sur Louis d'Orléans, se déclarait maintenant plutôt favorable à Maximilien de Habsbourg. C'était à n'y rien comprendre.

— Père ! Vous n'avez pas fait cela ? l'interrogea-t-elle, éberluée.

En dépit de ses efforts pour se maîtriser, on sentait une fêlure dans sa voix.

— Pourquoi non ? Comme me le faisait remarquer avec pertinence Mme de Dinan, nous aurions avec Albret l'appui d'une bonne partie des Rohan et je te passe sa fortune, son expérience d'homme de guerre et d'État. N'oublions pas qu'il a servi de nombreuses années le roi Louis XI.

— Votre ennemi ! s'étrangla Anne, indignée, prête à fondre en larmes.

— Tout cela appartient au passé, mon petit. Quand on gouverne, il faut savoir faire table rase des dissensions. Albret est très breton de cœur, Mme de Dinan me l'a répété maintes fois.

Mme de Dinan, encore ! Tout s'éclairait soudain dans l'esprit agité de la fillette : les réticences de la gouvernante à l'égard de Louis d'Orléans ; les louanges dont elle l'abreuvait au sujet de son demi-frère ; les entrevues qu'elle leur ménageait fréquemment chez elle. Par intérêt, par ambition, elle était prête à favoriser une union révoltante.

— Père, je n'en veux pas !

Anne avait repris contenance, le ton raffermi, le menton volontaire, les yeux hardiment fixés sur ceux de François qui eut un haut-le-cœur. Où était son enfant docile, consciente de son rôle ? Pour la première fois, elle regimbait !

— Que dis-tu ?

— Que je ne veux pas épouser messire d'Albret. Plutôt mourir !

— Peux-tu, je te prie, justifier ce refus ?

— Cet homme est vieux, laid et répugnant. Je le déteste.

— Et depuis quand une fille de ton rang se permet-elle de donner son sentiment ? Tu n'espères tout de même pas faire un mariage d'amour ? Tu n'as pas été éduquée pour te bercer de rêves !

— Je ne l'épouserai pas.

— Ah ! L'entêtée !

C'était la première fois qu'ils s'affrontaient et François semblait le plus désemparé des deux.

— Voyons, Anne, je t'ai connue plus docile et raisonnable.

— Cessez donc de la tourmenter, mon ami.

Marguerite avait pénétré dans la chambre, un doigt sur la bouche en direction de Montauban, ravi de voir Anne tenir tête à son père. La duchesse avait assisté à la dernière partie de l'entretien et jugeait qu'il était temps de prêter main forte à sa fille. Le froufrou de sa robe, son parfum surprirent François. Il était rare que sa femme intervînt dans les Affaires.

— Marguerite ! Vous tombez bien. Aidez-moi à faire entendre raison à cette petite mule. Vous a-t-on demandé, à vous, votre avis quand votre frère a eu l'idée de nos noces ?

— Non, en effet, admit la duchesse. Mais votre réputation m'était parvenue jusque dans notre comté de Foix. On vous disait bel homme et d'humeur accommodante. L'amour a fleuri ensuite entre nous. Oseriez-vous prétendre le contraire, messire mon mari ?

Marguerite, câline, lui effleura la joue puis, de l'autre main, elle caressa la tête de sa fille et rectifia la tenue d'une épingle sur sa coiffe. François n'avait jamais pu résister à sa voix douce, son charme discret. N'avait-il pas répudié pour elle sa fougueuse maîtresse Antoinette de Maignelais, la mère de ses bâtards, qui en était morte de dépit ? Poussant un énorme soupir, il prit Montauban à témoin :

— Toutes des malignes… marmotta-t-il.

— Alain d'Albret pourrait être le grand-père de notre mignonne, poursuivit Marguerite qui le connaissait trop pour ne pas le sentir fléchir.

— Un grand-père hideux, renchérit Anne, forte du soutien maternel.

— Bon, bon, je vous l'accorde, grommela François. Albret est loin d'être un frais damoiseau. C'est vrai qu'il est aussi un paillard de la pire espèce et toi, ma poupée, tu es trop… hum…

Il se racla la gorge, chassa de sa pensée des images obscènes et reprit d'un air bourru :

— Cette union n'est pas encore faite, rassurez-vous. De toute manière, il faut douze ans aux filles pour se marier et tu ne les as pas encore. En revanche, il est important que le sire d'Albret croie à ses chances. Ce n'est pas le moment de nous le mettre à dos lui aussi. Anne, je te demanderai donc de lui faire bonne figure.

— Je m'y emploierai, père, promit-elle sans en penser un mot.

Les larmes avaient déjà séché au bord de ses yeux. Rassurée, elle remercia Marguerite d'un sourire puis François ouvrit les bras et embrassa en même temps sa femme et sa fille.

7

Promesses, mensonges, échanges secrets, crainte et méfiance, ballet de diplomates sillonnant les routes d'Europe avec toujours, au cœur des tractations, la main d'une enfant qui mûrissait trop vite : tout cela réussirait-il à éloigner la guerre civile tant redoutée ?

Par miracle, la paix fut maintenue ; les Bretons armés par la régente renoncèrent à poursuivre leur offensive. Mais en échange ils forcèrent le duc à destituer le Grand Trésorier. C'était un vœu unanime. On se réconciliait pour réclamer la tête du parvenu ; tout recommençait : la violence, la haine.

À nouveau, les portes du château de Nantes furent enfoncées, les gardes bousculés, l'appartement ducal envahi. Landais, qui n'avait pas eu le temps de s'enfuir, fut traqué jusque dans la chambre du duc et, cette fois, ne put échapper à son sort. François, impuissant à le sauver, dut le remettre entre les mains des nobles déchaînés en demandant simplement pour ce serviteur fidèle un jugement équitable. De jugement, il n'y en eut guère. Après un procès rondement mené, Landais fut pendu à la satisfaction générale. Bafoué, affaibli, le duc ne fut informé de la nouvelle qu'après l'exécution de la sentence et revit à sa cour, comme si de rien n'était, les rebelles repentis qui protestaient maintenant de leur loyauté.

Au moins fallait-il profiter de ces apparentes bonnes dispositions. Les états généraux de Bretagne, convoqués à Rennes en 1486, donnèrent à François II l'occasion de faire proclamer solennellement les droits de sa fille aînée. Devant tous les représentants du duché, impressionnés malgré eux par son timbre emphatique, le chancelier Chrestien de Pommorio, comte de Tréveneuc, rappela dans la salle de l'Évêché tous les bienfaits que le pays devait aux ducs et la légitimité d'Anne et d'Isabeau. Pas un député n'y fit objection et le surlendemain, dans la cathédrale Saint-Pierre de Rennes, tous prêtèrent serment sur les reliques et un morceau de la Vraie Croix.

« Vous jurez et promettez par la foi et les serments de votre corps que, après le décès du duc notre souverain seigneur... vous servirez justement et loyalement... la duchesse notre souveraine dame... Anne fille aînée du duc et sa lignée en premier lieu et en second lieu madame Isabeau et sa lignée... »

Ce fut pour Anne sa première grande cérémonie officielle. Encadrant leur père, face à l'autel de Notre-Dame de la Pitié, les fillettes revêtues de leurs plus beaux atours entendirent elles aussi la voix de bronze de Pommorio. Autour d'elles, comme un rempart rassurant, se pressaient les grands barons, superbes dans leurs robes fourrées de peaux précieuses. Au premier rang, se distinguait leur demi-frère, l'aîné de Dolus et de Françoise, le Grand Bâtard de Bretagne, François d'Avaugour. Les Rohan aussi étaient là, bien sûr, et le maréchal de Rieux et le sieur d'Albret, s'engageant à l'unisson à protéger les enfants ducaux. Image marquante, peut-être trop belle. Si tous avaient respecté leur serment, que de malheurs évités ! Anne devait souvent se demander plus tard quel aurait été son destin s'il n'avait pas été marqué du sceau de la trahison.

Pendant quelques mois, il y eut une sorte de trêve qui permit aux fillettes, entre deux leçons, de retrouver les jeux de leur âge, leurs poupées de bois peint et de chiffon, leurs animaux favoris. Depuis leur retour à Nantes, fin février, elles ne quittaient pas leur mère et toutes trois attendaient avec un espoir anxieux le retour du printemps.

Tout le monde avait remarqué lors des cérémonies de Rennes combien la duchesse avait changé. Toujours belle et affable, certes, mais d'une beauté évanescente, déjà lointaine. Une méchante toux l'avait secouée pendant toute la messe qu'elle avait vaillamment tenté de réprimer. Maintenant Marguerite flottait dans ses fourrures ; ses joues étaient creuses et pâlies. Son médecin mettait cette indisposition sur le compte d'un hiver interminable et la jeune femme faisait son possible pour rassurer son entourage. Elle recevait des musiciens dans sa chambre et s'efforçait de rire aux facéties de sa « folle », Mme de Toutes Couleurs, qui multipliait les pitreries pour la distraire. Mais, le 15 mai, le glas retentit dans l'air printanier de Nantes puis se répéta de villes en villages : la duchesse était morte, laissant un époux et deux fillettes éplorés, des proches et toute une cour plongés dans un chagrin sincère.

Anne pleura amèrement sa mère sans se douter que ce deuil serait le premier d'un long et noir cortège. La mort la terrifiait malgré sa piété. Ses nuits se peuplèrent de visions de l'enfer. Elle eut peur, soudain, de franchir à son tour le seuil des Ombres. Cependant, elle était encore trop jeune et trop curieuse de l'avenir pour laisser la douleur la vaincre déjà. Et surtout, elle avait à réconforter la petite Isabeau beaucoup plus vulnérable qu'elle face aux épreuves, et leur père.

Pendant d'interminables semaines on craignit pour François qui faillit bien rejoindre Marguerite. Renseignée par ses espions, la régente s'en réjouit, prête à entrer en lice, ses troupes en état d'intervenir à tout moment. Puis, à l'étonnement général, le duc, une fois de plus, émergea de sa léthargie, reprit des forces. Marguerite, disait-il, lui soufflait de tenir bon encore, pour le duché, pour leur précieuse petite Anne qu'il confondait en un même amour, pour Isabeau. Ainsi la famille demeura, du moins apparemment, plus étroitement unie que jamais.

Autour du duc, gouvernaient de fait ses beaux-frères, deux Gascons, le cardinal de Foix et le comte de Lescun ; son neveu, Jean de Chalon, prince d'Orange, qui, lui, était bourguignon. Seul parmi eux, le maréchal de Rieux, un Rohan par sa mère, pouvait se prévaloir d'une ascendance vraiment bretonne. Le duc, qui lui avait pardonné d'avoir cédé naguère aux artifices de la régente, n'avait d'autre choix que de lui faire confiance, de faire confiance à tous. Vaille que vaille, ensemble, ils tenaient encore les rênes d'un pays au bord de la catastrophe. Quant à François, des accès de torpeur désespérée succédaient chez lui à des périodes de lucidité et des regains de vigueur.

Tourmentée, Anne multipliait les prières, dissimulait dans les plis de ses robes des amulettes censées la protéger. N'y aurait-il donc pas une figure amie vers laquelle se tourner ? Mellita, dont elle ne se séparait jamais, semblait la seule à comprendre sa profonde solitude et sa tristesse. Elle quêtait ses caresses, lui offrait un regard grave et bon, posait sur ses genoux une petite tête blanche, au cou mince cerclé d'un ruban de velours noir sur lequel Anne avait brodé des hermines. À son contact, le souvenir de Louis se ravivait mais ses traits étaient flous maintenant, comme l'étaient les sentiments de la fillette à son égard.

8

D'une fenêtre de son château de Blois, Louis d'Orléans contemplait la Loire dont la surface sous la pluie se moirait d'ombres brunes et grises. Grises aussi étaient cette matinée d'hiver et l'humeur de Louis.

Il était né entre ces murs anciens et chaque recoin de la forteresse lui était familier. Transformer Blois en une demeure ouverte et élégante faisait partie de ses nombreux projets. Il ambitionnait de poursuivre l'œuvre entreprise par son père tout en s'adaptant au goût du jour, fourmillait d'idées neuves. Qu'avait-il donc, tout à coup ? Qu'était ce découragement, ce regret imprécis ?

Louis gardait peu de souvenirs de Charles d'Orléans. Il n'avait que deux ans et demi à sa mort. Mais la renommée de son père, poète délicat, célèbre dans toute l'Europe, prisonnier pendant vingt-cinq ans des Anglais, avait bercé son enfance.

Sous le regard rêveur du jeune homme, des bateaux bravant l'intempérie glissaient au fil de l'eau.

« En tirant d'Orléans à Blois,
L'autre jour par eau venois…
À plaisir et à gré le vent… »

Louis connaissait par cœur toutes les ballades composées par Charles et aujourd'hui, au spectacle du fleuve, avec cette incertitude qui lui mordait le cœur, celle-ci lui venait naturellement aux lèvres. Il y était question d'eau et de fortune trop calme, de grand ennui, des vagues du Tourment et des avirons de l'Espoir qui permettaient d'avancer malgré tout, du bon vouloir de Dieu. « À plaisir et à gré le vent », les « avirons de l'Espoir » : ces images plaisaient infiniment à Louis. Tous les poèmes de son père étaient émaillés de jolies trouvailles :

« Le temps a laissé son manteau
De vent, de froidure et de pluie,
Et s'est vêtu de broderie... »

— Hélas, le printemps est encore loin, murmura-t-il, le vague à l'âme.

Mais les « avirons de l'Espoir » ne l'aideraient-ils pas à relancer la chance, à donner un coup de pouce au Destin ?

À l'écart de la cour, Louis offrait pour le moment l'apparence trompeuse d'un prince assagi, très pris par l'administration de ses fiefs, ses travaux de rénovation, la création de nouveaux jardins, par ses chasses, ses amis et ses plaisirs. Il redoutait tant la solitude ! De jolies créatures continuaient à agrémenter les soirées de Blois. Jeanne ? Il ne l'avait pas rencontrée depuis des mois et ne s'en portait que mieux. Peu de satisfactions lui parvenaient de Rome et il soupçonnait la régente de faire pression en secret sur l'entourage du pape afin d'empêcher l'annulation de son mariage.

Si Charles d'Orléans avait vécu davantage, se serait-il opposé à l'union désastreuse de son fils avec une infirme ? Il aurait eu du mal à résister. Louis XI savait employer les grands moyens pour mater un rebelle et Charles, affaibli par sa longue captivité à Londres, déjà âgé, n'aurait pas été en mesure de lutter contre lui. D'ailleurs, il était mort en partie à cause de ce roi de fer qui l'avait toujours traité sans égard pour son rang et « la majesté de sa vieillesse ».

Louis effaça brusquement la buée que son haleine déposait sur la vitre, un éclair haineux dans le regard. Mais aussitôt il se prit à sourire au souvenir d'une anecdote qui lui avait souvent été racontée : au cours de la cérémonie de son baptême, il avait copieusement pissé sur la manche de Louis XI, son parrain ! Très courroucé, superstitieux, le roi s'était paraît-il beaucoup interrogé sur la signification exacte de ce présage. Louis d'Orléans y voyait pour sa part une sorte de vengeance avant l'heure, comme si alors son âme toute neuve de petit chrétien avait pressenti le mal que ce démon lui ferait plus tard.

Il frissonna malgré sa robe fourrée d'écureuil et le feu qui crépitait dans la chambre tapissée des livres de son père. Ses invités tardaient à arriver. Dès qu'il était seul, au repos, peines et angoisses revenaient le tarauder.

Son enfance n'avait pas été idyllique. Sa mère, Marie de Clèves, s'était montrée sévère et Louis, enfant turbulent, avait souvent reçu le fouet. Plus douloureux encore, ce doute qui planait sur sa naissance et celle de sa sœur cadette. Des ragots avaient couru à propos de Mornac, le bel écuyer de Marie. Il est vrai que plus de trente ans séparaient cette dernière de Charles d'Orléans. Mais était-ce suffisant pour faire de ses enfants des bâtards ? Louis se sentait si profondément, si intimement lié au duc-poète alors qu'il n'avait pas versé une larme sur la mort récente de sa mère !

Le front contre la fenêtre, absorbé par le mouvement du fleuve, ses pensées l'emmenèrent auprès de sa jeune sœur, maintenant abbesse de Fontevraud, dont il enviait la sérénité et qui ne cessait de l'exhorter avec tendresse à la docilité, à la patience. À la sagesse.

Il est vrai qu'il aurait pu se contenter d'un luxe tranquille, pimenté d'amours éphémères. Il aurait pu se satisfaire d'être le meilleur joueur de paume du royaume, le cavalier le plus habile, l'archer le plus adroit, un lutteur, un nageur sans rival. Pourquoi rechercher d'autres titres de gloire ? Son rang ne suffisait-il pas à son ambition, et les honneurs qui l'accompagnaient ? Il aurait pu supporter le despotisme de la régente moyennant de l'or et de nouveaux titres, sans protester en voyant les impôts augmenter, la France taxée au-delà de toute raison par cette femme avide. Mais Louis n'avait que vingt-cinq ans. Foncièrement bon, idéaliste, il était aussi un esprit un peu instable, un peu chimérique, épris d'aventure autant que de justice, et la sagesse prônée par sa sœur était encore pour lui une notion étrangère.

De légers coups frappés à sa porte interrompirent ses réflexions. Un valet l'avertit que son bain était prêt, les étuves chauffées à point et les amis conviés pour ce moment de détente enfin là. Louis s'ébroua. Toutefois, avant de les rejoindre, il s'attarda encore un instant, laissant la mélancolie et l'incertitude s'évanouir, attiré par l'horizon où se perdait l'ondoiement de la Loire. Là-bas, à des lieues et des lieues, elle atteindrait Nantes.

Nantes où François II se débattait dans une situation de plus en plus difficile dont Louis n'ignorait rien. Nantes où demeurait aussi une petite fille à laquelle il avait fait une promesse et qui, dans quelques jours, aurait dix ans.

9

Le lendemain, 12 janvier 1487, profitant d'une nuit sans lune, Louis accompagné d'une petite escorte quittait Blois dans le plus grand secret, déjouant la vigilance des hommes de la régente chargés de le surveiller. Lorsque sa fuite fut découverte, il était déjà hors d'atteinte, au-delà des marches de Bretagne. Dans la journée du treize, son héraut Valois annonçait leur arrivée à son de trompe sur le pont-levis du château de Nantes.

« *Alea jacta est* », pensa Louis en poussant son cheval sous la herse relevée.

Avec une joie sincère, François II accueillit son intrépide cousin qui bravait leur ennemie comme il se riait du mauvais temps, avec ce souffle de jeunesse, cette légèreté que lui-même ne connaissait plus. Dunois, qui était de la partie, reçut sa part de compliments.

Prévenue de leur présence, Anne apparut dans la grande salle ducale et échangea avec eux le « Dieu vous garde » et le baiser de bienvenue. Louis la trouva grandie, bien sûr, mais encore fluette, le deuil de sa mère soulignant sa fragilité. Quant à ses yeux, ils étaient toujours de ce beau gris profond, sa bouche aussi fraîche qu'une cerise. Charmante petite Anne ! Contre sa jupe, frémissait une levrette blanche qui fit le même bon accueil aux arrivants.

— Mellita, dit la fillette avec le ton qu'elle aurait employé pour présenter un important personnage. La reconnaissez-vous, messire ?

Louis flatta l'animal qui reniflait ses bottes avec délectation.

— Vous l'avez bien choyée, apparemment.

— Je ne crois pas quelle ait à se plaindre, repartit la fillette, heureuse sous sa réserve de revoir ce cavalier tout crotté, rieur et débordant de vie.

Derrière elle, Isabeau semblait se cacher malgré les encouragements de son père à sortir de l'ombre. Depuis la mort de Marguerite, la petite fille ne quittait pas d'un pouce sa sœur aînée. En rougissant, elle donna à son tour le « Dieu garde » à Louis et à Dunois, attendris par sa mine pâlotte.

— Mes deux rayons de soleil ! soupira François après avoir surpris leur expression. Ma chère épouse nous manque tant ! Tout ici est maintenant si triste et si lugubre. Mais vous voilà, mes chers amis ! Quel bonheur ! Votre soutien nous éclaire. La Bretagne en a bien besoin.

En réalité, une partie des Bretons étaient loin de manifester leur joie. Mme de Dinan, la toute première, s'empressa de reprocher à Anne une amabilité qu'elle jugeait excessive envers ces intrus, ces semeurs de troubles. Son cousin le maréchal de Rieux – leurs mères respectives étaient deux Rohan – et, avec lui, les éternels trublions ne tardèrent pas non plus à manifester leur sourde hostilité. Pour eux, Orléans et Dunois n'étaient que des étrangers n'ayant aucun droit de s'immiscer dans les affaires du duché. Orléans surtout, dont on connaissait le désir d'épouser la petite Anne dès que cela lui serait possible, était vu d'un très mauvais œil.

Dans un premier temps, François chercha donc à rassurer une partie de l'opinion. Le duc d'Orléans dut jurer sur les Évangiles, en l'église des Cordeliers et devant tous les ordres réunis, « qu'il n'était pas venu en ce dit pays de Bretagne pour traiter dudit mariage ni même dans l'espoir d'en parler ».

Mais il en aurait fallu davantage pour calmer les esprits. Du reste, chacun savait bien ce que valait un serment de ce genre. La preuve ? Beaucoup de ceux qui, un an auparavant, s'étaient engagés à servir loyalement le duc et ses filles ne pensaient qu'à se parjurer, écoutant de nouveau d'une oreille charmée le chant de la redoutable sirène, Anne de Beaujeu.

Le maréchal de Rieux quitta la cour ; il ne fut pas le seul et, au fond, le duc ne fut guère surpris de ces défections. En revanche, celle de son fils, le Grand Bâtard François d'Avaugour, lui causa un étonnement douloureux qu'il partagea avec Anne. Enfin, il y eut pire quand, un matin, ils constatèrent l'absence de Mme de Dinan. Peu après, ils apprenaient que la gouvernante s'était retirée dans sa ville de Châteaubriant et s'apprêtait à y recevoir tous les principaux rebelles.

La guerre ! On la redoutait mais on l'évitait depuis tant d'années que beaucoup ne voulaient pas y croire. La guerre, c'était l'orage menaçant. Cette fois, il n'y aurait ni sursis ni répit. François II, fatigué, vieilli, ne pourrait y échapper comme il avait su le faire si longtemps. Mais il était courageux et ferait front avec une volonté admirable.

Ainsi Anne voyait la réalité prendre un nouveau relief, les barrières protectrices de l'enfance s'effondrer une à une. Il y avait eu la mort de sa mère ; il y avait la fragilité de son père, la trahison de celle qui l'avait élevée. Et maintenant, la guerre approchait. Elle n'ignorait pas ce que cela signifiait : pour le pays, souffrance et misère ; pour sa famille, l'incertitude. Victoire ou humiliation.

— Qu'allons-nous devenir ? s'exclama la petite Isabeau. Et si nous étions battus ?

Anne referma la main sur son petit sachet d'amulettes et houspilla sa sœur :

— Allons, cesse de jouer les oiseaux de mauvais augure ! Nous gagnerons !

Isabeau essuya ses larmes et en reniflant reprit sa quenouille.

— Isabeau n'a pas tort d'envisager la défaite, remarqua Françoise en tendant un mouchoir à sa petite sœur. Face à l'armée du roi, nos troupes sont inférieures, père le dit lui-même.

— En nombre peut-être, mais cela ne signifie rien, rétorqua Anne qui refusait d'évoquer à voix haute, de peur d'attirer le malheur, les points faibles de la défense bretonne.

En passant dans le camp ennemi, les grands vassaux avaient évidemment entraîné leurs soldats avec eux, des milliers d'hommes qui faisaient cruellement défaut. Le duc avait eu du mal à recruter des volontaires au sein des paroisses. Quelques seigneurs fidèles, des mercenaires constituaient le plus gros des troupes, espagnols, anglais, allemands, mais François II escomptait encore un élan parmi ses sujets.

— Nos Bretons ne nous abandonneront pas. Le reste est une question d'organisation, reprit Anne avec un sérieux de ministre. Et messire d'Orléans s'en charge.

— Messire d'Orléans, répéta Françoise tout en lissant les écheveaux de laine filés par ses sœurs. Il nous est d'un précieux secours, c'est vrai. Il est même providentiel.

— Là, tu vois bien, conclut Anne, satisfaite d'avoir le dernier mot.

Qu'aurait fait leur père si Louis n'avait pas pris en mains la défense de son duché ?

C'était un vrai diable à quatre, jamais en repos, l'œil à tout, se démenant sans perdre sa bonne humeur. Du moins avait-il le sourire et une parole encourageante lorsqu'il croisait les enfants. Pour rien au monde il n'aurait voulu les assombrir ou les décevoir. Anne surtout qui lui manifestait une confiance enfantine, instinctive, dont il craignait de ne pas être vraiment digne. Car la tâche était immense, la situation très préoccupante et officiellement c'était lui, duc d'Orléans, cousin et beau-frère du roi, qui en était la cause. Lui et Dunois, accusés ensemble de crime de lèse-majesté. Sans leur rébellion, leur fuite en terre étrangère, il n'y aurait pas de guerre, voilà ce que clamaient en chœur les Beaujeu pour justifier leurs intentions belliqueuses. « Rendez-nous les traîtres, et nous n'interviendrons pas par la force », prétendaient-ils sournoisement.

Or, Louis ne se sentait nullement l'âme d'un traître. Chez lui, l'ambition et les sentiments intimes trouvaient un juste équilibre. Il était donc le champion de la Bretagne. C'était folie peut-être. Tant d'obstacles se dressaient entre lui et ses rêves ! Pourtant, il venait de lancer Valois, son héraut, sur la route de Rome, obsédé par sa volonté de se libérer de Jeanne.

Ses adversaires n'avaient pas tort de douter de sa sincérité. En dépit de ses solennelles protestations, il n'était pas près de renoncer à Anne. D'autant plus que François venait une seconde fois de s'engager par écrit à lui donner sa fille. Toutefois, les intentions immédiates de Louis étaient pures. La future héritière à la dot mirifique demeurait à ses yeux une enfant innocente qui occupait, pour le moment, la même place en son cœur que sa sœur l'abbesse.

En revanche, un autre que lui ne professait pas la même droiture, rôdant autour de la fillette comme un vilain rapace. Louis détestait Alain d'Albret, une haine réciproque d'ailleurs. Tout les opposait, le charme primesautier, la finesse de l'aristocrate se heurtaient à la suffisance et à la grossièreté du soudard.

Rivaux, ils tendaient au même but, mais leurs cœurs, leurs âmes n'étaient pas de la même trempe.

Louis avait donc éprouvé un secret soulagement en voyant Albret suivre l'exemple de Rieux et de Mme de Dinan. Ce qui était dommage pour l'intérêt du duché lui évitait en retour une présence désagréable et mettait Anne à l'abri d'entreprises douteuses. La fillette lui avait confié combien elle trouvait cet homme odieux.

— Si j'échoue dans mes projets, que Dieu épargne à cette petite un mariage avec ce pourceau, souffla-t-il à Dunois. À tout prendre, je préférerais la savoir avec le Habsbourg.

— Dame Anne n'a que dix ans, rien ne presse encore, le rassura son cousin et ami. Le temps ne peut que jouer en ta faveur.

— J'ose l'espérer. Oui, tu as raison : le temps est mon allié, reprit Louis tout en jetant un regard circulaire et confiant sur les murailles de Nantes qu'ils inspectaient ce matin-là, comme si les pierres solides hérissées d'étendards pouvaient refléter son destin.

10

L'armée royale pénétra en Bretagne au printemps 1487. Avant de prendre la tête de ses troupes, François II fit ses adieux à ses filles.

— Pas d'attendrissement, mes chéries, grommela-t-il, terrorisé de les voir en peine et de ne pouvoir de son côté réussir à se contenir.

Anne éprouvait un douloureux sentiment de révolte contre ceux qui contraignaient son père à prendre les armes dans l'état où il était. Farouchement, elle s'accrochait à cette colère pour ne pas éclater en sanglots.

— Vous veillerez sur mon père, n'est-ce pas ? chuchota-t-elle à Louis en l'embrassant, débordante de gratitude envers lui.

— Je vous le promets, répondit-il sur le même ton.

Quand les reverrait-elle ? Le château ne tarda pas à paraître bien vide et trop tranquille tout à coup, laissé aux femmes et aux pages, sous la garde de Jean de Chalon. Tous guettaient fiévreusement les courriers qui, très vite, apportèrent des nouvelles inquiétantes.

Châteaubriant, La Guerche, Redon, Ancenis, parmi les places fortes les plus importantes, étaient déjà aux mains de l'adversaire. Rassemblées à Malestroit, les troupes ducales se dirigèrent vers Ploërmel, tentèrent de la conserver. Ce fut un échec. Et la débandade parmi les Bretons. Pire, autour de François II, les désertions réduisaient son armée à une peau de chagrin. Lui-même ne parvint à gagner Vannes que grâce au sang-froid et à l'habileté de Louis d'Orléans. Mais ce qu'ils pensaient être un repli sûr s'avéra vite un piège dont ils n'échappèrent encore que de justesse : alertés, des bateaux de pêche de Guérande et du Croisic, cinglant en toute hâte jusqu'au golfe du Morbihan, purent heureusement embarquer *in extremis* le duc et ses fidèles et les ramener sains et saufs à Nantes.

La joie des retrouvailles fut de courte durée. Quelques jours plus tard, une estafette annonçait l'approche des Français. Mi-juin, ils étaient aux portes de Nantes, prenaient position sur les îles de la Loire. Le siège commençait. Le sort de la Bretagne était-il déjà scellé ?

D'évidence, Anne de Beaujeu n'en doutait plus, de même que le jeune Charles VIII qui prenait soudain grand intérêt à une guerre dont il mesurait mieux maintenant la portée. Installés dans leur quartier général tout près de la Loire, à Ancenis, ils attendaient d'un jour à l'autre, avec confiance, la capitulation de Nantes.

Mais c'était sous-estimer la puissance de la cité, sa configuration particulière, ses fortifications, son artillerie et le courage de ses habitants.

Dès le début François et sa famille quittèrent le château pour se mettre à l'abri dans le centre de la ville, les fillettes à l'hôtel de La Bouvardière, l'ancien logis de Landais, et le duc place du Pilori, chez un certain Vincent Guiolle. Une prudence qui lui permit d'échapper à un boulet de canon dont, seule au château, sa chambre fit les frais. Les artilleurs du roi de France étaient donc bien renseignés sur l'emplacement de l'appartement ducal.

— Un proche ou un habitué, familier ou familière de François. Cette personne a sûrement désigné l'objectif, remarqua Dunois.

— Ce qui prouve, renchérit Orléans, que notre capture n'est pas le but véritable des Beaujeu, mais bel et bien la mort du duc.

Il avait tout naturellement pris la tête des défenseurs, organisant des milices bourgeoises déterminées, efficaces. Le ravitaillement de la ville étant facile par voie d'eau, il veillait particulièrement sur la nourriture que l'on distribuait aux canonniers exposés aux avant-postes, exigeant qu'ils soient les mieux servis.

À un rythme régulier, les détonations parvenaient jusqu'à l'hôtel de Landais. L'air sentait la poudre et dans les rues ce n'était que piétinements d'hommes en armes, cris, bruits de tocsin. Les enfants ducaux questionnaient avidement les domestiques envoyés aux nouvelles, se réjouissaient ou tremblaient. Que de beaux faits ! Que d'héroïsme ! Tel ce marin de Quimper, Michel Marion, qui de son navire n'avait cessé de canonner les îles de la Loire jusqu'au jour où l'ennemi réussit à l'envoyer par le fond, lui et tout son équipage. Anne pleura en l'apprenant.

Jamais elle n'avait été à ce point au cœur des événements, ou plus exactement jamais son image symbolique n'avait pris une telle importance. Des messagers furent envoyés à Albret : qu'il vienne à la rescousse ! La main de la petite ne lui était-elle pas promise ? Maximilien fut lui aussi rappelé à l'ordre : où étaient ses renforts ? Oubliait-il sa fiancée ? Et le roi d'Angleterre ? On attendait son aide. Le duc de Buckingham avait toujours eu la préférence. François II comptait bien lui donner sa fille. Sa chère petite fille, son espérance, dont la menotte sauverait le duché !

Dunois gagna Saint-Malo, affréta un navire, décidé à ramener coûte que coûte les fameux archers anglais. Mais, pris dans une tempête, il échoua devant le cap Fréhel, dut s'abriter au fort La Latte et renoncer à son voyage en Angleterre.

Les Nantais dans ces conditions pourraient-ils tenir encore ? Un sursaut de loyauté envers la cause bretonne semblait depuis peu secouer le pays. Des villes comme Rennes ou Guingamp restaient fidèles au duc. Sur le chemin du retour, Dunois ameuta les campagnes et secoua les consciences, réussissant finalement à ramener au secours de Nantes des milliers de paysans en sabots qui n'avaient jamais tenu une arbalète de leur vie mais se déclaraient prêts à défendre ardemment François et ses filles.

11

Et le miracle eut lieu ! Les Français levèrent le siège. Nantes fut sauvée !

La roue semblait maintenant tourner en faveur de François II. D'autres renforts affluaient et non des moindres. Une surprise de taille mit la cour en émoi : le maréchal de Rieux changeait de camp ! Considérant qu'il avait joué la mauvaise carte, il revenait en Bretagne ! Redoutait-il de voir ses domaines confisqués par le duc ? Avait-il du mal à supporter l'autoritarisme de la régente, lui si fier, si arrogant ? Éprouvait-il quelque remords devant l'ampleur des dégâts ? Personne ne chercha vraiment à comprendre ses raisons. L'essentiel était son appui. François lui restitua tous ses biens et se réjouit ouvertement de cette volte-face, d'autant plus qu'elle en entraînait d'autres, comme celle de Mme de Dinan. Ou, un peu plus tard, celle de son fils, le Grand Bâtard d'Avaugour.

— Anne, ma mignonne, il n'est pas question de leur battre froid. Tu dois manifester au maréchal et à ta gouvernante l'immense plaisir que tu éprouves à les revoir.

François admonestait sa fille avec toute la fermeté dont il était capable, c'est-à-dire un mélange de sévérité et de mollesse, peu efficace.

— Père ! On ne peut pardonner leur traîtrise ! s'exclama Anne. Oubliez-vous déjà le mal qu'ils ont causé ? Moi pas ! Je ne le pourrai jamais.

— Tu le feras pourtant. Je te le demande. Cache ton ressentiment sous un sourire affable, des paroles suaves.

— Certainement pas ! rétorqua-t-elle, rejetant d'un revers de main les pans de sa coiffe noire.

Avec un soupir qui en disait long sur sa lassitude et sa faiblesse, François se tourna vers Louis d'Orléans présent à l'entretien.

— Cousin, je vous en prie, essayez de convaincre cette petite entêtée. Vous aurez peut-être plus de chance que moi.

— Ce n'est pas de l'entêtement rectifia Anne. C'est seulement l'idée que je me fais de l'honneur et de la justice.

Menton dressé, petit bout de femme volontaire, elle leur faisait face. Son père renversé contre le haut dossier de sa cathèdre, les bras abandonnés sur les accoudoirs, emmitouflé frileusement dans un gros manteau, les paupières lasses, la parole malaisée ; Louis debout à ses côtes, élancé dans un pourpoint court de drap bleu, la jambe nerveuse, fringant, piaffant, avec aux lèvres son sourire bienveillant, compréhensif.

— Voyez-vous ça, moucheronne ! Chercherais-tu à me faire la leçon ? ricana le duc. Louis, expliquez donc à ma fille quels sont ses devoirs et où se trouve notre intérêt. Moi, j'y renonce.

— Ce serait inutile, Anne les connaît fort bien, répondit Orléans calmement fixant la fillette qui les défiait crânement de ses beaux yeux gris.

Anne n'aurait su dire qui était le plus convaincant : cet homme vieillissant, accablé, qu'elle chérissait plus que tout au monde ou ce jeune seigneur plein de charme et de droiture qu'elle aimait comme un frère aîné peut-être, comme un ami sûrement, si semblable aux chevaliers des chansons de geste et des romans courtois lus en cachette de sa gouvernante. Elle finit par capituler, touchée malgré elle par l'expression de leurs visages.

— Soit ! Je ferai bon accueil à Mme de Dinan, au maréchal de Rieux, à tous les autres, y compris à mon frère d'Avaugour.

— Et à messire d'Albret, compléta le duc.

Après une courte hésitation, en évitant de regarder Louis, elle répéta, mais cette fois de mauvaise grâce :

— Et à messire d'Albret.

Le plus extraordinaire était l'attitude de ces ex-rebelles. Pas la moindre gêne, pas la moindre manifestation de repentir, pas le moindre mot d'excuse ou de regret. Mine de rien, ils reprirent leur place à la cour. Cependant Mme de Dinan crut bon d'expliquer aux fillettes qu'ils n'avaient tous agi que pour leur bien à elles, cherchant avant tout à les protéger des manœuvres ambitieuses du duc d'Orléans.

— Réglons les affaires bretonnes entre Bretons. Le duc est français, n'est-ce pas ?

– Vous-même avez bien servi la régente, non ? riposta Anne du tac au tac.

— Votre remarque est pertinente. Disons que nous nous sommes trompés sur sa véritable nature.

— Ce sont choses qui arrivent, en effet.

Anne s'était préparée à la réprimandé mais celle-ci ne vint pas. Au contraire, Mme de Dinan lui sourit. Ce qu'elle avait semé portait donc ses fruits. Son élève faisait preuve de caractère et de mordant ; elle était de la graine des grandes souveraines. Somme toute, cela ne lui déplaisait pas.

La cohabitation reprit donc sans plus de heurts. Bien qu'aucun tendre attachement ne les liât à leur gouvernante, les enfants devaient admettre que sa présence maintenait le bon fonctionnement de leur maison. Mme de Dinan n'avait pas sa pareille pour se faire obéir du personnel, pour organiser les journées de manière qu'il n'y eût ni ennui, ni perte de temps. Tout parut rentrer dans un ordre habituel et rassurant alors que, la mauvaise saison venant, la trêve s'était instaurée entre les adversaires, selon un usage immémorial.

Ce répit n'impliquait pas pour autant une complète inactivité. Rieux reprit quelques places fortes, Vannes entre autres. Albret arriva enfin en Bretagne, par mer, avec ses Béarnais et un millier d'Espagnols dépêchés par le roi Ferdinand d'Aragon. Les émissaires de François II repartirent pour les Pays-Bas, proposant cette fois-ci la main d'Isabeau au fils de Maximilien, le jeune Philippe.

Le plus préoccupant restait l'état déplorable des finances du duché. À tel point que François avait dû mettre en gage ses bijoux et sa couronne, un crève-cœur pour lui. Mais comment poursuivre la guerre avec des caisses vides ? Car personne ne se leurrait : dès le printemps, les hostilités reprendraient.

Chez les enfants, les nouvelles se faufilaient par bribes : Mme de Dinan les filtrait, les annonçait à sa façon et Anne devait user de stratagèmes pour se tenir au courant de la situation réelle. Heureusement, Louis réussissait à lui transmettre des messages qu'il confiait à l'une des chambrières, Aliénor. C'était une piquante Espagnole qui avait naguère servi la duchesse Marguerite. Pour plaire au duc d'Orléans dont elle était l'une des innombrables maîtresses, et par affection pour l'innocente Anne qui ne se doutait de rien, Aliénor était doublement ravie de remplir ce rôle secret. Triplement, aurait-on pu dire, car elle détestait Mme de Dinan.

Deux partis se dessinaient à la cour : d'un côté, le maréchal de Rieux, Albret et le clan Dinan-Laval dans son ensemble. De l'autre, Orléans, Dunois, Lescun et Jean de Chalon. C'était une rivalité sourde, des piques et des mesquineries quotidiennes. On échappa néanmoins à l'esclandre. Il importait de rester unis face aux Français qui regroupaient leurs troupes sous le commandement d'un jeune chef de vingt-sept ans, choisi par le roi et dont on vantait les compétences : Louis de La Trémoille.

La belle saison était de retour qui sonnait la fin de la trêve. La Trémoille ayant encerclé Fougères, François II ordonna le rassemblement de son armée devant Rennes. Trop faible physiquement pour participer cette fois activement aux opérations, il les confia à Orléans et à Rieux, un partage difficile, mais censé épargner les susceptibilités et l'orgueil des deux clans.

12

— Ah, je vous tiens, ma belle enfant !

Des mains larges comme des battoirs, un visage grêlé de cicatrices laissées par la petite vérole : Anne cria et se débattit contre l'homme qui venait de la surprendre au bas de l'escalier desservant ses appartements. Tout l'hiver, elle avait réussi à l'éviter hormis lors de rencontres officielles et de festivités de cour où son père réclamait sa présence. Mais celles-ci étaient rares. En revanche, Albret n'avait cessé de l'épier, se mêlant à la foule qui grouillait dans le château de Nantes, cherchant l'occasion de la rencontrer sans une suivante ou l'une de ses sœurs. Ce qui, par bonheur pour la fillette, ne lui était jamais arrivé jusqu'ici.

Aujourd'hui, le hasard servait l'ignoble individu. Après s'être attardée à la chapelle, Anne rejoignait ses compagnes, exceptionnellement seule. Albret avait alors jailli de l'ombre tel un démon d'un cauchemar.

— Lâchez-moi ! cria-t-elle.

— N'ayez pas peur. Quelle furie !

Prise comme un animal au piège, elle sentait s'abattre sur elle sa force de taureau, devinant en lui des désirs immondes dont elle ne pouvait encore connaître les ravages mais qui l'effrayaient, la soulevaient de dégoût. Nerveuse, agile, véritable chat sauvage, elle réussit pourtant à se dégager, à mettre quelques marches entre eux.

— Honte à vous, messire ! s'écria-t-elle en se retournant pour voir s'il la suivait. Je me plaindrai à mon père.

Effectivement, Albret avait entrepris l'ascension derrière elle, le souffle un peu court. La résistance de la fillette décuplait ses ardeurs mais il craignait maintenant les conséquences de son petit coup de force.

— À votre place, je n'en ferais rien, grinça-t-il. Votre père a bien assez de tracas pour s'occuper de gamineries.

— Vous appelez vos manières des gamineries ? Vous serez chassé de la cour !

— Mais non, et vous le savez. Le duché a trop besoin de moi, ahana-t-il.

La peste soit de cette petite boiteuse qui vous grimpait les étages comme de rien ! Albret avait du mal à maintenir l'allure. Mais, brusquement, Anne s'arrêta au palier suivant. Une ouverture percée dans la muraille l'éclairait de même qu'un corridor menant à son antichambre et emprunté par des domestiques dont la présence rassura un peu la petite. Rassemblant son courage, elle fit face au gros homme hors d'haleine. Ce qu'il venait de dire n'était que trop vrai, hélas ! Elle entendait encore les recommandations de son père : il fallait traiter aimablement le sire d'Albret. Le duché avait besoin de lui et de ses troupes.

Tremblant encore de la tête aux pieds, luttant pour ne pas lui laisser deviner sa peur, pleine de mépris pour ce goujat, elle le toisa.

— Honte à vous ! répéta-t-elle. Vous n'êtes pas digne de servir mon père.

Pétri de ruse et de suffisance, Albret comprit qu'elle se tairait, épargnerait le vieux duc à demi sénile auquel chacun savait qu'elle manifestait une dévotion ridicule. Il prit alors un air confus, joua les chattemites :

— Voyons, dame Anne, ne soyez pas fâchée. Je voulais juste un tout petit baiser avant de rejoindre nos avant-postes. Un baiser légitime après tout, de fiancé à fiancée.

« Jamais ! Jamais ! Fiancés ? Plutôt me jeter dans la Loire ! », pensa Anne en rassemblant de nouveau ses jupes pour courir jusqu'à ses appartements hors de portée de deux mains tendues, d'un mufle avide.

En chemin, elle heurta Louis d'Orléans qui sortait de chez elle.

— Eh bien, Anne, auriez-vous le diable aux trousses ? s'écria-t-il en riant.

Puis, surpris de se voir claquer la porte au nez, sans un mot ni un regard, son visage devint grave. Certes, Anne se montrait autoritaire et cassante parfois quand elle était mécontente, mais jamais impolie. Que lui était-il donc arrivé ? Elle avait l'air bouleversée.

Comme, au même instant, il aperçut une silhouette corpulente disparaître dans l'escalier, sans plus réfléchir il s'élança. Tout s'expliquait soudain : la panique reflétée sur le visage de la petite, son attitude. Aucun doute n'était possible : c'était bien le diable qu'elle fuyait.

— Attendez, messire ! cria-t-il en dévalant les marches quatre à quatre comme s'il volait.

Il dépassa Alain d'Albret, le bouscula sans ménagements pour l'accueillir en bas, mains sur les hanches, le ton accusateur :

— Qu'avez-vous dit à dame Anne pour qu'elle soit ainsi hors d'elle ?

— Tout doux, monseigneur ! fit Albret en appuyant d'un air narquois sur le titre. Vous voici bien agité. Il me semble que je serais en droit de me plaindre de vos façons.

— Ne vous approchez plus de cette enfant, siffla Louis, prêt à oublier toute règle élémentaire de courtoisie.

— Sinon ?

Gonflé d'importance, sûr d'être indispensable, Albret jubilait de pouvoir narguer ce jouvenceau sans cervelle, ce prince si transparent.

— Sinon, monseigneur ? Que comptez-vous me faire, et surtout, de quel droit ? Car si je ne m'abuse, c'est moi et non vous, déjà pourvu d'une épouse, que le duc a choisi pour futur gendre. Rien ne vous autorise à vous immiscer entre moi et ma fiancée.

Il détacha le mot à dessein. Louis l'aurait volontiers étranglé.

— Vous oubliez qu'elle n'est encore qu'une petite fille.

— Pas plus que vous. D'ailleurs, elle ne le sera bientôt plus.

— Traitez-la avec les égards qui lui sont dus, je vous prie.

L'œil bleu de Louis était aussi froid qu'un couperet sans pour autant troubler le regard porcin qui continuait à le fixer avec ironie.

— Avec les plus grands égards, cela va de soi, rétorqua Albret en esquissant un salut désinvolte.

— Le diable m'emporte ! jura Louis un peu plus tard en retrouvant Dunois, auquel il relata l'incident. J'ai des envies de meurtre dès que j'aperçois cet immonde personnage.

— Je te comprends. Il me dégoûte aussi.

— Qu'a-t-il pu faire à cette petite ? Elle ne dira rien, je le sais.

— Rassure-toi. Cela n'a pas dû aller bien loin. Albret ne pourrait se le permettre d'ailleurs. Mais il est facile d'effrayer une enfant de cet âge. Surtout avec un tel physique, de telles manières.

— Je ne supporte pas l'idée que ce rustre puisse un jour être marié à cette pauvre mignonne. Si je ne peux l'épouser moi-même, au moins que ce soit un autre que lui.

— Nous ferons tout pour l'évincer, calme-toi. Cependant, rappela Dunois, le sire d'Albret doit être pour le moment convaincu du contraire. Pense à ses Gascons, aux renforts espagnols. Sans eux, nous serions bien légers.

— Je sais, je sais, soupira Louis. Ah, Dunois, où cela nous mènera-t-il ? Parfois, j'ai peur de tout perdre.

— Craindrais-tu de mourir ?

— Il y a pire, Dunois.

— Si l'honneur est sauf, il n'y a rien à redouter, et quels que soient nos actes, nous pouvons croire en l'aide de Dieu.

— En ce qui te concerne, tu peux être tranquille, créature sans reproche, plaisanta Louis pour détendre l'atmosphère.

En riant les deux hommes se donnèrent l'accolade. Que serait l'existence sans Dunois, digne descendant des preux de jadis, le meilleur d'entre tous ?

13

Ils étaient prêts à partir, prêts à se battre. Louis était sincère en affirmant qu'il n'avait pas peur. Un prince, un chevalier n'a pas peur, jamais. Mais alors, qu'était donc ce malaise permanent ? Quelles étaient ces pensées sombres, indéfinissables comme un mauvais pressentiment, qui ne cessaient de le tourmenter ?

Il se présenta chez Anne pour lui faire ses adieux, triste et mal à l'aise. Sourire, prononcer des paroles encourageantes, tout cela allait exiger de sa part un gros effort.

Anne avait ressorti de son coffret la bague qu'il lui avait offerte quatre ans plus tôt, et la portait ostensiblement. Que voulait-elle signifier par ce geste ? Qu'elle voulait croire malgré tout à leurs improbables fiançailles ? Ou était-ce plus simplement en témoignage de la profonde affection qu'elle éprouvait pour lui ? Elle n'en savait trop rien. Elle était à l'âge où même une jeune fille comme elle, élevée avec rigueur et réalisme, sent son cœur s'éveiller, son imagination s'envoler. Louis avait tout du prince charmant et il partait en guerre. Et s'il n'allait jamais en revenir ?

En entrant, le jeune homme remarqua aussitôt le rubis scintillant à une grande chaîne d'or. L'attention le toucha.

— *Cominus et eminus.* Toujours trop grande pour vos petits doigts ? voulut-il plaisanter.

Mais il s'aperçut qu'Anne avait l'air aussi nerveux et angoissé que lui. Inutile de feindre un entrain qui n'était pas de mise.

— Anne, je dois vous le dire, vous êtes libre envers moi de tout engagement.

Elle se contenta de hocher gravement la tête. Il poursuivit :

— Mais promettez-moi au moins que vous n'épouserez pas messire d'Albret, quoi qu'il arrive.

— C'est une promesse que je vous fais bien volontiers. Je la tiendrai, coûte que coûte. Je hais trop cet homme.

— Merci, Anne. Et n'oubliez pas aussi que vous pouvez compter sur messire de Dunois en toute chose.

— Mais nous allons vous revoir, n'est-ce pas ? s'écria Isabeau pénétrée par la gravité de sa sœur et de Louis.

— Bien sûr ! Le plus vite possible ! lança clairement ce dernier, retrouvant le sourire.

Il ouvrit les bras aux deux petites qu'il embrassa, plus ému qu'il ne l'avait jamais été.

— Dieu garde !

— Qu'Il vous garde aussi, mes mignonnes.

Devant leur abandon confiant, leur innocence et leur désarroi, il fut envahi d'une tristesse aiguë, presque douloureuse. Avec une infinie douceur, il se détacha d'elles puis, brusquement, quitta la pièce, presque en courant.

14

La ville de Fougères, que l'on croyait imprenable, tomba aux mains de La Trémoille. Un à un, les postes clefs de la frontière échappaient au duc. En sauverait-on un, au moins ? Pour une fois du même avis, Orléans et Rieux décidèrent d'assiéger la forteresse de Saint-Aubin-du-Cormier avec toutes les forces disponibles.

L'armée bretonne se composait de huit cents lansquenets allemands envoyés par Maximilien de Habsbourg, sous les ordres du capitaine Bhler ; d'environ trois mille cinq cents Gascons et Espagnols d'Alain d'Albret ; de quelque cinq cents Anglais commandés par Talbot auxquels s'étaient joints des Bretons portant le même uniforme à la croix de saint André afin de tromper l'ennemi sur le nombre exact de ces redoutables archers. Près de six mille Bretons s'alignaient derrière leurs chefs, cavaliers, artilleurs, fantassins, au total une troupe de plus de onze mille hommes souvent enclins à l'indiscipline, prêtant foi aux rumeurs les plus folles, face aux quinze mille soldats de La Trémoille, dont ceux du vicomte de Rohan et les fameuses compagnies suisses parfaitement entraînées.

Saint-Aubin-du-Cormier, 28 juillet 1488, jour maudit pour la Bretagne ! Pourquoi une telle défaite ? Était-elle imputable aux querelles de chefs, à des malentendus, à des maladresses, ou bien à la fatalité ? Pourtant chacun se battit jusqu'au bout, personne ne faillit à l'honneur mais rien ne put empêcher le carnage, la perte de milliers d'hommes, le massacre des blessés achevés sans pitié par les mercenaires de La Trémoille.

Pour l'exemple, Louis d'Orléans avait combattu à pied sous l'armure, avec un courage digne de ses aïeux. Ce fut grâce a cette armure de forme et de couleur particulières dont l'emblème du porc-épic et sa devise « *cominus et eminus* » avaient été gravés sur l'acier étincelant, qu'il eut la vie sauve. Seul contre un groupe de Suisses, il allait être tué à son tour lorsque l'un d'eux le reconnut. Fait prisonnier, il fut ramené en France le soir même, le cœur broyé, laissant derrière lui le chaos d'une lande rougie par le sang.

Ainsi tout s'effondrait, il n'y aurait pas d'éclaircie dans ce terrible crépuscule, pas de coup du sort favorable, pas de miracle *in extremis* comme François II en avait toujours connu. Tout était perdu, Dinan, Saint-Malo et d'autres villes encore. Que faire sinon se résigner à demander la paix, s'incliner devant les exigences de l'adversaire ?

Le traité fut rédigé au château du Verger, propriété du maréchal de Gié, l'un des Rohan alliés de Charles VIII. Le duc en reçut le texte fin août et le signa, la mort dans l'âme. L'humiliation était complète, il abandonnait tout ce pour quoi il avait lutté sa vie durant, sa souveraineté, son indépendance. Pis encore : le sort de ses filles ne lui appartenait plus. Ce serait au roi de France d'en décider. Elles ne pourraient se marier sans son consentement.

Abattu, François avait péniblement regagné les environs de Nantes et, en cette accablante fin d'été, s'était installé au château de Couëron, dans l'estuaire de la Loire. Anne, Isabeau, tous ses proches l'entouraient, le fidèle Montauban, Mme de Dinan, bien sûr, sombre et vigilante, Rieux qui avait réussi à revenir indemne du combat ainsi qu'Albret. Manquaient Jean de Chalon, fait lui aussi prisonnier, Dunois et Lescun qui représentaient le duc auprès du roi de France.

— Ah, si au moins Louis était ici !

Anne s'aperçut qu'elle avait pensé tout haut tandis que son père, étendu sur son lit, s'abandonnait à un repos fébrile. Depuis son retour, depuis qu'il avait tenu à annoncer lui-même la catastrophe à ses filles, Anne passait le plus clair de son temps auprès de lui.

— Dunois, divagua-t-il d'une voix pâteuse dans sa somnolence. Il reviendra bientôt.

— Et Louis ? aurait-elle voulu demander, sachant pourtant la question inutile.

Louis était entre les griffes de la régente, traité en criminel, privé de liberté, relégué dans un cachot. N'aurait-il pas mieux valu pour lui mourir en héros sur le champ de bataille ? Impossible d'imaginer ce vif-argent entre quatre murs ; impossible aussi de se convaincre qu'elle ne le reverrait plus.

— Anne, mon cœur, toi aussi tu penses à Louis, n'est-ce pas ?

François semblait avec effort sortir de sa léthargie. Ses doigts violacés tâtonnèrent sur la courtepointe à la recherche d'une petite main qu'il serra autant que le lui permettaient ses forces déclinantes. Un instant, il savoura ces derniers bonheurs, le toucher d'une peau douce, la présence de son enfant courageuse et aimante. Silencieux, il laissa la fillette lui tamponner le visage avec un linge imbibé d'eau de violette. Dans la chambre, pourtant ouverte sur les jardins que caressait l'air de la mer proche, il régnait une atmosphère oppressante où stagnait le poids de la défaite et des chagrins. Le parfum ramena un instant le souvenir des jours heureux. « Il n'est trésor que de liesse » : François, c'est vrai, avait vécu une belle et bonne vie. Hélas, elle s'achevait sur un échec. Bientôt, il devrait comparaître devant la cohorte des anciens souverains de Bretagne dont il n'avait pas su demeurer le digne successeur.

Effaré par cette vision, il se redressa sur un coude, s'agrippa à sa fille.

— Anne, Anne, tu dois reprendre le flambeau. Ne les laisse pas faire. Le duché te revient et il doit demeurer libre. Toujours ! N'oublie pas ! Charles n'a aucun droit sur lui. Ni personne. Il n'y a que toi.

— Je le sais, père. Chut. Vous vous fatiguez.

Elle voulut faire signe au valet de la garde-robe qui veillait au pied du lit, mais son père l'en empêcha.

— Non, non ! Écoute. Rien n'est peut-être encore perdu.

Une lueur s'était allumée dans ses prunelles délavées, celle du politique opiniâtre et rusé qu'il avait été naguère.

— Ce traité... Il n'est que félonie. Nous ne sommes pas tenus d'obéir. Si tu épouses Maximilien, le roi Charles trouvera à qui parler.

Marier sa fille, choisir enfin le gendre qui sauverait la situation, l'idée majeure de toutes ces dernières années ! Marier Anne, sauver sa couronne ! Jusqu'à son dernier souffle, ce but l'obséderait.

— Je m'en veux, ajouta-t-il d'une voix plus faible, de ne pas t'avoir mieux protégée, de devoir te laisser avec Isabeau au milieu de fourbes, de gens sans scrupules.

Que disait-il ? Anne s'affolait, comprenant que son père évoquait l'imminence d'un départ, d'une séparation irrévocable.

— Ils m'ont trahi ; ils recommenceront. Reste sur tes gardes. Mais tu as des fidèles, Montauban…

François reprit haleine avant de poursuivre :

— Et les Bretons, oui. La plupart nous sont attachés. Aime-les !

— Père chéri, ne vous inquiétez pas. Il vous faut du calme, du repos, les médecins l'ont dit. Vous vous remettrez vite.

Elle l'avait écouté mais sans vouloir accepter l'évidence. Rien d'autre que sa santé n'avait d'importance pour elle en ce moment.

— Les médecins ne sont pas bons à grand-chose, reprit François. Ils ont laissé mourir ta mère.

Couchée sur les herbes fraîches qui jonchaient le sol, Mellita gémit, son fin museau pointé anxieusement vers sa maîtresse. Le duc s'agita, balbutia des propos sans suite. Anne enfouit son visage contre son épaule pour lui cacher ses larmes et ils se tinrent longtemps enlacés.

— Encore un peu de tendresse, Seigneur Jésus, encore un peu, implora-t-elle, éperdue.

La porte ouverte brusquement la fit sursauter. Mme de Dinan fit irruption dans la chambre, flanquée du maréchal de Rieux. De marbre tous deux, ils avaient la même allure impérieuse et implacable.

— Anne ! Vous ne devriez pas être ici. Vous fatiguez messire François, lui reprocha la gouvernante. Et vos leçons, y pensez-vous ? Retournez auprès de vos sœurs.

Anne eut beau faire, elle ne put leur dissimuler sa peine et leur en voulut d'autant plus qu'elle surprit l'expression hagarde de son père quand elle s'écarta de lui.

— À demain, père, lui promit-elle tendrement en quittant la chambre.

François bredouilla une réponse. Déjà il retombait dans la confusion, retournait à ses ombres.

Mais le lendemain c'était le drame. Se déclarant beaucoup mieux, François avait soudain décidé de monter à cheval. Montauban, quelques-uns de ses officiers tentèrent vainement de l'en dissuader : il tenait à peine en selle ! L'accident survint à une lieue de Couëron. Il s'affaissa, tomba rudement à terre. Ramené au château grièvement blessé, le duc succomba peu après à ses blessures. Ses dernières paroles, ses dernières pensées furent pour sa chère Bretagne, pour ses filles, pour sa petite Anne.

Dans les rues de Nantes, silencieuses et tendues de draperies funèbres, son cercueil fut conduit par une grise journée de septembre jusqu'à l'église des

Carmes. En tête du long et somptueux convoi, chevauchaient, sur des montures luxueusement harnachées, Anne et Isabeau vêtues de noir à la mode bretonne, deux fillettes infiniment touchantes, aux petits visages rougis par les pleurs, unies dans un même chagrin.

II

« La Bonne Duchesse... »
(septembre 1488 – 1491)

« Anne, duchesse de Bretagne par la grâce de Dieu. »

15

— Allons-nous rester encore longtemps à Redon ? demanda Isabeau.

— Je ne sais pas, répondit Anne. Probablement non. D'après messire de Montauban l'épidémie décroît.

Aussitôt après les funérailles de François II, la cour s'était installée à Guérande car des cas de peste s'étaient déclarés à Nantes comme souvent en cette période de l'année. Mais au bout de quelques semaines, la petite ville bien close de remparts avait été rattrapée à son tour par la maladie et la cour avait dû se replier sur Redon.

— Tant mieux, reprit Isabeau. Nous pourrons donc bientôt nous en aller d'ici.

— Tu ne t'y plais pas ?

Pour toute réponse la cadette toussa, remonta frileusement la couverture sur ses épaules, puis se lova contre sa sœur dans le grand lit à courtines vertes qu'elles partageaient. Une veilleuse posée à leur chevet créait autour d'elles un jeu étrange de lueurs et d'ombres tandis que le vent d'hiver mugissait aux fenêtres. Anne se dit qu'Isabeau décidément ressemblait de plus en plus à un oisillon tombé du nid alors qu'elle-même se sentait chaque jour mûrir et se fortifier en dépit de son apparence physique encore fluette. Son chagrin immense, l'impression parfois insupportable d'être seule au monde, privée à jamais de l'amour de ses parents, son nouveau statut de duchesse l'arrachaient définitivement à l'enfance. À l'aube de ses douze ans elle venait d'avoir ses premières règles. Pour Anne, était arrivé le temps des métamorphoses.

Elle était maintenant à la tête d'une maison importante, elle assistait au Conseil, donnait son avis et, au besoin, imposait ses premières décisions. Mais elle ne gouvernait pas encore véritablement et se laissait piloter par des gens compétents. Au premier chef, Philippe de Montauban, nommé chancelier de Bretagne, le plus important personnage de l'État. Anne, qui lui vouait une affection, une confiance totales et justifiées, suivait avec application ses directives. En revanche, elle admettait difficilement la tutelle du maréchal de Rieux pourtant désigné par le duc avant de mourir.

Comment son père avait-il pu la confier à cet individu trouble et retors ? Et à Mme de Dinan ? et à Alain d'Albret couchés eux aussi sur le testament ? Heureusement, son oncle Lescun était réapparu à la cour et surtout Dunois, loyal et rassurant, qui avait pu lui donner des nouvelles de Louis. Transféré sans cesse d'une prison à l'autre, le duc d'Orléans était pour l'heure détenu au château de Lusignan. Anne ne pouvait que prier pour lui afin que la régente fît preuve de clémence.

Comme on devait s'y attendre, l'atmosphère s'était très vite tendue au sein du Conseil, lorsque Rieux et Françoise de Dinan avaient décrété qu'il était urgent de marier Anne maintenant qu'elle était pubère et, selon la volonté du feu duc, de la marier à Alain d'Albret.

Blotties l'une contre l'autre, les deux sœurs peinaient à trouver le sommeil. Isabeau semblait particulièrement tourmentée.

— Vas-tu vraiment l'épouser ?

— Jamais ! Je préférerais renoncer au monde, me retirer au fond d'un cloître pour le restant de mes jours ! Ou mourir !

Anne avait répondu avec feu. Sa voix inquiéta Aliénor et les deux servantes installées pour la nuit sur des matelas, dans la garde-robe.

— Tout va bien, dame Anne ? s'enquit Aliénor.

N'obtenant qu'un profond silence, la domestique en conclut que l'une des petites avait dû faire un mauvais rêve. Ces mignonnes orphelines ballottées par le sort étaient aussi attendrissantes que deux faons privés de mère.

Au bout de quelques minutes, le conciliabule reprit plus bas, Anne expliquant à Isabeau la lutte quotidienne qu'elle menait contre leur gouvernante et le maréchal qui, par tous les moyens, même les plus malhonnêtes, cherchaient à conclure au plus vite cette union.

— Dame Anne, la gourmandait Rieux. Vous allez à l'encontre des souhaits de votre père. Rappelez-vous : il a expressément choisi messire d'Albret. Croyez-vous être en position de refuser l'appui d'un seigneur aussi puissant quand les Français et le vicomte de Rohan continuent à progresser en Bretagne au mépris des accords signés ?

— Du reste, nous pensions que vous l'aviez compris et accepté, renchérissait Mme de Dinan. Pourquoi ce revirement, cette hostilité vis-à-vis du sire d'Albret ?

— Je lui ai toujours été hostile mais je dissimulais mon véritable sentiment pour ne pas contrarier inutilement mon père. Et pour ce qui est de ce choix, il n'a jamais été définitif. D'autres projets...

— Anne, reprenait suavement la gouvernante en changeant de tactique. Je vous parle comme le ferait une mère à sa fille. Ne vous ai-je pas moi-même élevée ? En vous enseignant avant tout le respect du devoir...

— Je connais le mien ! Rien ni personne ne m'obligera à m'unir à cet homme.

Anne n'en démordait pas, se souvenait de ce qu'elle avait promis à Louis, encouragée par Montauban et Dunois qui, de son côté, surveillait de près le comportement d'Albret à l'égard de la jeune fille. Lui aussi avait fait une promesse à son cousin Orléans.

Isabeau finit par s'endormir et Anne, épuisée par les tensions accumulées durant la journée, par l'obstination et la volonté dont elle devait faire constamment preuve, l'imita peu après.

Elle dormait profondément lorsqu'elle sentit une présence insistante tout contre elle.

Anne maugréa dans sa torpeur, protesta tout en cherchant à la repousser : Isabeau en prenait à son aise ! Mais la pression dont elle était l'objet s'accentuant, elle s'éveilla tout à fait et demeura figée par la surprise et l'effroi : il ne s'agissait pas de sa sœur !

Le corps d'un homme s'était introduit dans sa couche, une main puissante la bâillonnait, étouffait son cri. Sa couverture écartée brutalement, on voulut lui relever sa chemise. Une ombre fantasmagorique se projetait sur les tentures telle une bête monstrueuse et Anne crut quelques secondes à un cauchemar. Mais les mains étaient bien réelles et le visage aussi.

Par terre, dans sa corbeille, Mellita terrorisée grondait sourdement. Anne, toujours paralysée, crut que son cœur allait cesser de battre.

Encouragé par cette inertie, l'homme s'apprêtait déjà à savourer sa victoire. La jeune fille sentit un membre dur à travers sa chemise, des attouchements fébriles, impudiques. Alors, brusquement, l'horreur la souleva. Avec une force qu'on n'aurait pas pu soupçonner chez elle, Anne réussit à repousser le corps et les mains qui la malmenaient et se mit à hurler tout en frappant son agresseur de ses petits poings, se tordant comme une anguille pour lui échapper.

— Pardieu, calme-toi, ma jolie, chuchota-t-il d'une voix haletante. Tu vas ameuter tout le château. Pense au scandale !

D'Albret ! Lui ! suffoqua-t-elle intérieurement. Il a osé ! Elle hurla de plus belle.

Réveillée en sursaut, Isabeau poussa un cri en la voyant se débattre sous l'indigne Gascon. Dans la garde-robe, Aliénor et les filles se levèrent d'un bond et se précipitèrent, arrachèrent les rideaux, se jetèrent sur lui. À elles trois, elles réussirent à le maîtriser et à le pousser dehors sans ménagement, en le traînant par les cheveux. La porte de la chambre verrouillée, elles revinrent réconforter les deux sœurs qui sanglotaient dans les bras l'une de l'autre, en proie à une véritable crise de nerfs. En même temps, Mme de Dinan survenait par un passage dérobé puis Montauban et Dunois alertés par l'une des chambrières. Ils durent attendre que les pauvres gamines se fussent un peu calmées, puis la gouvernante s'exprima la première :

— Messire d'Albret n'a pu commettre ce dont vous l'accusez. C'est impensable.

— Mettriez-vous en doute la parole de mesdames Anne et Isabeau, celle de ces femmes ? s'indigna Montauban.

— Non... non, bien sûr. Mais peut-être ont-elles mal interprété les intentions de mon demi-frère ?

— Il s'agit ni plus ni moins d'une tentative de viol, martela Dunois. Ce triste sire doit être châtié. Il mérite la mort.

— Mais il n'y a pas eu viol et la faute n'est pas impardonnable puisque messire d'Albret est pour ainsi dire fiancé à Anne.

Il était rare que Mme de Dinan eût l'air aussi troublée. Où étaient donc passés ses principes religieux, sa rigueur ? Le goût du pouvoir et des honneurs, l'appât de nouvelles richesses les avaient-ils balayés comme fétus de paille ? Était-elle la complice d'Albret ? L'avait-elle mené elle-même par le passage dérobé qu'elle avait emprunté cinq minutes plus tôt ?

L'indignation, la déception, l'écœurement d'Anne étaient tels qu'elle réussit presque à oublier sa pudeur outragée, son traumatisme.

— Je vous ai déjà dit et répété que je ne l'épouserai pas ! Qu'il paye maintenant pour ce qu'il vient d'oser faire !

— Réfléchissez bien, Anne, répliqua Mme de Dinan sans plus se démonter.

Elle prononça les mêmes mots qu'avait dits Albret : « Pensez au scandale. »

À la stupéfaction de la jeune fille, Montauban l'approuva. Punir Albret, ébruiter cet incident, tout cela risquerait d'entacher la réputation de la jeune souveraine. En aucun cas le moindre soupçon ne devait peser sur elle. Même Dunois dut l'admettre à son tour : un éclat ne pourrait que compromettre toute initiative future. Quel prince en effet accepterait pour épouse une jeune fille dont la virginité pouvait être mise en doute ?

Ainsi préservait-on l'avenir et Mme de Dinan sauvait la tête de son protégé. À son regard, Anne comprit qu'elle gardait encore l'espoir de parvenir à ses fins.

Un silence s'ensuivit, la jeune fille sécha ses dernières larmes, se redressa contre ses oreillers et serra très fort la main d'Isabeau. Une fois de plus, il lui fallait obéir à la raison d'État, jouer avant tout la prudence.

— Que messire d'Albret ne réapparaisse jamais devant mes yeux ! se contenta-t-elle de dire sourdement en détournant la tête.

16

L'un des premiers parchemins officiels que signe Anne de Bretagne est la déclaration officielle devant notaires apostoliques notifiant son refus d'épouser Alain d'Albret. Son grand paraphe exprime son entière détermination, sa fierté que rien ne saurait entamer. Quelques jours plus tard, après avoir vainement tenté d'intimider le chancelier Montauban, Rieux et Mme de Dinan quittent Redon avec fracas pour s'enfermer à Nantes. Albret est des leurs, bien entendu. Mais aussi Odet de Lescun, l'oncle préféré d'Anne, ainsi que d'autres habitués de la trahison.

Certaines figures heureusement réapparaissent. Libéré de la prison d'Angers, Jean de Chalon revient. Il n'est pas de trop pour soutenir une petite duchesse qui voit maintenant son autorité contestée et sa capitale, la ville où elle est née, Nantes, sa chère cité, lui fermer ses portes.

Elle décide cependant de s'y rendre. Avec Isabeau, elle quitte Redon en litière, à l'abri du vent et de la pluie qui cinglent les mules de l'équipage et courbent le dos des cavaliers de l'escorte. Un simple petit détachement de lansquenets les accompagne outre Dunois, Montauban et quelques officiers. L'air brouillé empêche de distinguer à l'horizon les remparts et les tours de Nantes. L'émissaire envoyé auprès de Rieux en rapporte tout juste un message qui laisse Anne outrée. Le maréchal accepte volontiers de la recevoir – comme s'il était chez lui ! – mais il impose ses conditions : qu'elle vienne seule avec Isabeau et une dizaine de gardes, pas davantage, et, le comble, qu'elle pénètre dans la ville discrètement par une porte basse !

— Nous faufiler entre les murailles comme des parias ! Vouloir m'infliger pareille humiliation, à moi, sa suzeraine !

Elle suffoque, si forte est l'offense.

— Je sais bien pourquoi il tient à ce que j'entre inaperçue. Si les Nantais me voient ou apprennent ma présence, c'en est fini de ce félon. Les bonnes gens de Nantes m'ont toujours aimée, soutenue.

À l'intérieur de la litière, en dépit de la petite chaufferette qui diffuse sa chaleur, Anne sent l'humidité froide la pénétrer. Isabeau tousse sous une couverture de marte qu'Aliénor a étendue sur elle. Indignés, désolés pour elles, Montauban et Dunois se concertent, cherchent la meilleure parade. La duchesse a raison : elle doit effectuer une entrée solennelle, par la grande porte de la ville, acclamée de ses sujets, dans les rues pavoisées. Une entrée digne de son rang.

Montauban donne l'ordre à leur petite troupe de poursuivre la route. Aussitôt, Rieux envoie ses hommes s'interposer entre l'équipage d'Anne et les faubourgs de Nantes. Une seconde fois, il propose à la jeune fille de venir seule ; une seconde fois, elle refuse, exigeant de rencontrer quelques bourgeois représentant la ville. Peine perdue !

Montauban, qui la connaît bien, la devine prête sous l'effet de la colère et de l'humiliation à un acte irréfléchi.

— Dame, si vous commettez l'imprudence d'entrer à Nantes sans plus de protection, vous vous retrouverez mariée de force au sire d'Albret en moins de temps qu'il n'en faut pour le dire.

— C'est l'évidence. Le chancelier a raison, renchérit Dunois. Rieux cherche à vous attirer dans un piège.

— Alors que faire ? rage-t-elle. Demi-tour ?

— Hélas, oui, en effet, ce serait plus sage, répondent les deux hommes à l'unisson.

Lentement, d'un pas funèbre, le convoi reprend donc le chemin de Redon. Quand, soudain, un lointain martèlement de sabots derrière eux, venant de Nantes, alerte les membres de l'escorte. Des cavaliers se sont lancés à bride abattue à leur poursuite, les sbires du maréchal furieux de voir sa proie lui échapper. Montauban et Dunois échangent un rapide coup d'œil. Dans un même réflexe, sans perdre une seconde, ils arrêtent la litière, saisissent les deux jeunes filles et éperonnent leurs chevaux.

Anne en croupe derrière le chancelier, les bras fortement serrés autour de lui, Isabeau accrochée à Dunois disparaissent en quelques instants, emportées au grand galop, laissant leur escorte couvrir leur faute.

Que me reste-t-il maintenant ? pense Anne de retour à Redon, abandonnée, plus menacée qu'un frêle esquif pris dans une tempête en pleine mer. L'argent manque, les Français sont parvenus jusqu'à Concarneau ; Nantes m'est interdite ; Charles VIII me conteste mon titre de duchesse. Que me reste-t-il ?

Une volonté farouche, extraordinaire ! Douze ans seulement et tant d'expérience ! Dieu, sans doute, lui insuffle cette force, ce courage. Des amis ? Elle ne les a pas tous perdus ! À Rennes, l'irréductible, dont l'adversaire n'a pu venir à bout, tout le monde l'espère encore. Là elle sera en sûreté ; là elle pourra préparer sa riposte.

Aussi lorsqu'une délégation de Rennais vient la trouver avec les protestations de loyauté dont elle a un si poignant besoin après son cuisant échec devant Nantes, Anne sent renaître en elle un formidable espoir.

— Prête à mettre le cap sur Rennes, dame Anne ? dit Montauban, un large sourire éclairant son visage.

— Oui ! Sans plus attendre, je suis prête !

17

La cathédrale Saint-Pierre de Rennes avait retrouvé la presse des grandes occasions. Anne aurait pu se croire transportée trois années en arrière lorsque son père avait tenu à la faire reconnaître par ses sujets au cours d'une première cérémonie officielle. Dehors sévissait le même froid humide. Dans la nef, c'était la même pompe, les mêmes échos de voix puissantes sous les voûtes tapissées d'oriflammes, le même ruissellement doré de cierges, le même parfum d'encens. Sauf que beaucoup de ceux qui l'entouraient alors avaient aujourd'hui disparu ou l'avaient trahie. Marguerite était morte et François aussi, la laissant face à ses honneurs et à ses devoirs.

Aujourd'hui, c'était au tour d'Anne de tenir l'épée et la bannière ducales, de garder la tête droite sous la couronne à huit fleurons, de porter le grand manteau brodé d'or sur une dalmatique pourpre fourrée d'hermine.

La veille, à la lueur des flambeaux, elle avait fait son entrée à Rennes par la porte Mordelaise, accueillie par l'évêque, le chapitre et les notables pour passer la nuit en prières dans la cathédrale, comme tous les ducs l'avaient fait avant elle la veille de leur couronnement. Mais aucun d'eux n'avait eu sa jeunesse et sa fragilité à l'instant de prêter serment. Sur sa foi, elle s'engageait à défendre les franchises de l'Église, les droits et les libertés de la noblesse bretonne et à protéger son peuple des injustices. « Duchesse de Bretagne par la grâce de Dieu » : plus rien ni personne ne lui ravirait ce titre dont elle jura de se montrer digne, sa vie entière.

Ce fut à cette époque, au cours des deux années éprouvantes qui allaient suivre, que commença à se bâtir la légende autour de son nom. « La Bonne Duchesse », « la Duchesse en sabots »... Bonne, elle l'était, certes, et ne pouvait sans souffrir constater les déchirures du pays breton. Duchesse en sabots ? Ce serait beaucoup dire. Mais il est vrai que sa situation était précaire, que jamais les finances n'avaient été aussi basses, la monnaie dépréciée, les dettes astronomiques. Riche, elle l'était surtout de l'affection des petites gens à la rencontre desquelles elle allait volontiers. Anne fut obligée d'hypothéquer ses biens, de vendre des bijoux de sa mère, de faire appel sans cesse à l'aide étrangère.

On aurait pu difficilement trouver situation plus complexe, plus périlleuse qu'en ce début de règne. À Nantes, le maréchal de Rieux gouvernait en se proclamant toujours légataire du duc François. Dans tout le pays, le vicomte de Rohan s'imposait au nom de Charles VIII. Anglais, Espagnols et Allemands, trop heureux de contrer le roi de France, apportaient leur soutien à Anne au détriment des populations. Qu'il fût breton ou étranger, un soldat était toujours un fléau pour le peuple. Piétiné, pillé sans relâche, le pays n'en pouvait plus.

Comment dans ces circonstances chaotiques rétablir l'ordre et la paix ? Anne devait-elle attendre que Charles VIII, qui avait chargé ses juristes de prouver définitivement ses droits en Bretagne, vînt prendre sa place ?

C'est alors que ses conseillers lui annoncèrent la nouvelle.

— Que dites-vous ? interrogea-t-elle, incrédule.

— Oui, le maréchal veut la réconciliation.

— Quelle foi peut-on accorder à ses propos ? fit Anne, encore sceptique.

Elle devait lever les yeux pour croiser les regards de Montauban, Dunois et Jean de Chalon, trois gaillards taillés dans le roc, chacun à leur manière si bienveillants, et sans lesquels elle aurait été perdue.

Ils ne ménageaient pas leur peine en effet, toujours par monts et par vaux, par terre, par mer, pour servir sa cause.

— Je vous assure, le maréchal de Rieux se range de votre côté, expliqua Jean de Chalon dont les troupes avaient bien failli se battre contre celles de l'éternel rebelle.

— Souhaitons que cette nouvelle volte-face soit la dernière, remarqua Anne.

Il est vrai que déjà son oncle et parrain Odet de Lescun l'avait rejointe à Rennes, repentant et affectueux, ce qui ne l'avait pas empêché de réclamer un geste généreux de sa part, en l'occurrence le don d'un fief important, qu'elle lui avait accordé avec son pardon, à temps puisqu'il venait subitement de mourir.

Rieux avait donc finalement sous-estimé le prestige et la popularité de la petite duchesse. Devant les états de Bretagne réunis à Vannes, il annonça qu'il renonçait à son rôle officiel de tuteur, rôle qu'il estimait avoir rempli avec scrupule. Comme d'habitude, il ne manifestait ni honte ni remords mais une folle arrogance et un impitoyable sens des affaires. Sa soumission ? Il entendait la monnayer chèrement. Ses biens ayant souffert de la guerre, il exigeait d'être indemnisé, dressant une liste effarante de ce que lui devait l'État.

Bien entendu, Mme de Dinan n'était pas en reste. Elle aussi demandait à être largement dédommagée. En retour, tous deux abandonnaient leur projet de marier Anne à leur protégé. Mais en compensation ils exigeaient qu'Albret fût nommé gouverneur de

Nantes, reçût une pension exorbitante et, à défaut d'épouser sa souveraine, unît son fils Gabriel à Isabeau.

Des loups, des rapaces, tempêtait Anne bien obligée d'accepter le marché, découvrant chaque jour un peu plus la noirceur des âmes.

Forte des leçons de son père, elle n'avait pourtant d'autre alternative que d'accepter, dans la mesure du possible, leurs prétentions. Les états avaient voté pour. Ses proches et ses alliés étrangers l'encourageaient à le faire. Ne savait-elle pas combien les sentiments personnels valaient peu de chose en regard de l'intérêt général ?

« … De fait ayons voulu et consenti le mariage être fait de notre très chère et très aimée sœur germaine Isabeau de Bretagne avec notre bien-aimé Gabriel seigneur d'Avesnes, fils de notre très cher et très aimé cousin, le sire d'Albret… »

Apposer sa signature au bas de ce document officiel fut pour Anne un véritable supplice. Les formules, même convenues, lui étaient trop douloureuses. Mais elle eut satisfaction au moins sur un point : Albret reçut également l'interdiction de reparaître à la cour.

C'était l'été et Rennes baignait dans une torpeur lourde ponctuée par le carillon de la tour de l'Horloge. Tout neuf et déjà célèbre au-delà des frontières, il saluait la Vierge et chantait l'alléluia. Un saint Michel flamboyant sous une armure d'or frappait les heures à coups d'épée sur un diable vaincu.

Logées rue Saint-Yves, dans l'hôtel de la Garde-Robe, Anne et ses sœurs vivaient au rythme allègre des cloches de la ville, rassurées par sa solide ceinture de remparts. Parfois, quand la chaleur se faisait trop pesante, il leur arrivait de regretter la fraîcheur des bords de Loire ou les beaux jours passés à Suscinio. Mais dans la quiétude relative du jardin de leur hôtel, environné par le parfum des roses, elles évoquaient rarement ce temps béni. Dolus n'était plus là pour les distraire, emporté trop jeune par une méchante fièvre. Anne restait la plupart du temps soucieuse et tendue. Les dames de sa suite n'osaient pas s'entretenir devant elle de futilités. Quant à Isabeau, souvent malade, elle cherchait auprès de Françoise, qui avait maintenant plus de vingt ans, une compagnie rassurante et compréhensive. Le caractère inflexible de leur sœur n'était pas toujours facile à supporter pour son entourage.

En ce jour de juillet, Anne se sentait particulièrement accablée. L'encre avait giclé de la plume, tout à l'heure, quand elle avait signé, avec une rage mal contenue, la lettre destinée à Alain d'Albret. Des taches restaient sur ses doigts qu'elle n'avait pas tout à fait réussi à effacer.

— Isabeau !

Ses dames lui avaient dit qu'elle trouverait sa cadette au fond du jardin. Elle y était, en effet, assise à l'ombre d'un arceau de buis. Son petit chien favori se leva à la rencontre de Mellita qui accompagnait partout sa maîtresse. Mais Isabeau ne bougea pas, le buste voûté, le visage fermé, triste, les mains inactives sur un ouvrage d'aiguille.

Anne rassembla ses jupes de soie et s'assit près d'elle.

— Isabeau... commença-t-elle embarrassée.

Redressant la taille comme il convenait à son rôle, elle se racla la gorge. Il n'était pas question de céder à l'émotion.

— J'ai quelque chose à te dire.

— Ne te fatigue pas, je suis déjà au courant, fit Isabeau sur un ton hostile, inhabituel.

— Ah ! Eh bien, dans ce cas...

La petite ne la laissa pas poursuivre.

— Tu as pu me faire ça à moi, ta sœur ? Tu as pu me vendre au fils de ton pire ennemi, de celui qui a voulu te violer ?

— Je t'en prie, calme-toi, dit Anne surprise par sa véhémence mais au fond d'elle-même ne reconnaissant que trop la justesse de ses reproches. Il s'agit seulement de te marier à son fils qui ne lui ressemble en rien. Gabriel d'Avesnes est aimable et doux.

— Qu'en sais-tu donc ? De toute façon, je n'en veux pas !

— Dans ce domaine, ce que nous voulons ou pas n'importe guère, répliqua Anne fermement. Les états en ont décidé ainsi, je m'incline et tu en feras autant. Dois-je te rappeler qui tu es ? Qui nous sommes toutes deux ? L'intérêt de la Bretagne passe avant toute autre considération.

Comment le lui faire comprendre ? Elle avait envie de prendre sa sœur par les épaules et de la secouer. Aucune faiblesse ne leur était permise à toutes les deux.

Mais en la contemplant si affectée, tout à coup, elle se souvint de son propre désarroi face à leur père qui cherchait alors à lui expliquer l'intérêt d'une union révoltante. Les larmes d'Isabeau étaient les mêmes que celles qu'elle avait versées naguère à la perspective d'épouser d'Albret. Et ce rose trop vif aux pommettes de sa cadette, cet air fiévreux, cette petite toux évoquaient tant Marguerite ! Se sentant fondre, Anne se dépouilla de son armure, glissa un bras autour de la taille d'Isabeau et l'attira tendrement contre elle. Que la pauvrette était maigre et frissonnante !

— Petite sotte, murmura Anne avec douceur, ne pleure pas. Réfléchis donc : combien de fois n'a-t-on pas accordé ma main ici ou là ? Et suis-je mariée pour autant ?

Elle souriait maintenant, cherchant à rassurer la fillette.

— J'ai besoin de toi, Isabeau. L'essentiel est de calmer toute cette bande de malfaisants. Mais ce n'est qu'une promesse de circonstance. Tes noces ne sont pas encore célébrées, crois-moi.

Elles ne le furent jamais, et pour cause ! Un mois plus tard, le 24 août 1490, Isabeau s'endormait pour toujours. Elle n'avait pas tout à fait douze ans. Pour Anne, ce fut une épreuve terrible où, au chagrin d'avoir perdu la précieuse et très chère compagne de son enfance, s'ajoutait le remords d'avoir parfois été dure avec elle. Ce deuil la rapprocha davantage de Françoise. Mais surtout, après avoir beaucoup pleuré et prié, elle se remit farouchement à la tache avec une énergie décuplée qui forçait l'admiration des plus insensibles.

18

— Françoise, cette fois c'est sûr, je vais me marier.

L'étourdissant ballet diplomatique avait fini par porter ses fruits : accepté par l'Angleterre et l'Espagne, le mariage autrichien était presque chose faite. Maintenant que la décision était arrêtée, Anne avait du mal à contenir son impatience dont Françoise se gaussait gentiment.

— Il serait temps de stabiliser notre situation et de neutraliser le roi Charles, ne crois-tu pas ? ripostait, non sans agacement, la jeune duchesse.

Piquée, elle prenait ses grands airs. Pour rien au monde elle n'aurait admis qu'elle pensait souvent à Maximilien de Habsbourg et qu'elle avait hâte de se trouver en sa présence. De le confondre avec l'image flatteuse qu'elle s'en faisait.

Il est vrai qu'il avait la réputation d'être un grand prince, attaché aux valeurs de la chevalerie qu'elle-même prisait tant. Autrefois uni à Marie de Bourgogne dont il avait eu trois enfants, il avait beaucoup regretté sa jeune épouse morte prématurément à la suite d'une chute de cheval. Sensible, il l'était donc. Âgé de trente-trois ans, il était aussi de très belle prestance, ses portraits en témoignaient. Il était raffiné, appréciait le luxe et l'élégance. Anne n'aurait pu s'imaginer vivre avec un rustre.

Fils de l'empereur d'Autriche, Maximilien venait de plus d'être couronné roi des Romains par les électeurs allemands, un titre qui lui garantissait la succession de la couronne impériale. En attendant, il gouvernait aussi les provinces des Pays-Bas et résidait souvent à Gand. La présence des Habsbourg au nord et à l'est de la France avait été âprement combattue par Louis XI. En épousant la duchesse de Bretagne, Maximilien prendrait donc Charles VIII en tenaille. Anne s'en frottait les mains.

Maximilien enfin avait promis un fort contingent de soldats qui devaient débarquer à Roscoff. En attendant, il se manifestait par des cadeaux de prix, de charmantes attentions. Touchée, Anne se souvenait aussi que ce mariage aurait plu à son père et que Louis d'Orléans avait toujours estimé les Habsbourg.

Dès qu'il était question de Louis, la jeune fille éprouvait un pincement au cœur, luttait contre une vague de mélancolie. Mais il n'y avait qu'avec Dunois qu'elle évoquait le prince charmant que ni l'un ni l'autre n'oubliaient. Après avoir passé des mois éprouvants dans les cachots du château de Loches, Louis d'Orléans venait d'être transféré dans la Grosse Tour de Bourges où son épouse Jeanne qui, sans relâche, implorait sa sœur et son frère de le libérer, avait reçu récemment l'autorisation de lui rendre visite.

— À mon avis, la présence de ce monstre doit plutôt ajouter aux malheurs de mon cousin, commenta Dunois. La Beaujeu en est certainement consciente.

— Deux ans déjà, murmura Anne tristement, imaginant combien ces deux années avaient dû paraître interminables au pauvre prisonnier.

Parfois, il lui arrivait de croire qu'elle ne le reverrait jamais, qu'il était allé rejoindre François et Marguerite, Dolus et Isabeau.

— Deux ans d'un affreux régime, dans ces cachots, souligna Dunois. Maudite soit la Beaujeu ! Mais ne soyez pas trop en peine, dame Anne, ajouta-t-il vivement en voyant ses yeux assombris. Vos noces approchent. Dès que le contrat sera au point, signé par les états...

Enfin arriva le grand jour ! Le 19 décembre 1490, la cathédrale de Rennes ouvrit ses portes à la cérémonie nuptiale. À quatorze ans bientôt, après moult fiançailles, Anne s'avançait enfin vers l'autel, l'espoir au cœur, pour s'unir avec celui qui devait lui apporter l'alliance tant recherchée, un prince digne d'elle. Étranges noces, sans faste ni apparat, un marié absent. Elle ne l'avait même encore jamais vu ! Retenu pour l'heure par des troubles en Hongrie, ce marié fantôme était néanmoins représenté tout à fait légalement par son ambassadeur et ami intime, le maréchal d'Empire Wolfgang de Polheim, « le beau Polheim » comme on avait coutume de dire.

De fait, Anne n'avait jamais vu plus bel homme, un véritable dieu païen surgi des forêts germaniques, un peu fat, un peu maniéré, mais qui subjuguait toutes les dames de sa cour. Arrivé avec une petite délégation, le secrétaire et le maître d'hôtel de Maximilien, Wolfgang de Polheim, selon une vieille coutume, avait l'insigne honneur d'épouser par procuration, au nom de son maître, la duchesse de Bretagne.

Un banquet suivit la messe, et le soir Anne laissa ses femmes l'apprêter pour sa nuit de noces, l'installer dans son lit de parade. Puis les membres de son Conseil et les représentants de Maximilien furent introduits dans la chambre. Parmi l'assistance, se tenaient Rieux et Mme de Dinan, tous deux imperturbables.

Sous sa courtepointe violette, rehaussée par des coussins de velours, Anne défia du regard son ancienne gouvernante, fière d'avoir su déjouer toutes les intrigues, les pièges infâmes. Ce mariage était pour elle une revanche éclatante. Peur ? Pourquoi aurait-elle eu peur ? Le séduisant Polheim n'allait pas user des droits d'un époux. Ce ne serait qu'un simulacre de consommation même si tout était légalement inattaquable aux yeux de Dieu et des hommes.

Conscient de la grandeur de son rôle, imbu de lui-même, totalement dépourvu d'humour, Polheim suivit les usages à la lettre. Quittant l'un de ses souliers, il ôta son bas de soie et glissa dans le lit, sous les couvertures, sa belle jambe nue. Anne réprima un petit tressaillement en sentant contre le sien le mollet de Polheim. Contact intime, furtif, très bref, Perché sur un pied, le géant blond montra à toute l'assemblée le parchemin de Maximilien, la procuration signée en bonne et due forme. Puis, avec la même componction, il retira sa jambe, remit sa chaussure, s'inclina devant la jeune épousée, salua tout le monde avant de se retirer en silence, pétri d'orgueil et de sérieux.

Anne était donc mariée ! Duchesse de Bretagne, reine des Romains, future impératrice, elle avait de quoi se sentir rassurée et flattée, les droits de son duché étant garantis par le contrat dont elle avait tout lieu de se féliciter. Elle n'aspirait plus maintenant qu'à l'arrivée prochaine de son véritable époux. Ses satisfactions d'amour-propre compensaient les sourires et les moqueries suscités par ces noces peu ordinaires. Anne, un peu vexée, laissait dire.

Beaucoup rirent, en effet. Mais d'autres, pas du tout. Furieux, Charles VIII refusa de reconnaître un mariage qu'il n'avait pas autorisé. Considérant que le traité du Verger avait été violé, il activait déjà les préparatifs de guerre lorsqu'un visiteur furibond fit irruption à la cour de France.

C'était Alain d'Albret. Un fou enragé, malade d'humiliation. Après la petite Isabeau qui avait eu la stupide idée de mourir, échappant à son fils, voici qu'Anne, cette démone, se jouait de lui. Mais il gardait encore l'espoir de la mater, de la réduire à sa merci. Ce mariage autrichien était nul et il le lui ferait payer cher. Sans aucun état d'âme et contre la promesse de pouvoir épouser la duchesse de Bretagne, il venait donc livrer Nantes au roi de France.

La prise de la ville eut lieu une nuit du mois de mars 1491. Une étrange troupe de moines, de mendiants et de paysans s'approcha des murailles. Sous leurs frusques se dissimulaient des soldats aguerris qui se firent ouvrir les portes par des Gascons du sire d'Albret restés dans la garnison. Nantes fut prise, sans coup férir. Et Albret eut un malin plaisir à faire main basse sur tout ce qui appartenait à Anne, mobilier, tapisseries, vêtements, linge et bijoux, ce qu'elle n'avait pu emporter et qui était resté au château après la mort de François. Il fallut l'arrivée des Français pour l'obliger à plus de décence et de modération. La Trémoille précéda de peu Charles VIII qui fit son entrée à Nantes le jour des Rameaux. Le roi tint à se montrer équitable et généreux envers ceux qui acceptaient sa présence. Pour les autres, il leur fut loisible de vider les lieux.

Cette année-là, les cloches de Pâques tintèrent lugubrement sur tout le pays, et Anne, peu à peu, dut voir s'évanouir le beau mirage autrichien.

19

— Messire de Polheim, je m'étonne de ne rien recevoir de mon époux. De votre côté, en avez-vous des nouvelles ?

Le beau visage poudré de l'élégant Polheim trahit sa gêne. Des excuses pourtant, son maître en avait. Après les Hongrois, c'était au tour des Flamands de donner du fil à retordre à Maximilien et de le retenir loin de sa jeune femme. Mais ses troupes ? On les attendait toujours ! Seuls les Anglais avaient fait un geste en envoyant un petit détachement. C'était tout ce que pouvait faire Henri VII Tudor, occupé à affermir son propre trône. En Espagne, les souverains catholiques, pris par le siège de Grenade d'où ils allaient bientôt chasser les Maures, n'avaient plus les moyens d'aider la Bretagne. Devant l'avancée lente mais sûre de La Trémoille, les Bretons ne faisaient pas le poids. Le pays, écrasé, demandait grâce. Guingamp, par exemple, prise et reprise, s'était rendue aux Français sans combattre, ce qui ne lui avait pas épargné le pillage ni celui de toutes les terres alentour. « Le peuple ne le peut plus supporter. » De Dinan à Brest, de Nantes à Saint-Malo, de Fougères à Vannes, le duché désormais était aux mains de Charles VIII, « fors la ville de Rennes et la fille qui était dedans ». Certes, Rennes était solide et ses habitants loyaux. Mais cela ne pouvait plus suffire pour résister longtemps à un ennemi puissant, peu pressé car sûr de sa victoire.

La défection de Maximilien plongeait Anne dans la déception et la colère. Ce mariage si bien calculé, si réfléchi, ne rimait donc à rien. Torturée par l'idée de se savoir impuissante pendant que la population souffrait, elle se révoltait à la pensée que, tôt ou tard, il lui faudrait capituler, se retrouver seule face à son vainqueur.

Autour de Rennes, l'étau se resserrait inexorablement ; l'approvisionnement se faisait de plus en plus difficile. À vol d'oiseau, les troupes de La Trémoille étaient si proches qu'on pouvait la nuit apercevoir, du haut des remparts, les feux de camp.

Un après-midi, les officiers des deux armées organisèrent un tournoi au pied de l'enceinte de Rennes, conviant la jeune duchesse et sa suite à assister au spectacle. Anne prisait beaucoup ces joutes : les fanions et les bannières flottant dans la brise, le son des trompes et des tambours, le martèlement du fer des chevaux, le choc des lances et, sous le soleil, les éclairs d'acier des armures et des lourdes épées.

Du haut d'une estrade, entourée de ses dames, elle prit plaisir à suivre les rencontres courtoises et fit même servir pour tous, amis et adversaires, du vin d'hypocras en fin de journée. Anne se souvenait des tournois auxquels François et sa famille applaudissaient naguère devant les murailles de Vannes ou de Nantes. L'époque n'était pas si lointaine où les chevaliers s'affrontaient en champ clos, chacun défendant sa cause, avec Dieu pour seul arbitre. Hélas, les temps avaient changé ! Aucun champion portant ses couleurs ne viendrait terrasser son ennemi. À Rennes, Anne était prise comme dans une nasse. Comment y échapper ?

Montauban lui apporta le lendemain une lettre de Londres : Henri Tudor lui proposait une escorte pour sortir de la ville et embarquer à destination de l'Angleterre. De là, elle pourrait sans encombre gagner les Flandres et rejoindre Maximilien.

Sur le visage de son chancelier, rien ne laissait deviner son opinion. Cette fois, Anne devait décider elle-même de la marche à suivre. Silencieuse, elle replia le parchemin, releva la tête, prit une profonde inspiration.

— Remerciez en mon nom le roi d'Angleterre, mais écrivez-lui que je refuse son offre.

Point n'était besoin d'expliquer sa décision au loyal serviteur. Fuir son duché en l'abandonnant à son sort lui était impossible. Montauban s'inclina, visiblement satisfait de la réponse et du courage de sa jeune souveraine.

C'était étrange, songeait Anne. Marguerite, sa mère, était mi-ariégeoise, mi-aragonaise. François, son père, avait des origines à la fois françaises et bretonnes. Un quart de sang breton seulement coulait donc dans ses veines. Et cependant, elle se sentait enracinée dans cette Bretagne autant que Philippe de Montauban, issu d'une très ancienne famille du duché. Il est vrai que la nourrice qui l'avait allaitée était bretonne ; l'air qu'elle respirait depuis sa naissance était celui de cette vieille et fière contrée. Cela suffisait-il ? Les épreuves traversées, l'exemple de son père la liaient eux aussi à cette terre, et ce pour toujours.

Son destin sera le mien, pensait-elle avec force, cramponnée à son poste comme un timonier à sa barre.

Or, depuis peu, des voix s'élevaient en France, en Bretagne, pour suggérer que l'avenir résidait en l'union des deux pays. Il n'était pour cela qu'un seul et bien simple moyen : le mariage du roi et de la duchesse. Il en serait ainsi fini des luttes, du sang et des larmes. Le duché relèverait ses ruines ; le commerce et les labours renaîtraient ; la vie quotidienne reprendrait son cours normal dans la paix retrouvée.

« Dieu veuille unir Bretagne et France. » Lorsque Anne eut connaissance de cette rumeur, elle se cloîtra dans une hostilité hautaine, proche du désespoir, refusant d'écouter toute proposition venant de Charles VIII. Envers et contre tout, elle espérait encore une aide de Maximilien, harcelant quotidiennement Polheim, sachant pourtant bien maintenant que ce secours ne lui viendrait jamais.

Seule, seule à mourir... Malgré sa sœur et ses amis, malgré Dunois et Montauban. L'image d'un chevalier invincible, croisant le fer pour la défendre, hantait ses rêves tourmentés. Saurait-elle tenir bon, épargner à son duché davantage de malheurs et de honte ?

— Dame Anne, messire Dunois demande à vous parler, annonça Aliénor un matin d'été, alors que la jeune fille, entourée de ses femmes, achevait sa toilette.

Toujours raffinée, soucieuse de donner aux autres une apparence de maîtrise et d'élégance, même dans une robe des plus simples...

À l'entrée de Dunois dont la silhouette imposante emplissait presque tout l'espace, la chambre parut d'un seul coup rétrécir. Voyant son sourire, Anne comprit aussitôt qu'il était porteur d'une bonne nouvelle.

— Eh bien, messire ? Que me vaut cette visite matinale ?

— Dame Anne, Louis est libre depuis avant-hier.

Elle se leva si vivement qu'elle fit choir le tabouret sur lequel elle se laissait coiffer par sa première chambrière.

— Mon ami, en êtes-vous bien sûr ?

— Absolument. Un courrier vient d'arriver : votre cousin a été libéré le vingt-sept juin au soir. De la Grosse Tour de Bourges où il était enfermé ces derniers mois, il a tout de suite rejoint le roi à Tours où ses amis l'attendaient. Son retour en grâce a été aussitôt annoncé officiellement. Louis a eu le temps de m'écrire ce message. Il est libre !

— Libre ! Enfin ! répéta Anne, les mains jointes. Mon Dieu, je ne croyais plus cela possible.

— C'est une décision personnelle du roi qui semble vouloir se démarquer de sa sœur aînée. Il est majeur maintenant. La régence est terminée.

— Comment va Louis ?

— Il est soulagé, j'imagine, dit Dunois sans marquer le moindre lyrisme. Nous aurons certainement de plus amples détails dans les jours qui viennent.

Ils eurent mieux et leur attente fut brève. Au début de juillet 1491, des cavaliers précédés d'un chevaucheur portant haut la bannière des ducs d'Orléans surgirent au grand galop devant Rennes. Parmi eux, caracolait Louis qui fit une entrée triomphale dans une ville rapidement pavoisée. Personne n'avait oublié le héros valeureux mais malchanceux de Saint-Aubin-du-Cormier. Les membres du Conseil le reçurent comme un des leurs ; il y reprit tout naturellement sa place. Pour le fêter, un grand banquet fut offert par les Rennais au manoir de l'un d'eux, près de la porte Blanche. Dans les rues on mit en perce des vins d'Anjou et de Gascogne pour accompagner des quartiers de viande entiers et des volailles à profusion, abondance que Rennes ne connaissait plus depuis le début du siège. Les Français avaient laissé passer les convois de victuailles dans le sillage du duc d'Orléans, manifestant ainsi, de la part de Charles, une volonté affirmée de conciliation.

20

En robe de satin tanné, sans autre bijou qu'un « gorgery » d'or étalé sur sa poitrine, Anne présida les agapes en évitant toutefois de se tourner trop souvent vers Louis placé à sa droite. Personne ne s'en rendait compte mais elle tremblait intérieurement depuis l'instant où il l'avait saluée avant de l'embrasser avec une joie bon enfant. Il semblait néanmoins lui aussi être un peu gêné vis-à-vis d'elle et se laissait volontiers accaparer par Dunois et les dames de la cour. Minaudant, celles-ci accablaient de questions l'ancien prisonnier au point d'en être indiscrètes, estimait Anne, agacée par leur manège. Elle n'appréciait guère toutes ces frivolités. Mais satisfaire leur curiosité tout en déjouant leurs pièges était pour le duc un jeu facile. Patience, humour et bonhomie, en cela il n'avait pas changé. Pour le reste…

Retrouver Louis avait été pour elle un immense choc. Il fallait croire que ces trois années de captivité avaient été bien plus cruelles qu'on ne l'avait prétendu. Le fringant damoiseau à l'allure souple et vive, à la mine insouciante et rieuse n'était plus. Amaigri, le teint pâle, il s'était voûté ; à ses cheveux blonds se mêlaient des mèches grises ; ses traits s'étaient creusés ; son œil bleu n'avait plus le même éclat. Le duc n'avait pas encore trente ans mais il en accusait dix de plus. Le séduisant souvenir de naguère précieusement conservé par la jeune fille devait s'effacer devant la réalité, si douloureuse pour elle qu'elle lui en voulait presque, comme d'une trahison.

Prétextant une migraine, Anne se fit reconduire de bonne heure à son logis et renvoya ses femmes, ne gardant auprès d'elle que sa levrette. Dans leur cage, près de la fenêtre ouverte, un couple de linottes lançait de temps à autre de discrètes roulades, tandis qu'une pluie douce froissait le jardin. À genoux dans son oratoire, la jeune duchesse priait avec sa ferveur habituelle, cherchant à apaiser l'inexplicable tumulte de son cœur.

L'un de ses pages frappa à la porte et craintivement s'approcha, son béret de velours à la main.

— Monseigneur d'Orléans…

— Eh bien ?

— Il demande à être reçu.

Anne se releva, secoua sa jupe, un peu prise de court.

— Dis au duc que je le verrai demain.

— Demain ? J'avais espéré tout de suite, fit une voix enjouée du fond de la pièce.

Le page s'éclipsa sur une courbette et Anne, résignée, renvoya d'un signe ses femmes réapparues dans le sillage du visiteur qui avança de quelques pas. Vu de loin, dans la pénombre, elle pouvait l'imaginer inchangé d'autant plus qu'il s'excusait de son audace avec le même timbre léger qu'autrefois, la même façon de ne rien prendre au sérieux sans être pour autant balourd ou importun. Oui, c'était bien Louis, fêté par Mellita, salué par un vigoureux pépiement comme si sa présence arrachait les linottes à leur demi-sommeil.

— Vous nous avez abandonnés, ma chère Anne. Vos domestiques me disent que vous n'êtes pas souffrante. Alors comment faut-il interpréter votre fuite ?

À l'inverse de la jeune fille, Louis était agréablement surpris par sa transformation. Certes, elle n'était pas très grande et demeurait très mince. Sous le corsage à la sobre découpe en carré, ses seins étaient menus. Une cordelière enserrait une taille fine, une taille d'adolescente endurcie par l'adversité. Il était évident que ses yeux clairs, expressifs, avaient déjà versé bien des larmes. À certains mouvements, un œil averti pouvait deviner sa claudication qu'elle parvenait à atténuer à force de volonté, en glissant un patin dans sa chaussure. Anne ne répondait certes à aucun des canons de séduction en vigueur et Louis avait connu des dizaines de créatures plus mûres et bien plus flamboyantes. Cependant, la jeune duchesse de Bretagne, sans ressembler à aucune d'elles, était beaucoup mieux que belle. Singulière et racée, sa personnalité était hors du commun, son charme subtil et néanmoins puissant.

La délicieuse fillette tenait donc ses promesses en attendant de devenir une femme accomplie.

Conquis, Louis ne se lassait pas de la contempler, ne sachant plus s'il était là depuis deux minutes ou deux siècles, pétrifié sous l'effet d'un sortilège, alors qu'elle aussi restait immobile.

Décontenancé par son attitude et son silence, Louis supposa qu'elle condamnait sa désinvolture et, reprenant ses esprits, il réitéra ses excuses. Mais cette fois, le ton joyeux n'y était plus. Il s'inclina, le mouvement raide, un peu las.

— Non, ne partez pas ! s'écria Anne aussitôt en lui tendant la main.

Louis s'approcha, s'en saisit, l'emprisonna dans les siennes.

Quelle était cette vague irrépressible qui la submergeait tout à coup ? Quelle était donc cette lumière qui les enveloppait, repoussant le décor dans l'ombre, faisant scintiller leurs vêtements de soie, allumant des reflets bleutés dans leurs yeux ? Autour d'eux flottaient les parfums de la nuit ; tous les bruits s'estompaient, et l'on aurait presque pu entendre les battements de leurs deux cœurs. Anne ne ressentait plus ni peine, ni peur, ni colère. Transportée hors du temps et de l'espace, elle fut un instant parfaitement heureuse et sereine avec, pour seule réalité enivrante, la chaleur de la main de Louis contre sa paume.

Alors, doucement, il la libéra, recula d'un pas et elle dut faire un effort pour dominer son émotion.

— Anne, ma petite Brette, combien j'ai pensé à vous durant tout ce temps, dit-il d'une voix mal assurée.

— Des années terribles, n'est-ce pas, Louis ?

Il eut un geste vague pour signifier que les épreuves ne valaient plus la peine d'être évoquées.

— Désormais, seul compte l'avenir, le vôtre essentiellement.

Anne eut un sourire plein d'amertume.

— Mon avenir ? Qui donc peut le connaître ? Moi-même, je ne crois plus les astrologues. Ils m'ont prédit monts et merveilles. Tous m'ont vue triomphante, une couronne étincelante sur la tête. Une couronne ! reprit-elle avec ironie. On veut me ravir celle de Bretagne. Quant à celle d'Autriche, je commence à douter de la porter un jour.

— Et celle de France ?

La remarque de Louis tomba entre eux telle un couperet, rompant le charme qui se prolongeait encore. Anne sursauta, piquée au vif.

— Que dites-vous ?

— Vous m'avez parfaitement entendu. Je parlais de la couronne de France qui vous siérait admirablement. Sans compter qu'elle vous permettrait de conserver celle héritée de vos aïeux.

Ayant apparemment tout à fait surmonté son trouble, Louis s'exprimait avec un détachement qu'Anne jugea offensant. Étouffée par une houle intérieure qui lui montait à la gorge, stupeur, déception, chagrin mêlés, elle fut d'abord incapable de lui répondre. Puis l'indignation fut la plus forte.

— Vous aussi ? Vous ajoutez donc votre voix à celles des autres ? Vous me conseillez d'épouser Charles, mon pire ennemi, celui qui a ruiné mon duché, précipité la mort de mon père ?

Ses paupières se rétrécirent, son regard se fit dur, soupçonneux.

— Quel intérêt le duc d'Orléans peut-il donc avoir à me présenter pareil arrangement ?

— Anne !

— Quel bénéfice peut-il en retirer ? poursuivit-elle avec mépris. Le roi vous aurait-il libéré sous conditions ? Oui, bien sûr, c'est cela : il vous ouvre les portes de votre prison, vous restitue vos privilèges et, comme il connaît vos liens ici, en Bretagne, il vous y envoie en ambassadeur plaider sa cause auprès de moi, enjoliver son abominable projet. Il vous a acheté, avouez-le !

— Anne !

Toujours sans l'écouter, elle continua, mettant naïvement son cœur à nu.

— Et moi qui étais si heureuse de vous revoir ! Au point que tout à l'heure j'ai cru, vraiment, que les bonheurs d'antan n'avaient pas tout à fait disparu. Louis… vous dont le nom n'a jamais quitté mes pensées, mes prières, vous en qui j'avais une absolue confiance, vous me trahissez !

Anne émit une sorte de rire bien proche du sanglot.

— Mais je ne devrais pas m'en étonner ! Ma confiance a été trompée si souvent ! Mon Dieu, pourquoi alors une telle souffrance cette fois-ci ?

Elle n'avait plus rien de la fière duchesse mais tout d'une enfant désemparée, meurtrie. Louis n'y tint plus, se précipita, la pressa contre son cœur.

— Anne, je ne te trahis pas, je ne le ferai jamais ! Je reste ton soutien, ton ami. Laisse-moi t'expliquer…

Dans les bras de Louis, l'enchantement ne tarda pas à revenir. Les doutes s'envolèrent. Anne, les yeux fermés, se laissa bercer par les paroles voilées d'émotion.

— J'ai été brutal et maladroit. Loin de moi l'idée de te vouloir malheureuse, au contraire ! Je donnerais ma vie pour te servir, tu le sais bien.

Il l'avait prouvé en se battant avec courage, en supportant des années de réclusion. Son chevalier, c'était lui.

— Anne, chérie, me pardonneras-tu ? Voudras-tu seulement m'écouter ?

Il l'appelait « chérie », la tutoyait, sa bouche chaude contre son oreille. Anne se rapprocha davantage et, un moment, ils demeurèrent unis, oubliant une nouvelle fois tout ce qui n'était pas leur univers secret dont, sans se l'avouer, ils avaient ce soir la révélation.

Louis, le premier, se dégagea, se ressaisit et ce qui les avait opposés ressurgit violemment. Anne, chancelant presque, hoqueta :

— Je ne veux pas épouser Charles !

Dans un vertige, elle découvrait en même temps l'étendue de son amour pour Louis, la douleur d'avoir à y renoncer et l'horreur que lui inspirait la personne du roi de France.

— Je ne veux ni ne peux le faire, balbutia-t-elle. Je suis déjà mariée, l'oublierais-tu ?

— Où est ton époux ? Où sont les troupes qu'il t'a promises ? Ce mariage par procuration ne vaut pas grand-chose. En tout cas, il serait facile de le dissoudre et tu le sais.

Louis avait employé un ton volontairement brutal. Ce n'était pas dans ses habitudes. En agissant ainsi, espérait-il réellement se protéger d'un sentiment qui le soulevait lui aussi ? Anne avait beau avoir une grande maturité, elle n'en était pas moins une très jeune fille, droite et pure. Devait-il vraiment employer la manière forte pour la convaincre ? Louis, que son propre rôle rebutait, n'avait nullement envie de la blesser davantage.

— Viens là, ma petite Brette, asseyons-nous et écoute ce que j'ai à te dire.

Installés côte à côte sur une banquette dans l'embrasure d'une fenêtre, ils parlèrent longuement, Louis s'exprimant sans détour, Anne attentive et lucide en dépit de son profond désarroi. Incapable de se ranger à ses arguments, elle était néanmoins sûre de sa sincérité. Louis avançait sans masque.

— Autrefois, ton père m'avait promis ta main et longtemps j'ai espéré qu'un jour, en effet, nous pourrions unir nos deux destinées. Aujourd'hui, je sais que c'est impossible. Jamais je ne pourrai me dégager de mes chaînes.

Il soupira, jouant un instant avec le collier à maillons d'or et d'émail qui ornait son pourpoint bleu.

— Tu viens de me reprocher d'avoir monnayé ma liberté, en quelque sorte de m'être vendu à Charles. L'accusation est cruelle mais elle est juste d'une certaine manière. En fait, cette liberté à laquelle je ne croyais plus, je la dois en grande partie à Jeanne, mon épouse.

Sur ce mot, Louis ricana, le visage contracté par l'amertume.

— Jeanne a plaidé avec insistance ma cause auprès de son frère. Charles l'a toujours soutenue.

Il veut oublier nos querelles, s'affranchir de la tutelle de leur sœur aînée et recherche ardemment la paix. Ainsi, je redeviens le puissant duc d'Orléans, le premier serviteur de la Couronne et Jeanne demeure ma femme. Toute demande d'annulation de ma part m'est interdite. Du reste, mes démarches seraient inutiles, le pape n'irait pas à l'encontre des volontés du roi de France.

Il y eut un silence, chargé de tous leurs espoirs déçus, puis il continua :

— La paix, c'est bien ce que tu désires aussi, Anne ? C'est ce dont a besoin ton pauvre peuple. Charles te l'offre en te faisant reine de France tout en se déclarant garant des droits du duché.

Près de lui, Anne frissonna.

— Tout le monde veut la paix mais moi, je ne me sens pas capable de l'obtenir à ce prix-là. Oh, Louis ! Toi qui as été marié sous la contrainte avec quelqu'un qui te fait horreur, ne peux-tu comprendre ma répugnance et ma révolte ?

Louis baissa la tête, empli de honte et du dégoût de lui-même au souvenir de certaines choses. Quand il se redressa, il lut tant d'innocence sur le fin visage brillant de larmes qu'il en fut bouleversé.

— Oui, ma petite Brette, je comprends quel terrible sacrifice on exige de toi. Dieu sait que je ferais tout ce qui est en mon pouvoir pour te l'épargner. Malheureusement je suis réduit à l'impuissance et ne peux que souffrir avec toi.

Il se rapprocha d'elle davantage encore et chuchota :

— Anne, ma petite fille…

— Je ne le suis plus, souffla-t-elle, déchirée.

— Non, tu es maintenant bien plus que cela. Tu es…

Effrayée en devinant ce que serait son aveu, Anne posa un doigt sur ses lèvres pour le faire taire. Front contre front, main dans la main, aussi démunis l'un que l'autre devant l'implacable réalité, ils demeurèrent quelques secondes tout entiers l'un à l'autre. Puis, brusquement, Louis bondit de son siège.

— Eh bien ! gronda-t-il. Henri Tudor t'a fait une proposition, paraît-il. Alors accepte-la ! Quitte la Bretagne ! Pars rejoindre Maximilien ! Pars loin d'ici, loin de moi !

— Je ne partirai jamais, rétorqua-t-elle en pleurant, se réfugiant elle aussi dans la colère. Et je n'ai nullement besoin de vos conseils, messire d'Orléans. Allez donc le répéter à votre maître, le roi de France !

Cette fois, elle n'essaya pas de le retenir et lorsque ses femmes, inquiètes, revinrent dans la chambre, elles découvrirent la jeune fille recroquevillée sur la banquette, en pleurs, qui tout bas appelait son père.

21

Les semaines passèrent sans qu'ils cherchent à se retrouver en tête à tête. En dehors des séances du Conseil, Anne évitait soigneusement de rencontrer

Louis en privé. Il dut d'ailleurs retourner auprès du roi, ce dont elle fut soulagée même si son absence ajoutait au désordre moral dans lequel l'avaient précipitée leurs retrouvailles.

— Mon Dieu, que dois-je faire ? Quelle décision faut-il prendre ?

Infortunée petite Anne ! Elle ne dormait plus guère et ses prières se heurtaient au silence. Ce Dieu qu'elle invoquait l'avait-Il abandonnée ?

Beaucoup d'allées et venues eurent lieu entre la Bretagne et la France. Dunois, Jean de Chalon ne cessaient tout comme Louis de faire la navette entre les deux cours. Car l'idée du mariage prenait corps rapidement, faisait des adeptes. Mme de Dinan, le maréchal de Rieux l'approuvaient. Philippe de Montauban, d'abord réticent, finit lui aussi par adhérer au projet. À Vannes, les états de Bretagne venaient de se réunir sur l'ordre de Charles VIII : la plupart des députés souhaitaient l'union des deux pays.

Cependant, têtue, désespérée, Anne luttait encore, pied à pied, contre cette solution qui l'horrifiait. Elle invoquait les lois divines. L'évêque de Rennes n'avait-il pas célébré ses noces avec Maximilien ? Et Charles, de son côté, n'était-il pas fiancé depuis longtemps à la petite Marguerite d'Autriche ? Des fiançailles bénies à valeur d'épousailles !

Si l'affaire ne l'avait pas concernée, Anne eût souri de la situation. Car Marguerite n'était autre que la fille de Maximilien, celle qu'il avait eue avec la défunte Marie de Bourgogne. Louis XI avait obtenu sa main pour son fils en décembre 1483, alliance avantageuse pour la France puisque la mignonne fiancée de trois ans avait apporté en dot l'Artois et la Franche-Comté. Élevée à la cour d'Amboise, la blonde Marguerite en grandissant s'était révélée jolie et intelligente. On l'appelait « la petite reine ». Elle adorait Charles qui, de son côté, l'aimait beaucoup. Le roi était donc engagé autant qu'Anne l'était elle-même.

Cette dernière en débattit longuement avec son confesseur, Yves Mahyeuc. Ce jeune dominicain originaire du Léon avait déjà acquis une solide réputation de piété et de charité. Sa foi exigeante convenait à la pieuse et scrupuleuse jeune fille. Il sut la rassurer en démontrant que rien ne la retenait plus à Maximilien. Celui-ci n'avait pas respecté ses engagements. Elle était donc libre devant Dieu et les hommes.

Dans le camp français, une autre voix disait la même chose, celle de François de Paule, le fondateur de l'ordre des Minimes, qui vivait en ermite près de Tours. Louis XI l'avait fait venir de Calabre car le saint homme avait un don de guérison et de prophétie. Unanimement vénéré, écouté, François de Paule avait beaucoup d'influence auprès du roi et de sa famille. Anne de Beaujeu ne jurait que par lui.

L'Église donc ne voyait aucun empêchement à ce qu'Anne acceptât l'impensable. Juridiquement, il n'existait aucun obstacle. Certes, elle et Charles étaient cousins mais pas assez proches pour que le pape refusât de signer la dispense. Pourquoi s'obstiner à tergiverser ?

— Si le roi vous rebute si fort, rabattez-vous sur le fils du vicomte de Rohan, suggéra sans ambages Mme de Dinan, sachant pourtant qu'Anne trouverait cette alternative encore plus aberrante.

Elle connaissait bien son ancienne pupille !

— Après un futur empereur d'Autriche, je ne peux épouser qu'un roi ou un fils de roi, rétorqua en effet la fière duchesse, de plus en plus isolée dans son refus.

Même sa sœur Françoise ne comprenait pas son entêtement.

Vint le jour où elle dut baisser les armes. Après des mois de révolte, de luttes, d'arguties, Anne, épuisée, comprit qu'il n'y avait plus rien d'autre à faire que de s'incliner avec toute la dignité, la hauteur d'une âme prête, pour la paix, à l'ultime sacrifice. Au fond, elle savait qu'elle avait déjà accompli le plus douloureux en renonçant à ce qui lui était le plus cher au monde, l'amour de Louis.

22

— J'y consens.

Devant Anne assise comme si elle était de pierre dans une cathèdre découpée d'hermines, le Conseil et la délégation des états arrivée de Vannes ne cachèrent pas leur infini soulagement et félicitèrent leur duchesse pour sa décision, la meilleure qu'elle pût prendre. Seul le duc d'Orléans se contenta de la saluer sans un mot, laissant leurs regards se croiser intensément quelques secondes.

« Le sort en est jeté. » Elle ne reviendra pas sur sa résolution et, dès lors, se laisse entraîner dans le nouveau cours de son destin, résignée à se plier courageusement et noblement à toutes les formalités d'usage, si contraignantes soient-elles.

En Bretagne on appelle le mois de novembre « *miz du* », le mois noir. Pour Anne, tout devint aussi sombre que les journées écourtées par la nuit précoce, livrées aux pluies que des chaperons de nuages déversaient en bourrasques ; tout devint aussi trouble que les eaux boueuses de la Vilaine, aussi agité que les arbres tordus par le vent.

Début novembre, Anne reçut en son hôtel la visite d'une femme élancée et sèche, parée de riches vêtements et d'une coiffe impeccablement mise qu'elle portait telle une couronne. Mme de Dinan en parut presque humble auprès d'elle. Anne de Beaujeu, la sœur aînée du roi, la dame de fer récemment encore régente de France, se déplaçait en personne afin de faire connaissance avec celle qui bientôt, sauf empêchement majeur, serait sa belle-sœur.

Rien de chaleureux dans ce premier contact mais des paroles et des amabilités de circonstance. Anne était incapable d'oublier d'un coup de quelle façon dure et sans scrupules Mme de Beaujeu avait combattu les siens. Aussi mit-elle un point d'honneur à ne se laisser aucunement intimider. Et pourtant, elle aurait eu des excuses à baisser les yeux, à trahir son malaise. Car Mme de Beaujeu n'était pas venue seule. Outre son mari Pierre de Bourbon – si terne dans son sillage ! –, Stuart d'Aubigny, l'homme de confiance de Charles VIII, Louis d'Orléans, Jean de Chalon et deux sages-femmes l'accompagnaient, le véritable but de ce déplacement étant ni plus ni moins de s'assurer si la jeune duchesse était bien apte à faire des enfants !

Car si personne n'ignorait qu'elle était boiteuse, on devait vérifier qu'elle n'avait pas d'autres infirmités, tout le monde ayant en tête le cas de Jeanne de France, le monstre attaché à vie au duc d'Orléans.

C'est pourquoi, loin de la réconforter, la présence de Louis ce jour-là, aux côtés de la Beaujeu, ne fit qu'ajouter à la détresse de la malheureuse Anne.

Les mâchoires serrées jusqu'à la douleur mais la tête haute, elle frissonna, malgré la cheminée allumée, lorsque ses femmes lui ôtèrent sa robe et sa chemise devant l'assistance muette et attentive. On lui demanda alors de marcher pieds nus, sans la chaussure qui atténuait sa boiterie. Anne, docile, fixa un point du mur par-dessus les têtes, évitant surtout le regard de Louis.

Ce n'est rien, se répétait-elle. Une simple formalité à laquelle la plupart des princesses devaient se soumettre. Non, ce n'était rien. Elle n'avait pas à rougir du corps que son Créateur lui avait donné. Cette petite épreuve n'était rien d'autre que quelques minutes difficiles mais indispensables. Elle remplissait son devoir, voilà tout.

Puis les matrones l'allongèrent sur son lit, tirant les rideaux autour d'elle. Seules Mmes de Beaujeu et de Dinan furent admises dans sa ruelle tandis que se déroulait l'examen. Sous les doigts experts qui vérifiaient si elle était bien vierge, Anne se crispa, incapable cette fois de retenir quelques larmes furtives qui glissèrent dans ses cheveux.

Elle ne pouvait se douter combien de son côté Louis avait souffert de l'avoir vue dénudée, vulnérable, jaugée comme une pouliche par des maquignons ; combien il lui était en cet instant insupportable de la savoir livrée aux attouchements des sages-femmes. Lorsqu'elle était apparue à tous crûment mise en lumière, qu'elle avait fait ces quelques pas claudicants, la honte lui avait brûlé le visage. Autrefois, il est vrai, il avait lui-même épié la petite duchesse à sa toilette. Mais, Dieu en était témoin, jamais alors il n'avait eu de pensées impures. Aujourd'hui, il en allait tout autrement. S'il ne s'était retenu, il se serait précipité pour recouvrir ce jeune corps désirable dont personne n'était digne, lui pas plus que tous les autres. Et la perspective que Charles, ce benêt inculte et jouisseur, allait poser ses mains sur elle le rendait véritablement fou.

Le rapport que Mme de Beaujeu fit parvenir à son frère fut assez favorable pour que celui-ci se décidât enfin à rencontrer la duchesse, rencontre qui, bien sûr, devait demeurer secrète. Maximilien apprendrait bien assez tôt ce qui se tramait à son insu et le camouflet qu'on lui préparait ainsi qu'à sa fille Marguerite. Toutes les tractations se firent donc dans le dos des Allemands, Anne allant maintenant jusqu'à éviter Polheim qui ne comprenait rien à cette soudaine froideur.

Comme prévu, Charles était venu à bout de Rennes sans livrer d'assaut final. En échange d'une grosse somme d'argent, Anne s'était engagée à expulser la garnison des lansquenets. La ville avait été déclarée terrain neutre et le roi pouvait désormais s'en approcher incognito, entouré seulement d'une escorte réduite. Le premier rendez-vous eut donc lieu le 15 novembre dans les faubourgs, à la chapelle Notre-Dame de Bonne-Nouvelle.

Le *miz du*... Qu'il faisait froid cet après-midi-là, lorsque Anne arriva à son tour ! Une atmosphère lugubre régnait sous les voûtes basses. La pluie martelait les vitraux ; les courants d'air couchaient les flammes des bougies. Pénétrée jusqu'aux os par le vent aigre malgré sa pelisse, Anne franchit le porche, s'avança dans la nef où le roi l'attendait, bredouillant des paroles courtoises.

Curieusement, sur le moment, ce ne fut pas sa voix hésitante qu'elle entendit : un écho du passé lui renvoyait celle de son père qui, un jour, avait traité Charles d'avorton. Le séduisant duc François avait alors provoqué l'étonnement d'Isabeau et les reproches de Marguerite. Anne n'avait guère attaché d'importance à la remarque et depuis ne s'était pas encore vraiment préoccupée du physique du roi. Pour elle, il n'existerait jamais qu'un unique prince charmant. Mais soudain, devant elle, tant de laideur, était-ce possible ?

Le torse épais, les membres grêles, tout était disproportionné chez ce garçon à peine plus grand qu'elle, qui battait nerveusement la semelle sur le sol dallé de l'église. À commencer par sa tête, énorme, posée comme par hasard sur ses épaules. Du chaperon drapé émergeaient des cheveux raides aux reflets bruns, encadrant un visage aux traits grossiers. Démesurément, le nez s'allongeait sur une bouche lippue, toujours entrouverte. Des yeux ronds, à fleur de tête, observaient la jeune fille atterrée.

Voici donc l'ennemi impitoyable, son vainqueur ! Son futur époux ! Charles avait l'air incertain, un peu puéril, mal éveillé. Aucune majesté chez lui, rien de martial, d'impressionnant. Il agita une main chargée de bagues pour prendre celle d'Anne qui réprima de justesse un mouvement de recul, assaillie par la violence de son parfum.

De cette première entrevue, ne lui resta rien d'autre que cette vision disgracieuse et la profonde aversion qu'elle lui inspira. Elle apprit d'ailleurs plus tard que Charles, de son côté, n'avait pas été du tout subjuguée par elle. Il est vrai qu'elle lui avait fait bien grise mine, amaigrie, épuisée par les pleurs et les veilles. Elle n'avait pas non plus fait de grands frais de toilette. Froissée dans son amour-propre, elle fit donc des efforts, soigna mieux son apparence pour leur deuxième rendez-vous, se montra un peu plus gracieuse et loquace. Il ne serait pas dit que… que cet « avorton » se crût supérieur à elle ! De fait, sa personnalité réussit à impressionner le roi qui confia à son entourage que, tout compte fait, la duchesse lui plaisait beaucoup.

À leur troisième rencontre, le 17 novembre, une fois leurs accords mis au point, ils se fiancèrent dans le plus grand secret. La cérémonie fut si brève, Anne avait tant de mal à accepter les faits, qu'elle ne conserva des fiançailles qu'une impression de flou, hors du réel. Puis le roi s'en alla, assez satisfait pour sa part. Restait pourtant la désagréable obligation de rompre avec son autre fiancée, « la petite reine » Marguerite d'Autriche qui l'attendait à Baugé, sans grand espoir. Ému par son chagrin, Charles versa quelques larmes en alléguant les cruautés de la politique. La petite pleura aussi, protesta du haut de ses onze ans, avec une noblesse et une fierté remarquables. Anne, Marguerite : au fond, le pauvre Charles ne méritait ni l'une ni l'autre.

Le *miz du* continuait à souffler son lot de renoncements. Louis quitta Anne pour suivre le roi, sans véritables adieux qu'aucun des deux n'aurait eu le courage d'affronter. D'ailleurs, la séparation ne devait pas être longue car il s'agissait maintenant de vite conclure le mariage avant que Maximilien n'eût le temps de réagir. Pour venger ce double affront, il serait peut-être capable de tout, d'enlever Anne, qui sait ? Par précaution, on garda donc sa fille en otage, mais mieux valait se méfier du souverain autrichien et le prendre de vitesse.

Anne eut donc à peine une semaine pour se préparer au départ. Six jours exactement, empreints d'angoisse, de tristesse et du poids des regrets dissimulés avec soin. Mais six jours paradoxalement tout occupés de frivolités et de chiffons, d'étoffes magnifiques que déployaient les drapiers, défiant la grisaille. Tailleurs, chapeliers, tanneurs, pelletiers, savetiers, tapissiers, lingères, tous les métiers de Rennes étaient sur les dents afin d'équiper de pied en cap la maison de la duchesse et la duchesse en personne, grâce aux deniers de Charles qui s'était montré généreux envers sa fiancée. En d'autres temps, elle aurait sans doute apprécié de renouer avec le plaisir de la parure.

Une pièce maîtresse manquait cependant dans les coffres que les valets chargeaient à dos de mulets : sa robe de mariée ! Suivant les mesures prises par Anne de Beaujeu, la robe devait être confectionnée en France sous la surveillance du garde-robier royal, et à la va-vite, comme serait préparé tout le reste. Françoise et les dames d'honneur s'amusèrent à en imaginer le tissu, la coupe et la couleur, espérant détendre un peu l'atmosphère. Mais Anne ne les suivit pas dans leurs suppositions. Que lui importait la manière dont elle serait vêtue ! La plus belle des robes ne saurait transformer le mauvais rêve en conte de fées.

— Vous ferez une grande reine, ma très chère, lui dit Mme de Dinan au moment des adieux. Je vous ai solidement armée pour cela.

Dans un élan, elles s'embrassèrent, oubliant leurs anciens griefs. Malgré ce qui les avait opposées, se séparer de cette femme qui l'avait élevée et lui avait en effet tant appris était pour Anne une contrariété supplémentaire.

— Je n'ai toujours voulu que votre bien et celui de la Bretagne, lui jura Mme de Dinan. Dieu m'en est témoin.

— Je ne demande qu'à vous croire, l'assura Anne avec sincérité.

23 novembre 1491. Le *miz du*, toujours. Debout dès l'aube, afin d'assister au départ de leur souveraine, les Rennais émus regardèrent s'éloigner la file relativement restreinte de chariots, de litières et de cavaliers. Anne voyageait avec Françoise et deux de ses suivantes dans un chariot peint à ses couleurs, rouge et noir. Olivier de Coëtquen, grand-maître du duché, Philippe de Montauban, Jean de Chalon et Dunois, en tête, allaient à cheval. Les suivaient six bourgeois de Rennes, dont le procureur Yves Brullon. L'évêque de Nantes et le confesseur d'Anne, Yves Mahyeuc, avaient pris place en litière ainsi que la vingtaine de dames composant sa suite. Un chariot transportait une petite chapelle de voyage pour les messes quotidiennes ; un autre, les accessoires de toilette de la duchesse, bassines, pots et cuvettes, serrés dans des étuis de cuir. Le maître d'hôtel, les chambrières, les pages et quelques seigneurs bretons complétaient l'escorte. Aucun Français n'en faisait partie. C'était en princesse libre de son choix, et non sous la contrainte d'hommes en armes, qu'Anne s'en allait s'unir au roi de France. Le monde entier devait en être convaincu. Libre ? Un petit pli amer froissait la bouche de la jeune fille.

Le *miz du*, plus que jamais... Chemins bourbeux, talus épineux, bois squelettiques, hameaux et villages marqués par les stigmates de la guerre et des brigandages. Sur le seuil des maisonnettes, aux carrefours, les gens se massaient frileusement, saluaient Anne dont le visage pâle apparaissait entre les rideaux à demi tirés. Ils savaient qu'elle partait. On leur avait expliqué que son mariage avec l'ennemi d'hier mettrait fin à leurs misères. Ils étaient donc pleins d'espoir et, pour cela, manifestaient leur reconnaissance à leur gente dame. Mais, conscients de son sacrifice, ils lançaient des vivats mesurés, comme par décence. Chaque tour de roue, en l'éloignant de ce qui avait été son univers depuis l'enfance tout en la rapprochant inexorablement de l'inconnu, lui était un véritable crève-cœur. Lorsque Dunois vint plus tard lui signaler qu'ils franchissaient la frontière, Anne et ses compagnes écartèrent les rideaux et se penchèrent alors, pour un dernier regard sur la Bretagne, sa campagne floue sous la bruine, le tracé du chemin déjà à demi effacé. Anne crut voir des visages aimés s'esquisser dans le lointain. Comme dans les légendes, peu à peu son duché s'estompait, disparaissait. Y reviendrait-elle un jour ?

Anne se renversa sur les coussins qui garnissaient le chariot, ramena sur elle une couverture de laine où dormait Mellita et serra fort dans son manchon un petit sachet d'amulettes, poudre de licorne et autres reliques. À son chagrin se mêlaient de sourds pressentiments. Elle ne pouvait même plus se réconforter à la perspective de bientôt retrouver Louis. Elle n'avait plus le droit, même en pensée, de réchauffer son cœur à son amour.

Au deuxième jour du voyage, alors qu'ils s'avançaient en direction de La Flèche, le convoi s'immobilisa soudainement. Il y eut des cris suivis d'un profond silence. Enfin Montauban s'approcha d'Anne qui cherchait à savoir ce qui se passait. Il avait l'air bouleversé.

— Madame…

Comment le lui apprendre, comment atténuer le choc ? Dunois, leur cher Dunois...

Dunois venait de tomber de cheval, de toute sa hauteur, victime d'une crise d'apoplexie ! Bientôt agenouillée dans l'herbe auprès de celui qui l'avait toujours si bien servie, Anne donna libre cours à ses larmes. À peine en France et voilà qu'elle était déjà confrontée à un drame brutal, perdant une amitié irremplaçable, précieuse entre toutes ! Le présage était trop évident pour qu'elle n'eût pas tout à redouter des jours à venir.

23

La mort de Dunois ne semblait pas en revanche avoir affecté Mme de Beaujeu qui avait cheminé jusqu'à La Flèche afin de recevoir les Bretons. En quelques mots secs, elle expédia l'hommage à la mémoire de celui qui avait été l'un de ses plus tenaces adversaires pour en venir au plus important : le mariage de son frère. Non qu'elle fût réjouie, elle, la fille de Louis XI, elle qui virilement avait pendant des années dirigé la France, de devoir bientôt céder le pas à cette maigrichonne d'à peine quinze ans. Mais la Beaujeu respectait les règles dynastiques et la Bretagne valait bien ce sacrifice d'amour-propre. Par ailleurs, il était préférable d'avoir un œil sur la future reine, de l'empêcher éventuellement d'exercer une trop grande influence sur Charles. De son côté, n'étant pas pour le moment en position de force, Anne savait par expérience qu'elle avait tout intérêt à ne pas se mettre à dos ce genre de créature. Toutes deux adoptèrent donc une attitude de réserve, Mme de Beaujeu dans le rôle de sœur aînée, Anne dans celui de la fiancée docile. Ravalant ses larmes, la jeune fille montra, comme à l'accoutumée, beaucoup de dignité.

À La Flèche, de somptueux présents l'attendaient, un lit à ciel doublé de satin bleu frangé de soie noire, garni de draps d'or cramoisi et violet ; d'autres lits, de camp cette fois, avec coussins et couvertures ; des pièces de trousseau magnifiques pour elle et ses dames d'honneur. Quelques robes enfin, dont la fameuse robe de mariée !

Pris de court, les tailleurs avaient utilisé un épais drap d'or initialement destiné aux chevaliers de l'Ordre de Saint-Michel dont l'emblème parsemait l'étoffe en relief, à « trait enlevé », ce qui représentait un miracle de savoir-faire. Plis amples, manches larges et retombant en pointes : huit aunes[1] avaient été nécessaires pour la confection de cette merveille. Au toucher, c'était un luxueux objet un peu rêche, un peu froid, tous ces fils d'or, ces brocarts manquant de souplesse. Heureusement, la doublure, faite de cent soixante peaux de marte-zibeline extraordinairement douces, apportait confort et chaleur à cette robe d'idole païenne.

1. Une aune valait environ 1,2 m.

Anne en eut le souffle coupé. Personne ne pouvait demeurer de marbre devant une telle splendeur qui avait dû coûter une fortune. Admirative, elle exprima sa satisfaction. Son goût inné du luxe qu'elle tenait de son père, sa fierté reprenaient le dessus. Cette robe serait digne d'une duchesse de Bretagne, future reine d'un grand royaume.

Mais alors, ce mariage ? La date, le lieu même en étaient encore secrets. On parlait de se rendre à Chinon, puis à Plessis-lès-Tours, à Langeais. On gagna Baugé, cherchant à brouiller les pistes de crainte d'un rapt commandité par Maximilien. L'Autrichien prendrait-il ce risque ? Une escorte armée ne lâchait pas Anne d'une semelle. Mme de Beaujeu non plus.

Finalement, ce fut Langeais.

Le 5 décembre au soir, Anne et son escorte arrivèrent au pied de l'austère et impressionnant château. C'était une construction récente, pourtant. La blancheur de ses pierres se devinait, blafarde dans l'obscurité. Mais ces hautes tours si sévères, ces mâchicoulis appartenaient à un autre âge ; du reste on ne devait plus en bâtir de semblables.

Écrasée par la hauteur des murailles, Anne franchit une poterne basse puis fut conduite, à la lueur de torches, dans une petite pièce sombre et glaciale où un lit avait été hâtivement dressé. Elle s'allongea anxieuse, l'oreille tendue, grelottant malgré les couvertures moelleuses. Les bruits de la forteresse lui parvenaient, prenant une résonance particulièrement inquiétante : les serrures épaisses que l'on referme, les grincements de fer, les pas des guetteurs sur le chemin de ronde. Elle eut le sentiment angoissant d'être désormais prisonnière. Quand bien même Maximilien l'aurait décidé, son armée tout entière n'aurait pu l'arracher à ce formidable donjon. Qu'importe ! Anne ne désirait plus son aide depuis longtemps. Elle allait être reine de France. La reine de la France…

Sur cette pensée et celle de Louis qu'elle ne parvenait jamais à chasser, et qui supplantait toujours la lamentable image de Charles, elle finit par s'assoupir pour quelques heures.

Ses femmes l'éveillèrent bien avant l'aube afin de procéder à une longue et minutieuse toilette. Étalée sur le lit, la robe d'or scintillait comme un soleil et lorsque Anne la revêtit par-dessus ses lingeries fines, ses bas de soie brodés, elle crut fléchir sous une charge trop lourde pour elle.

— Tu es superbe, s'extasia Françoise.

— Dame Anne, vous êtes d'une éblouissante beauté !

Des visages familiers, aimants, l'entouraient, lui souriaient, sincèrement admiratifs : sa demi-sœur Françoise, Anne de Plumaugat et Isabelle de La Jaille, des amies d'enfance qui la suivaient depuis Nantes, de même qu'Aliénor, les chambrières et le petit groupe de dames. À son tour elle les complimenta pour leurs jolies robes de velours noir, cramoisi ou tanné, ce seyant coloris brun sur lequel chatoyait la lumière.

— Dame Anne, vous êtes la plus belle sans conteste.

Des bouquets de perles ornaient sa coiffe de brocart ; de l'or et des rubis retenaient sa cape. Loin de l'écraser comme elle l'aurait cru, l'ampleur de sa robe la grandissait, l'obligeant à se tenir très droite, à adopter des gestes un peu ralentis, un maintien véritablement royal. Mais, en contrepartie, son regard clair pétillant d'intelligence, sa bouche pulpeuse et expressive conféraient à son visage toute la mobilité, la fraîcheur et le charme d'une jeune fille de son âge.

— Ainsi, vous êtes fin prête, Madame, retentit soudain une voix aigre, celle de Mme de Beaujeu, entrée dans la chambre sans s'annoncer.

Se dispensant de tout autre commentaire, elle ajouta :

— Le roi vient d'arriver. Nous ne le ferons donc pas attendre.

À Tours, où il séjournait depuis peu, Charles avait embarqué sur la Loire au milieu de la nuit. Son chancelier, quelques seigneurs l'accompagnaient, de grands noms de France, Bourbon, Foix, Angoulême, Vendôme et le premier d'entre eux, Orléans. Deux heures plus tard, ils accostaient à Langeais. Il faisait un froid pénétrant et le jour serait encore long à se lever. Mais chacun était prêt : le notaire royal et le notaire apostolique, les représentants de l'Église et de la noblesse bretonne ; le Conseil de la duchesse, sans Dunois hélas, mais avec Philippe de Montauban, vigilant, protecteur ; et enfin les Rennais, tous emmitouflés dans de riches atours.

Au sein du château sombre et glacial, la grande salle brillant de mille feux avait été hâtivement décorée de tapisseries flamandes, et tant bien que mal chauffée par une cheminée profonde où brûlait un énorme tronc de chêne. La grande porte s'ouvrit devant la future reine. Les cérémonies pouvaient commencer.

24

D'abord il y eut des regards avides de curiosité, des mouvements étonnés puis des murmures d'admiration. Puis s'épanouirent sur les visages des mimiques satisfaites, de larges sourires dont celui du roi qui vint au-devant de sa fiancée avec la gaucherie d'un adolescent. Tout le temps que dura la cérémonie nuptiale, célébrée par l'évêque d'Albi et l'évêque d'Angers dans la chapelle du château, Charles eut du mal à se recueillir. Qui aurait pu prévoir que la falotte petite Bretonne vaincue et sans le sou tout à coup se transformerait à ce point ? Finalement, il n'avait pas fait un mauvais choix. Anne était mieux que charmante, elle était incontestablement fort jolie et possédait une allure qui en imposait vraiment. En songeant que, dans quelques heures, il serait le maître de tant d'appas, Charles sentait en lui déjà poindre le désir. Ce mariage de raison auquel ses proches l'avaient contraint lui réserverait-il d'heureuses surprises ? Sans compter que la Bretagne, ce joyau, valait largement à elle seule l'Artois et la Franche-Comté qu'il faudrait rendre à Maximilien avec Marguerite.

Campé sur ses maigres jambes, Charles jubilait, arborant soudain un petit air sûr de soi que personne n'était habitué à lui voir.

Imperturbable à ses côtés, Anne cherchait quant à elle à se fortifier dans la prière, l'accueil flatteur qu'elle venait de recevoir lui ayant rendu le plein contrôle d'elle-même. Mme de Dinan s'était glorifiée à bon droit : son élève maîtrisait à la perfection l'art difficile de la cour ; elle savait se plier avec élégance à l'étiquette sans que rien vienne altérer ses traits aimables, sa voix posée et mélodieuse.

Rien ! Pas même le dégoût que lui inspirait Charles trop parfumé et si ridicule dans son pourpoint fourré, son bonnet porté trop bas sur le front, ce qui allongeait encore son nez disgracieux.

Rien ! Pas même la tendre et douloureuse émotion que lui procurait la présence de Louis, debout près du roi dont il était le témoin. Quelle différence entre les deux hommes ! Six mois après sa sortie de prison, il avait recouvré couleurs et santé. Vêtu d'un manteau court brodé de porcs-épics au fil d'or, deux peaux de renard épaisses et flamboyantes jetées sur ses épaules, Louis éclipsait de loin son cousin et beau-frère par le charme et l'aisance.

Son attitude n'avait pas échappé à Anne. Plus encore que les autres, il avait manifestement été ébloui en la voyant. Tout de suite, elle avait deviné son trouble, avait su qu'il souffrait lui aussi, soulagé et fier sans doute qu'elle eût choisi la voie difficile de la sagesse. Était-ce mieux, était-ce pire qu'il fût là, si près qu'en étendant un peu le bras elle aurait pu le frôler ? Pendant un instant, Anne ferma les yeux et se permit de laisser vagabonder son cœur, imaginant que c'était leur union que bénissait l'évêque d'Angers.

« Tu n'as pas été éduquée pour te bercer de rêves. » Qui lui avait dit cela ? Son père, quand, autrefois, petite fille, elle avait refusé d'épouser Albret. Les mains jointes, Anne courba la tête, honteuse et contrite, craignant d'être châtiée pour ses pensées coupables. Puis, après la bénédiction, elle se redressa : maintenant, devant Dieu et devant les hommes, elle était reine du plus beau royaume de la chrétienté.

Les heures fuient vite en cette période de l'Avent qui prépare à l'hiver. Anne le constatait avec angoisse car bientôt sonnerait le moment où elle serait seule avec Charles livrée à sa merci et, sous les apparences, elle ne se sentait pas prête du tout à honorer cette clause du contrat.

D'ailleurs tout la révoltait dans l'accord préparé avec minutie par les juristes royaux. Ils avaient eu beau déployer des trésors de diplomatie, user d'un style délicat en français comme en latin, Anne ne pouvait s'illusionner : on la dépouillait de ses pouvoirs ; elle n'avait plus aucun regard sur l'administration de la Bretagne ; la chancellerie était supprimée ; Montauban perdait sa charge. Même la disparition éventuelle de Charles, qui se parait du titre de duc, ne lui rendrait pas une liberté pleine et entière, ni ses droits qu'« elle donne, cède, quitte, transporte et délaisse à toujours mais perpétuellement, irrévocablement ». En cas de veuvage, sans enfant, elle n'aurait que l'usufruit du duché et ne pourrait se remarier qu'avec le nouveau roi ou, à défaut, avec l'héritier du trône, afin « d'éviter incommodités de guerre et sinistres fortunes entre les pays ». Bien que les états y soient maintenus, la Bretagne faisait donc désormais partie intégrante de la France.

Malgré cela, Anne souriait et apposa élégamment sa signature au bas du parchemin en évitant de penser à son père mais en se remémorant les visages creusés par la famine de ses Bretons et les ruines qui avaient jalonné sa route. Elle souriait encore en présidant le banquet. Elle sembla même apprécier les plats d'huîtres chaudes et les volailles arrosées de sauce bigarade où la cannelle et l'orange amère accordaient leurs arômes. Elle souriait toujours en remerciant Charles d'avoir convié des joueurs de violes et de bombardes. Elle sourit et glissa un mot gracieux à chacun des éminents invités qu'il lui présenta et, lorsque le duc d'Orléans s'inclina à son tour pour présenter ses hommages, son sourire s'accentua et elle eut le courage de lui tendre la main avec naturel, sans trembler.

Du moins le crut-elle. Soudain, elle réprima un frisson : elle avait froid. Les fourrures de sa robe qui effleuraient ses jambes ne la réchauffaient plus. Son corps était devenu de pierre. Seuls les bras de Louis auraient été capables de lui rendre vie. Mais tout rapprochement leur était dorénavant défendu sous peine de péché mortel. Anne se rappela sa visite à l'hôtel des Ducs, le soir de son arrivée à Rennes, et leur éblouissement en découvrant à quel point ils s'aimaient. À sa manière de la caresser des yeux, de presser ses doigts plus fortement que ne le voulait l'usage, elle sut qu'il y pensait lui aussi, impuissant, désespéré, tout comme elle, devant la nuit qui voilait déjà les fenêtres.

Mais Charles commençait à manifester son impatience par des gestes saccadés, des remarques hors de propos. Mme de Beaujeu, tel un grand oiseau noir, surveillait les uns et les autres. Autrefois, le duc d'Orléans s'était moqué de l'amour qu'elle lui montrait. Aujourd'hui, elle lui gardait rancune, l'épiait et le jalousait toujours.

Méfiante, Anne retira prudemment sa main de celle de Louis et s'en éloigna sans se retourner. Alors les dames s'empressèrent dans leurs robes couleur de feuille morte, entourèrent d'un écran protecteur la robe d'or, l'entraînèrent le long des couloirs sombres et venteux, jusqu'à la chambre nuptiale.

25

Il y faisait bon. Des bûches pétillaient dans la cheminée ; des tapis recouvraient le sol d'une mosaïque aux tons vifs. Une collation avait été préparée, une carafe de vin d'Anjou, des fruits confits et des brioches. Tout en se laissant déshabiller, frotter de linges parfumés avant de revêtir une ample chemise de toile, Anne n'avait d'yeux que pour le grand lit aux draps d'or cramoisi et aux courtines jaune et violet garnies de crépines. Ainsi allait-elle vivre une seconde nuit de noces ! Mais ce soir, Charles ne se contenterait pas, comme l'avait fait Polheim, de glisser une jambe sous les couvertures brochées. Ce soir, il n'y aurait pas de simulacre.

Bientôt, elle fut couchée, ses longs cheveux châtains soigneusement brossés, étalés sur les coussins. Elle était si visiblement émue que Françoise s'attarda, inquiète, cherchant à dire un mot de réconfort. Mais il était trop tard, Charles s'annonçait. Toutes les dames plongèrent dans une révérence et s'éclipsèrent, laissant le jeune couple à son intimité.

Une intimité bien relative. Lorsque Aliénor eut tiré les rideaux autour du lit et gagné un coin de la chambre pour y dormir tout comme s'apprêtait déjà à le faire un valet du roi allongé sur une paillasse, un groupe compact et silencieux pénétra à son tour dans la pièce. Les bourgeois de Rennes, menés par le procureur Brullon, s'approchèrent du lit sur la pointe des pieds. Puis la porte se rouvrit et Jean de Chalon, à pas de loup, ne tarda pas à les rejoindre. Tous arboraient une mine solennelle car leur mission était des plus délicates : assister aussi discrètement que possible, afin de ne pas en perturber le bon déroulement, à la défloraison de la nouvelle reine.

Anne a-t-elle conscience de leurs présences ? Elle sait qu'il est capital que son mariage soit consommé et que personne ne puisse émettre de doute sur sa validité. Mais elle veut ignorer les coups d'œil indiscrets de ces visiteurs imposés, les oreilles tendues, les respirations un peu haletantes. Ah, comme elle voudrait aussi ignorer Charles si cela était possible ! Hélas ! Elle le regarde se dépouiller en hâte de sa dalmatique, se presser pour la rejoindre. Il balbutie des « ma mie », des « ma reine », et la couvre de baisers maladroits.

Ses mains le sont tout autant. Anne se raidit mais se laisse faire, écœurée par les fortes senteurs de musc dont il est imprégné. De près, il paraît encore plus laid, le visage rougi et gonflé de désir. Saura-t-elle répondre à ce qu'il attend d'elle ? Un peu de curiosité se mêle à ses craintes et à son dégoût. Pour l'instant, il est intimidé par sa froideur et se frotte contre elle avec de petits mouvements convulsifs.

Mais très vite, son besoin forcené des femmes a raison de sa retenue. Sans plus de préliminaires, il pénètre sa jeune épouse, lui arrachant un cri et des gémissements dont il tire un immense orgueil et qui réjouissent les témoins de l'autre côté des courtines.

Sur le corps délicat aux courbes encore inachevées, Charles se déchaîne en vainqueur, savourant sa revanche. Gagner la Bretagne n'a pas été une mince affaire. Cette nuit, il peut jouir jusqu'à épuisement d'un triomphe complet.

Maintenant tout est consommé ; Anne pleure sans bruit tandis qu'il dort enfin. Non, les cris et les plaintes qui lui ont été arrachés n'étaient pas de plaisir. Elle a mal, elle est effarée, elle n'arrive pas à comprendre comment un homme peut si brutalement se changer en bête. Avec précaution, elle s'écarte de lui, rabat sa chemise sur ses jambes, se recroqueville sur son humiliation. Jamais elle n'a été aussi malheureuse. Mais, par Dieu et tous les saints de son pays, personne n'en saura rien ! se jure-t-elle, accrochée à son devoir et à sa dignité, comme à une planche de salut.

« Mardi dernier, 6 décembre à Langeais, furent faites les épousailles du roi et de la reine, notre souveraine dame, et la nuit... couchèrent ensemble et là, laissa la reine son pucelage... Nous avons bien voulu vous en avertir afin que faites processions... feux et toutes choses pieuses en graciant Dieu... »

Le compte rendu crûment détaillé de la nuit de noces, signé du procureur Yves Brullon, parvint à Rennes quelques jours après. Dans une missive elle aussi adressée aux Rennais, Jean de Chalon, que le roi nommait gouverneur de Bretagne, apportait son propre témoignage : « Mardi dernier, le roi épousa la reine, votre souveraine dame. Et soyez sûr que la nuit même, elle fut dépucelée... Parce que je sais que vous en serez bien joyeux, j'ai voulu vous en avertir afin que vous fassiez faire des processions solennelles. »

Messes, processions, tonneaux en perce, feux de joie, toutes les villes de Bretagne se réjouirent d'apprendre la bonne nouvelle.

« Par le moyen d'icelui traité, le dit duché et pays de Bretagne fut adoncques paisiblement uni et accordé et fut fait alors une bonne paix de part et d'autre dont plusieurs furent très joyeux car l'alliance était très utile pour le royaume et pour le peuple. »

Pour tous, la paix était une bien douce chose !

III

Reine de France
1491 – 1498

« … Puisque le lys avec l'hermine repose. »

26

À l'aube, Anne sentit que Charles se penchait sur elle, une main sur son épaule, soufflant sur sa joue une haleine lourde. Révulsée à l'idée que de nouveau il lui faudrait le supporter, elle garda les paupières closes, ne bougea pas, s'efforçant de maîtriser sa propre respiration. Puis, avec soulagement, elle devina que, sans doute découragé par son inertie – ou par scrupules peut-être –, il se levait et quittait la chambre. Il était prévu qu'il regagnât Tours le matin même et qu'Anne le rejoignît en début de soirée. Rien ne la pressait. Sortie d'un recoin où elle s'était tenue tapie, Mellita sauta sur la courtepointe et reprit sa place aux pieds de sa maîtresse.

Si grande était sa fatigue qu'Anne n'eut aucune difficulté à se rendormir profondément et au réveil se sentit tout autre, reposée malgré des douleurs qui lui rappelaient cruellement les moments horribles de cette première expérience. Avant d'appeler ses suivantes, elle s'accorda cinq minutes de réflexion.

Qui a prétendu qu'une femme honnête trouvait agréments dans les rapports charnels ? Seules les ribaudes ou des créatures dévoyées pouvaient y prendre plaisir, ce plaisir que les hommes, eux, s'octroyaient sans vergogne ! Un violent mépris lui souleva le cœur. À ce sujet, Anne n'avait jamais apprécié les allusions salaces et les plaisanteries grossières. Tout ceci n'avait rien à voir avec l'amour, le véritable, le pur, le tendre amour comme celui qui la lierait toujours à Louis.

À l'évocation de son nom, elle se remit à pleurer. Louis ne se serait jamais comporté avec elle comme Charles venait de le faire. Non, c'était impossible ! Tous les hommes n'étaient pas des rustres et les doux sentiments pouvaient exister entre époux, l'exemple de ses parents le prouvait. Mais Anne chassa très vite de son esprit des visions trop intimes de François et de Marguerite et tenta d'oublier Louis pour se concentrer de nouveau sur Charles. Lui, jamais, jamais elle ne le pourrait aimer, c'était une certitude ! Mais le tolérer ? S'en faire un allié ? Lui prouver que la duchesse de Bretagne était de la race altière des grandes reines ?

Peu à peu, courageusement, elle réussit à sécher ses larmes. Cette nuit, il est vrai qu'elle avait cru atteindre le fond de la déchéance, si humiliée que la perspective même de réapparaître au jour, d'affronter les regards, l'avait plongée dans la terreur. Mais il ne serait pas dit qu'elle ferait au monde triste figure. Non ! Pas après avoir réussi à franchir ce cap affreux. Tout au contraire, elle devait se sentir fière d'être devenue une femme, prête à remplir son rôle jusqu'au bout et sans faillir.

Les félicitations de ses dames qui envahirent sa chambre peu après, toutes zélées, aux petits soins pour la jeune mariée, la confortèrent dans sa nouvelle attitude. Fuyant les mines interrogatives de Françoise qui la connaissait trop bien pour ne pas être entièrement dupe de sa sérénité, elle remit les plus curieuses à leur place avec gentillesse.

— Dame Anne, vous voici maintenant reine.

L'état de la couche nuptiale en témoignait amplement. Mme de Beaujeu qui ne tarda pas à se montrer ne manqua pas elle aussi de se pencher sur les draps et de procéder à une inspection minutieuse.

— Mes compliments, Anne. Je sais que le roi s'est déclaré satisfait.

— Vous m'en voyez fort aise, Madame, repartit Anne sur un ton neutre.

Une fois les tentures, les étoffes d'or et de soie remisées dans les coffres à bagages, une fois les lumières éteintes et les refrains des ménestrels évanouis, le château de Langeais se révélait décidément un lieu à part, bien austère. Anne en émergea avec une sensation de liberté retrouvée, heureuse malgré le jour déclinant de reprendre contact avec le monde, l'air piquant, les senteurs d'eau et de sable humide qui flottaient sur les rives de la Loire, et la Loire elle-même, l'amie familière du château de Nantes.

En cette fin d'après-midi, un bateau attendait Anne pour la conduire non pas vers l'ouest mais aux portes de Tours, au logis royal du Plessis. Toujours sur le qui-vive, des soldats formaient une solide escorte, prête à repousser toute attaque autrichienne. Mais il n'y eut aucun incident et ce fut sans encombre que la reine parvint à destination.

Il faisait de nouveau nuit et, comme à Langeais, son entrée par une porte dérobée prit des allures de conspiration. Son ombre menue se faufila au Plessis, d'autant plus discrète qu'elle était entièrement vêtue de velours noir, une tenue des plus simple, à l'exception des fourrures qui doublaient son manteau. Les rares personnes présentes remarquèrent combien la modestie de sa mise contrastait avec l'élégance de Mme de Beaujeu et des dames.

On s'étonna aussi qu'il n'y eût aucun accueil digne de ce nom : le roi était absent et la chambre destinée à Anne n'était même pas encore prête ! La nouvelle venue ressemblait davantage à une fugitive cherchant à échapper à un ennemi qu'à la nouvelle reine du pays.

Était-ce vraiment par crainte de Maximilien, pour ne pas le provoquer outre mesure qu'on prolongeait le mystère et l'effacement ? Une grand-messe dans la cathédrale de Tours, le lendemain, fut la seule réjouissance donnée en l'honneur de la souveraine, qui commençait sérieusement à se demander si son mariage était bien valable. Le pape n'avait pas encore envoyé les dispenses, mais le long acheminement des courriers pouvait fort bien expliquer ce retard. En revanche, personne n'était capable de lui dire quelles étaient les intentions du roi à son égard. Louis, qu'elle aurait pu questionner, avait été appelé ailleurs par d'autres charges. Au fond, ce n'était pas plus mal. Anne devait impérativement s'habituer à sa vie d'épouse avant de pouvoir le côtoyer sans trop d'émotion. Cependant, Charles aurait au moins pu la tenir informée !

Accoutumée très tôt à être mêlée aux Affaires, à prendre des décisions, la reine supportait mal cette mise à l'écart. Allait-elle s'y adapter tout comme elle commençait vaille que vaille à se faire aux visites nocturnes de son époux ?

Seigneur, que le petit château du Plessis était oppressant ! Résidence de prédilection de Louis XI qui était mort entre ces murs, il semblait encore habité par sa présence. Anne avait parfois la certitude que son esprit mauvais rôdait toujours en ces lieux. Méfiant, avare, le défunt monarque avait fait poser partout des grilles aux fenêtres. Le pont-levis, entre deux tours, se refermait sur un petit espace sans grâce, où l'infortunée jeune femme se voyait déjà passer le reste de ses jours !

Le fantôme du père, l'omniprésence de la fille : Mme de Beaujeu observait tous les faits et gestes de sa jeune belle-sœur qui ne pouvait faire un pas sans cet encombrant chaperon. Et, pour comble de malchance, le temps interdisait toute promenade, obligeant les dames à renoncer aux plaisirs de la chasse !

Au moins ces quelques semaines en vase clos permirent-elles à Anne de mieux cerner ce mari que Dieu lui avait choisi et d'affirmer un peu leurs liens.

Supérieure à lui en tous points, fine observatrice, elle eut tôt fait de découvrir les qualités et les tares d'un jeune homme de vingt et un ans longtemps écrasé par la personnalité d'un père et d'une sœur despotiques.

Tout compte fait, Charles n'était pas un méchant garçon. D'une enfance retirée, souffreteuse, vécue à

Amboise auprès de sa mère, l'insignifiante Charlotte de Savoie, il conservait beaucoup de timidité et de piété. Louis XI avait en effet toujours maintenu à l'écart ce fils chétif, négligeant ses études et son éducation. En conséquence, Charles était gauche, inculte ou presque, au point d'ignorer la langue latine pourtant officiellement employée en Europe. En revanche, tout comme Anne, il était féru de romans de chevalerie, qui lui inspiraient de temps à autre des gestes généreux, le sens de la morale, des manières affables.

Mais, les on-dit circulant vite, Anne obtint bientôt de ses Bretons des renseignements plus déplaisants : Charles vouait au sexe un culte effréné. N'importe quelle femme faisait son affaire. Il n'était pas regardant sur la qualité de ses partenaires, puisant au hasard des rencontres ou dans le contingent des « guilledines », les filles de joie qui suivaient la cour dans ses déplacements.

— Une chance encore qu'il n'ait pas de favorite attitrée ! fulmina Anne lorsqu'elle apprit ces détails.

Il y avait eu l'exemple célèbre du roi Charles VII, le grand-père de Charles, subjugué par la très belle Agnès Sorel. Louis XI pour sa part avait accumulé les liaisons, maltraité sa première épouse et négligé la seconde. Et sans chercher loin, en Bretagne, le propre père d'Anne n'avait-il pas été pendant des années sous la coupe d'une intrigante, Antoinette de Maignelais, la mère de François, de Dolus et de Françoise ?

Que pouvait donc faire une reine, une femme, publiquement bafouée ? Anne ne se sentait pas du tout en mesure d'accepter un pareil affront. Elle ne laisserait pas Charles l'outrager ainsi.

Ruminant sa colère et son mépris envers une telle conduite, elle revint sur le cas paternel. Il avait suffi au duc François d'épouser Marguerite pour se détacher d'Antoinette et la répudier. Celle-ci n'avait jamais pu s'en remettre. Voilà qui donnait à réfléchir. Anne n'avait qu'à s'inspirer de l'exemple de sa mère qui avait su retenir un époux volage par sa douceur, son dévouement, sa présence constante à ses côtés.

L'ambassadeur de Venise, qui envoyait régulièrement au Doge des nouvelles de la cour de France, lui fit à ce propos bientôt parvenir l'information suivante : « La reine est jalouse et désireuse du roi outre mesure au point que, depuis qu'elle est sa femme, il s'est passé peu de nuits qu'elle n'ait dormi avec lui. »

Anne, désireuse du roi ? Non, certainement pas ! Jalouse ? Oui ! Fière et inquiète aussi de consolider sa position.

Son raisonnement était tout simple : Charles ne songerait pas à la tromper avec d'autres si tous les soirs elle l'accueillait en apparence avec empressement dans son lit !

Naïve petite Anne qui se lançait dans une nouvelle bataille avec sa passion, son énergie habituelles, son indomptable orgueil ! Elle s'était juré d'exercer son métier de reine comme peu avant elle l'avaient fait et elle accomplirait aussi sa mission de femme en donnant à la couronne de France l'héritier que l'on attendait déjà avec impatience.

27

Répondant à ses vœux, l'horizon parut s'éclaircir. Au sens propre, d'abord. Cela commença le 25 janvier, le matin de son quinzième anniversaire. Anne constata en procédant à sa toilette qu'un rayon de soleil aigu, flamboyant comme un glaive, transperçait les carreaux de sa fenêtre pour se ficher sur le tapis. En même temps, elle entendit des roucoulades aussi vives qu'un jour de printemps.

— Il va faire beau, commenta Aliénor tout en épinglant un plastron noir et brun sur le buste de sa jeune maîtresse.

Anne lissa le velours, ajusta sa taille et, ce faisant, surprit l'expression particulièrement attentive de sa femme de chambre.

— Dame, avez-vous compté ? chuchota cette dernière.

— Cela fait plus d'une semaine. Mais ne dis rien encore. C'est peut-être prématuré.

Superstitieuse, Anne craignait de se réjouir trop tôt. Pourtant, ce retard dans ses cycles toujours très réguliers n'était pas habituel et lui laissait déjà augurer le formidable bouleversement qu'elle espérait. Il y avait aussi cette lumière, ces oiseaux à la fenêtre et le bleu du ciel ; tout était aussi beau qu'un vitrail d'église célébrant l'Annonciation, des signes indéniables. Anne en fut sûre : les anges lui annonçaient la bonne nouvelle ; un enfant se préparait, et ce serait un fils. Pour la première fois depuis bien longtemps, elle sentit la joie affluer dans son cœur.

Puis ce même jour, fait rarissime, Charles, qu'elle ne voyait généralement que le soir au coucher, lui rendit visite. Il tenait à lui apprendre lui-même qu'ils allaient quitter la Touraine pour se rendre à Paris. Mais avant de faire son entrée dans la capitale, Anne irait à Saint-Denis, afin d'y être couronnée et sacrée reine !

— Par le jour-Dieu, Madame ! s'écria-t-il en employant son juron favori. Il est temps de nous montrer et de rabattre le caquet à tous ceux qui contestent notre union.

Ce grand projet méritait un geste. Charles n'était pas venu les mains vides. Il offrait à Anne un bijou de prix, un diamant monté sur une fleur d'émail blanc et bleu, aux couleurs de France. La jeune femme y vit encore un signe et faillit oublier sa prudence, lui avouer son espoir de grossesse.

Mais comment conserver un secret quand on est une jeune femme constamment entourée, dépendant des servantes, sans intimité véritable ? Avec, de surcroît, une belle-sœur qui avait ses antennes partout, au sein même du petit personnel. Lorsqu'elle sut qu'Anne était enceinte, Mme de Beaujeu la prit de vitesse et en informa Charles.

Il aurait fallu voir se rengorger ce jeune roi immature « à peine sorti du nid », selon l'expression de Philippe de Commynes, l'un des ses conseillers. Ce garçon chimérique, un peu étrange, incapable d'agir par lui-même, allait donc être père d'un dauphin ! Assurant sa dynastie, prouvant à tous sa puissance et sa virilité !

Cette réaction euphorique rasséréna Anne, fortement contrariée par l'intervention de sa belle-sœur. Persuader Charles qu'ils auraient un fils ne lui fut pas difficile. Du coup, il sembla lui porter une toute nouvelle considération, ses attentions se resserrèrent. Oui, l'horizon enfin s'illuminait devant elle qui prit allègrement la route de Paris.

Depuis des siècles, l'abbaye royale de Saint-Denis accueillait les souverains et princes de France. Tous – ou presque – le moment venu étaient inhumés dans l'église abbatiale, cette même église dans laquelle on couronnait aussi les reines et qui, en ce 8 février 1492, s'ouvrait pour la jeune et rayonnante épouse de Charles VIII.

Grave, le premier prince de sang, le duc d'Orléans, l'attendait pour la conduire à l'autel.

Louis redoutait cet honneur comme une épreuve. Il n'avait pas revu Anne depuis Langeais, fuyant le château sous de faux prétextes le soir même des noces. Ensuite, obéissant au roi, il avait dû s'occuper de Jeanne, organiser, contraint et forcé, son entrée solennelle dans Orléans, continuant à payer le prix de sa liberté. Puis il avait galopé jusqu'en Normandie dont il avait reçu le gouvernement et était revenu ensuite à Paris veiller aux préparatifs du sacre. Louis avait également renoué avec ses anciennes habitudes : le jeu, les joutes, la paume, les femmes, tout ce dont il avait été si cruellement privé pendant trois ans. Mais pour autant il n'avait jamais cessé de penser à Anne.

Comment allait-il la retrouver ? Ces deux derniers mois avaient-ils changé son innocente petite Brette ? Elle était femme maintenant et peut-être, déjà, future mère. Tenaillé par une angoisse irraisonnée, Louis s'était imaginé que le mariage avait altéré le charme de la jeune fille, que Charles, par sa bêtise, avait terni son éclat. Mais voici qu'elle lui apparaissait aussi virginale et resplendissante que la Mère du Christ !

Aucun apparat cette fois-ci dans sa mise ; rien de lourd, d'écrasant, aucun étalage tapageur, au contraire. Anne avait revêtu une robe toute simple en damas blanc discrètement brodé d'or. Sans bijoux, nu-tête, elle laissait flotter ses cheveux sur ses épaules. Son front bombé était serein, son regard également. Lorsqu'elle se retrouva à ses côtés, ses lèvres esquissèrent un sourire doux, un peu mystérieux ; Louis aurait donné cher pour deviner ses pensées.

Sans un mot, il lui présenta son poing fermé sur lequel, avec confiance, elle posa une main légère pour se laisser guider vers le chœur où avaient pris place les évêques de tous les diocèses.

Derrière eux, les seigneurs de haut lignage et leurs épouses avaient empli la nef, tous impressionnés et plutôt conquis par la nouvelle souveraine. Il n'était que la duchesse de Bourbon, Mme de Beaujeu, pour afficher de l'aigreur et du dépit, piquée dans sa morgue d'avoir à porter la traîne de la petite Bretonne. Intuitive, sensible à tous les regards qui convergeaient vers elle, Anne sentait dans son dos les éclairs hostiles des yeux de sa belle-sœur mais, loin de s'en émouvoir, elle goûta au contraire, non sans jubilation, son triomphe sur l'ennemie jurée de son père.

Le sacre d'une reine était toujours solennel. Il n'avait pas lieu à Reims comme ceux des rois et les rites en étaient simplifiés. Il était plus rare aussi. Néanmoins, l'événement étant d'importance, il conférait à la souveraine une incontestable légitimité. Anne fut ointe d'huile sainte aux épaules, au front, à la poitrine. Chacun remarqua son recueillement et sa fragilité, rendue plus évidente encore par le faste de la célébration. Elle était si frêle que Louis d'Orléans dut soutenir la couronne, trop lourde pour elle, au-dessus de sa tête pendant que le cardinal de Bordeaux officiait.

Puis elle reçut le sceptre dans la main droite, l'épée de justice dans la main gauche. Le rôle de Louis auprès d'elle, ses attentions la rassuraient sans la troubler. La joie d'être enceinte écartait tout sentiment ambigu. La couronne, les attributs royaux la plaçaient maintenant au-dessus des passions vulgaires, la mettaient à l'abri des périls. À l'avenir, ils seraient frère et sœur d'alliance.

Qu'elle était loin la petite duchesse sans abri, sans le sou, trahie par ses proches et contrainte de fuir, terrorisée, cramponnée à Montauban qui l'emportait au triple galop ! Anne, aujourd'hui, se réchauffait aux feux de la gloire. Elle résolut d'oublier qu'elle n'avait plus de pouvoir réel, d'oublier la médiocrité de son époux, savourant pleinement les hommages reçus qui flattaient son orgueil. Son entrée à Paris le lendemain acheva d'effacer en elle les dernières traces d'amertume.

On lui avait toujours décrit les Parisiens comme démonstratifs, inventifs et gais. L'accueil qu'ils lui firent en ce 9 février 1492 confirma leur réputation.

Anne est assise dans une litière portée par deux haquenées couvertes de velours cramoisi semé de lettres d'or : le C pour Charles, le A pour Anne. Elle s'est habillée de la somptueuse robe d'or de ses noces. Le peuple s'émerveille de la découvrir « si belle, si jeune et pleine de si bonne grâce ». Il y a longtemps que le pays n'avait eu une aussi jolie reine. On crie « Noël ! », « France et Bretagne ! » ; on applaudit ; les vivats fusent. À chaque fenêtre se penchent des têtes curieuses et rieuses. Tapisseries, étoffes précieuses ou modestes draps blancs sont tendus sur les façades. Des lys et des hermines sont partout parsemés. Des fleurs, des feuillages décorent les rues. Les estrades sont drapées aux couleurs du roi et de la reine : rouge, blanc, bleu, vert pour l'un ; noir, rouge, jaune pour l'autre.

Les archers du roi, les arbalétriers veillent au bon déroulement de cette longue marche entre Saint-Denis et l'île de la Cité au cœur de Paris. Pas un grand seigneur ne manque. Les cavaliers sont au botte à botte. Les membres du Parlement, les échevins en robe écarlate, ces messieurs de l'Hôtel de Ville sont venus au-devant de leur souveraine. La foule est telle qu'il aurait été impossible à quiconque de rebrousser chemin. Les officiers municipaux ont eu la prévoyance de placer des valets porteurs de « vases de jour » à distance régulière, prêts à offrir leurs services à la reine ou aux dames de la suite en cas de besoin pressant.

Ravie, Anne sourit avec douceur, répond aux acclamations par de gracieux mouvements de tête, s'arrête pour écouter les harangues, les compliments, assister aux saynètes, « trompettes, clairons et autres instruments démenant grand bruit ». Parfois, elle a du mal à entendre les discours qui exaltent la puissance de Charles et saluent leur union bénéfique. Des acteurs miment les grandes heures qui ont séparé puis réuni la France, « Franc Vouloir », et la Bretagne, « Sûre Alliance ». Tout n'est qu'allégories, scènes épiques, tirades enflammées. La jeune femme n'est nullement dupe malgré tout ; son entrée est prétexte à mettre le rôle du roi au premier plan.

Qu'importe ! Saint-Denis, la Chapelle, la porte Saint-Denis, la rue du même nom, la plus grande de la rive droite, jusqu'ici Anne n'a jamais été au centre d'un pareil tourbillon et s'étonne, sans rien dire, de voir un Paris si dense, des maisons si hautes, Paris la ville la plus peuplée au monde, aux trois cent mille habitants, la capitale du royaume depuis Clovis, où se concentrent tous les pouvoirs, où les rois ont leur palais.

Le cortège emprunte la rue Greneta, fait halte aux Innocents puis au Châtelet, s'engage sur le pont au Change. À chaque étape, un spectacle est offert à la jeune reine qui parvient étourdie devant Notre-Dame.

Enfin, très émue, elle pénètre dans la cathédrale et s'avance, le cœur battant, véritablement transportée tandis que le chœur, soutenu par la puissance céleste des orgues, entonne un *Te deum*.

28

À Paris, Anne et Charles s'installèrent pour quelques mois dans la Maison royale des Tournelles, véritable petite ville dans la cité, ensemble extraordinaire de demeures et de chapelles reliées par des galeries en arcades, d'étuves et de communs, de cloîtres et de jardins, de bois, de prés, avec même une ménagerie qui rappela à Anne celle de son père à Nantes. À l'abri d'une enceinte agrémentée de nombreuses petites tourelles, d'où le nom du palais, on oubliait les rues étroites et malpropres, le bourdonnement incessant d'un Paris en perpétuelle et impertinente activité.

Non loin, au pied de la bastille Saint-Antoine, étaient aménagées des lices et il ne se passait pas une semaine sans un spectacle de joutes ou de tournois, ce qu'Anne goûtait toujours beaucoup.

Pour le reste, elle s'accoutumait sans difficulté à son métier de reine. En vérité, elle n'avait pas d'autre rôle à jouer que de recevoir les ambassadeurs étrangers et les représentants des corporations venus lui offrir leurs compliments. Elle avait donc tout loisir d'organiser et d'agrandir sa propre maison, son hôtel, l'annonce officielle de sa grossesse ayant été accueillie par un élan spontané d'espoir et de joie qui lui valait désormais beaucoup d'attentions et de respect.

Anne avait la chance de supporter parfaitement son état, épargnée par les désagréments souvent inhérents aux futures mères et que son entourage féminin ne cessait de lui décrire. Mme de Beaujeu, en particulier, s'ingéniait à l'importuner, en lui détaillant par le menu les nausées, les malaises qu'elle-même avait endurés quand elle attendait sa fille Suzanne. Anne, exaspérée, préférait l'écouter d'une oreille. Elle n'était peut-être pas très grande, certes elle était peu en chair mais elle leur montrerait à tous et surtout à ce méchant oiseau de malheur qu'elle irait à son terme sans faiblesse et mettrait au monde, non pas une chétive créature comme l'était, paraît-il, la petite Suzanne de Bourbon, mais bien un beau et solide dauphin !

D'autres sujets de discorde n'avaient pas tardé à envenimer les rapports entre les deux femmes. Mme de Beaujeu avait vite compris que la petite Bretonne était coriace, autoritaire et très attachée à ses prérogatives. La reine c'était elle et elle le lui rappelait constamment. Disparues ses manières réservées des premières semaines ! Le luxe et le raffinement qu'elle étalait sans vergogne hérissaient d'autant plus sa sévère belle-sœur que celle-ci la voyait aussi, d'un très mauvais œil, dépenser de grosses sommes au jeu. Anne avait d'évidence pris le parti de tirer un maximum d'agréments d'une situation qu'elle n'avait pas choisie de son plein gré, de telle sorte que tous ceux qui avaient connu la cour de son père commençaient, à travers elle, à en retrouver l'éclat perdu.

Éclipsée, furieuse de devoir se contenter du second rang, de constater que ses conseils restaient lettre morte, pas même soutenue par Charles qui n'agissait lui aussi qu'à sa guise, l'ex-régente multipliait les réflexions acides, les remarques fielleuses ou méprisantes. L'atmosphère en fut vite alourdie et leurs proches se mirent à redouter une querelle ouverte entre elles, ce qui eût été du plus fâcheux effet sur l'opinion. C'est pourquoi Charles, évitant, lâchement, de prendre parti entre la mère de son futur dauphin qu'il voulait ménager et sa sœur dont il avait toujours eu secrètement un peu peur, préféra faire appel à un médiateur.

Un beau matin, Louis d'Orléans demanda audience à la reine qui se promenait paisiblement dans l'un des jardins des Tournelles. Les touffes de romarin, de marjolaine, de verveine et de sauge bordant les allées exhalaient dans l'air tiède des bouffées odorantes. De loin, Louis distingua tout de suite parmi les dames d'honneur sa silhouette drapée de légère soie jaune qui laissait deviner déjà l'arrondi de son ventre. Anne l'accueillit comme si elle ne l'avait pas vu depuis fort longtemps, avec un mouvement de joie spontanée, alors qu'ils se croisaient fréquemment dans les fêtes ou les audiences et qu'elle l'applaudissait dans les tournois. Mais, depuis Rennes, c'était la première fois qu'ils se retrouvaient l'un et l'autre en cercle restreint, pour une conversation privée.

Quelques pas les éloignèrent de ses suivantes.

— Quel plaisir de vous voir, mon cousin !

Adoptant son naturel, Louis renchérit :

— Le plaisir est pour moi, Anne. Je constate que vous semblez en parfaite santé. Votre mine est florissante.

— Je n'en dirai pas autant de la vôtre, rétorqua-t-elle sur un ton de légère réprimande. Vous avez l'air d'un homme qui ne dort pas beaucoup.

— En effet, je suis très occupé en ce moment, argua-t-il sans trouver meilleure explication.

Anne, qui lui arrivait à peine à l'épaule, leva la tête pour le tancer :

— Occupé par vos loisirs, voulez-vous dire ! Louis, le bruit court que vous n'êtes guère sérieux.

Il se retint de sourire devant son expression sévère. Sa petite Brette avait la réputation de ne pas badiner avec la vertu et de surveiller de près les faits et gestes de son époux. Quel idiot, ce Charles, songea-t-il, embarrassé malgré tout par les reproches d'Anne. Courir la gueuse quand on était marié à une aussi fine créature était un péché, une faute de goût ! Au moins lui-même avait-il des excuses pour tromper sa femme…

Prête à lui faire la morale, Anne jugea finalement préférable de se taire. En vérité, elle était jalouse, se reprochait ce sentiment humiliant et craignait de se trahir.

Les hommes étaient-ils donc tous pareils ?

— Charles est… commença-t-elle.

Mais le nom seul de son époux la fit bouillir. Charles la trompait déjà malgré les efforts qu'elle faisait pour surmonter sa répulsion et se soumettre à ses caprices. Elle n'acheva donc pas sa phrase.

Lèvres pincées, Anne poussa du pied les petits graviers blancs de l'allée, désenchantée, triste soudain. S'apercevant de son changement d'humeur, Louis réprima l'envie de la prendre dans ses bras pour la réconforter.

— Justement, enchaîna-t-il, je voulais vous parler de Charles. Vos mauvais rapports avec la duchesse de Bourbon le préoccupent beaucoup.

— Je ne supporte plus ses grands airs et ses manières condescendantes ! s'écria-t-elle vivement. Elle ne me lâche pas, se mêle de tout, me traite en parente pauvre. Alors que je suis la reine, que j'ai servi au roi la Bretagne sur un plateau d'argent ! Cette Beaujeu est détestable !

— Je vous l'accorde tout à fait ! approuva Louis en riant. Malheureusement, pour la paix de notre famille, nous devons la tolérer.

— Est-ce pour me faire la leçon que vous me rendez visite aujourd'hui ? fit-elle, soupçonneuse. Serait-ce Charles qui vous envoie, n'osant me dire en face ce qui le tracasse ?

— Tout juste, avoua Louis franchement. Mais je tiens là un bon prétexte pour bavarder un peu avec vous, ma chère Anne…

Un silence tout frémissant de tendres souvenirs se glissa entre eux. Mais Anne soudain le rompit avec brusquerie.

— Qu'exige-t-on encore de moi ?

— Que vous fassiez la paix avec la duchesse. Les querelles n'engendrent rien de bon. Nous devons montrer aux cours étrangères que nous formons un bloc uni, solide.

— Vous insistez ?

— Oui, petite Brette.

Rivée à son regard bleu plein de choses non dites, confiante en lui comme toujours, elle finit par capituler.

— Soit ! Je tâcherai d'être patiente et plus aimable. Mais que les efforts ne soient pas à sens unique ! J'ai déjà eu ma part de sacrifices !

— Bien entendu ! La duchesse doit y mettre aussi du sien.

Georges d'Amboise, qui était archevêque de Narbonne mais surtout ami et conseiller du duc d'Orléans, fut chargé de recueillir les promesses des deux parties. Devant le « fust de la vraie Croix », en fait un morceau de la croix du Christ rapporté de Jérusalem et contenu dans un crucifix, Anne de Bretagne, reine de France, et Anne de Beaujeu, duchesse de Bourbon, jurèrent de « se prêter mutuellement aide, secours, avec bon amour, union et intelligence dans le but de sauvegarder le roi ct de faire ccsser le grand désordre qui était en sa maison ».

Un répit suivit cet engagement solennel. Toute à ses dépenses personnelles, aux préparatifs pour la naissance de l'enfant dont le trousseau se devait d'être digne d'un prince, Anne s'apprêta aussi à plier bagages. La cour quittait Paris, regagnait la Touraine. L'été n'était pas encore achevé que, après de petites étapes tranquilles, elle retrouvait Le Plessis.

29

Sous le soleil qui ravivait la brique rose et la pierre blanche, le château parut à Anne plus avenant que l'hiver précédent. À sept mois de grossesse, elle se sentait moins alerte et n'était pas mécontente de se réinstaller dans un environnement plus calme que le Palais-Royal. L'été se prolongeait dans une douceur propre à la Touraine : harmonie des bois et des coteaux, splendide et trompeuse nonchalance de la Loire où se gonflaient les voiles, où chantaient les mariniers.

Anne appréciait d'autant plus sa retraite que, cette fois-ci, Mme de Beaujeu ne l'avait pas suivie. Sa belle-sœur avait gagné Moulins, au cœur du Bourbonnais, fief de Pierre, son mari. En geste d'apaisement, tous deux avaient envoyé au Plessis un orfèvre réputé, Arnaud de Viviers, chargé de créer une vaisselle et divers objets d'or pour le service du futur dauphin.

Les préparatifs de la naissance s'accéléraient. Comme toutes les femmes, Anne la redoutait sans se l'avouer. Multipliant les prières et les dévotions, elle portait sur elle une crapaudine, dent fossile censée éloigner le mal, et ceignait sa taille d'une peau de serpent. Allait-elle réellement donner le jour au fils dont elle rêvait tant ?

Toute à son attente, Anne semblait avoir fait table rase de son ancienne vie, ne plus se préoccuper de ce qui se passait en Bretagne, au point que Françoise lui en fit la remarque :

— Tu n'en parles plus guère. Y penses-tu seulement encore ?

Là-bas, après les joyeuses célébrations du mariage de leur duchesse, les Bretons s'étaient vaillamment remis à la tâche. Mais quelques mécontents n'avaient pas tardé à comploter contre le nouveau pouvoir, regroupés autour du vicomte de Rohan. S'estimant injustement traité après ses services rendus à Charles VIII, voyant la charge de gouverneur lui échapper au profit de Jean de Chalon, digérant mal le fait de n'avoir pu marier son fils aîné à Anne, Rohan s'était adressé au roi d'Angleterre hostile à l'ingérence française en Bretagne. Henri Tudor avait alors envoyé quelques bateaux sur le continent mais le soulèvement avait tourné court. Généreusement indemnisé par Charles VIII, qui lui remboursait tout ce que naguère il avait prêté à Anne, Henri acceptait de se retirer du complot. L'ordre se rétablissait peu à peu dans le duché.

Anne n'avait pris aucune part aux discussions, ne s'était mêlée de rien, alors même qu'elle était tenue informée de tout par Philippe de Montauban, retourné sur ses terres. Et c'était justement cette attitude qui intriguait Françoise. Après un assez long silence, Anne finit par répondre à son reproche à peine voilé :

— Comment peux-tu imaginer que je puisse oublier le pays de notre père ?

— Mais alors ?

— Je n'ai plus aucun pouvoir, tu le sais ! Cela me ronge et me désole tellement qu'il vaut mieux pour moi ne plus y penser sinon l'enfant que je porte risquerait d'en pâtir.

— Tout de même…

— Françoise, brisons là, veux-tu ? Tu ne peux pas comprendre ! coupa Anne sèchement.

Elle était de ces femmes qui n'attendent pas de contempler leur nouveau-né pour se sentir mères. À une époque où tant de femmes mouraient en couches, où tant de bébés disparaissaient sitôt venus au monde, elle restait sans cesse sur le qui-vive. D'autre part, son union éphémère avec Maximilien n'avait toujours pas été formellement annulée par l'Église et les dispenses autorisant son mariage avec Charles n'étaient toujours pas arrivées de Rome. La mort d'un pape, l'élection de son successeur avaient tout retardé. Craignant de vivre en état de péché mortel, Anne tremblait que le châtiment de Dieu ne retombât sur leur enfant, crainte partagée avec Charles, aussi superstitieux et fervent chrétien qu'elle pouvait l'être.

Cependant, à part ces scrupules religieux, aucun attachement réel ne liait le jeune couple. Anne voyait au contraire se succéder les contrariétés, les blessures d'amour-propre. Prétextant l'état avancé de sa grossesse, le roi désertait de plus en plus fréquemment la chambre de sa femme pour rejoindre ses maîtresses. Épouse trompée, duchesse écartée des affaires de son pays et privée de son titre, à ses yeux aussi important que celui de reine, elle concentrait toutes ses attentions et ses espérances sur le futur dauphin. Mais comment reconnaître devant Françoise à quel point elle se sentait humiliée ? C'était impossible.

— Puisse-t-elle ne pas être déçue en ce domaine ! se dit sa demi-sœur, pleine de compassion devant ses traits tirés. Pourvu que ce soit un fils !

Bien que Charles attendît lui aussi un garçon, il ne parvenait pas à s'entendre avec Anne sur le choix du prénom. Fasciné par les exploits de l'empereur Charlemagne et de ses douze paladins, le roi avait décidé de donner à son fils le nom du meilleur d'entre eux : Roland. Avec son épée Durandal, le valeureux héros avait vaillamment combattu les Sarrasins, il était l'exemple même du chevalier sans peur et sans reproche. À la mode italienne Roland donnait Orlando. Tout ce qui avait trait à l'Italie enthousiasmait Charles, une passion pas vraiment partagée par Anne plus attirée par l'Espagne. Orlando ? Quel choix saugrenu ! Personnellement elle aurait opté pour François, en mémoire de son père. Orlando ? Après avoir tourné et retourné la question dans sa tête, elle finit par se résigner. Pourquoi pas, après tout ? Elle aussi aimait les romans épiques, les chansons de geste. Ainsi baptisé, son fils serait peut-être digne des meilleurs preux.

Banal en apparence, le choix de son prénom souleva néanmoins une forte polémique au sein du Conseil royal. On s'offusqua, évoquant la tradition monarchique. Louis, Charles, Jean, Henri, Philippe : voilà des noms de rois de France. Mais pas Orlando !

Seul l'ermite François de Paule, Italien d'origine, le « bonhomme » visionnaire qui prédisait l'arrivée d'un dauphin, appuya le choix de Charles. Roland s'était illustré aussi en Italie en bataillant contre les Infidèles. Orlando Ier, cela sonnait très bien.

Rien n'était donc arrêté sur ce point alors que la date approchait. La chambre de gésine était fin prête, agrémentée d'un ciel de lit en damas vert, de couvertures et de coussins d'hermine mouchetés, doublés de fins draps violets, de tentures précieuses. La devise de la reine, « À ma vie », son emblème, la cordelière, ses armes mi-partie de lys et d'hermines, étaient peints ou brodés aux quatre coins de la pièce. Le mobilier aussi était nouveau, dressoir chargé de riche vaisselle, sièges à haut dossier, console garnie de coupes et de drageoirs, ainsi que le fauteuil sur lequel la jeune reine accoucherait. Anne devait être assistée de deux médecins, Olivier Lorens et Gabriel Miro, et de sages-femmes qui ces dernières semaines ne la quittaient plus.

Anne avait présidé au choix de la nourrice, une certaine Françoise Forest, veillant à ce qu'elle eût moins de trente ans, qu'elle fût forte et saine, le teint frais, le regard droit, l'haleine pure. La dame Forest avait le caractère calme et gai qui convenait. Elle était grande, avec de larges mamelles, des dents éclatantes. De plus, elle était déjà mère de deux garçons, ce qui était préférable aux filles quant à la qualité du lait. Enfin, particularité essentielle : elle n'était pas rousse, une carnation guère appréciée dans ce domaine ; c'était une solide brune à la peau blanche.

Rien ne manquait non plus des brassières pour soutenir la poitrine, des chemises et des petites coiffes en toile de Hollande pour la mère, des langes pour le nourrisson.

Tout était prévu. Yves Mahyeuc, le confesseur d'Anne, répondait présent ; les musiciens venus de Bretagne attendaient le moment des réjouissances ; l'astrologue, dès les premières heures, établirait l'horoscope de l'enfant.

Lorsque Anne ressentit les premières douleurs, le soir tombait et, au début, elle eut peur. Invoquant sa sainte patronne et sainte Marguerite favorables aux femmes en couches, elle lutta pour chasser de son esprit de vieilles terreurs ressurgies du fond de son inconscient, des ombres imprécises et sans nom, promptes à venir tourmenter les âmes. La nuit lui parut interminable. Comment maîtriser la souffrance ? Anne n'était plus qu'un pauvre petit corps déchiré, résistant pourtant grâce à une volonté farouche de transmettre la vie.

On vanta hautement son courage comme on déplora, en revanche, l'affolement de Charles complètement dépassé par l'événement et dont l'attitude irresponsable finit même par gêner les médecins dans leur travail. Dès l'annonce de la délivrance, il avait envoyé un messager auprès de François de Paule : ses prières devaient aider la reine.

« Hâte-toi vers ton roi et dis-lui que ce matin, à l'aurore, il lui naîtra un fils qui aura nom Orlando », avait répondu le saint homme.

Prédiction parfaitement exacte car, à quatre heures du matin, le 10 octobre 1492, le dauphin poussa avec vigueur son premier cri.

Aussitôt, le nouveau-né fut baigné. Dans l'eau, avaient été jetés du gros sel et des pétales de roses. Puis son corps fut frotté d'huile rosat, ses petits doigts étirés l'un après l'autre, ses bras, ses jambes doucement pliés et dépliés. Avant de l'emmailloter de la tête aux pieds, étroitement, la nourrice lui enfonça un doigt dans le fondement afin de le dégager de ses humeurs, ce qui ne fut pas apprécié : le petit se remit à hurler de plus belle.

— Quelle vitalité ! C'est un gros et gras garçon très bien proportionné. Un enfant magnifique. Nous pouvons louer le Seigneur.

Anne écoutait, rassurée par les pleurs et les commentaires, épuisée, fière, ravie, submergée de reconnaissance et de gratitude envers Dieu qui la comblait. Elle aussi fut baignée dans une cuve profonde, devant la cheminée. Elle tremblait un peu malgré les flammes vives. Du romarin, du millepertuis macéraient dans l'eau chaude qui soulagea ses muscles endoloris. Quelques minutes, elle s'abandonna avec l'étrange désir, maintenant que son devoir était accompli, de se dissoudre dans ce bain réparateur.

— Vous pourrez dormir bientôt, tout à votre aise, lui dit l'une des sages-femmes en l'aidant à se relever.

— Et mon fils ? murmura-t-elle.

On le lui apporta quand elle fut recouchée. Dans ses langes, il ressemblait à une grosse chrysalide. Anne sourit devant sa frimousse rouge et mécontente. Puis ses paupières se fermèrent. Elle entendit à peine la voix de Charles qui la remerciait avec effusion de lui avoir donné un beau dauphin.

En France, l'héritier du trône recevait ce titre depuis que le roi Philippe VI de Valois, aïeul direct de Charles, avait acquis la province du Dauphiné au milieu du XIVe siècle. Mais, pour le moment, ce nouveau dauphin n'avait toujours pas de nom. Il fallut encore deux jours de discussions serrées entre Charles qui se cramponnait à son idée et les parrains, Louis d'Orléans et Pierre de Beaujeu, qui, invoquant l'usage, faisaient partie de ceux qui la contestaient énergiquement. Le baptême dut être reporté jusqu'à ce que l'on trouve un compromis. Finalement, il fut célébré le 13 octobre et le dauphin fut prénommé Charles-Orland !

30

Anne, qui devait attendre ses relevailles officielles pour reparaître en public, n'assista pas à la cérémonie mais elle se consola, sachant que celle-ci serait en tous points digne d'un futur roi.

Pas un seigneur ne manquait dans la chapelle Saint-Jean du Plessis. Charles-Orland, habillé de blanc et placé sous la protection de la Vierge ainsi qu'en avait décidé sa mère, fut amené dans les bras de Jean de Chalon. Le comte de Foix portait la salière d'or, le duc de Vendôme l'aiguière d'or, le duc de Nemours le grand cierge de cire blanche. L'infant d'Espagne était chargé du bassin et de la serviette. Le vase d'or et de pierreries contenant le saint chrême avait été confié au duc de Bourbon. Les parrains et la marraine, la reine d'Anjou et de Sicile, étaient vêtus de tuniques et de robes tissées d'or et de soie. Plus de cinq cents personnes entouraient Charles VIII qui avait lui-même ordonné tout ce faste. Mais voici que le moment venu, tout à coup, sa timidité, sa gaucherie refaisaient surface. Malgré les encouragements de Louis d'Orléans, il avait l'air un peu perdu et ne lâcha pas la main de François de Paule tandis qu'un autre moine cordelier, le frère Jean Bourgeois, baptisait Charles-Orland.

La naissance avait été proclamée à grands sons de trompe et placardée dans tout le royaume, entraînant fêtes et réjouissances, distribution de gâteaux en forme de dauphin.

Toute à la fierté et au bonheur d'être mère, Anne voulut ravaler au rang de peccadilles l'attitude puérile de son époux ainsi que ses incartades répétées, s'appliquant à reprendre très vite des forces pour tenter de reconquérir sa place légitime auprès de lui. Mais une fausse note vint ternir cette période privilégiée qui suit souvent un accouchement réussi.

Anne fit la connaissance de Jeanne, la femme de Louis ! S'il n'avait tenu qu'à ce dernier, elle serait restée dans son domaine de Lignières d'où elle ne sortait qu'à de très rares occasions. Mais pour le baptême, le roi avait réclamé expressément la présence de sa sœur et Louis n'avait pu qu'obéir à l'étiquette ; la duchesse d'Orléans fut donc présentée à la reine de France par Mme de Beaujeu.

En fait, Anne avait grande impatience de découvrir enfin celle dont l'existence avait si fortement influé sur la sienne. À cause de Jeanne, elle n'avait pu épouser Louis. Certes, ce n'était pas vraiment la faute de la jeune femme qui n'avait été, elle aussi, qu'un instrument entre les mains de Louis XI. Et cette union calamiteuse avait eu lieu bien avant qu'elle-même, Anne, fût au monde. De plus, le destin ne lui avait-il pas offert la belle couronne de France ? Pourtant, contre toute raison, contre tout sentiment moral ou chrétien, elle ne pouvait s'empêcher d'en vouloir à Jeanne et de regretter toujours ce qui aurait pu être.

Elle la reçut dans sa chambre. Pour l'occasion les valets avaient renouvelé sur le sol les brassées de bruyère sèche qui assainissaient l'atmosphère. Ils avaient rempli les drageoirs de fruits confits et installé des chaufferettes supplémentaires aux quatre coins de la pièce car le temps avait beaucoup fraîchi en cette mi-octobre.

L'entrevue fut conforme aux usages. Les suivantes s'assirent par terre, sur des carreaux de velours, seules les deux illustres visiteuses ayant droit à des sièges. Redressée dans son lit, Anne avec sa parfaite maîtrise remercia pour les présents qu'on lui apportait et fit circuler les friandises mais, sous ses draps, une sueur glacée parcourait tout son corps depuis l'entrée de Jeanne et, durant toute la durée de l'entretien, elle eut beaucoup de mal à la considérer avec naturel. Bien qu'elle sût depuis toujours que sa belle-sœur était laide et contrefaite, quelle émotion de la voir devant elle, en chair et en os ! À vingt-huit ans, Jeanne n'était pas plus haute qu'une enfant de dix. Pour le reste, elle avait la poitrine d'une matrone, des seins énormes qui se balançaient sous son surcot de velours, une bosse à la base du cou. Elle ne marchait pas, elle se dandinait, lourde, hésitante. Une seconde bosse déformait l'une de ses épaules. Son visage rappelait celui de Charles mais avec un nez encore plus fort et plus long, une bouche plus épaisse, un teint plus brouillé. Des poils noirs, clairsemés, ourlaient ses lèvres, son menton, ses bras aussi, entraperçus à certains mouvements de manches. Bref, la seconde fille de Louis XI était un monstre, vivant symbole des noirceurs de son père.

Sereine cependant, et douce, aimable, avec des yeux d'une clarté rare, d'un vert d'eau presque blanc, qui brillaient d'une intensité pas tout à fait humaine. Anne ne put se défendre de détourner les siens quand elle l'embrassa en lui donnant le « Dieu garde ». Elle croisa alors le regard sombre de Mme de Beaujeu. Aucune pitié, aucune tendresse ne s'y reflétait. Sans doute n'y avait-il donc que Charles pour ressentir quelque affection envers leur pauvre sœur ?

Lorsqu'elles furent sorties, Anne eut honte du ressentiment si longtemps éprouvé à l'égard de Jeanne. À l'époque où Louis était prisonnier, n'avait-elle pas été un peu jalouse en apprenant que le roi avait autorisé les visites à son épouse alors qu'elle-même était sans nouvelles directes de lui et ne pouvait aucunement lui en faire parvenir ? Or, comment envier quoi que ce fût à cette femme ? Pourtant, quelque chose en elle interdisait malgré tout qu'on la plaignît longtemps et la compassion qu'Anne éprouvait pour ses disgrâces changea vite d'objet.

— Louis. Louis ! pensa-t-elle, les mains jointes.

C'était bien lui le plus à plaindre, enchaîné à une créature qui jamais ne lui apporterait la moindre joie, jamais ne lui donnerait le fils qu'il était en droit d'espérer !

Elle ne put s'empêcher de pleurer devant l'étendue d'un tel gâchis.

Ses dames s'empressèrent sans trop s'étonner toutefois de son accès de mélancolie fréquent chez une jeune mère. L'une des suivantes, Mlle de Plumaugat, envoya quérir un joueur de luth et Françoise demanda qu'on fît venir la dame Forest et son précieux nourrisson.

Aussitôt le visage d'Anne s'éclaira quand la nourrice lui tendit Charles-Orland.

— Au moins toi, tu es beau et sain, s'extasia-t-elle, bénissant Dieu qu'il n'eût pas hérité la laideur paternelle.

Elle croyait retrouver sur les traits du bébé quelque chose du duc François.

— Charles-Orland, mon mignon, mon petit ange. Vite, vite un sourire pour chasser de ma pensée la vision de Jeanne !

Les dispenses du pape arrivèrent peu après. Enfin ! Anne n'avait plus à se tourmenter. Son mariage était accepté par l'Église, personne ne pourrait accuser son fils de bâtardise. Elle-même, lors de la messe de ses relevailles dut jurer n'avoir été ni enlevée ni violée, ces mises au point étant destinées une fois pour toutes à étouffer les polémiques, faire taire les accusations de Maximilien.

Puis Charles dut effectuer un petit voyage à Nantes. Il ne lui proposa pas de l'accompagner mais cela n'affecta pas trop la jeune femme, nullement désireuse de se séparer déjà de son fils. Du reste, Charles n'avait pas besoin d'elle pour régler les questions bretonnes. S'il renonçait au titre de duc, en revanche il plaçait aux postes principaux tous ceux qui naguère avaient trahi sa femme pour le servir : Rohan, Avaugour son demi-frère... Et il écartait le fidèle Montauban !

Impuissante, Anne encaissa la nouvelle sans protester, surtout préoccupée sembla-t-il par le déménagement de la cour pour Amboise.

31

Domaine royal depuis deux générations, Amboise avait vu naître et grandir Charles VIII. Quoique le terme « grandir » ne fût guère approprié quand on contemplait sa petite taille. Soucieuse de beauté, d'harmonie, Anne éprouvait encore, après un an de mariage, des difficultés à s'habituer au physique de son mari qui, avec enjouement, évoquait auprès d'elle son enfance tout en lui faisant les honneurs du château. Son attitude aurait été risible s'il n'avait été aussi pathétique et Anne se reprochait intérieurement une malveillance trop peu chrétienne. Elle continua donc à l'écouter, un sourire de circonstance plaqué sur les lèvres. Pour une fois qu'il lui consacrait son temps !

— J'aime cet endroit où j'ai passé mon tout jeune âge, où ma mère, la reine Charlotte, a vécu. C'était une bonne et pieuse personne, savez-vous. C'est pourquoi j'ambitionne de tout transformer ici en un merveilleux décor comme nul n'en a jamais vu !

Ce projet l'enflammait. Impatient, il avait lancé les travaux depuis plusieurs mois et les compagnons œuvraient jour et nuit pour étoffer, étendre, embellir l'énorme et ancienne forteresse des comtes d'Anjou piquée sur le plateau qui dominait la Loire.

— Qu'en pensez-vous, Anne ?

— C'est prometteur en effet, concéda-t-elle en jetant un regard approbateur sur la pierre toute neuve des façades, éblouissante au soleil hivernal.

Charles escomptait-il plus d'enthousiasme ? Toujours est-il qu'il se tut un moment, repris par ses souvenirs, en particulier celui de Marguerite, sa tendre petite fiancée. L'ombre d'un regret mêlé de remords vint gâter son plaisir. Il soupira, ses gros yeux à fleur de tête glissant sur Anne. Elle l'impressionnait par sa maîtrise, sa force, son savoir. Elle était parfaite, trop peut-être ? Elle ne lui refusait rien. Cependant, auprès d'elle, il ne parvenait pas à assouvir pleinement les démons de la chair qui le taraudaient constamment.

Dès le premier soir de leur installation à Amboise, il la rejoignit dans sa chambre, ce qu'il n'avait pas fait depuis longtemps. Si la naissance du dauphin le satisfaisait, Charles savait bien qu'une vie était fragile et que d'autres enfants devaient garantir l'avenir du trône. Anne, d'ailleurs, même si elle se refusait à envisager un malheur, ne l'ignorait pas non plus et se montrait toute disposée à consolider son rôle par une descendance nombreuse qui comblerait son instinct maternel.

Elle crut cette nuit-là à sa victoire sur Charles tant il se montra ardent, la réveillant à plusieurs reprises, semblant ne jamais pouvoir se rassasier d'elle. La fatigue qui la gagna peu à peu devint telle qu'elle fut incapable de ressentir la moindre révolte, ni le moindre dégoût, transformée en véritable poupée de chiffon, malléable à merci. Pourquoi s'obstinerait-il après ça à fréquenter les « guilledines » quand elle savait se montrer si docile entre ses bras ? À défaut de régner, elle devait à tout prix dominer cet homme instable et chimérique. Tout son avenir en dépendait.

Leur rapprochement ne fut hélas pas tout à fait définitif puisque, peu de temps après, Anne, mortifiée, apprenait que son époux recommençait à pourchasser les servantes et qu'aux portes d'Amboise campait toujours, en toute légalité, une troupe de filles de joie. Pourtant rien n'était vraiment perdu car, les semaines suivantes, elle eut la certitude qu'une nouvelle grossesse s'annonçait.

— Je me demande si mon prochain enfant sera aussi beau que mon petit prince, dit-elle, admirant Charles-Orland qui jouait avec un hochet d'argent.

— Sur ce point, le doute n'est pas permis, assura Françoise attendrie, comme tout le monde, par le dauphin.

C'était un enfant gai, vigoureux, en parfaite santé qui tétait goulûment sa nourrice et dispensait à son entourage des mimiques irrésistibles, réservant toutefois ses meilleurs sourires à sa mère qui chaque jour le visitait.

Veillé par la garde écossaise du roi, Charles-Orland logeait dans le vieux donjon, là même où son père habitait naguère à l'écart de la cour. Sa maison comportait déjà un nombre important d'officiers, de chambellans et de femmes de chambre, tous nommés par Charles. Mais Anne avait pu tout de même placer auprès de lui un de ses Bretons, chargé plus spécialement de veiller sur la nourrice.

Rien n'échappait à la vigilance de la reine ; elle avait l'œil à tout, s'inquiétait de la bonne ordonnance des bains, des repas, se souciait de son sommeil, de la percée des premières dents. Elle avait suspendu au cou de son fils une dent de requin pour le protéger des fièvres tout en recommandant à sa gouvernante, Mme de Bussières, de bien frotter de miel les petites gencives enflées.

Tenir Charles-Orland contre elle était un infini bonheur. Elle s'imaginait déjà dans l'avenir entourée d'enfants, garçons et filles, qui auraient eux aussi de bonne joues rebondies sous leurs bonnets de toile.

Mais, soudain, le lumineux tableau se voila. Était-ce donc son unique ambition, n'être qu'un « ventre » au service de la Couronne ? Comme, avant elle, tant de reines dont l'Histoire avait perdu le nom ? Sans remonter bien loin dans le passé, que restait-il maintenant de celle qui l'avait précédée, Charlotte de Savoie, la mère de son époux ? Dix ans seulement après sa mort, son souvenir était presque effacé. Demeuraient ses armoiries dans la chapelle. Ses serviteurs toujours en place à Amboise parlaient encore d'elle comme d' « une bonne dame » mais sans beauté, n'étant « point de celles où on devait prendre tant de plaisir ». Patience, pitié, soumission… Quelle existence avait-elle menée ici, à demi recluse, dans l'attente des rares visites du roi ?

Amboise, pendant des années, avait été en effet une véritable cité retranchée, interdite aux visiteurs, pour la sécurité du dauphin, alléguait Louis XI. Les maternités avec ses joies et ses deuils, les œuvres charitables, les ouvrages permis aux dames, tel avait été le lot de Charlotte et Anne était bien sûre qu'il n'était jamais venu à son esprit de sortir du cadre où on l'avait mise.

Son implacable époux l'avait privée de sa fille Jeanne. Son autre fille, Mme de Beaujeu, l'avait tenue en piètre estime et, pendant la régence, s'était empressée de l'écarter du Conseil, de la séparer de Charles, le seul sans doute à lui avoir porté attention.

Charlotte, autrefois, avait peut-être elle aussi tenu son petit garçon étroitement blotti contre sa poitrine ainsi qu'aujourd'hui elle-même le faisait avec Charles-Orland ? Anne fut tout à coup traversée par l'idée terrible d'avoir à subir le même sort que cette triste reine, un exemple parmi tant d'autres. À quoi devaient donc lui servir dans ce cas les précieux enseignements de Mme de Dinan, l'expérience précoce acquise auprès de son père, l'habitude de gouverner ? Et sa jeunesse, le charme dont elle savait user, sa fougue, son envie d'apprendre, de rayonner, son besoin de pouvoir ? Tout cela allait-il, année après année, se perdre à l'ombre du trône ?

Sur un dernier baiser à son fils qu'elle remit sans un mot à la gouvernante, Anne sortit brusquement des appartements du dauphin suivie de ses dames et de Françoise, surprises par son changement d'humeur. À l'extérieur s'activaient les maçons, les sculpteurs, les couvreurs. Jouxtant le donjon, son propre logis était bien avancé. Anne se plaisait déjà à Amboise, mais de là à s'imaginer y filer le reste de ses jours, sachant que rien ne subsisterait d'elle, ou si peu, cela elle ne pourrait l'accepter !

Un mélange de révolte et de panique gronda en elle qu'elle ne savait plus comment maîtriser. Parmi les blocs de pierre, Mellita gambadait, toute joyeuse. Tout près, un son de cloche clair et pur s'éleva de la chapelle Saint-Hubert. Anne s'y dirigea, courant presque.

— Que Dieu me vienne en aide ! murmura-t-elle avec ferveur.

32

Ce fut dès cette époque, un an environ après son mariage, que commença à prendre corps le projet qui allait plus tard contribuer à sa renommée, cette « grande cour des dames » où les jeunes filles, auprès d'elle, seraient « à bonne école ». Aucune reine auparavant n'avait eu l'idée de rassembler un tel parterre féminin ; quelques suivantes et demoiselles suffisaient à leur service, les femmes nobles n'apparaissant qu'à de rares occasions, événements royaux, baptêmes, funérailles. Avant l'arrivée d'Anne, la cour de France était un univers essentiellement masculin avec tout ce que cela pouvait engendrer de brutalités, de paillardises, les mœurs étant pour beaucoup restées archaïques et rugueuses.

Anne était bien déterminée à modifier un genre de comportement qui lui faisait horreur. Elle éduquerait ses pages qui fileraient doux, elle élèverait, sagement les jeunes filles qui lui seraient confiées ; elle ne tolérerait aucun écart de langage chez les gentilshommes. Autoritaire, sévère, intransigeante sur la tenue, l'instruction, l'expression : avec elle un climat différent allait s'instaurer. Oui, Anne était inflexible quant à ses principes. Pourtant, ses gens l'adoraient tant elle savait aussi se montrer juste et généreuse, attentive aux besoins de tous, toujours prête à venir en aide, à consoler.

Sans franchir les limites qui lui étaient imparties, la reine prouvait ainsi qu'elle n'était pas de ces personnalités falotes, un simple élément de décor et qu'une telle épouse ne pouvait que valoriser le roi. Bien avant Charles, noyé dans ses chimères, le Conseil royal comprit quels avantages la Couronne pouvait tirer du modèle reflété par le jeune couple : parents heureux, lui mû par de grandioses desseins, elle vertueuse et bénéfique, à l'égal de la Vierge Marie !

En ce début d'année 1493, Anne s'active donc, se dépense, s'étourdit. Commencé à Paris, le ballet d'artisans, d'artistes, de fournisseurs empressés à satisfaire ses désirs se poursuit à Amboise. Sa coquetterie étonne encore mais, bientôt, toutes les femmes veulent suivre la mode qu'elle lance avec un goût infaillible, en particulier l'habitude de porter la cape bretonne. Posée sur une petite coiffe de toile ou de soie blanche, elle recouvre la tête et les épaules en plis sages, souvent noire comme les robes de tous les jours, sinon taillée dans des velours, des satins violets, rouges, bruns ou or. Anne adore les fourrures, le linge fin, les bas de soie écarlate, les souliers de maroquin à talons hauts.

Le luxe se faufile dans ses appartements égayés de couleurs vives, de beaux meubles, de tapis turcs. Elle commande plusieurs tapisseries puisant les thèmes dans la mythologie avec Hercule ou la guerre de Troie, dans l'Ancien Testament ou dans *Le Roman de la Rose*. Charles apprécie ses choix et la laisse libre de dépenser comme bon lui semble l'argent qui lui est alloué. Anne peut donc exprimer sa générosité en dotant les jeunes filles pauvres de sa suite ou en les aidant à bien se vêtir, car tout autour d'elle doit être parfait. Elle n'oublie pas son mari. À l'occasion de leur premier anniversaire de mariage, elle lui offre un splendide médaillon et une chaîne d'or.

La musique accompagne ses journées ; elle-même joue du luth et chante, des refrains nostalgiques évoquant les amours perdues.

Louis n'est jamais bien loin. De Blois où il réside, il peut venir fréquemment à Amboise, en voisin. Connaissant l'amour qu'Anne porte aux animaux, il lui offre pour ses seize ans un petit singe et un merle blanc dans une jolie cage. Avec les perroquets de Charles, les serins, les tourterelles et les linottes, les chambres du château sont de véritables volières. Quant aux chiens, ils déambulent librement derrière leurs maîtres, la reine aime leur présence, contrairement à celle des chats qu'elle ne supporte pas. Elle s'en méfie, croit en leur mauvaise réputation de créatures maléfiques.

— Les chats sont inoffensifs mais vous ne pouvez pas les mener à votre guise. Vous ne vous en ferez jamais obéir. Voilà pourquoi vous ne les aimez pas, lui lança Louis, un jour, d'un air taquin.

— Dites franchement que je suis un despote, grommela Anne, froissée par sa remarque plutôt juste. Un despote ! répéta-t-elle. Je trouve au contraire que je me plie aux événements avec docilité. Je l'ai prouvé, je le prouve encore !

Il avait oublié combien elle se montrait susceptible dès qu'on la critiquait un tant soit peu.

— Pardonnez-moi, vous vous en sortez très bien, avec intelligence et souplesse, c'est vrai, concéda-t-il.

Mais Anne garda son expression offensée tandis qu'il la contemplait longuement. Comme elle était séduisante avec son corsage garni de menu vair, allongé en pointe sur le ventre, ne laissant entrevoir qu'un peu de peau blanche où palpitait, à la base du cou, une veine bleutée ! Anne toute pimpante, discrètement parfumée de violette, ne lui était jamais apparue si attendrissante et désirable à la fois.

— Êtes-vous heureuse au moins ? lui demanda-t-il à brûle-pourpoint.

Troublée par son regard et sa question inattendue, elle se défendit en choisissant de lui répondre par une chanson qu'elle avait souvent entendue à Rennes :

« Si je suis mariée, vous le savez bien,
Si je suis heureuse, vous n'en savez rien,
Ma chanson est dite, je ne dois plus rien. »

Louis s'inclina avec un sourire, en se traitant mentalement d'idiot. Ce genre de questions n'avait bien sûr aucun sens. Cependant il savait à quoi s'en tenir : le bonheur n'était ni pour l'un ni pour l'autre. Force lui était de constater aussi, non sans une pointe de jalousie, qu'Anne paraissait s'en accommoder mieux que lui-même. Finalement, Charles ne faisait peut-être pas un si mauvais époux.

Mauvais ou pas, lui aussi avait eu un cadeau pour elle, une ravissante jument grise qu'elle pouvait monter en toute confiance.

— Soyez prudente, lui conseilla cependant Louis, discrètement.

Mais, bien qu'enceinte et plus fatiguée qu'elle ne l'avouait, Anne tenait à ne rien changer à ses habitudes. Elle chassait, dansait, accueillait Charles dans son lit sans trahir le moindre signe de fatigue. Ce n'était pas le moment. Car il était question pour l'heure d'un voyage en Picardie où sa présence était souhaitable : toujours cette belle image du roi et de la reine ensemble, puissants, chevauchant de par leur royaume. Pour une fois que Charles lui accordait un rôle de premier plan, Anne n'y aurait renoncé pour rien au monde, même si cela impliquait de se séparer pour quelques mois de son fils.

33

Récemment elle avait compris que son étrange époux, si immature par certains aspects, scrupuleux à l'extrême, tour à tour généreux ou mesquin, à la fois indécis et entêté, caressait un projet d'envergure : mettre sur pied une expédition en Italie afin de rentrer en possession du royaume de Naples !

Longtemps les ducs d'Anjou avaient régné sur cette partie de la péninsule dont le roi d'Aragon avait réussi à s'emparer. Après la mort du roi René d'Anjou, dernier souverain de Naples et de Sicile, les droits avaient fini par passer à la couronne de France. Cependant, Louis XI, préoccupé surtout d'élargir ses proches frontières, n'avait jamais été tenté par l'aventure italienne. En revanche, celle-ci faisait rêver Charles. Beaucoup de nobles Napolitains opposés à l'impitoyable Ferrante d'Aragon étaient venus à la cour réclamer son aide pour chasser l'imposteur. François de Paule, lui aussi, l'exhortait à intervenir.

Partir à la reconquête d'un lointain royaume avait de quoi séduire un esprit chimérique et chevaleresque. Lors d'un moment d'intimité, Charles, exceptionnellement en veine de confidences, s'en ouvrit à Anne qui aussitôt se récria :

— L'Italie ! Vous iriez là-bas semer la guerre et ses malheurs ?

L'Italie ! Chacun savait combien cette mosaïque de petits États toujours rivaux, toujours à la recherche d'appui auprès des grands souverains, pouvait receler de pièges !

— Charles, vous iriez-vous fourvoyer dans un pareil guêpier ? poursuivit Anne. Y pensez-vous ? Sans compter qu'une telle expédition vous coûterait une fortune. La France est-elle en mesure de supporter des frais de guerre ? Et puis, réfléchissez. Il vous faudrait longtemps, abandonner votre royaume, courir maints dangers… Non, tout ça n'est que pure folie !

Ne s'apercevant pas qu'elle avait repris ses intonations de duchesse souveraine, elle laissa Charles d'abord interloqué. Puis il réagit vivement :

— Madame, laissez-moi juger de ce qu'il est bon de faire ou non. Présentement, notre devoir est de reprendre Naples qui nous appartient.

Anne sentit alors qu'il valait mieux changer de tactique. Elle se fit plus douce, presque enjôleuse.

— Mais votre absence prolongée me laissera dans l'ennui et dans une terrible inquiétude…

Sensible à cette façon toute féminine, Charles se sentit à la fois flatté et encore plus dérouté mais il ne céda pas, bien décidé à ne pas se laisser manipuler.

— Mon absence ne sera pas si longue, ma mie, et vous ne resterez pas seule. Le duc et la duchesse de Bourbon veilleront sur vous.

Quelle réjouissante perspective ! pensa-t-elle, se gardant de justesse d'exprimer à haute voix son sentiment.

Malgré tout elle espérait qu'il changerait d'avis, se laisserait convaincre par ses conseillers, la plupart hostiles au projet. Personne ou presque n'y tenait d'ailleurs. Un moment, Anne crut pouvoir compter sur Louis, guère intéressé par Naples. Mais il se souvint de l'héritage d'une de ses grand-mères, Valentine Visconti, fille d'un duc de Milan, et vit dans ce voyage en Italie l'occasion de récupérer le duché milanais pour l'heure aux mains des Sforza.

— « Il y a trop de dangers pour de bien petits espoirs[1] », soupira Anne, sceptique et découragée devant un tel irréalisme.

Les hommes sont ainsi faits que rien ne peut les retenir quand ils voient briller de lointains mirages. Les femmes, au fond, sont autrement plus raisonnables.

Charles réussit pourtant à la convaincre en lui avouant que Naples n'était pas le but final du périple mais une étape sur la route qui menait en Terre sainte. Charles serait le roi qu'annonçaient maintes

1. Les guillemets au sein des dialogues indiquent des propos historiques ou des extraits de textes contemporains.

prophéties, le héros qui viendrait à bout des Infidèles et, suivant l'exemple des anciens croisés, ces chevaliers qu'il admirait tant, il serait celui qui délivrerait Jérusalem et le tombeau du Christ !

Il est vrai que la chrétienté était menacée. Si, en Andalousie, la reine Isabelle la Catholique avait pu chasser les Maures de Grenade, cette victoire ne faisait pas oublier la prise de Constantinople en 1453 par les Turcs ! L'armée ottomane avait aussi débarqué en Grèce ; elle avait envahi l'Albanie, pris Otrante en Italie et menaçait Maximilien d'Autriche. Une nouvelle croisade s'imposait, c'était indubitable et Anne, profondément chrétienne, était obligée de souscrire à cette noble et sainte cause. Peut-être un jour, qui sait, pourrait-elle ceindre aux côtés de Charles la légendaire couronne de Jérusalem ? Nimbés de gloire, ils entreraient ainsi dans la mémoire des peuples pour tous les siècles à venir. Il y avait de quoi être séduite et éblouie.

Le pape approuvant cette décision, il ne restait au roi qu'à s'assurer du soutien de ses voisins en donnant de l'argent à Henri Tudor, de l'argent et des terres au roi d'Espagne et, par le traité de Senlis, en signant enfin la paix avec les envoyés de Maximilien. L'empereur récupérait la dot de Marguerite, l'Artois, la Franche-Comté, et Marguerite elle-même. Après tant d'années, l'ex- « petite reine » retrouvait son pays natal, son père et son frère. Pour elle, le beau rêve français s'achevait dans l'amertume et les cérémonies qui jalonnèrent son retour, la splendide parure de tête en or et pierres fines que lui offrit Anne, sa rivale détestée, ne la consolèrent pas d'avoir perdu Charles et son royaume.

Pendant ce temps ce dernier continuait à surprendre tout le monde par son obstination. Trouver de l'argent, rassembler des troupes et des navires, convaincre le Parlement et ses bonnes villes de financer l'expédition, correspondre avec les principaux acteurs italiens du projet… il y consacrait toutes ses journées. Des mois durant il se démena pour emprunter ici ou là, pendant que ses gentilshommes équipaient leurs propres compagnies à leurs frais. Anne contribua elle aussi à l'effort de guerre en engageant quelques-uns de ses bijoux. En regard de tout ce qu'allait encore exiger d'elle le petit homme exalté auquel elle devait obéissance, ce n'était pas grand-chose. Mais comment aurait-elle pu alors présager tant de larmes et de sacrifices à venir ?

Cette même année la jeune femme retrouva Paris et le palais des Tournelles. Mais sa grossesse la gênait beaucoup maintenant. Vite incommodée, elle redoutait d'avoir à se déplacer, souffrait de la chaleur. Néanmoins, elle évitait de s'en plaindre et ne refusait jamais à Charles de le suivre quand il le jugeait nécessaire.

Un après-midi particulièrement chaud du mois d'août, il décida d'aller chasser dans la forêt de Courcelles, et voulut qu'elle vînt elle aussi profiter de l'ombre des sous-bois. Cette fois Anne se fit un peu prier. Il insista, fit malgré tout harnacher la « petite grisonne » amenée d'Amboise et la reine, bien que fatiguée, le ventre lourd, finit par se mettre en selle sans oser protester davantage. Charles avait peut-être raison : une journée sous les arbres avec un repas pris au frais dans une clairière serait certainement une détente agréable.

Dès la porte franchie, laissant Paris derrière ses murs, la suite royale s'élança vers Courcelles comme un vol d'oiseaux insouciants, la petite jument grise toute fringante, obéissant à la main souple de sa maîtresse qui serrait les dents. Charles plaisantait sans paraître s'apercevoir qu'Anne ne partageait pas son entrain.

Les douleurs la prirent le soir, à son retour aux Tournelles.

Enceinte de six mois, elle accoucha prématurément d'un fils prénommé François. L'enfant ne survécut que quelques heures.

34

La perte d'un nouveau-né était un fait trop fréquent pour être longtemps déploré. Charles, affecté sur le coup, se remit très vite. Tout cela était bien fâcheux, évidemment, mais pas irrémédiable.

— Nous en aurons bientôt un autre, assura-t-il à Anne en guise de consolation.

Tous deux étaient jeunes, pleins de vie, féconds. Pourquoi continuer à se lamenter?

Anne eut plus de mal à sécher ses pleurs. Ce brutal accident la laissait dolente et désemparée. Il lui semblait avoir failli à sa tâche. Elle se reprochait ce qui était arrivé. Elle aurait dû se montrer prudente, plus ferme en refusant à Charles de l'accompagner. Mais il était si têtu, si égoïste ! C'était lui, en fait, le véritable responsable de ce malheur.

Son petit François... Elle l'avait juste entrevu... Une haine ancienne remonta du tréfonds de son cœur qu'elle essaya de refouler. Charles était son époux. À défaut de l'aimer, ne devait-elle pas l'accepter tel qu'il était ?

Elle se renversa sur ses coussins. À cette heure, il devait s'amuser avec des ribaudes. Qu'y faire ? Elle soupira, trop épuisée pour se mettre en colère.

Dès qu'elle se sentit un peu mieux, elle rentra à Amboise où Charles-Orland lui fit fête. Il avait grandi pendant son absence. Volontaire, audacieux, il essayait déjà de marcher. Maintenant, il ne portait plus le maillot mais une longue robe blanche et des bouillies s'ajoutaient à ses tétées. Anne passa beaucoup de temps auprès de lui, essayant de son côté de recouvrer ses forces. Elle aurait d'autres enfants, bien sûr. Elle ne devait pas perdre foi en l'avenir.

Arrêter le temps... Voici que ces mots ne cessaient de la hanter tandis que l'automne puis les premiers mois d'hiver se succédaient sur Amboise. Depuis que Charles avait officiellement annoncé qu'il lancerait l'expédition au printemps prochain, les jours filaient trop vite au gré de la jeune femme. Il était prévu que la cour se fixerait d'abord à Lyon, ville la plus proche de la frontière des Alpes. Ensuite, quand tout serait au point, ce serait le début de la grande aventure italienne, si controversée. Contrairement à ce qui était prévu pour elle, Anne avait dans l'idée de revenir à Amboise et d'y demeurer tranquillement pendant l'absence du roi. Dieu seul savait combien durerait celle-ci. Il était question d'une année entière, autant dire une éternité à rester éloignée de Charles-Orland ! Anne ne pourrait jamais s'y résoudre !

En attendant, elle lui consacrait de longs moments, riant de le voir rire en montrant ses deux dents, tremblant de suivre sa démarche hardie et chancelante, s'extasiant de l'entendre balbutier quelques mots. Elle n'était pas la seule à s'enthousiasmer devant la précocité du dauphin, son intelligence, sa bonne humeur. Tout le monde l'aimait et Charles suivait lui aussi attentivement les progrès de celui qu'il surnommait M. l'Écuyer.

Cependant, en dépit de ces bonheurs simples et d'un orgueil maternel comblé, Anne luttait contre une angoisse de plus en plus douloureuse à mesure que la date du départ approchait. Elle dormait mal. Des rêves tourmentés la ramenaient sur les lieux de son enfance, le beau logis de Nantes, le vieux château de Hermine à Vannes, celui de Suscinio. Elle croyait y retrouver ses parents, Isabeau et Dolus mais ils n'étaient que des ombres échappant à ses mains, leurs voix n'étaient que murmures. Il était difficile de les comprendre. « Ne pars pas, ne pars pas ! » Était-ce là leur message ? Au réveil, Anne se sentait seule et nostalgique, plus anxieuse que jamais.

Une fièvre bénigne dont souffrit Charles-Orland retarda d'un mois le voyage. Le roi fit dire nombre de messes à Tours pour sa guérison ; Anne fit appel à tous ses saints protecteurs. Finalement, ce ne fut rien qu'un simple refroidissement. Début février, l'enfant, tout à fait rétabli, trottait de nouveau comme un lutin.

Cette fois, il fallait partir.

Les dispositions que le roi avait prises pour la sécurité du dauphin étaient draconiennes, calquées sur les mesures employées autrefois par son père Louis XI pour sa propre sauvegarde. À chaque porte du château, aux principales entrées d'Amboise, étaient postés les archers écossais dont la loyauté au roi de France était au-dessus de tout soupçon. Il était interdit de chasser dans la forêt voisine et aucun voyageur n'était autorisé à circuler dans la région d'Amboise. Les visites au dauphin devaient être exceptionnelles ; seul François de Paule avait le droit de l'approcher régulièrement. On craignait bien sûr un éventuel coup de mains des Italiens hostiles à Charles. Mais on redoutait tout autant les épidémies. À la moindre alerte, les chambellans avaient ordre de fermer complètement Amboise, d'isoler l'enfant dans le donjon ou de le transférer en un lieu considéré plus sain.

— M. l'Écuyer est sous bonne garde. Par le jour-Dieu, ne vous inquiétez pas constamment, Anne ! répétait Charles, impuissant à lui faire entendre raison. Pensez plutôt comme il aura grandi et changé quand nous le reverrons !

« Quand nous le reverrons... » Quand ?

Ils partirent d'Amboise le 13 février 1494. La Loire était grise et charriait des glaçons. Les chemins étaient aussi durs qu'une voie pavée ; les herbes, les buissons, les arbres semblaient ciselés dans un albâtre étincelant.

— Quand te reverrai-je, petit Charles-Orland ? soupira Anne en s'installant dans sa litière.

Ce matin, à l'aube, elle n'avait même pas pu l'embrasser une dernière fois dans sa couchette, il dormait trop bien. Elle avait dû se contenter d'effleurer sa menotte crispée sur un petit sifflet d'argent à coquilles qu'elle lui avait donné.

Jamais Anne n'avait été à ce point triste et accablée même lorsqu'elle avait quitté Rennes un certain mois de novembre. Aujourd'hui, alors que son équipage s'éloignait lentement d'Amboise, elle croyait entendre derrière elle de longs échos lugubres, le bruit des portes du château se refermant sur son petit garçon.

Une brusque nausée la souleva, Aliénor lui tendit un linge. Anne devina les regards interrogateurs de ses compagnes. Oui, en effet, elle était une nouvelle fois enceinte mais il n'était pas encore temps de s'en réjouir.

35

La cour en voyage offrait sans doute l'un des plus impressionnants et fascinants spectacles qu'il était alors donné de contempler. Les curieux accouraient de loin pour admirer le train de cavaliers, de piétons, de chariots et de litières, long et bruyant serpentin de couleurs, agité d'oriflammes, annoncé par un roulement sourd ponctué d'appels, de cris, de chansons.

Cette fois, la cour partait pour plusieurs mois ; la maison du roi, celle de la reine, tout aussi importante, déménageaient avec leurs maîtres. Charles chevauchait à part entouré de ses gentilshommes. Des charretées de filles suivaient de près la colonne. Force était de constater que le monarque et ses proches ne pouvaient s'en passer. En général, les souverains faisaient étape chacun de leur côté car il était impossible que de petites villes ou de simples domaines fussent capables d'héberger tant de monde en même temps.

Il fallait bien des chariots pour transporter le mobilier, lits, sièges, tapis, tapisseries, la vaisselle d'or et d'argent, les livres et les vêtements. Ceux de la reine étaient soigneusement rangés dans des coffres avec des sachets de fleurs séchées. Son linge – chemises, tourets de cou, mouchoirs, brassières pour soutenir la poitrine, confectionnés en fine toile de Hollande, la seule qu'Anne supportait sur elle – était plié dans des étuis de cuir parfumé. De grands sacs de peau protégeaient son oratoire, son pain de bouche, son nécessaire à broder, ses objets de toilette : cuves, cuvettes, brocs, trépieds et poêlons pour chauffer l'eau contenue dans deux tonneaux fermés à clef. Sa chaise d'affaires ou chaise percée était enveloppée d'une housse de velours vert.

Ses suivantes, le confesseur, les médecins, le maître d'hôtel, les officiers de la paneterie, les échansons, les lavandières, les valets chargés des chiens de chasse, des faucons, des montures de rechange suivaient à pied, à cheval ou entassés comme ils le pouvaient dans les chariots ou les litières. Les musiciens, les animaux préférés de la reine, ses oiseaux, une « folle » qui avait autrefois égayé la cour de Nantes contribuaient au remue-ménage. Autour de sa litière rouge et noire attelée de mulets, s'agitaient les grands pages et les garçons d'honneur. Les plus jeunes n'avaient guère plus de sept ou huit ans, tous portaient la robe rouge et jaune, les chausses noir, rouge et jaune, dissimulées en ces jours d'hiver par un grand manteau écarlate. Avec leurs toques à plumes et à rubans, leurs minois avivés par le froid, leurs airs espiègles, ils remportaient un franc succès. Anne était souvent obligée de les rappeler à l'ordre.

En dix jours, après une partie du trajet effectuée par voie d'eau, elle fut à Moulins chez le duc et la duchesse de Bourbon où elle retrouva son époux. Cette fois encore, il fut question qu'elle revînt s'installer ici pour y faire ses couches. Tout le monde semblait heureux de son état. Anne fit la connaissance de sa nièce, la petite Suzanne, l'unique enfant du couple que sa mère couvait d'un œil fier alors que la pauvrette n'avait rien, mais vraiment rien de remarquable. En comparaison de son petit Charles-Orland !…

Une lettre expédiée d'Amboise était arrivée à Moulins : tout allait bien. La description détaillée des faits et gestes du dauphin, de ses repas, de ses selles, de son sommeil rassura Anne qui put se préparer plus sereinement à faire son entrée officielle à Lyon.

Peut-être, en d'autres circonstances, Anne eût-elle apprécié cette ville, la deuxième du royaume par son importance, certains la tenant même pour la plus belle. En tout cas, son prestige de capitale des Gaules avait résisté au temps. Carrefour des grands axes du royaume, elle était célèbre pour ses foires qui drainaient toute l'Europe. C'était aussi une place financière de premier plan avec les changeurs lombards ou florentins. Sans parler de l'étonnant spectacle de ses deux fleuves courant se rejoindre, des maisons à l'italienne, des églises et des couvents regroupés au bas des collines parsemées encore de ruines romaines, et au loin des montagnes chapeautées de blanc.

Le séjour de la reine à Lyon commença d'ailleurs sous les plus flatteurs auspices. Elle fit une entrée triomphale, sur un char tendu de velours rouge semé de lys et d'hermines d'or. Pour la circonstance, elle portait sa robe de drap d'or. La coiffe à la bretonne, une longue cape incarnate, une parure de diamants, l'ordre de la Cordelière lui conféraient une allure impériale. L'or s'étalait partout sur les habits des pages, des dames, sur le dos de sa mule : les Lyonnais en étaient ébahis. Des médailles avaient été frappées pour l'occasion, représentant le roi à l'avers et la reine au revers, le profil découpé sur son blason.

Vin à profusion, musique et fêtes en tout genre : la ville, flattée d'être hissée au rang de capitale en accueillant la cour, le montrait sans retenue. Entre autres réjouissances, Louis d'Orléans avait mis au point, en l'honneur du couple royal, un combat naval sur la Saône avec une bataille d'oranges et de citrons, comme on n'en avait encore jamais vu. Il savait que sa Brette apprécierait ce spectacle et fut heureux de lui rendre le sourire.

Anne, oubliant les frimas d'Amboise dans ce printemps précoce, savourait en effet l'embellie. Mais sans doute avait-elle présumé de ses forces. Le voyage, les cérémonies, publiques, les longues heures à défiler, à paraître, à tenir sans flancher : tout cela était trop pour elle. Peu de temps après son installation au couvent d'Ainay, elle faisait une seconde fausse couche.

36

Anne sanglote. Elle pleure tant qu'elle s'étonne d'être capable de verser de tels torrents de larmes tandis que Lyon s'amuse toujours, nobles et bourgeois, ambassadeurs italiens, tout le monde, Louis d'Orléans, Charles. N'est-ce pas d'ailleurs le comportement scandaleux de son mari qui agit aussi négativement sur la santé de la jeune femme ? Elle en est persuadée. Comment peut-il clamer sa foi en Dieu, son désir de Le servir jusqu'à Jérusalem, « un projet déposé en mon cœur par l'inspiration divine », ne cesse-t-il de répéter, et dans le même temps, se conduire pis qu'un pourceau ?

Cette fois, Anne ne peut taire ses reproches, ne lui cache pas son chagrin, sa jalousie, sa déception. Mais l'écoute-t-il seulement ? Après sa malheureuse fausse couche, il lui offre en compensation trois beaux diamants et un domaine dans le Berry. Un moment, elle veut croire à un geste d'apaisement mais déchante très vite : elle doit lui restituer ses cadeaux parce qu'il a un impérieux besoin d'argent !...

Charles n'est généreux que si cela l'arrange. Ses ribaudes ne lui coûtent guère. Anne le voit de moins en moins, il a élu domicile chez une prostituée, une certaine Sybille qui se prétend voyante. Une sorcière plutôt, maugrée-t-elle. Lyon regorge de créatures inquiétantes, astrologues, alchimistes officiant dans les ruelles mystérieuses du quartier Saint-Georges.

Anne se prend bientôt à détester cette ville où Charles, on ne sait trop pourquoi, s'éternise. C'est un fait que beaucoup d'Italiens n'ont aucun intérêt à le voir se mêler de leurs affaires et d'aucuns chuchotent que Sybille serait payée pour retenir le roi piégé par ses orgies.

Louis, cependant, est venu prendre des nouvelles de la reine convalescente. Il se montre attentionné, délicat en lui offrant un ouvrage finement enluminé sur la vie des saints martyrs de Lyon, saint Pothin, saint Irénée, sainte Blandine. Mais sa visite ne fait que renforcer la tristesse d'Anne. Elle sait fort bien qu'il ne cesse de courir lui aussi de joutes en ripailles ; qu'il hante les maisons malfamées de

Lyon, s'enivre avec le roi. Il ne vaut pas mieux que lui, ni que les autres. Et qu'il ne vienne pas encore lui rappeler que s'il se conduit de cette manière, la faute en incombe à cette pauvre Jeanne, c'est trop facile ! Écœurée, Anne met maintenant tous les hommes dans le même sac, les englobe dans le même mépris.

Bien qu'elle n'espère plus guère être entendue, elle supplie encore Charles, en pleurant, de renoncer à Naples et d'embarquer directement pour la Terre sainte. Mais il se récrie :

— Ce serait manquer à mes devoirs de prince et une erreur stratégique !

— Soit ! Allez donc en Italie si cela vous plaît de faire la guerre. Mais permettez-moi de retourner à Amboise auprès de notre fils.

— Anne, nous en avons déjà parlé. Vous résiderez à Moulins sous la protection du duc de Bourbon et de ma sœur.

— Justement, je redoute cette cohabitation…

Charles l'interrompt avec impatience :

— Quoi ! N'avez-vous pas fait la paix avec la duchesse ?

— Si ! Néanmoins…

— Eh bien, vous serez ainsi, au sein de votre famille, à l'abri, protégée, entourée.

Surveillée, rectifie Anne, mentalement. Comme un être irresponsable. Tout haut, elle insiste :

— Et Charles-Orland ? Me sera-t-il donné permission de le voir ?

— Nous aviserons plus tard. Il est préférable que M. l'Écuyer demeure au calme, à l'écart d'éventuels dangers…

— Quels dangers une mère peut-elle donc représenter pour son fils ? À moins d'être atteinte d'une maladie contagieuse, je ne vois pas…

Anne proteste, s'indigne, prête de nouveau à fondre en larmes. Devant l'imminence d'une crise, Charles choisit la fuite. Tout dialogue entre eux est devenu impossible.

Toutefois, en public, Anne réussit à faire bonne figure. Son élégance et sa culture impressionnent même les ambassadeurs italiens qui ne professent pas, loin s'en faut, la même estime et la même admiration pour le roi. Celui-ci, bien que fier d'une telle épouse, se sent diminué auprès d'elle. Par ailleurs, il ne supporte plus ses récriminations.

Incapable de se contenter d'un rôle passif, Anne décide de choisir elle-même les servantes et les lavandières qui suivront Charles dans son périple. Puisque inévitablement il couchera avec elles, autant qu'elles soient propres et saines. Avec des filles agréables à sa disposition, il n'aura peut-être pas envie de batifoler auprès d'inconnues, risquant de contracter des maladies honteuses. Sa santé n'est déjà pas des plus florissantes.

Enfin, tout est au point, plus aucun obstacle n'empêche le départ. Louis d'Orléans franchit les Alpes en juillet. Charles l'imite un mois plus tard. Ayant accepté qu'Anne fasse un bout de chemin avec lui, mi-août ils prennent des bateaux sur le Rhône, descendent à Vienne d'où ils gagnent Grenoble. Jusqu'au dernier jour, Anne essaie d'amadouer le roi, se montre douce et patiente. Elle n'espère plus le faire renoncer à Naples, elle désire simplement qu'il l'autorise à retourner à Amboise. Mais rien n'y fait.

Le 29, ils se séparent, lui ayant peine à dissimuler sa hâte et son agacement, elle au fond soulagée de ne plus avoir à le subir mais entravée, sans horizon.

Pierre de Bourbon a tous les pouvoirs. C'est à lui que Charles a confié l'État en son absence et il est évident que sa femme en profitera pour reprendre les rênes, comme à l'époque de la régence. Anne ne compte pour rien désormais. Elle est quantité négligeable. On ne prend même pas en considération son amour maternel.

À ce propos… Après avoir quitté Grenoble, elle s'aperçoit qu'elle est enceinte. Au moins a-t-elle cette petite lueur dans sa solitude et son ennui. Résolue cette fois à prendre toutes les précautions possibles, elle ne brûle pas les étapes, gagne lentement Moulins. Elle aura bien le temps de s'y morfondre.

37

Au cœur du patrimoine considérable de Pierre et Anne de Bourbon, dans le riche et vert Bourbonnais, brillait la cour de Moulins.

Anne dut reconnaître avec objectivité qu'elle y fut reçue sans fausse note et traitée avec égards. Elle put s'y installer avec toute sa maison, confortablement et indépendamment des maîtres des lieux qui redoublèrent d'attentions et de sollicitude en apprenant sa grossesse. Mais pour le reste, il fut hors de question de l'associer aux menées du royaume. Tout au plus Pierre la tenait-il informée des principaux événements d'Italie.

De son côté, Charles ne prenait même pas la peine de lui écrire. Manier une plume n'était pas son fort, certes, mais tout de même ! Anne trouvait là un nouveau grief à ajouter sur une liste déjà longue. En quel domaine cet homme lui donnait-il satisfaction ? Elle souhaitait parfois ne jamais le revoir puis se reprochait, contrite, ses vilaines pensées. Dieu l'en punirait, c'était certain. Oubliait-elle ses devoirs d'épouse ? Que, sans le roi, elle était condamnée à une existence passive et retirée, contraire à sa nature ?

Des nouvelles lui parvenaient toutefois avec régularité, envoyées par l'évêque de Saint-Malo, Guillaume Briçonnet, conseiller de Charles, qui l'avait suivi en Italie. Survolant les problèmes politiques et stratégiques de la campagne militaire, satisfaisante au demeurant, Briçonnet se contentait de dresser des bulletins de santé de son maître, le récit de ses visites à Florence, à Rome, de son arrivée sans encombre à Naples. Mais discrétion absolue sur son dévergondage. Anne en avait pourtant quelque idée grâce à d'autres sources, bien qu'elle dût toujours ignorer exactement l'ampleur qu'avait prise cette licence amoureuse.

N'ayant plus son mot à dire, ni auprès de Charles, ni à Moulins, ni en Bretagne où les états géraient les

Affaires sans son avis, elle se replia sur elle-même, se consacrant à ses proches, écrivant beaucoup à ses amis bretons, à Mme de Bussières, la gouvernante de Charles-Orland, avec laquelle elle échangeait une correspondance suivie.

Combien lui était cruelle cette séparation ! Pierre de Bourbon, attaché aux consignes du roi, refusait de la laisser quitter Moulins pour Amboise. Eût-elle réussi à le fléchir que la duchesse veillait au grain pour maintenir la reine dans l'obéissance. Pourtant elle aussi était mère ! N'avait-elle donc point de cœur ? Cassante, sa vieille ennemie, qu'Anne continuait à nommer la Beaujeu, ne cessait de lui rappeler sa fragilité.

— Anne, elle a raison, pense à ton futur enfant, tempérait Françoise quand elle voyait sa sœur s'emporter.

Un voyage maintenant, avec le mauvais état des routes, la Loire grossie par les pluies, comporterait en effet trop de risques. Anne devait elle-même en convenir.

Dans l'attente de circonstances plus favorables, elle se contenta d'envoyer un artiste réputé de Moulins, Jean Hey, exécuter un portrait du dauphin[1]. Le résultat dépassa ses espérances : Anne rit et pleura devant le petit bonhomme aux grosses joues, très sérieux sous son bonnet drapé et si vivant qu'il semblait prêt à jaillir de son cadre pour se jeter dans ses bras. Un an déjà qu'elle ne l'avait vu !

Dans le même temps, elle se découvrit une véritable vocation de marieuse, toujours prête à

1. Ce portrait se trouve au musée du Louvre.

rechercher le parti idéal pour l'une de ses filles ou l'un de ses officiers, ne refusant jamais de s'entremettre, de conseiller, de doter si besoin était. Ses messagers étaient constamment sur les chemins. Anne n'éprouvait pas de plus grande satisfaction que de voir, grâce à elle, un couple bien assorti, prenant ainsi une revanche sur ses propres déboires conjugaux.

Ses chiens, ses oiseaux, les dévotions de plus en plus fréquentes et sévères occupaient le reste de son temps. Les jours se traînaient, longs et lourds ; son corps déformé l'était aussi. Elle entamait son huitième mois. Moulins émergeait enfin d'un hiver interminable. Autour de la reine, on s'en réjouit car cette retraite forcée pesait à tous.

On ne sut pas exactement ce qui provoqua une nouvelle fausse couche. La petite fille mort-née, sans visage ni nom, retourna aux ténèbres qu'Anne entrevoyait, avides et menaçantes, si près d'elle ! Abattue, elle écouta à peine les paroles d'usage : « Vous êtes jeune, dix-huit ans ! Le roi va revenir. Vous en aurez d'autres. »

Devant le portrait de Charles-Orland, elle ne cessait de prier, luttant contre les pensées les plus noires mais refusant de s'avouer vaincue.

À peine remise, elle tint à célébrer Pâques avec une humilité particulière et beaucoup de générosité. Répétant le geste de Jésus envers ses apôtres, elle lava les pieds de jeunes filles démunies et de pauvres femmes. Une bourse d'or aida certaines à s'établir ou à échapper à des mariages forcés.

En dépit de toutes les rumeurs qui lui parvenaient d'Italie, elle multipliait les aumônes et les messes à l'intention de Charles, tiraillée entre son devoir et sa rancœur. Son caractère finissait par se ressentir de toutes ses frustrations, des efforts qu'elle faisait pour demeurer une reine digne et irréprochable. Désenchantée, Anne était de plus en plus fréquemment sujette à des sautes d'humeur, à des intransigeances.

Pendant ce temps, Charles succombait aux attraits d'un pays enchanteur et aux charmes envoûtants, ignorés de lui jusqu'alors, des belles Italiennes.

Somptueuse, étonnante, charmeuse Italie ! Dans chaque ville se pressaient des essaims de créatures superbes, opulentes, « gorgiasses » selon l'expression imagée en vigueur. Elles affolaicnt les Français déjà grisés par le climat, les vins, les paysages, tout un art de vivre. Charles, plus souffreteux que jamais, agité de douleurs et de fièvres, s'abandonnait néanmoins avec excès à toutes les sensations, affichait ses maîtresses tout en jouant les *Cesar imperator*, en conquérant les villes sans pratiquement livrer bataille. Naples fut prise en février 1495. La ville regorgeait de trésors, marbres et étoffes précieuses, statues d'or et d'argent, objets rares, épices inconnues. Mais aussi de beautés ensorcelantes, blanches, noires, métisses, mauresques, grandes dames ou catins, autant de trophées pour les vainqueurs. Naples, un nouvel éden...

Mais les rêves les plus beaux tôt ou tard s'achèvent. Les triomphes faciles du roi de France ne tardèrent pas à soulever des inquiétudes et des oppositions. Les alliés ou amis de la veille, le pape, Maximilien, les Espagnols, les Vénitiens, en vinrent à former une sainte ligue contre l'envahisseur et, en mai, Charles VIII fut contraint d'abandonner les délices napolitaines.

De son côté, au nord de l'Italie, Louis d'Orléans, qui n'avait pas suivi son cousin à Naples, luttait contre Ludovic Sforza pour la possession du duché de Milan. Mais, par la faute du roi jaloux de ses succès, il échoua lui aussi de justesse dans ses ambitions et dut à son tour renoncer.

Les Français rentrèrent donc chez eux, les chariots lourds du butin glané dans un pays de cocagne, les têtes emplies d'images et de souvenirs ineffables, les corps épuisés, saturés de plaisirs et, pour beaucoup, sournoisement gangrenés par le « mal de Naples[1] ».

38

L'annonce de leur retour secoua la cour de Moulins, sortit Anne de son austère engourdissement. Encouragée par son confesseur, heureuse d'avoir à reprendre ses fonctions officielles, elle se prépara à retrouver Charles en de courtoises

1. La syphilis.

dispositions : « Avec de la volonté on parvient à tout » restait l'une de ses maximes favorites.

Récemment, elle avait eu quelques soucis en apprenant que le dauphin était souffrant. Une nouvelle fois elle s'était heurtée à Pierre de Bourbon quand il l'avait empêchée de courir à Amboise.

— Le roi l'interdit, Anne. Comment faut-il vous l'expliquer ?

Elle s'était retenue de ne pas tous les maudire, déplorant sa condition de femme qui la laissait à leur merci. Elle s'imaginait s'enfuyant de nuit, au grand galop...

Par bonheur, Mme de Bussières avait pu vite la rassurer. Charles-Orland était sauf. L'épidémie de rougeole qui sévissait dans le pays semblait s'éloigner et les médecins, un moment prêts à emmener l'enfant sous des cieux plus cléments, avaient changé d'avis, se contentant de renforcer les précautions habituelles.

Anne savait que Charles s'était tenu au courant avec inquiétude de la santé de son « Écuyer ». Il n'était donc pas de pierre. Touchée, soulagée par cet heureux dénouement, elle se prépara fin octobre à rejoindre Lyon qui pavoisait, toute fleurie, et retrouvait son effervescence. Tous les grands personnages, le gouverneur et les prélats en tête, les enfants vêtus d'amusants pourpoints, s'avancèrent le jour venu au-devant du roi et de sa suite qui, arrivant de Grenoble, franchirent le pont sur le Rhône. Des écussons à la mode italienne coloraient les rues, affichant les armes de Charles, roi de France, de Jérusalem, de Naples et de Sicile ! Charles acclamé comme un nouvel Alexandre, un nouveau Charlemagne ! Rien n'était trop élogieux pour le frêle petit homme de vingt-cinq ans qui se prenait pour un héros.

À l'archevêché, près de la cathédrale Saint-Jean, Anne l'attendait avec sa belle-sœur et les dames. Près d'elle, se remarquait un superbe lévrier nommé Greffier qu'elle avait fait venir à grands frais de Poissy, près de Paris : un présent pour son époux, un geste de bienvenue, de fidélité, de bon vouloir. Malgré tout…

Pendant plus d'un mois, ce ne fut que fêtes, festins, bals et tournois. Tout le monde s'amusait, à croire que l'expédition en Italie avait été un éclatant et durable triomphe ! Pourtant, rien n'y était plus précaire et il n'était que de voir le visage fermé de Louis d'Orléans pour comprendre que la situation là-bas était préoccupante.

Mais Charles, jouissant de son prestige, ignorait son cousin. Leurs relations tendues n'échappaient pas à Anne. Pourtant, elle choisit de ne pas en faire cas. L'essentiel était leur retour à tous deux, sans blessure, sans accident. Charles n'avait pas bonne mine, c'était un fait, mais il débordait d'énergie. Pourquoi s'alarmer ? Anne aussi avait besoin de se distraire un peu, de céder pendant quelques jours à une ambiance joyeuse et flatteuse pour le couple royal. Elle voulait surtout croire qu'elle en avait fini avec les heures moroses, n'attendant qu'un signal de Charles pour gagner Amboise, persuadée qu'il avait hâte, tout autant qu'elle, de revoir leur fils, de reprendre une vie moins agitée.

Elle dut rapidement déchanter et se reprocha sa candeur lorsqu'elle s'aperçut qu'il préparait des renforts pour son retour à Naples, par mer cette fois, afin de secourir la garnison française laissée sur place. Rien ne comptait plus pour lui que ce paradis italien et le souvenir de ses femmes.

Combien Charles avait changé ! Poli certes, mais plus indifférent encore qu'avant son voyage, le regard lointain, remplissant à la va-vite ses devoirs conjugaux. Pour lui comme pour Anne, il était évident que l'amour entre eux deux n'était qu'une fastidieuse corvée.

Derrière les sourires obligés, elle ne cessait de se dire :

— Je ne supporte plus cette tyrannie. Je veux quitter Lyon, je veux revoir mon fils.

Après plus de deux ans, n'était-ce pas légitime ?

Les fêtes avaient cessé de l'amuser. Ses angoisses l'avaient reprise. Un sombre pressentiment la rongeait. Elle se sentait fébrile et nerveuse comme avant la venue d'un orage, essayant de décrypter ses rêves compliqués. C'était certain, quelque chose n'allait pas à Amboise, Anne le sentait.

À Amboise en effet, devant la recrudescence de l'épidémie de rougeole, les médecins se posaient des questions sans y apporter de bonnes réponses. « Le mal est-il propagé par contagion ou influence de mauvais air ? » L'air était certainement en cause puisque les grandes portes toujours fermées du château, ses murs solides, l'isolement complet dans lequel était élevé le dauphin ne suffirent pas à le protéger. Pas plus que les prières des minimes, les pèlerinages à Niort, à Orléans, l'intervention de François de

Paule, le dévouement de Mme de Bussières et des médecins. Rien n'empêcha la maladie d'accomplir sa triste besogne. La nuit tombait doucement sur Amboise en ce 16 décembre 1495 quand se produisit l'irrémédiable : l'héritier du trône de France, le petit Charles-Orland, rendit le dernier soupir.

Quatre jours plus tard, un messager entrait au galop dans Lyon, porteur de la terrible nouvelle. Le roi chancela, pleura puis, après avoir réussi à se ressaisir, rassemblant son courage, se rendit chez la reine.

Trois ans et trois mois ; un ravissant bambin, éveillé, si adorable et attachant qui parlait déjà à merveille, courait et jouait, infatigable : Anne avait manqué tout cela, on l'en avait dépouillée, au nom de quoi ?

Accablée de désespoir, le cœur transpercé, elle s'effondra. Elle voulut crier, ne put que gémir, se tordant les mains contre sa poitrine que dévorait une douleur immense, indescriptible. Personne n'avait encore été témoin d'un tel chagrin.

« Elle en eut le plus grand deuil qu'il est possible qu'une femme puisse faire et longuement lui dura. » Longtemps, très longtemps en effet. Toujours. Jusqu'à son dernier souffle, elle vivra avec le souvenir de son premier-né et le regret lancinant d'en avoir été séparée injustement, l'idée que peut-être, si elle avait été auprès de lui, elle aurait su vaincre la fatalité.

L'amour maternel est capable de prodiges. Le sien était infini, passionné, un peu animal. Il ne la quittait pas. Charles-Orland était là, Anne le devinait. Elle contemplait son portrait, le caressait, lui parlait en chuchotant, les épaules secouées de sanglots silencieux qui effrayaient son entourage. Chancelante, elle se traînait difficilement à son oratoire, refusait toute nourriture, toute consolation.

Louis tenta une visite, croisa dans l'antichambre des visages navrés, s'avança, poussa doucement une porte et entrevit dans un demi-jour une forme émaciée, drapée de noir, prostrée dans un fauteuil. Il s'approcha, murmura des mots affectueux, un peu maladroits. Que dire devant tant de détresse ?

— Charles m'a empêchée d'aller à Amboise, balbutia-t-elle.

Elle s'exprimait si faiblement qu'il eut peine à l'entendre.

— C'est à cause de Charles, insista-t-elle d'une voix monocorde. J'ai perdu ma seule joie.

Ne sachant que répondre, Louis se contenta de l'embrasser sur le front et s'esquiva, sans voir le geste qu'elle ébaucha dans sa direction pour le retenir. Le bras d'Anne retomba inerte sur ses genoux. Après son départ, elle se sentit encore plus seule et désespérée, sanglotant de nouveau en souhaitant mourir.

Tête baissée, l'esprit en déroute, Louis d'Orléans sortit des appartements de la reine complètement bouleversé, impuissant à réconforter la femme qu'il aimait. Lui aussi se retournait contre Charles. Ce matin, au Conseil, ils avaient appris la reddition de la forteresse de Naples. Tout était là-bas définitivement perdu. Le roi avait alors manifesté un violent chagrin, pleurant comme il ne l'avait pas fait en apprenant la mort de son fils.

39

Un jour, suivi d'un autre... Ce fut aussi à cette époque, décidément bien noire, que mourut la fidèle Mellita. Anne était toujours cloîtrée chez elle. Puis, courant janvier, elle sut qu'elle était enceinte et d'abord elle s'insurgea comme pour refuser tout dérivatif à son chagrin avant de laisser peu à peu ressurgir l'espoir, triompher l'indestructible instinct de survie qu'elle portait en elle. L'attitude de Charles qui ne cessait de se lamenter sur la perte de Naples fut pour beaucoup dans ce sursaut de volonté. Il n'avait que le nom de cette ville à la bouche. De Jérusalem, il n'était même plus question. Avait-il eu réellement l'intention de s'y rendre ? Anne en doutait maintenant. En tout cas, la colère avait sur elle le meilleur effet. Elle puisait dans l'exaspération et le mépris que lui inspirait son époux un regain d'énergie. Forte de la position que lui conférait sa grossesse, soutenue par une grande partie de l'opinion, elle déclara ouvertement son hostilité à une seconde expédition en Italie.

Quelques semaines plus tard, pas mécontent de la voir s'éloigner, Charles l'accompagnait à Roanne où elle embarquait en direction de Tours.

Les bords de Loire lui avaient manqué, Anne le constata en les retrouvant après plus de trois ans d'absence. Ici, elle n'avait pas l'impression oppressante qu'elle ressentait souvent à Lyon. Une fois installée au Plessis, elle fut l'objet de soins redoublés, de précautions, trouvant dans l'attente une sorte de répit.

Le petit Charles naquit le 8 septembre, le jour de la nativité de la Sainte Vierge. Anne voulut voir dans cette date un signe bénéfique. Penchée au-dessus de ce nouveau berceau, elle scrutait avec avidité le visage pâle aux traits encore flous de son enfant, espérant y découvrir une ressemblance avec Charles-Orland, refusant de partager l'inquiétude de son entourage et du roi qui était accouru à son chevet.

Les médecins, la nourrice étaient soucieux eux aussi car un souffle bien ténu soulevait le corps minuscule du dauphin. C'était tout juste s'il avait la force de téter et il était rare qu'on entendît ses pleurs. Anne pourtant refusait de croire au pire. Dieu ne pouvait pas lui enlever ce fils qui lui était déjà si cher.

Il vécut un mois à peine, et s'éteignit sans plus de bruit qu'il n'avait fait à sa naissance, laissant la jeune femme effondrée. Sa disparition ravivait une blessure trop récente. Il était passé si vite sur cette terre qu'elle finit par tout mélanger, confondant ses deuils et ses souffrances.

Charles-Orland et son frère ne faisaient plus qu'un, unis dans son cœur inconsolable de mère.

Rien ne semblait pouvoir la rattacher au monde et, cette fois, son état fut jugé préoccupant au point que le roi prit conseil. Les médecins préconisèrent alors la seule thérapie possible : il fallait distraire la reine ! Danser, chanter, organiser des bals et des « momeries », n'importe quoi, mais elle devait rire, recevoir joyeuse compagnie, bannir les mines tristes. L'atmosphère funèbre dont elle s'entourait serait à court terme fatale à sa santé. Elle n'avait pas vingt ans ! Se morfondre ainsi au risque d'en mourir devenait un péché contre soi-même, contre la religion !

Ordre fut donc donné à la cour d'être gaie tandis que Charles préparait dans le château tout neuf d'Amboise une réception en l'honneur de sa femme.

Elle y apparut toute vêtue de noir à la mode de son pays et, pendant quelques minutes, les courtisans se figèrent, incertains, gênés devant sa pâleur et sa tristesse.

Mais Charles veillait ; la méthode devait être un succès ; lui-même ne supportait plus ces échecs et ces larmes. Les médecins avaient été formels, il fallait se réjouir. Eh bien, que tout le monde y mette du sien ! Le roi fit signe à la tribune où les musiciens attendaient son signal, il s'agita, encourageant les uns et les autres. « Il faut distraire la reine ! »

Avec consternation, Louis d'Orléans, se tenant à l'écart, suivait son manège. Charles était fou, décidément.

Depuis l'affaire du Milanais, la confiance qui avait régné naguère entre les deux cousins avait disparu. Louis ne savait plus quelle attitude adopter maintenant. La mort des deux dauphins à même pas un an d'intervalle le replaçait tout près du trône. De fait, il redevenait l'héritier de Charles VIII et cette situation l'embarrassait beaucoup. Il se savait épié. S'il se montrait compatissant envers le couple royal, on criait à l'hypocrisie ; s'il demeurait sur la réserve, on le traitait de froid calculateur. En vérité, il souffrait pour Anne, c'était aussi simple que cela.

Qu'elle était donc attendrissante ce soir ! Pauvre petite Brette ! Sûr qu'elle aurait préféré être à cent lieues de là et pleurer en silence, tout son soûl. Si au moins il avait pu la cajoler, lui redonner le goût de vivre, lui apprendre ce qu'elle ne devait certainement pas connaître, lui faire comprendre que l'avenir pouvait encore lui être doux ! Hélas, son amour pour elle ne servait à rien, sinon à le rendre fou lui aussi.

Charles l'apostropha vivement, l'arracha à ses tristes pensées :

— Allons, beau cousin ! Chacun doit danser. C'est à vous de montrer l'exemple, de mener le bal. Choisissez votre dame. Les jolies filles ne manquent pas ici.

— Croyez-vous vraiment…

— Oui, c'est votre rôle. Il faut distraire la reine. Je vous l'ordonne, Louis !

Que signifiaient ce ton, ce regard ? Dans son exaspération, Orléans aurait bien saisi le roi au col mais il finit par se retourner brusquement, pour entraîner la première cavalière venue. Les violes jouaient un branle endiablé. Enhardis, d'autres couples suivirent le duc au milieu de la salle.

Pétrifiée sur son siège, Anne assista donc au spectacle que donnait Louis dansant avec une jeune brune qu'il faisait virevolter, sauter en l'air et rattrapait à bout de bras, un Louis bondissant, plein d'entrain, le plus vif de tous. Puis leurs yeux se croisèrent. De loin, il ne put lire ce que les siens lui signifiaient mais il le devina à la honte qui l'envahit, à la douleur qu'il ressentit quand, tremblante d'indignation, la reine se leva soudain et quitta la salle.

40

— Charles, je vous prie de faire en sorte que messire d'Orléans ne réapparaisse jamais en ma présence.

Ulcérée par la conduite indécente de Louis, blessée, déçue dans ses sentiments au-delà de toute expression, Anne implorait le roi de châtier l'impudent. Ce que les méchantes langues susurraient était-il donc vrai ? Louis ne serait qu'un ambitieux ravi de la disparition de ses fils ? C'était si monstrueux de la part d'un vieil ami aussi cher qu'elle ne l'aurait pas cru si elle n'avait pas été le témoin de cette « momerie ». La trahison de Louis l'achevait.

— Il a osé danser, s'amuser en ma présence, connaissant ma peine... C'est intolérable. Cette idée de bal était une mauvaise idée, Charles.

Le regard fuyant, le roi se contenta d'approuver. Le soir même, Louis d'Orléans, chassé de la cour sans pouvoir se justifier auprès de la reine, se retirait à Blois jusqu'à nouvel ordre.

Anne à Amboise, tenue de se reposer encore, Louis neutralisé sur ses terres, Charles ne s'attarda pas en Touraine, pressé de poursuivre à Lyon ses préparatifs de guerre et de rejoindre à Grenoble l'une de ses nombreuses maîtresses italiennes, adonné plus que jamais à la luxure et à la débauche.

Qu'attendre encore de lui ? se demandait Anne au courant de ses frasques, constatant douloureusement l'échec de son mariage. Charles en était le principal responsable, bien sûr. Mais sans doute subissaient-ils aussi l'un et l'autre les conséquences de leurs choix. Anne avait fait fi de son engagement avec Maximilien pourtant béni par l'Église, tout comme Charles avec Marguerite. Ce que Dieu avait uni, nul ne pouvait le défaire. La mort de leurs enfants était certainement leur châtiment pour ce double parjure. Un miracle, peut-être, remettrait Charles dans le droit chemin.

En ces mois interminables où le temps même semblait l'oublier, l'unique agrément de la reine était de meubler Amboise de tous les objets rapportés d'Italie. Dans le nouveau logis des Sept-Vertus dont la façade intérieure s'ornait de sept statues de terre cuite, les œuvres d'art, tapis et cuirs dorés trouvaient un cadre idéal. Des artistes italiens avaient envahi le domaine, ajoutant leur touche inimitable jusque dans les jardins. L'un des rêves de Charles avait au moins pris corps : le château était magnifique.

Pourtant Anne gardait la nostalgie de la Bretagne, et caressait le projet d'y retourner. Depuis son dernier accouchement, ses yeux étaient fragiles : trop de larmes les avaient noyés. Elle espérait qu'un pèlerinage à Saint-Jean-du-Doigt, réputé pour soigner les troubles de la vue, lui serait bénéfique. Mais elle dut y renoncer : Charles l'attendait d'urgence à Moulins.

Un miracle ! Oui ! Celui qu'elle avait tant espéré, imploré ! C'était tellement inouï qu'elle eut d'abord beaucoup de peine à l'admettre. Et pourtant...

De constitution délicate, usé par ses excès, le roi venait d'avoir une alerte plus sérieuse que les autres qui l'avait même laissé quelques jours à demi paralysé. Rétabli, il n'était plus tout à fait le même. Toutefois l'on put véritablement parler de « conversion » lorsque, à la fin d'un prêche où le prêtre lui avait sévèrement reproché ses mœurs, Charles fit soudain amende honorable, prenant enfin conscience que jamais il n'aurait de dauphin s'il continuait d'offenser Dieu par sa conduite. Effaré par ses propres débauches, il semblait terrorisé devant le châtiment qu'il méritait.

Ce revirement aussi soudain que spectaculaire était donc une véritable métamorphose. Plus de maîtresses, plus d'orgies ! Le roi, vêtu désormais de gris et de noir, fit renvoyer toutes les ribaudes, vilipenda vertement les gentilshommes qui les fréquentaient. À Louis d'Orléans, qu'il avait rappelé à la cour, il ne cessait de faire la morale, lui reprochant de tromper honteusement la pauvre Jeanne. Bref, du jour au lendemain, Charles, passant d'un excès à l'autre, était devenu le plus dévot des hommes, le plus attentionné des époux.

Pour Anne, il était trop tard, l'amour ne pouvait plus être au rendez-vous, pas même l'amitié, encore moins la tendresse. Mais c'en était fini des infidélités, des humiliations. Elle était reine, reconnue, respectée, comblée de présents dans un château splendide. Des livres provenant de la bibliothèque des rois de Naples furent acheminés pour elle, mille cent quarante volumes que Charles lui offrait, sachant combien elle, si lettrée, saurait les apprécier. Il la laissa aussi commander au sculpteur Jérôme de Fiesole un tombeau magnifique pour leurs enfants enterrés à la collégiale Saint-Martin de Tours. Il ne lui refusait plus rien.

Et, une nouvelle fois, elle fut enceinte. Charles la félicita chaleureusement. S'il voulait repartir pour l'Italie, il lui fallait un dauphin.

Mais le ciel ne l'exauça pas. Ce fut une fille, une petite Anne qui vit le jour en mars 1498 et qui, trois jours plus tard, rejoignit ses frères.

41

Pour le couple, la déception fut terrible. Cependant, cette fois-ci, Charles parut moralement le plus atteint. Le voyage à Naples fut encore ajourné ! Il avait du mal à accepter cette malédiction, ne comprenant pas pourquoi Dieu s'acharnait ainsi sur eux, sur lui, alors que son repentir était sincère !

Pâques approchait maintenant qui invitait les chrétiens au dépouillement puis à la fête. Le roi redoubla de ferveur. Mais tandis qu'Anne se remettait lentement, lui ne tenait plus en place. Le 7 avril, la veille des Rameaux, après la messe, il chassa toute la matinée puis au retour, après un rapide déjeuner, il vint chercher Anne. Une partie de paume était prévue en plein air, dans les fossés du donjon, et il la conviait à y assister. Le temps était beau. Se divertir parut excellent pour tout le monde.

Anne n'avait pas encore effectué ses relevailles officielles. Quinze jours après son accouchement, elle continuait à perdre beaucoup de sang et tout lui était effort. Non, elle n'avait guère envie de sortir et de s'amuser.

— Venez, Anne ! Je vous en prie !

Charles trépignait dans la chambre tandis que ses trois lévriers s'agitaient autour de lui en tous sens. Le roi était très amaigri dans un pourpoint gris fumé. Il portait des chaussures à la mode, un peu ridicules, à bout carré, très large, évoquant des pattes d'ours. Anne remarqua aussi qu'il s'était lavé les cheveux et, sans doute, copieusement frictionné le crâne d'un parfum bien trop lourd.

— Venez, Anne !

Ce qui la décida finalement, ce ne fut pas le besoin de respirer un autre air que celui de sa chambre où elle se confinait, ni l'envie de se changer les idées. Des joueurs de paume ne pourraient lui rendre tout ce qu'elle avait perdu. Ce ne fut pas non plus le soleil qui pétillait à travers les fenêtres, ni l'insistance de son mari. En fait, ce fut le comportement de Charles, sa façon de jouer l'insouciant, le joyeux compagnon alors qu'il n'avait jamais eu les traits aussi las et congestionnés, une expression aussi fiévreuse. Elle savait qu'il souffrait toujours de migraines. Elle était tout à coup prise de pitié pour cet homme étrange qu'elle dominait par sa force intérieure, son équilibre et son intelligence. Pauvre Charles...

— Allons, Anne !

— Oui, c'est entendu. Je vais vous accompagner, mon ami.

Le temps de se lever, de troquer ses mules pour des brodequins, de jeter une cape sur ses épaules et elle le suivit.

Ils sortirent du logis des Sept-Vertus, traversèrent la basse-cour, se dirigèrent vers le vieux donjon. Des estrades avaient été adossées à la muraille que surplombait une galerie, la galerie Haquelebac du nom d'un des gardes. Charles avait décrété qu'ils y seraient beaucoup mieux placés pour observer les joueurs. Mais pour y accéder, il fallait monter, descendre, remonter des marches étroites, vétustes et peu commodes. Pas très solide sur ses jambes, Anne, essoufflée, souhaitant déjà faire demi-tour, en oubliait de surveiller la bonne tenue de ses filles d'honneur qui plaisantaient avec les gentilshommes du roi.

En haut d'un escalier, Charles, soudain, trébucha sur le sol inégal et vint heurter du front le linteau d'une porte. Inquiète, sa suite marqua un léger arrêt, mais le roi prit en riant l'incident et chacun l'imita, franchissant précautionneusement la porte basse.

— Anne, ma mie, faites attention à ne pas vous cogner la tête vous aussi, l'avertit le roi. Voilà, nous y sommes !

Des pigeons s'envolèrent dans un bruyant claquement d'ailes.

Cela valait bien la peine d'avoir grimpé jusqu'ici ! pensa Anne haletante, en se retrouvant dans une loggia humide et décrépite, souillée de fientes, où des sièges avaient été installés. Et quelle odeur infecte ! Les gardes avaient visiblement transformé la galerie Haquelebac en latrines, c'était à peine supportable. Anne sortit un mouchoir parfumé de sa manche, l'appliqua sur ses narines et prit place à côte de Charles, regrettant de ne pas être, simplement assise sur les gradins qui s'étageaient à l'air libre au-dessous d'eux !

— Charles, vous êtes-vous fait mal ? lui demanda-t-elle à mi-voix.

— Non, tranquillisez-vous, j'ai le crâne solide, répondit-il en tapotant de la main son grand béret de velours noir.

Fasciné par les joueurs de paume qui se démenaient déjà en contrebas, absorbé par la partie, il ne semblait pas incommodé par les relents de la galerie. Pauvre Charles, si content de sa journée !

Il était deux heures après midi. Inspiré tout à coup, le roi se tourna vers son confesseur Jean de Rely et déclara brusquement qu'il ne voulait plus désormais commettre le moindre péché, mortel ou véniel. Mais tout juste venait-il d'achever sa phrase qu'il se renversa tout à coup en arrière et perdit connaissance.

Il mourut neuf heures plus tard, étendu sur une paillasse qu'on avait apportée en hâte, posée à même le sol, parmi les déjections.

« Mon Dieu et la Glorieuse Vierge Marie, monseigneur saint Claude et monseigneur saint Blaise me soient en aide » furent ses dernières paroles, seuls mots qu'il réussit à balbutier devant Rely, ses chambellans, les médecins, tous consternés et complètement dépassés par le drame. Il allait avoir vingt-huit ans.

Longtemps Anne resta prostrée, agenouillée près de lui, jusqu'à la nuit tombante, en prières et en larmes. Tout était fini, maintenant. Elle se claquemura chez elle, fit tendre des rideaux devant ses fenêtres, poser des tentures noires dans sa chambre et, contrairement à la tradition qui voulait que les reines en deuil portent du blanc, elle s'habilla entièrement de noir, comme on le faisait en Bretagne. Chez elle !

Ses femmes l'entendirent sangloter tard dans la nuit. Personne ne doutait de la sincérité de son chagrin. Depuis que le roi avait adopté une nouvelle conduite, il s'était comporté envers elle tel un époux irréprochable. Grâce à lui, Anne avait été une femme comblée, il suffisait de regarder ses appartements, ses robes, ses bijoux. Et les épreuves avaient soudé le couple, c'était indéniable. Une veuve éplorée, ainsi apparut-elle aux yeux de la cour.

Ils ne savaient pas, ils ne comprenaient rien. Bien sûr elle avait de la peine. Pauvre Charles ! Ces mots lui revenaient toujours en tête. Mourir, sur une méchante paillasse dans un endroit immonde, alors qu'il avait réussi à faire d'Amboise un séjour de toute beauté : quelle dérision !

Tout à coup, Anne sourit dans l'ombre, à travers ses larmes, d'un sourire amer et méprisant, que nul ne put surprendre. Charles était mort dans la fange comme il avait trop longtemps vécu ! Cette année écoulée où il s'était montré gentil avec elle n'avait pas suffi à gommer les humiliations, les désillusions endurées. La santé ruinée par une existence dissolue, il n'aurait jamais pu lui donner les enfants tant espérés, Anne l'avait bien compris. Elle n'oubliait pas non plus son impitoyable décision de l'éloigner de Charles-Orland. En vérité, si elle pleurait autant, c'était sur la mémoire de son fils chéri dont elle avait gardé le petit sifflet d'argent orné de coquilles serré dans ses mains comme un chapelet précieux. Elle pleurait aussi sur ses autres enfants et sur ses années de jeunesse inutilement sacrifiées, sur tout ce à quoi elle avait dû renoncer, l'héritage de son père, Louis… Et ce pour rien ! Qu'allait-elle devenir ?

Les heures s'écoulèrent dans le plus grand désarroi. Puis, peu à peu, se leva dans son cœur une lueur encore lointaine mais aussi nette que les prémices d'une aube nouvelle. Déjà à l'horizon se dessinait, pour elle, un autre chemin.

42

Lorsqu'une reine se retrouvait subitement veuve, la coutume exigeait qu'elle demeurât quarante jours cloîtrée chez elle, cela pour s'assurer si elle était ou non enceinte du roi défunt. Pour Anne, la question ne se posait pas, son dernier accouchement étant trop récent. Elle dut néanmoins se conformer à la règle. Loin d'en être contrariée, elle vit dans cette quarantaine imposée l'opportunité de mettre de l'ordre dans ses affaires et, surtout, de décider de la meilleure stratégie à suivre.

Le lendemain de la mort de Charles VIII, la reine, que tous considéraient comme l'image même de la douleur, montra assez de force pour recevoir les condoléances de Briçonnet flanqué de l'évêque de Condom. Les deux conseillers étaient très affectés. Elle les laissa s'empêtrer dans leurs discours, puis les remercia pour leur réconfort, d'une voix reconnaissante quoique bien faible.

Plus tard, Louis d'Orléans, qui arrivait tout juste à Amboise après avoir appris la nouvelle, alla s'incliner avec beaucoup d'émotion et de sincérité sur la dépouille de son cousin, veillée par des moines, des mendiants et des gentilshommes. C'était lui maintenant le nouveau roi de France, Louis douzième du nom. Ensuite, il sollicita une entrevue auprès de la reine.

Depuis l'incident du bal qui l'avait tant blessée, Anne gardait ses distances envers lui malgré les excuses et les explications qu'il lui avait données. Aujourd'hui, tous deux auraient été bien incapables d'exprimer leurs sentiments véritables, trop choqués par le brutal décès de Charles. La décence voulait que Louis s'éloignât rapidement. Anne se contenta donc de lui confier l'organisation des obsèques qui se devaient d'être fastueuses. D'Amboise à Saint-Denis, en passant par Notre-Dame de Cléry où le cœur de Charles serait déposé auprès de ses parents enterrés dans cette basilique, ce serait un long cortège funèbre conduit par La Trémoille, composé de tous les serviteurs du défunt, ses chambellans, les hérauts d'armes, les archers, les gardes et quatre cents pauvres en grand deuil.

Louis promit à la reine de s'occuper de tout, l'assura de son indéfectible amitié puis s'éloigna tristement, un peu désorienté, l'un comme l'autre parfaitement conscients que les questions laissées pour l'heure en suspens exigeraient d'eux des réponses rapides qui les engageraient sans retour.

Le deuxième jour de son veuvage, Anne, toujours censée pleurer son époux et dont la santé inquiétait si fort la cour, s'assit résolument devant son écritoire. Les mots jaillirent sous sa plume, sans aucune rature : « Anne, par la grâce de Dieu reine de France, duchesse de Bretagne, comtesse de Montfort, de Richemont, d'Étampes et de Vertus, etc. » Suivaient ses ordres. Elle s'adressait aux Bretons comme pouvait le faire leur souveraine. En premier lieu, elle rétablissait la chancellerie de Bretagne, restituait à son cher Philippe de Montauban le titre que

Charles VIII avait supprimé naguère « en reconnaissance des grands et importants services qu'il lui avait rendus, surtout en empêchant son mariage avec le sire d'Albret ».

Non, Anne n'avait rien oublié ! S'ajoutait une liste de noms et de postes, vice-chancelier, maître des Requêtes, secrétaires, abbés. Tous ceux qui l'avaient loyalement servie autrefois étaient récompensés. Puis ce fut au tour du vicomte de Rohan de recevoir ses instructions : « … que mon pauvre peuple soit soulagé et favorablement traité en toute bonne justice et tranquillité ».

Qui avait prétendu que la reine était devenue indifférente au sort de ses Bretons ? Et qui pouvait réellement croire qu'elle allait se morfondre éternellement dans le souvenir de son époux ?

En mourant Charles lui avait rendu un trésor sans prix : la liberté. Et l'odieux contrat qu'elle avait dû signer la rage au cœur, la mort dans l'âme, mais pourtant avec le sourire, lors de ses sombres noces à Langeais, ce contrat qui l'avait dépouillée, rabaissée, paralysée, soudain lui rouvrait des portes, comme si tout à coup un sortilège néfaste prenait fin. Anne redevenait elle-même, maîtresse de sa destinée ! À elle de faire le bon choix !

Or tout était dit ou suggéré dans ce fameux contrat. Afin d'éviter d'autres conflits entre France et Bretagne, il y était stipulé que la reine, en cas de veuvage, une fois rentrée en possession de son duché, ne pourrait pas se remarier sauf si ce nouvel époux était le roi de France ! « S'il lui plaît et faire se peut », était-il cependant précisé. Rien n'obligeait donc la jeune femme, elle était libre de sa décision.

« S'il lui plaît... » En dépit de tout, malgré les années Louis était resté présent en elle. Bien sûr qu'elle l'aimait ! Lorsque Anne s'engageait, c'était pour toujours. « *Non mudera* » était sa devise toute personnelle : « Elle ne changera pas. »

Hélas, il y avait un obstacle, et de taille !

« Et faire se peut... » Justement, cela ne se pouvait, un mariage entre eux demeurait impossible. Louis XII était uni à Jeanne ; Jeanne serait donc reine de France. Déchirante réalité ! À moins d'en revenir au vieux projet d'annulation ? Mais Louis, de son côté, l'aimait-il encore ? La désirait-il toujours au point d'aller aussi loin, d'affronter toutes les difficultés qu'impliquerait un procès ? Pourrait-elle lui imposer ses propres conditions ? Car il n'était plus question pour Anne, même par amour, de se soumettre et de tout accepter aveuglément. Tout cela était révolu !

Ah, comme il aurait été doux et simple, un beau matin, la quarantaine écoulée, de se mettre en route pour Nantes et, sans un regard en arrière, retourner dans son pays, afin d'y passer paisiblement le reste de son âge ! Reine douairière de France avec les très importants bénéfices qui lui étaient alloués, duchesse souveraine de Bretagne : la tâche ne lui manquerait pas. Oui, tout serait vraiment simple si, en elle, bien enfouis mais vivaces, ne frémissaient encore tant de rêves inassouvis.

Mi-avril, Jean de Chalon, le vicomte de Rohan, le maréchal de Rieux et François d'Avaugour son demi-frère vinrent sur sa demande à Amboise où se succédaient les messes à la mémoire de Charles. Ainsi autour d'elle se regroupaient les grands noms de Bretagne, amis ou anciens adversaires. Sans perdre de temps, il fallait s'atteler avec eux à la réorganisation du duché.

Il était étonnant de voir ce petit bout de femme de vingt et un ans remonter aussi vite la pente après avoir pourtant subi de si graves atteintes physiques et morales. Elle semblait indestructible et ce débordement d'activité achevait de lui rendre la santé. Pleine d'allant, la tête froide, l'esprit pratique et calculateur, elle reprenait le contrôle de ses affaires, rassemblait ses biens, des objets précieux, de la vaisselle d'argent qu'elle entendait ne pas abandonner derrière elle. Elle pensait à tout : aux vêtements de deuil que devaient porter ses gens, à sa propre garde-robe, aux chevaux nécessaires à son déménagement. Elle n'oubliait pas de demander à Louis un délai pour s'acquitter des frais des funérailles et, dans le même temps, recrutait une nouvelle escorte de cent archers ! Pour autant, elle ne négligeait en rien les baptêmes et les mariages de ses serviteurs auxquels elle continuait de prodiguer disponibilité et attentions. À Amboise, les chevaucheurs entraient et sortaient de jour comme de nuit.

Les quarante jours passèrent tel un tourbillon. Désormais, Charles VIII reposait à Saint-Denis ; Louis XII était sacré à Reims et Anne s'apprêtait à le retrouver à Paris.

43

En grand arroi, étalant ostensiblement sa puissance et sa splendeur, Anne arriva fin mai dans la capitale et s'installa à l'hôtel d'Étampes qu'elle avait pris soin par avance de faire rénover et remeubler. Situé rue Saint-Paul, c'était un beau logis entouré de jardins et d'allées de cerisiers, attenant à l'hôtel royal Saint-Pol bâti par Charles V en bordure de Seine. À deux pas se trouvaient les Tournelles où Louis résidait maintenant.

Dès la première audience, lorsqu'ils furent face à face, devant l'extrême sollicitude du nouveau roi, elle eut du mal à dissimuler sa propre émotion. Louis ne devait en aucun cas savoir qu'elle était aussi vulnérable, qu'il avait autant de pouvoir sur elle.

Dans ses riches atours de veuve, gorgery d'or et bagues à chaque doigt, grandie par des souliers à hauts patins, elle tenait à en imposer, à montrer qu'elle était ici pour affaires d'État et qu'elle traiterait avec lui d'égale à égal.

L'archevêque Georges d'Amboise, ami de Louis et confident de toujours, dorénavant son plus proche conseiller, assistait à l'entrevue de même que les conseillers bretons d'Anne. Tout de suite après les marques d'affection et les compliments échangés de part et d'autre, ils en vinrent au point crucial : la reine accepterait-elle un remariage avec le nouveau roi afin de garantir la paix entre les deux pays ?

L'Histoire se répétait donc. Un instant, Anne se souvint de quelle façon, sept ans plus tôt, Louis l'avait convaincue d'épouser Charles pour mettre fin à la guerre. Elle n'avait pu faire autrement alors que d'accepter. Toute la souffrance de cette époque-là l'étreignit à nouveau. Mais elle réagit aussitôt, se redressa sur son siège, se traitant intérieurement de sotte. C'était faux, l'Histoire aujourd'hui n'était plus tout à fait la même, la Bretagne avait eu le temps de panser ses plaies et Anne elle-même était en possession d'atouts dont elle comptait bien se servir. Elle qui adorait le jeu voyait s'engager une partie qui promettait d'être serrée mais passionnante.

D'emblée, Georges d'Amboise annonça que la demande d'annulation du mariage de Louis et de Jeanne était déjà partie pour Rome.

Alors Anne, les voyant si déterminés, posa ses conditions : elle accordait au roi un délai d'un an, pas davantage. Si au bout de ce laps de temps il n'était toujours pas libre, elle reprendrait sa parole. Par ailleurs, les Français, en attendant, devaient se retirer de toutes les places fortes de Bretagne. Leurs garnisons n'occuperaient que Nantes et Fougères en guise de garantie. Mais ces villes-là aussi seraient restituées à la duchesse au cas où le mariage ne pourrait se faire pour quelque raison que ce soit.

Un an ! Le délai était court. Il suffisait que le pape fût hostile au roi ou que Jeanne soulevât quelque difficulté. En un an, bien des choses pouvaient se passer. L'existence humaine était si précaire ! Anne eut peur soudain de voir sans cesse le bonheur se dérober et s'évanouir peut-être à jamais.

Ce jour-là, elle se retira avec la promesse formelle de Louis de faire diligence et l'assurance qu'elle pouvait librement exercer son pouvoir sur le duché de ses pères. N'était-ce pas, pour elle, l'essentiel ? Contrairement à ce que beaucoup croyaient, même parmi ses familiers, elle ne tenait pas particulièrement à la couronne de France. Ce titre lui avait apporté trop de malheurs. L'essentiel pour elle n'avait rien à voir avec l'orgueil, l'ambition et la gloire.

Lorsqu'elle revint aux Tournelles, un peu plus tard, ce fut par un soir étouffant. Un ciel de plomb pesait sur la ville. Du charnier de l'église Saint-Paul où depuis le VIIe siècle étaient enterrés les Parisiens montait une odeur putride, annonçant l'orage. Tout aussi nauséabonds étaient les égouts du quartier voisin de Saint-Antoine qui se déversaient dans les fossés, de l'autre côté de l'enceinte. Malgré les rosiers et les frondaisons de l'hôtel d'Étampes, l'atmosphère était accablante, irrespirable.

En sortant de chez elle, Anne mit sur son visage un pan de sa cape de soie. Son escorte était réduite au minimum et aucun conseiller ne l'accompagnait. Discrètement, par une porte ouverte sur une galerie intérieure, elle entra dans le palais des Tournelles et, à pas rapides, gagna le cabinet du roi. Avant de quitter Paris et la France, peut-être définitivement, elle avait voulu ce tête-à-tête.

Louis l'attendait, seul également. Laissant ses gens dans l'antichambre, elle s'avança vers lui. Par la fenêtre ouverte, Anne entendait les fauves s'agiter dans la ménagerie royale. Des lueurs jaunes et bleutées à l'horizon trouaient la pénombre. Le visage de Louis n'était pas très distinct mais, en revanche, elle pouvait voir briller ses yeux clairs et son sourire accueillant.

Tant d'années sans s'être un instant trouvés à l'abri des regards, obligés toujours de se contrôler, de lutter contre tout élan pouvant trahir leurs sentiments ! Ce soir-là, leur embarras fut de courte durée. Sans même avoir le temps de réfléchir, Anne se retrouva dans ses bras, sentit ses lèvres sur les siennes, ne chercha pas à les éviter.

Privée de force et de volonté, elle découvrait avec surprise combien un baiser pouvait être à la fois doux et terrifiant. Une terreur qui lui fauchait les jambes, lui arrachait de petits soupirs de bien-être.

Anne, innocente enfant ! se disait Louis qui avait bien du mal à maîtriser son désir, ne voulant surtout pas l'effaroucher, tout gâcher par impatience, par imprudence.

— Tu vas me rendre fou, murmura-t-il, avant de reprendre sa bouche.

J'aurais vécu cet instant, j'aurais au moins vécu ce rêve ! se répétait Anne avec exaltation, les mains croisées derrière la nuque penchée sur elle, le corps alangui contre un corps conquérant, plus offerte qu'elle ne l'avait jamais été même au plus fort de ses étreintes avec Charles. Tout entière abandonnée dans ce baiser, elle voyait affluer les espoirs autrefois chéris et s'envoler ses peines. Quoi qu'il puisse advenir, même s'ils devaient se séparer à jamais, elle aurait eu ce baiser.

Louis eut enfin la force de l'interrompre et s'éloigna tout à coup. Le geste peu sûr, il poussa la fenêtre sur les premières gouttes de pluie, entreprit d'allumer un chandelier. La lumière éclaira peu à peu la jeune femme, figée au milieu de la pièce, semblant guetter les craquements de l'orage. Lentement, elle reprenait pied dans la réalité.

— La pluie va faire du bien, prononça-t-il platement pour masquer son trouble.

Elle pensa que jamais ils ne s'étaient encore dit qu'ils s'aimaient. C'était pourtant bien ce qu'elle était venue chercher ce soir : une certitude, l'assurance qu'il était sincère, que c'était elle, Anne, et non la duchesse de Bretagne, qu'il voulait. On s'était si souvent servi d'elle ! Pouvait-elle encore faire confiance à un homme, en particulier à cet être volage qui jusqu'à présent s'était surtout préoccupé de ses plaisirs ? Un homme qui avait dansé à la mort de ses fils !

La voyant immobile et silencieuse, Louis revint vers elle, le chandelier à la main, l'aveuglant presque, tandis qu'il essayait de déchiffrer son visage fermé.

— Qu'y a-t-il, Anne ? Me diras-tu ce qui s'agite derrière ce joli front ? Pourquoi me regardes-tu avec ces yeux hostiles ? Parle ! Ne suis-je pas ton ami, le même qu'autrefois ?

— Comment puis-je en être sûre ? soupira-t-elle.

— Mais, Anne, tu ne dois pas en douter, pas maintenant, après que…

Il désigna l'endroit où quelques minutes auparavant ils se tenaient passionnément enlacés. Pour lui tout était clair, évident.

— Que t'ai-je donc fait, ma petite Brette ?

Refusant de se laisser prendre à ses inflexions tendres, elle choisit de lui répondre d'une voix tranchante :

— Tu m'as fait que tu es roi et que par conséquent tes intérêts, tes desseins ne sont plus ceux d'un simple duc d'Orléans. Un roi se doit d'avoir un héritier, il te faut donc une femme capable de procréer. Un roi de France ne peut laisser la Bretagne échapper au royaume. En m'épousant tu ferais d'une pierre deux coups…

— Je t'arrête ! s'écria-t-il en posant le chandelier sur une table.

Bras croisés sur la poitrine, il l'affrontait sans cacher son irritation.

— Un héritier ! Tu oublies que j'en ai déjà un, c'est le fils de mon cousin d'Angoulême, il a quatre ans. Quant au duché, tu le sais, tôt ou tard il reviendra à la Couronne. Rien ne m'oblige à t'épouser toi plutôt qu'une autre si je parviens à me libérer de Jeanne.

— Si tu y parviens, souligna Anne, appuyant sur le « si ».

— J'ose l'espérer.

— Es-tu seulement dans ton bon droit ?

— Mais oui ! Bien entendu !

— Peux-tu me le jurer ? demanda-t-elle sur un ton implacable.

Louis décroisa les bras avant de répondre, son hésitation fut à peine perceptible :

— Oui, je te le jure.

Elle parut ne pas mettre sa parole en doute mais n'en continua pas moins à le harceler :

— Et ensuite ? Une fois l'annulation prononcée, que feras-tu ?

— Aussitôt, je courrai te chercher.

— Pourquoi ?

Louis éclata de rire, heureux de saisir l'occasion de détendre l'atmosphère.

— Pourquoi ? Le diable m'emporte si je le sais encore face à un tel esprit de chicane, à un si mauvais caractère ! Peut-être devrais-je me chercher une fiancée plus docile que toi, une fiancée qui ne poserait pas tant de questions.

— Si je ne suis pas docile, du moins ne suis-je pas déloyale, rétorqua-t-elle.

— Que veux-tu insinuer ? Que je le suis moi-même ?

— J'ai appris que tu rechignais à me rendre mes places fortes comme il était convenu.

— Bah, fit-il un peu embarrassé. Il ne s'agit que de petits malentendus. Ces choses-là ne peuvent se régler en un jour.

Il n'allait pas s'en tirer aussi facilement. Elle poursuivit l'offensive :

— Et ton attitude lors de ce bal où tu dansas avec un tel entrain ? Était-ce aussi un malentendu ?

Mais Anne avait maintenant les larmes aux yeux. Elle tremblait, la menace de l'orage finissant par jouer sur ses nerfs. Elle n'avait toujours pas entendu les mots espérés.

En deux enjambées, Louis revint vers elle, la prit aux épaules pour la ramener en pleine lumière.

— Anne, sur les Évangiles je te jure que jamais je ne me suis réjoui de la mort de tes enfants, que j'aurais même donné ma vie pour que tu n'aies pas à subir cette affreuse douleur. Je sais bien à quoi je dois ma couronne. Il était si peu probable que je devienne roi !

— Dieu l'a voulu ainsi, murmura-t-elle, tout à coup apaisée.

Convaincue de sa sincérité, elle lui savait gré de ne pas avoir évoqué le rôle équivoque de Charles lors de cette si triste soirée d'Amboise.

— Anne, Anne, reprit-il sourdement. Quand admettras-tu enfin que mes intentions, que mes sentiments envers toi ont toujours été sincères et purs, depuis le premier jour ?

— Malgré ta vie épouvantable, tes frasques, tes ambitions ? Je serais bien naïve de me fier à un individu débauché après avoir supporté Charles.

— Ah non, ne me compare pas à lui, de grâce ! protesta-t-il furieux. Mes écarts de conduite ne m'ont pas empêché de te rester fidèle à ma manière. Tu confonds tout.

— Comment cela ?

— Mais… parce que… Ce que je ressens pour toi est…

Allait-il enfin le dire ? Expliquer que son amour pour elle n'avait rien à voir avec ses excès ? Maligne, elle insista :

— Oui ? Ce que tu ressens… Continue.

Ou il l'aimait et l'admettait, ou elle rompait sur-le-champ, se dit-elle.

Louis se tut. Il n'avait jamais prononcé, pour personne, les mots qu'elle attendait, marqué par son enfance, par son adolescence pervertie, par le dégoût que lui avaient toujours inspiré Jeanne et sa propre existence. L'aveu était pourtant sur le bord de ses lèvres. Noyé dans les yeux scintillants de la jeune femme, il chuchota :

— Aie confiance en moi, ma Brette, ma petite sorcière.

Il l'embrassa encore, mais cette fois presque rageusement. Anne gémit, traversée d'un trait de feu, pénétrée d'une douleur délicieuse, inconnue. Elle avait l'impression d'être soudain au bord d'un gouffre avec l'envie dangereuse d'y plonger. Alors, rassemblant ses derniers lambeaux de lucidité, elle réussit à repousser Louis, s'enfuit et courut dehors essuyer de plein fouet l'orage qui maintenant s'abattait violemment sur Paris.

44

Leur rencontre suivante eut lieu à Étampes en présence de la cour et des Bretons pour signer officiellement les engagements qu'ils avaient pris. Leur avenir était maintenant entre les mains d'un tribunal ecclésiastique. Il n'y avait plus qu'à attendre.

Ondulant sous un radieux soleil d'été, le long et magnifique cortège de la reine la rapprochait de la Bretagne. Elle en était partie vaincue, transie comme un oiselet pris dans la tempête. Elle y revenait toute-puissante et c'était pour elle une telle joie qu'elle en oubliait un peu ses amours incertaines, ses craintes et ses doutes.

À Vitré, elle fut reçue en grande pompe et avec affection par Mme de Dinan, vieillie certes, mais toujours altière, le profil arrogant, plus fière que jamais de son ancienne pupille. Leur longue séparation avait définitivement effacé les ressentiments.

À Rennes, Anne présida les états de Bretagne réunis sur son ordre. Elle avait fait frapper des écus d'or qui la représentaient sur un trône, portant la couronne de France, le sceptre et la main de justice : « *Anna Dei gratia Francorum regina et Britonum ducissa*[1]. » Et au revers : « *Sit nomen Domini benedictum*[2]. » Cette fois, nul doute, elle agissait en souveraine incontestée.

Enfin, dans le courant de l'automne 1498, elle vit apparaître à un détour de la route les remparts de Nantes tout frémissants d'étendards. Philippe de Montauban, qui chevauchait près de sa litière, rayonnait. Aujourd'hui, plus de traîtrise ni de portes closes. La ville, au contraire, s'ouvrait avec allégresse pour accueillir sa duchesse. Son équipage impressionnait, tout de noir et de blanc, des larmes d'argent cousues sur le drap et le velours des

1. Du latin : « Anne, par la grâce de Dieu reine de France et duchesse de Bretagne. »
2. Du latin : « Que soit béni le nom de Dieu. »

housses. Les archers, les cent gentilshommes de sa garde, tous bretons, ses dames et ses gens portaient le deuil. Mais rien ne paraissait funèbre, tout n'était que splendeur. Anne gagna la cathédrale pour écouter la messe de requiem. Puis une jeune fille montée sur un éléphant de fantaisie lui remit les clefs de la ville. Sa ville. Après des danses et des mystères représentés dans une ambiance euphorique, Anne retrouva enfin le château ducal qui se referma sur elle.

Dix ans s'étaient écoulés depuis qu'elle avait dormi à l'abri de ses murailles, avec sa chère Isabeau, après la mort de leur père ! Le logis avait souffert de la guerre et du mauvais entretien. Il était à peu près vide mais Anne avait de quoi y remédier avec ses coffres pleins du mobilier et des tapisseries d'Amboise. Les travaux reprirent comme au bon vieux temps de François II qu'elle croyait revoir partout, fastueux et gai. Elle sentait aussi la présence vivante de Marguerite dans ce château si familier, imprégné de souvenirs, dont celui de Louis, le plus chargé d'espoirs.

Refranchira-t-il un jour le pont-levis ? Pénétrera-t-il à nouveau dans la cour, comme ce matin d'avril béni où elle l'avait vu pour la première fois ? Viendra-t-il la chercher ainsi qu'il l'avait promis ? De l'issue du procès dépendait son bonheur.

Le procès de Jeanne.

45

Au départ, Louis n'avait jamais pensé en arriver là. Jamais il n'avait eu l'intention d'humilier cette infortunée créature, il était trop respectueux d'autrui pour agir grossièrement. Avec quelque naïveté, il s'était imaginé que Jeanne accepterait tout de suite l'honorable proposition qu'il lui avait faite par l'entremise de La Trémoille. Sans détour, il lui demandait de lui rendre sa liberté en reconnaissant que leur mariage, auquel tous deux avaient été forcés trop jeunes, n'avait aucune valeur puisqu'il n'avait pas été consommé. Point n'était besoin de lui expliquer plus avant qu'un roi devait être nanti d'une véritable épouse, propre à lui donner un successeur, ce qu'elle ne pouvait faire elle-même. En contrepartie, Jeanne recevrait des titres, des rentes confortables, avec l'assurance qu'il l'aimait, l'admirait et regrettait fort cet état de fait, ces formules n'étant évidemment que pieux mensonges. Mais Louis était prêt à toutes les faussetés pour se débarrasser de Jeanne une bonne fois pour toutes, sans créer pour autant trop de vagues. Sachant qu'elle avait en tête de fonder un ordre religieux, l'accord lui paraissait donc déjà acquis, et c'était avec confiance qu'il avait vu s'entamer les procédures auxquelles il n'assista pas.

Or la réaction imprévisible de Jeanne souleva une foule d'obstacles. Pour elle, malgré son désir de complaire au roi et sa hâte de se retirer du monde, ce que lui demandait Louis était inconcevable pour l'excellente raison que leur union était on ne peut plus valable.

Étonnante Jeanne ! Face aux trois juges, trois cardinaux mandés par le pape, devant le procureur, les assesseurs, les avocats assemblés à Tours dès le mois d'août, elle fit preuve d'une fermeté, d'un courage insoupçonnés. Le tribunal ne pouvait s'empêcher d'être fasciné par le contraste de ses grands yeux célestes, sa voix mélodieuse et son corps épaissi, ses traits lourds. Attirante et repoussante, elle s'accrochait à sa foi chrétienne, à sa conception du mariage, une union sacrée, indéfectible quand il s'agissait d'un vrai mariage, et le sien l'était indéniablement ! Elle, si pudique, n'hésitait pas à répondre aux questions les plus intimes. Quand il lui fut reproché d'être « viciée et maléficiée » de corps, elle déclara humblement qu'elle savait qu'elle n'était pas jolie mais qu'elle était capable de faire des enfants comme la femme de Georges, son écuyer, qui en avait une ribambelle malgré sa laideur.

Effarés, ses avocats, commis d'office, la laissaient presque se défendre seule et, de jour en jour, il était évident que le procès prenait une tournure déplaisante pour le roi, Jeanne finissant par inspirer de la pitié, du respect, de l'admiration !

Qui disait la vérité ? Louis ou Jeanne ? Et pourquoi celle-ci refusait-elle de se faire examiner par les sages-femmes qui auraient pu attester si elle était encore vierge ou non après vingt-deux ans de mariage ?

Tout traînait en longueur : les témoins n'apportaient rien d'autre qu'un déballage de détails d'une crudité douteuse. Louis voyait défiler les mois à une vitesse angoissante. À ce train-là, un an s'écoulerait sans lui apporter la délivrance espérée. Dans ce cas, Anne se lasserait peut-être ? L'aimait-elle assez pour l'attendre ? Et lui, l'aimait-il assez pour mettre son âme en péril ?

Et Jeanne au juste, que cherchait-elle ?

Tout simplement à ne pas mentir. S'il devait y avoir parjure dans ce lamentable procès, ce ne serait pas le sien. Louis en endosserait seul la responsabilité.

— « Je m'en remets au serment du roi », finit-elle par déclarer, lasse peut-être de s'obstiner vainement.

« Serment décisoire ». Louis fut pris de vertige, au point que ses premières réponses aux juges manquèrent de clarté. Puis, par chance, on produisit à point nommé une lettre de Louis XI écrite autrefois à l'un de ses confidents. Une lettre qui prouvait que c'était bien lui l'instigateur de ce drame, lui qui avait manigancé en toute connaissance de cause ces noces funestes, jouant avec l'infirmité de sa fille et la jeunesse de Louis d'Orléans, qui aurait risqué la mort à lui désobéir.

Désormais, rien n'empêchait plus Louis de jurer sur les Évangiles et la sainte Croix que « jamais il ne fut avec Jeanne comme avec sa femme, qu'il ne coucha jamais avec elle nu à nue ».

Le verdict d'annulation tomba aussitôt. Jeanne s'évanouit à l'énoncé avant de se retirer et de regagner l'ombre et les prières.

Le jour de la proclamation officielle du divorce royal, dans l'église Saint-Denis d'Amboise, une obscurité étrange tomba en plein midi, effrayante, surnaturelle, tandis qu'un violent orage secouait la Touraine. Louis, qui se trouvait alors à Chinon, ne put se retenir de trembler. Il avait tout lieu de craindre la colère divine. Il avait offensé Dieu en mentant aux juges, en mentant à tout le monde, et à Anne la première quand il lui avait juré aux Tournelles qu'il était dans son bon droit.

Louis, aujourd'hui, revoyait sa longue captivité, se rappelait sa solitude et l'abstinence si terrible à supporter pour le jeune homme fougueux qu'il était en ce temps-là. Il se souvenait avec un frisson des visites de Jeanne dans le cachot de Lusignan, à Loches ou dans la Grosse Tour de Bourges. Elle lui apportait sa sollicitude, sa patience, son amour atroce, et il avait succombé parce qu'il n'en pouvait plus, le corps en feu, le cœur à la dérive ! Il lui arrivait encore d'avoir envie de crier son dégoût et sa honte.

Qu'Anne n'apprenne jamais la vérité sur ma conduite ! pria-t-il, le poing sur les lèvres.

Mais aurait-il eu d'autre choix que de faire ce faux témoignage ? S'il y avait faute, elle en incombait à Louis XI, un être haïssable qui avait voulu le briser. Louis n'en voulait plus à Jeanne. Elle au moins avait sauvé son âme ! Il venait de lui offrir le duché de Berry avec un solide apanage. Elle vivrait désormais comme une sainte. Mais qu'il ne la revoie jamais plus ! Et lui ? Aux parjures était réservée la damnation éternelle. Devant cette tempête épouvantable qui enveloppait Chinon, Louis luttait contre la frayeur de subir le châtiment de Dieu.

Le lendemain, le fils du pape, César Borgia, faisait son entrée dans la ville avec un luxe tapageur, ses mignons, sa réputation sulfureuse. Il apportait la bulle de dispense autorisant Louis XII à épouser sa petite cousine Anne de Bretagne. Le pape Alexandre offrait aussi le chapeau de cardinal à Georges d'Amboise. En retour, le roi s'était engagé à accorder de grandes faveurs à César, des titres, de l'argent, une noble fiancée. Un échange de bons procédés, en somme…

Louis mit plusieurs jours à surmonter ses peurs et ses scrupules, et encore devait-il ne jamais complètement les chasser de son esprit. Mais bientôt la joie d'être enfin libéré, d'aimer pleinement et sans entraves celle qu'il chérissait depuis tant d'années, fut plus forte que tous ses tourments. Enfourchant l'un de ses meilleurs chevaux, entouré de quelques fidèles, il galopa vers Nantes. Il se sentait aussi jeune et impatient que jadis, quand il courait rejoindre le duc pour mettre en échec la régente. Mais cette fois, seul l'amour donnait des ailes à sa monture.

IV

Reine et duchesse
1498 – 1514

« *Le roi avait en elle mis et déposé*
Tous ses plaisirs et toutes ses délices
Tellement, qu'il n'y eut jamais dame
Mieux traitée ni plus aimée de son mari. »
Claude de Seyssel.

46

Jamais personne n'avait vu ça. Contrairement à tous les usages de la cour, un roi venait rejoindre sa fiancée pour l'épouser chez elle ! D'ordinaire c'était elle qui s'en allait vers son futur seigneur et maître, abandonnant tout, famille, pays, coutumes. Mais Louis avait promis de venir chercher sa reine et les Bretons, qui avaient conservé de lui un excellent souvenir, en furent tout réjouis.

Ils se marièrent le 8 janvier 1499 dans la chapelle du château de Nantes, là où la jeune femme avait été baptisée. En raison des circonstances, une stricte intimité entoura la cérémonie. Il n'y eut aucune festivité particulière mais un banquet réunit les proches des deux époux. Pas de dépenses ostentatoires non plus, de débordements, de gaspillage. Le peuple, tout joyeux, eut droit à une distribution de vin de Loire et Anne fit des dons importants aux églises de Nantes, de Vannes, de Redon, à des couvents et à des lieux de pèlerinage.

En fait, pour tous, le plus beau des cadeaux de noces était bien le contrat signé la veille, dans lequel le roi garantissait à la Bretagne son autonomie de naguère, accordant à Anne tout ce qu'elle réclamait.

Associé au royaume mais territoire distinct, le duché irait plus tard au deuxième enfant du couple ou, s'ils n'en avaient qu'un, au second de leurs petits-enfants. Si Anne décédait la première, sans descendance, Louis n'aurait que l'usufruit de l'héritage qui reviendrait après lui aux successeurs de sa femme. Sans plus de précision. Mais cette éventualité était à peine effleurée tant l'espoir était grand de fonder une longue et glorieuse lignée.

Pour Anne, le triomphe était complet ; jamais, au plus noir de ses années vécues auprès de Charles, elle n'aurait osé imaginer pareille revanche. Par sa générosité, sa délicatesse, son amour, Louis abolissait le temps comme si ces dix ans écoulés n'avaient été qu'un mauvais rêve. À Nantes, il reprenait naturellement la place qui aurait dû être la sienne, celle que son père aurait été heureux de le voir occuper, lui qui l'appréciait tant ! Mais que d'obstacles, de luttes et de tragédies avant de revenir au point de départ à la source ! Dieu les avait rudement mis à l'épreuve l'un et l'autre. Cependant, auraient-ils sans cela savouré leur bonheur tout neuf avec autant d'ivresse ?

Les ménestrels jouaient encore dans la salle du festin lorsque Anne et Louis montèrent à leurs appartements.

Dehors, des feux, des lumières brillent dans les rues de Nantes où tombent quelques flocons. Les toits déjà saupoudrés de blanc, les remparts ourlés de neige renvoient un reflet laiteux, irréel comme un clair de lune, alors que dans la chambre scintillent en contraste l'or et la soie, le bronze et l'argent, le bois précieux, les miroirs pareils à des rayons de soleil.

Anne congédie ses femmes. Elle a revêtu une robe d'intérieur sombre, fourrée d'agneau de Lombardie. Elle veut être seule, juste un instant, avant que Louis ne la rejoigne. Le front appuyé contre la fenêtre, elle contemple la nuit d'hiver blanche et noire aux couleurs de deuil.

Elle a été si heureuse tout au long de cette journée, elle a tant attendu ce moment quelle tremble malgré les fourrures et l'énorme souche de chêne qui brûle dans la pièce. Elle a lu trop de désir tout à l'heure dans les yeux de Louis. L'amour qu'il lui promet l'effraie car pour elle ce mot n'a été jusqu'à présent que synonyme de blessures, d'avilissement, de honte. Pourtant elle se souvient de son émoi aux Tournelles lorsqu'ils se sont embrassés, suprême émoi dont parlent les romans, les contes et les chansons. Mais si un simple geste de Louis allait tout gâcher ?

Au même moment elle tressaille, deux mains se sont posées sur ses épaules. Elle n'a pas entendu ses pas étouffés par le tapis de laine. D'un seul mouvement, elle se retourne, lui fait face. Lui aussi s'est changé. Il porte un long surcot de damas bleu qui le grandit encore. Anne se sent minuscule et un peu de détresse doit glisser dans son regard car Louis chuchote avec un sourire grave des mots d'apaisement, comprenant d'instinct son tourment :

— Ma petite Brette, n'aie pas peur.

Pour elle, il vient d'affronter les juges. Il lui a rendu sa souveraineté, son prestige, ne lui refusant rien.

Il l'a toujours soutenue, a souffert pour sa cause. Il fait tellement partie de sa vie depuis des années ! À ses côtés, c'est tout un pan de son enfance choyée qu'elle retrouve. Ce qu'il a été, ailleurs, avec d'autres femmes, ne la concerne pas, il le lui a dit lui-même. Et ce soir, enfin, il lui murmure autre chose, cet aveu si précieux, si attendu :

— Je t'aime, Anne. Je t'aime. Viens !

Soudain, elle s'émerveille que tout soit si facile, les mots, les gestes, les étreintes. Comme neuve, elle renaît à la vie une seconde fois, tandis que Louis, en guide subtil et passionné, lui fait redécouvrir l'amour. Ce soir tout prend une autre dimension, un autre sens ; il n'y a plus de soumission mais une absolue confiance et un total abandon ; la répugnance fait place à la plus folle et fougueuse hardiesse. Anne ose spontanément, sans fausse pudeur, des caresses qui naguère lui étaient odieuses.

Dans les bras de Louis elle se sent véritablement reine, femme et amante, sorcière peut-être, comme il le lui répète en la couvrant de baisers. Fée, sûrement. Et lui, son magicien, s'émeut, s'affole de la voir jouir et l'emporte encore et encore, au-delà de secrètes frontières qu'elle ne soupçonnait pas.

Quelques semaines enchanteresses passèrent. On vit le couple royal chasser souvent dans les environs de Nantes, faire son entrée à Vannes sous les vivats et être reçu avec empressement à Blain par le vicomte de Rohan, accueil non dépourvu d'une arrière-pensée. Le vieux renard avait en effet intenté un procès contre Anne, pour une question d'héritage où il s'estimait lésé. Toutefois, il en aurait fallu beaucoup plus pour ternir l'atmosphère détendue et joyeuse qui enveloppait les nouveaux époux, de toute évidence très épris.

La cour de France paraissait à des lieues et des lieues de là. C'était un autre univers, pensait Anne, voulant se persuader que cette trêve enchantée durerait toujours. Et Louis ? Il prétendait que cette existence lui convenait, que le destin, en le plaçant sur le trône, lui avait finalement joué un tour. Bon ou mauvais ? Cela, il ne le précisait pas. Anne n'arrivait pas toujours à deviner ce que masquaient ses plaisanteries et son entrain, son caractère si accommodant.

Elle fit le maximum pour le retenir encore en Bretagne. Mais, au bout d'un mois, elle voulut bien admettre que leur lune de miel devait prendre fin.

— Le devoir m'appelle, soupira Louis avec une mimique de circonstance.

Saisissant Anne par la taille, il l'entraîna sur leur lit et, avant qu'elle n'ait pu protester, se plaindre ou implorer encore un petit délai, il écrasa ses lèvres d'un baiser irrésistible qui fit tomber les ultimes résistances de la jeune femme. Après tout, l'essentiel était d'être ensemble, de partager chaque nuit, ces heures d'ivresse et de déraison.

Nantes, Angers, Amboise… Là, Anne n'était plus vraiment chez elle maintenant ; trop de malheurs s'attachaient à ce château. Ils parvinrent à Blois en février, Blois, la résidence favorite de Louis qui était pour lui ce que Nantes représentait pour elle. Instantanément, Anne s'y sentit bien et d'autant plus heureuse que déjà un enfant s'annonçait.

47

— Je n'aime pas cette femme, déclara catégoriquement Anne après sa première rencontre avec Louise de Savoie.

C'était un sentiment instinctif, violent et quelle aurait juré être réciproque malgré l'attitude respectueuse de cette dernière. Plus âgée qu'elle d'un an seulement, Louise était la veuve de Charles, comte d'Angoulême et cousin du roi. Anne, qui se targuait de savoir décrypter les gestes et les regards, lisait dans celui de Louise, gris comme un ciel pluvieux, le calcul et la ruse ; sous son calme et sa modestie, elle sentait couver la braise. La rumeur affirmant que la jeune veuve avait entretenu une liaison avec son chambellan, Saint-Gelais, était fondée, de cela Anne était convaincue. Quant à la voix douce, aux mines de parente pauvre tenant à se montrer reconnaissante tout en prétendant se satisfaire de l'ombre, sûr qu'elles dissimulaient chez la jeune veuve une ambition effrénée !

D'ailleurs comment aurait-on pu se fier à une ancienne protégée d'Anne de Beaujeu ? Louise de Savoie, orpheline de mère à sept ans, avait en effet été recueillie par son oncle Pierre de Bourbon et la régente dont elle semblait avoir parfaitement retenu les préceptes : être « toujours en port honorable, en manière froide et assurée, humble regard, basse parole, constante et ferme, toujours en un propos, sans fléchir ». Et la fourberie, la dissimulation, l'art d'arriver par n'importe quel moyen à ses fins ? Cela aussi, elle en avait eu l'exemple. En fait, Anne reportait maintenant sur Louise sa vieille antipathie pour la Beaujeu.

— Tu exagères, protesta Louis d'un sourire indulgent quand sa femme lui fit part sans ambages de son opinion. Louise est quelqu'un de très simple qui n'a pas toujours eu la vie facile.

— L'ai-je eue moi-même ? s'indigna Anne piquée par sa remarque. Les difficultés n'ont jamais empêché la franchise, que je sache !

— C'est vrai, ma mie, et chacun apprécie ton franc-parler.

Anne ne goûta qu'à moitié le compliment que son mari, gentiment, saupoudrait de malice. Puis elle l'écouta évoquer l'existence de Louise avec impatience, sans se laisser attendrir.

Petite fille privée de tendresse, mariée à quatorze ans au comte d'Angoulême, un épicurien volage et médiocre, obligée de cohabiter avec ses maîtresses et ses bâtards – un véritable harem installé à Cognac –, Louise avait tout accepté sans une plainte. Comme elle acceptait, depuis son veuvage, la protection et les largesses du roi qui l'avait fait venir, elle et ses deux enfants, à Amboise, au manoir du Cloux[1].

Ah, ses enfants ! À vrai dire, c'était eux qu'Anne lui reprochait le plus. Louise avait pour devise « *Libris et liberis* », « mes livres et mes enfants ». C'est-à-dire Marguerite, une ravissante et intelligente fillette, et François, surtout François, éclatant de charme et de santé, véritable petit diable de quatre ans adoré

1. Aujourd'hui château du Clos Lucé.

de tous, l'héritier présomptif du trône tant que Louis XII n'aurait pas de fils !

Clairvoyante, Anne avait instantanément flairé les folles ambitions que Louise entretenait pour ce petit garçon qu'elle idolâtrait, l'appelant son seigneur, son roi, son César, l'imaginant déjà régnant sur la France. En regardant jouer et trépigner François, en l'entendant rire, en le voyant sauter au cou de Louise, Anne se rappelait douloureusement les jours bénis où elle pouvait serrer dans ses bras son petit Charles-Orland.

Jalouse, elle supportait mal l'affection quasi paternelle que Louis portait à ces deux enfants, en particulier au cadet.

— Vous êtes trop bon avec ces gens-là. Cette femme ne mérite pas votre générosité. Elle répète à l'envi que François de Paule lui a prédit un jour que son fils serait roi de France ! Elle ne veut pas démordre de cette idée.

— Laissons-lui ses rêves, nous avons les nôtres, répondit Louis doucement, en caressant le ventre de sa jeune épouse. Anne, nous aurons un fils, nous aussi, plusieurs peut-être, si Dieu le veut. Préoccupe-toi seulement de nous, de ton bien-être, sans chercher de noises à Louise.

— Ce n'est pas moi qui les cherche, rétorqua Anne, boudeuse. Elle me déteste encore plus de son côté.

— Anne !

Louis agita son index comme pour l'admonester, mais son expression était empreinte d'amour et de patience. Elle finit par sourire et, blottie dans ses bras, oublia Louise et ses deux rejetons.

Cette discussion était le premier nuage glissant sur une entente parfaite. Mais Louis savait très bien tempérer les sautes d'humeur et les jugements tranchés de sa Brette. En général, il avait l'art de lier les contraires, d'aplanir les difficultés entre les uns et les autres. Dès son accession au trône, il avait prouvé sa bienveillance, assurant à ceux qui naguère l'avaient combattu, La Trémoille par exemple, qu'« il n'était pas décent et à honneur à un roi de France de venger les querelles d'un duc d'Orléans ». Pas de vengeance donc, ni de « chasse aux sorcières ».

Depuis son mariage, Louis, rayonnant, était méconnaissable, amoureux de sa femme et ne s'en cachant pas, fidèle pour la première fois de sa vie. D'aucuns avançaient méchamment qu'il était sage par la force des choses, fatigué à trente-sept ans par tant d'abus passés. Ces cancans l'amusaient fort.

— Je ne suis peut-être plus un jouvenceau, disait-il en riant à Anne, mais si tous ces esprits malveillants pouvaient voir à quoi ressemblent nos nuits, ils cesseraient de me traiter en vieillard cacochyme, ne crois-tu pas ?

Anne pouffa puis, se ravisant, repoussa avec indignation l'hypothèse d'avoir des curieux au pied de leur lit, hantée encore par l'atroce souvenir de sa nuit de noces à Langeais qui, elle, s'était déroulée devant témoins ! Face à son air outragé, Louis s'esclaffa de plus belle. Elle avait parfois de ces réactions pudibondes qu'il jugeait d'autant plus savoureuses que, dans l'intimité, elle se révélait une amante passionnée, inventive même. Mais en dehors de la chambre à coucher, plus question d'aborder le sujet ! Anne redevenait la princesse accomplie, soucieuse de bienséance et plutôt ombrageuse. Pour lui complaire, Louis avait interdit aux étudiants de faire sur le compte de la reine des plaisanteries de mauvais goût qu'il tolérait pourtant pour lui-même.

Dès le début, on comprit que tous deux formaient un couple uni. La reine désormais avait à la cour une place importante. Le roi l'associait à chaque fête, la consultait sur bien des sujets, la laissait entretenir à sa guise des contacts avec l'étranger, recevoir souvent les ambassadeurs, ce qu'elle faisait avec un savoir-faire dont l'écho franchissait les frontières du royaume.

Ébauchée à Amboise quand elle végétait, tristement mariée à Charles, sa cour prenait une ampleur sans pareille. La « belle école pour les dames » rassemblait des jeunes filles qui « paraissaient comme déesses au ciel ». Mais, à l'instar de leur maîtresse, elles ne se contentaient pas de jouer les belles figurantes. Anne détestait l'oisiveté, l'ignorance et les rôles subalternes qu'on assignait au sexe dit faible. Deux femmes, Michelle de Saubonne et Hélène de Laval, occupaient auprès d'elle les fonctions de secrétaire particulière et de chambellan, du jamais vu.

Pour ses dames, la reine avait même créé un ordre inspiré de celui qu'avait instauré son grand-père François : la Cordelière, en hommage à saint François d'Assise, symbole aussi de vertu.

À propos de vertu, cette qualité n'était pas la caractéristique de César Borgia, le fils du pape, toujours hôte de la France, c'était le moins qu'on pût dire, bien qu'il fût présenté comme étant « un très honnête et bon personnage, sûr et discret ». Le roi s'en portait garant, politique oblige. Son mariage donna même lieu, en mai 1499, aux premières grandes festivités du règne. Louis XII tenait ainsi les promesses faites au pape Alexandre : son bâtard, qui avait reçu le titre de duc de Valentinois, ce César Borgia, assassin prétendu de son frère, amant de sa sœur Lucrèce, épousait une fille de la haute noblesse ! Quelles étaient la famille et la jeune fille qui avaient pu accepter une alliance avec un tel individu ?

La fiancée n'était autre que Charlotte d'Albret, la fille d'une vieille connaissance de la reine qui, en offrant au Borgia la main de Charlotte, prenait une sorte de revanche sur le passé, sur ce traître qui avait autrefois livré Nantes, sur ce satyre qui avait tenté de la violer et qu'elle haïssait toujours. Albret avait regimbé sur le coup, mais il était si vil qu'il avait fini par accepter de vendre sa fille, pourtant hostile, à César, contre beaucoup d'argent et un chapeau de cardinal pour l'un de ses fils.

César Borgia prétendit ensuite avoir plusieurs fois honoré sa jeune épouse lors de leur nuit de noces. Pure vantardise ! En vérité – et l'anecdote réjouit beaucoup la cour –, croyant prendre des aphrodisiaques avant de se coucher, il avait avalé des pilules laxatives particulièrement efficaces selon le témoignage de ses valets. Erreur d'apothicaire dont il se garda bien de se vanter !

Toujours est-il que la présence de César Borgia dans les parages engendra vite un malaise dans l'esprit souvent inquiet de la reine. Son propre bonheur depuis des mois était à peine croyable. En tout cas, elle sentait obscurément que cela ne pourrait durer. Louis avait avec César des entretiens un peu trop fréquents à son goût. Il y était, hélas, beaucoup question de l'Italie.

48

Quelle étrange attraction ce pays exerçait-il donc sur les Français ? Quand Anne eut compris que le roi tournait de nouveau ses regards au-delà des Alpes, elle fut aussitôt partagée entre peine, colère et crainte de voir son second mari, comme le premier, retenu loin d'elle par des entreprises incertaines et de perverses créatures.

Pour le moment, il n'était question que du Milanais que Louis avait déjà failli conquérir. À cause de Charles, l'héritage de sa grand-mère Visconti était toujours aux mains de Ludovic Sforza, dit le More en raison de sa peau basanée. Avec l'appui du pape et des Vénitiens, l'affaire s'annonçait aisée, comme il tenta d'en convaincre la reine.

Pour Anne, tout recommençait ! Il allait falloir une fois encore supplier, protester, tempêter, pleurer, maudire !

— Louis, je n'aurais jamais imaginé que vous aussi me laisseriez seule, dans mon état. Mais vous n'avez pas de cœur ! Vous ne m'aimez pas !

— C'est faux ! Absolument faux ! Qu'allez-vous donc chercher ?

— Vous n'avez plus votre bon sens. Cette expédition va vous coûter une fortune.

— Une bagatelle à côté de ce qu'elle va me rapporter.

Le visage inondé de larmes, Anne secoua la tête, répéta :

— Ah, Louis, tu ne m'aimes plus pour me quitter déjà !

Son désarroi le bouleversait et pourtant il allait partir, malgré tout, malgré les nombreux avis défavorables. En revanche, son vieil ami, Georges d'Amboise, sage et avisé par ailleurs, le soutenait, s'étant mis en tête d'être le prochain pape et, pour cela, tenant à s'affirmer auprès des petits États italiens.

« Fumées et gloires d'Italie », répétait pourtant Philippe de Commynes, un autre conseiller du roi, résumant, en peu de mots, l'inutile éclat de ces campagnes militaires passées, présentes et futures. Toutes, tôt ou tard, devaient déboucher sur du néant. Anne, qui avait trop de lucidité pour se laisser prendre à ces pièges, opinait dans ce sens. Elle repartit à l'assaut du roi.

— Louis, rien de bon ne peut venir de vos équipées hasardeuses. L'exemple de Charles devrait pourtant vous faire réfléchir.

— Cela n'a rien à voir ! protesta-t-il.

— Selon vous ! Les rencontres en chemin seront les mêmes. Les guilledines impudiques se faufileront encore dans tous les lits !

— Pas dans le mien en tout cas, je te le jure ! coupa Louis, ne sachant plus comment calmer sa hargne.

— Vraiment ? Serais-tu donc capable d'en faire le serment ?

— Oui, vraiment. Je t'aime trop pour te tromper, ma petite Brette.

Il avait une telle façon de le lui murmurer, les yeux limpides, l'expression presque douloureuse, qu'elle ne put faire autrement que de le croire et de s'abandonner.

— Et l'on raconte que je te mène par le bout du nez, que je suis autoritaire et égoïste ! marmotta-t-elle avec rancune, maudissant dans ces moments-là sa condition de femme.

Ainsi même le meilleur des époux était capable de faire souffrir en imposant sa loi.

Au beau milieu de cet été 1499, le doux ciel du Val de Loire parut s'obscurcir soudain, lourd de miasmes délétères. La peste çà et là gagnait du terrain, s'était mise à faucher des vies, aveuglément. L'air empestait la corne brûlée dont la fumée était censée éloigner le mal. Avant de quitter son royaume, Louis XII tint à mettre Anne à l'abri et l'envoya en Sologne, à Romorantin, domaine appartenant à Louise de Savoie. La jeune veuve s'y trouvait déjà avec ses deux enfants, ayant fui Amboise et la contagion. Naïf comme le sont souvent les hommes en ce qui concerne les relations féminines, le roi partit rassuré de savoir ensemble deux jeunes femmes du même âge, intelligentes, cultivées et mères de famille, la grossesse d'Anne étant déjà bien avancée.

49

Chapitrée par son confesseur, encouragée par sa sœur Françoise et soucieuse de tenir la promesse faite à Louis de se montrer conciliante, Anne, affichant contre mauvaise fortune bon cœur, s'installa tant bien que mal avec une partie de sa maison, ses oiseaux et ses chiens dans le petit château de Louise dont les vastes jardins descendaient doucement jusqu'aux berges de la Sauldre. Plus une chambre ne se trouvait libre à Romorantin où l'on se mit à attendre avec excitation la naissance royale.

Se remémorant ses longs séjours à Moulins, quand, enceinte et malade, elle restait tenue à l'écart de tout, Anne se sentait en Sologne infiniment plus à son aise, déterminée à ne pas laisser Louise de Savoie lui en imposer. Elle n'avait pas été victime de son imagination en percevant l'antipathie de cette femme. On pouvait en effet critiquer l'égocentrisme de la reine, son orgueil, sa nature dominatrice mais on ne pouvait lui reprocher de se méfier de quelqu'un qui sournoisement ne souhaitait qu'une chose : la voir avorter ou mettre au monde une fille afin de laisser le champ libre à son cher François.

Entre la Bretonne et la Savoyarde, le duel s'engagea donc dès les premiers jours, en dépit de la patience de l'une et des airs doucereux de l'autre. Louise avait une façon de jauger le tour de taille de la future mère, d'étudier son teint, de guetter sur elle d'éventuels signes de fatigue qui ne pouvaient tromper un esprit attentif. Une fois ou deux, sa véritable nature autoritaire refaisant surface, elle se permit même quelques manquements au respect dû à la souveraine qui lui valurent de vifs reproches. Humblement, Louise dut prendre la plume pour s'excuser, se confondre en bons sentiments.

— La fourbe, l'hypocrite ! s'emporta Anne. Mais je saurai bien lui faire baisser pavillon si Dieu me donne un fils !

En attendant, elle devait supporter la présence et le tapage de ce garnement de François d'Angoulême dont Louise tint à fêter le cinquième anniversaire, le 12 septembre, comme s'il s'agissait de célébrer Noël et la venue de l'Enfant Jésus, manifestation outrancière dont Anne ne se priva guère de dénoncer le ridicule.

Entre prières et promenades, les longues épîtres en vers qu'elle envoyait à Louis – qui, à la différence de Charles, lui répondait souvent –, les affaires courantes de Bretagne qu'elle traitait toujours elle-même, elle ne trouva finalement pas le temps trop long jusqu'au soir du 13 octobre où, sur le point d'entamer une partie de cartes avec ses suivantes, elle ressentit les premières douleurs.

Contrairement à ses précédents accouchements, celui-ci se passa rapidement et le mieux du monde, mais l'enfant était une petite fille.

Ce n'était pas un gros bébé et ses pleurs évoquaient plutôt les miaulements d'un chat. Malgré tout, elle paraissait en bonne santé, désireuse de vivre en gigotant entre les mains de la sage-femme sous l'œil ému de sa maman.

Anne oublia assez vite sa déception de ne pas avoir mis au monde de garçon. Comme elle avait beaucoup prié saint Claude, l'ancien évêque de Besançon, réputé favoriser les couches, elle donna son nom à l'enfant. « Ma fille Claude » : quelle fierté dans sa voix, que d'amour aussi ! « Ma fille Claude. » Anne, pourtant superstitieuse, soucieuse de ne jamais tenter le sort, sembla aussitôt entrevoir toutes les joies qu'allait lui donner la petite.

Par-dessus les langes de l'héritière de Bretagne, elle noua avec tendresse une cordelière tressée d'or, ne cessant de dire et redire :

— Ma petite Claude, ma petite hermine.

Toute la ville de Romorantin se réjouit fort de l'événement mais personne ne fut plus satisfait, on s'en doute, que Louise de Savoie. Anne ne devait jamais oublier ni pardonner l'éclair de soulagement et de joie mauvaise qui traversa le froid regard de Louise penchée sur le berceau de la minuscule Claude.

À Milan où il était entré sans coup férir, chassant Ludovic le More qui s'enfuit se réfugier en Autriche, Louis apprit la bonne nouvelle avec des transports de joie. Laissant le duché à la garde de ses troupes, il se hâta de repasser les Alpes avant les premières neiges et, mi-novembre, arrivait à toute bride à Romorantin.

Heureuse, Anne l'accueillit néanmoins avec un peu d'appréhension : et s'il était déçu de ne pas avoir de dauphin et lui faisait sentir son amertume ? Scrutant le moindre de ses gestes, elle le regarda prendre Claude dans les bras de sa nourrice et la porter en la berçant comme s'il avait fait cela toute sa vie. Un sourire tendre et radieux rajeunissait son visage émacié, effaçait d'un seul coup les traces de fatigue causées par son voyage.

— Louis... commença-t-elle.

Devinant tout de suite les sentiments qui l'agitaient, il voulut, volubile et optimiste, adoucir sa peine.

— Mes compliments, ma mie. Excellent début ! « C'est un bon espoir d'avoir des fils depuis qu'on a eu des filles. »

— Sans doute, dit-elle avec gratitude, un grand sourire illuminant son visage. Le prochain sera celui que nous attendons.

Sur ces entrefaites, Louise de Savoie s'annonça et entra dans l'antichambre déjà bondée, tenant ses enfants par la main. La petite Marguerite, qui se comportait déjà comme une parfaite demoiselle, fit toutes ses grâces aux souverains. François savait lui aussi se montrer plaisant mais il ne pouvait hélas pas demeurer en place, piaffant pareil à un jeune poulain. Pour mieux voir le nouveau-né, il tournait et sautait autour de Louis qui se pencha pour le lui montrer.

Agacée par son manège, Anne lança au bambin un œil noir quand il compara le visage encore rouge et fripé de Claude à une vieille pomme.

La remarque du petit François d'Angoulême amusa en revanche énormément l'assistance, le roi en particulier qui, tourné vers Louise, lança tout jovial, en lui montrant Claude :

— Vous avez là votre future belle-fille, ma chère cousine !

La reine fut la seule à ne pas rire de la boutade et des plaisanteries qu'elle engendra. Que les hommes pouvaient donc être balourds parfois ! Involontairement, Louis manquait gâcher leurs retrouvailles. De toute manière, elle ne se sentirait jamais bien dans le voisinage de Louise. Aussi fut-elle contente et soulagée de regagner Blois, laissant la Savoyarde et sa fâcheuse maisonnée retourner à Amboise.

50

Anne avait toutes les raisons de se plaire à Blois, où s'édifiait à vive allure le nouveau château voulu par Louis XII. Taillés par les « maîtres de pierres vives », sculpteurs aux mains de magiciens, apparaissaient aux pignons des lucarnes, sur des écussons que soutenaient des angelots, le porc-épic du roi, la fleur de lys, la moucheture d'hermine, le L et le A couronnés, la « guivre » ou vipère des Visconti et la cordelière des ducs de Bretagne.

Le bonheur seyait à la jeune reine, physiquement plus épanouie. On la voyait davantage sourire et même rire aux traits d'esprit de son époux. Il n'y avait pas eu jusqu'à présent beaucoup de couples royaux semblables au leur ; il n'y en aurait pas de sitôt. Profondément unis, sachant recevoir et paraître avec magnificence, logés fastueusement, Anne et Louis menaient au quotidien une vie assez simple, tôt levés, tôt couchés. La table du roi restait frugale, lui-même n'étant pas un gros mangeur ni un buveur impénitent. La reine appréciait davantage que lui le vin de Beaune ou les crus de Loire, se régalait d'huîtres, de saumons, de lamproies.

Ils aimaient chasser ensemble, du moins quand la santé de la jeune femme le lui permettait. Avec les oiseaux l'hiver, ou les chiens de mai à novembre pour le gros gibier. À Milan, Louis avait pris l'habitude de courre le cerf avec des léopards ou des lynx dont il s'était procuré quelques spécimens.

Sous bien des aspects, leur existence ne différait guère de celle d'un grand seigneur féodal. Anne surtout en conservait l'esprit, inconsciente des bouleversements qui autour d'elle chamboulaient les nations. Vêtue simplement, le corset ajusté, la cordelière à la taille, la coiffe irréprochable, elle était habile aux travaux d'aiguille qu'elle aimait enseigner à ses « filles ». Mal en prenait à la maladroite qui bâclait son ouvrage ! De même qu'à l'heure de l'inspection quotidienne de ses gens, gare aux négligents qui se présentaient la coiffe de travers, la robe tachée, les chausses trouées ou les mains douteuses ! Aucun laisser-aller, aucun défaut n'échappait à l'œil sévère de la reine. En revanche, celle-ci savait reconnaître l'agilité d'une brodeuse ou l'élégance d'une toilette et, toute sévère qu'elle était, puisait dans sa cassette pour acheter une robe ou un pourpoint neuf.

Elle distribuait aussi ses largesses aux bonnes œuvres et à tous ceux dont elle voulait récompenser le mérite, jusqu'aux capitaines du roi, réputé pour sa part être beaucoup moins dépensier qu'elle. Bien entendu, il la laissait employer son immense fortune comme bon lui semblait.

Sous sa frange blonde striée de gris, ses yeux s'attendrissaient dès qu'ils se posaient sur elle, manifestations d'amour extrêmement rares entre deux souverains. Surprenante aussi était l'image d'un Louis XII recevant des ambassadeurs dans la grande salle de Blois avec la petite Claude dans les bras, tout heureux de faire admirer à la ronde l'enfant, qui occupait un appartement contigu à la fois à celui de son père et à celui de sa mère, tous deux plus soudés que jamais autour du berceau de leur fille.

Ce fut pourtant cette enfant, leur « très chère et aimée fille Claude », qui suscita sans le savoir la dissension qui allait plus tard et longtemps empoisonner leur relation.

Il y avait eu la phrase de Louis lancée à Louise : « Vous avez là votre future belle-fille ! » qu'Anne n'arrivait pas à chasser de sa tête où, insidieusement, elle distillait le doute. Et s'il n'avait pas dit cela en plaisantant mais bien avec une arrière-pensée ?

L'expérience avait très tôt enseigné la méfiance à la jeune femme, sans pour autant remettre en cause les sentiments qu'elle éprouvait envers son époux, beaucoup plus passionnés qu'elle ne le laissait paraître à la cour.

Indéniablement, Louis avait changé depuis qu'il était roi, plus réfléchi, plus calculateur. Les réformes qu'il engageait pour le royaume étaient empreintes de mesure et de sagesse. Le primesautier duc d'Orléans était devenu un monarque pondéré, soucieux de justice, du bien public. On lui connaissait très peu d'ennemis. Peut-être jugeait-il avisé pour le trône d'unir son héritier à l'héritière de Bretagne ?

L'infernal François d'Angoulême, roi de France ? Impensable ! Odieux ! Anne balayait constamment l'hypothèse, tourmentée surtout par une autre vision : le même François épousant plus tard la future duchesse de Bretagne Claude et siégeant avec elle à la place des anciens ducs, jouissant en outre effrontément de sa fortune…

— Ah ça, jamais ! se jurait-elle.

Son instinct maternel, sa connaissance des caractères lui soufflaient que le garçonnet trop charmant ne ferait que le malheur de sa fille. Sans parler de Louise qui, hormis ses propres enfants, s'avérait incapable d'aimer quiconque. Sa tendre petite Claude risquait de souffrir entre les griffes de cette engeance.

Voulant à tout prix la protéger tout en sauvegardant l'indépendance de son duché, Anne s'employa dès lors, avec intelligence, énergie, ténacité, à lui forger un autre avenir.

Comme un signe du ciel, à la fin février 1500, un nouveau prince vint au monde à Gand dans l'une des plus prestigieuses cours d'Europe : Charles de Habsbourg[1], fils de l'archiduc Philippe, lui-même fils de Maximilien. Sa mère, Jeanne, était infante d'Espagne, fille des Rois catholiques. Quatre mois seulement séparaient Charles de Claude, autant dire rien. Comme pour elle-même bien des années plus tôt, l'héritage de Maximilien, les Pays-Bas, l'Autriche, les provinces à l'est de la France, revint scintiller dans l'esprit d'Anne. À côté d'un Habsbourg, le petit Angoulême ne ferait jamais le poids !

C'est à Lyon qu'elle exposa son plan à Louis. Au printemps, en effet, il avait fallu qu'il renvoyât l'armée de La Trémoille dans le Milanais où Ludovic le More avait réussi à récupérer le pouvoir. Comme toujours lors des campagnes militaires en Italie, la cour s'en rapprochait et prenait ses quartiers à Lyon.

Cette fois-ci, Anne avait suivi, déchirée de quitter Claude, assaillie par les sombres souvenirs que lui évoquait la ville mais heureuse d'être auprès de Louis, de tout partager avec lui.

La capture de Ludovic Sforza, et la reconquête de Milan menées avec brio par La Trémoille furent fêtées joyeusement entre Rhône et Saône. Le More fut amené à Lyon, enfermé d'abord dans la forteresse de Pierre-Encize puis transféré à Loches d'où il ne devait jamais ressortir vivant.

1. Futur Charles Quint.

Duc de Milan, Louis triomphait, respecté par tous les autres souverains. Aucun ne refuserait la main de sa fille mais celle-ci méritait ce qu'il y avait de mieux.

— Charles de Luxembourg, dites-vous ? répondit-il, usant du titre donné à l'illustre bébé.

Il avait écouté son épouse avec beaucoup d'attention, admirant sa façon d'exprimer sa pensée, sa fine analyse des situations, bien qu'aujourd'hui encore son point de vue découlât davantage de ses sentiments personnels que d'une réflexion objective.

— Pourquoi pas ? reprit-il. La question est à étudier. Il est certain qu'une alliance renforcée avec les Habsbourg nous est nécessaire.

Georges d'Amboise, sans lequel le roi ne prenait aucune décision, appuya Anne qui put enfin s'abandonner avec plus d'optimisme au simple bonheur de vivre. Après un pèlerinage en Franche-Comté afin de rendre grâce à saint Claude et un voyage en Poitou, elle eut le plaisir de retourner en Bretagne, toujours en compagnie de Louis.

À Nantes, elle commanda au sculpteur Michel Colombe un tombeau de marbre blanc destiné à contenir les restes de ses parents. Quatre statues devaient le soutenir, représentant les quatre vertus cardinales, la Justice, la Force, la Prudence et la Tempérance. Cette idée, Anne l'avait puisée dans un ouvrage de Jean Meschinot, un ancien serviteur de la famille, *Les Lunettes des Princes*, sorte de traité à l'intention des puissants de ce monde. Le peintre Jean Perréal venait d'achever les dessins du monument, attribuant à la justice les traits de la reine.

Puis la cour repartit. Plus importante, plus riche, plus spectaculaire, elle traçait son chemin par eau, par terre, flamboyante, avec un succès grandissant. C'était à qui apercevrait le couple royal, image mirifique et rassurante à la fois, qu'on avait si peu de chances d'admirer dans une vie ordinaire. Louis XII était déjà extrêmement populaire. Quant à la reine, elle intriguait beaucoup. Bretonne ? Française ? Bonne ? Sévère ? Libérale ? Âpre au gain ? Orgueilleuse ? Généreuse ? Mais il suffisait de la rencontrer une seule fois pour être conquis. « Une très grande dame par la vertu et par le rang. » « La plus digne et honorable reine. » « L'honneur des dames du monde, non seulement en grandeur mais en toute vertu. »

La plus entêtée, aurait pu ajouter Louis, surtout lorsqu'elle estimait en vouloir à quelqu'un. La Trémoille, par exemple.

À Lyon, tandis que le roi félicitait son brillant capitaine, Anne avait refusé de le recevoir. Pour elle, il resterait toujours l'ennemi de son père, le vainqueur de Saint-Aubin-du-Cormier.

— Anne, je sais tout cela, soupira Louis. Nous avons tous souffert à cette époque. Mais vous devriez oublier le passé maintenant, pardonner à vos anciens adversaires. Je l'ai fait moi-même et je ne m'en porte que mieux !

— C'est pourtant La Trémoille qui vous a fait prisonnier !

— Il accomplissait son devoir ! Comment l'en blâmerais-je ? C'est un gentilhomme, un excellent chef de guerre et un bon serviteur. J'ai effacé toutes les offenses. Vous en êtes capable aussi, ma Brette.

Je ne suis pas meilleur chrétien que vous, n'est-ce pas ? N'en veuillez plus à La Trémoille, entre nos deux pays la paix est faite depuis longtemps.

— Oui, vous avez raison, mais « mon cœur n'est pas pacifié », reconnut Anne.

— Après tant d'années ? Douze ans si je compte bien ?

— Pour moi c'était hier. L'échec de mon père, sa fin douloureuse me sont toujours en mémoire.

— Pourtant, vous savez pardonner quelquefois. Prenons le cas de Mme de Dinan et voyez comme sa famille nous sert bien.

Son fils était l'un des chambellans du roi ; son petit-fils, Jean de Laval, était page de la reine.

— Ce n'est pas pareil. Mme de Dinan m'a plus apporté qu'elle ne m'a pris, expliqua Anne qui avait appris le décès de sa gouvernante en début d'année.

— Eh bien, vous avez donc considéré l'aspect positif des choses, applaudit le roi. C'est ainsi qu'il faut procéder pour avancer. Sinon, on rumine, on s'enlise dans des rancœurs inutiles.

La voyant grave et songeuse, il choisit comme d'habitude de plaisanter.

— Au fait, vous ne m'avez jamais vraiment raconté sa dernière incartade… reprit-il avec malice. N'a-t-on pas découvert après sa mort que l'indomptable Mme de Dinan était secrètement mariée à un homme plus jeune qu'elle et, pire, de condition inférieure ? Un simple écuyer, si je ne m'abuse ? s'esclaffa Louis. À soixante ans ? Quelle gaillarde ! Qui l'eût cru ?

Anne, que cette mésalliance avait horrifiée, mit quelques secondes avant de daigner sourire.

— Ah, Louis ! Comment ce genre d'histoires graveleuses peut-il vous faire rire ?

— J'adore rire ! Tout comme je t'adore, ma Brette, conclut-il ardemment.

51

Revigorée par son projet de mariage, Anne s'enthousiasma aussi de voir renaître l'idée d'une croisade à laquelle participaient les Espagnols, les Autrichiens et les Vénitiens. « Pour le bien, l'honneur et le profit de toute la chrétienté. » François de Paule, toujours sur la brèche, exhorta bien sûr le roi à entreprendre l'aventure.

La reine prit une part active aux préparatifs, puisant sans compter dans son trésor personnel, fière que les Bretons fussent largement représentés. Une douzaine de navires furent armés en Bretagne dont la *Cordelière*, le plus gros bâtiment de l'époque, avec mille deux cents hommes d'équipage à son bord.

Hélas, personne ne devait atteindre Jérusalem ! Échec devant l'île de Mythilène tenue par les Turcs, malentendus, maladresses et temps exécrable : la dernière croisade s'acheva prématurément sur un fiasco, rêve dispersé aux vents des tempêtes. Mais par miracle la *Cordelière* était sauve et, bien que très endommagée, parvint à regagner Brest.

La déception de la reine fut heureusement adoucie par les tractations menées en vue de fiancer Claude à Charles de Habsbourg. À Lyon, Anne offrit des tournois et des fêtes costumées aux ambassadeurs de Maximilien. Mais c'est à Blois qu'eut lieu, en décembre 1501, la rencontre avec les futurs beaux-parents de la petite fille, l'archiduc Philippe et Jeanne de Castille. Se rendant des Pays-Bas en Espagne avec une suite de six cents chariots, ils furent autorisés par Louis XII à traverser la France et cordialement conviés à la cour.

On ne pouvait avoir plus mauvais temps. Mais en contrepartie, quelle chaleur et quel faste dans l'accueil ! Anne pour l'occasion put développer amplement tous ses talents d'organisatrice.

Pierres neigeuses, briques vermeilles, ardoises bleues : récemment achevée, la partie orientale du château, éclairée tôt dans l'après-midi, bravait par ses couleurs la morosité de décembre. Blois, soudain, retentit du son des trompettes, des clairons, des tambours et des cornets. Postés en haie d'honneur dans la cour et le long du grand escalier, les archers en hoquetons d'argent, les gardes suisses, les gentilshommes du roi accueillirent le couple, lui, Philippe, très flamand, un blond superbe de vingt-trois ans ; elle, Jeanne, visiblement folle de lui, une brune un peu étrange.

Louis s'avança en ôtant son bonnet à barrette. Jeanne déclara tout de suite qu'elle refusait le baiser à la française, c'est-à-dire sur la bouche, que l'on donnait avec le « Dieu garde ». Toutefois, après avoir consulté l'évêque de Cordoue qui l'accompagnait, elle finit par accepter uniquement celui du roi et du petit François d'Angoulême. Amusé sans le paraître par les manières prudes de l'archiduchesse, Louis sut la mettre à l'aise :

— « Madame, je sais bien que vous ne demandez qu'à être entre vous, femmes. » La mienne vous attend avec impatience.

Anne fut parfaite, se levant de sa chaire dès l'entrée de Jeanne dans l'antichambre, avec toutes les dames ployées en révérences et Mme de Bourbon plastronnante qui désignait à la visiteuse celle qu'elle devait embrasser ou non ! La place que continuait à vouloir occuper l'ex-régente rendait furieuse Louise de Savoie, reléguée au second rang, ce que la reine observait avec malice. Les fiançailles autrichiennes allaient à l'encontre des intérêts du petit François et Louise, perdue dans l'élégant flot féminin, rageait à l'idée que Claude et son héritage risquaient fort d'échapper à son fils.

Tout se déroulait à merveille. Mmes de Valentinois, d'Alençon, de Vendôme, de Nevers, de Tournon, Louise enfin furent chargées d'apporter dans la chambre de Jeanne des bassines, des aiguières d'or pour sa toilette, des coffrets d'or contenant les serviettes, des drageoirs et des confituriers. Or, argent, damas, velours, soies, bois rares, tapisseries relatant la guerre de Troie ou les conquêtes d'Alexandre le Grand, l'appartement réservé aux archiducs n'avait rien à envier aux appartements royaux.

Il n'y eut guère qu'une fausse note quand on voulut présenter Claude à Jeanne de Castille. Maigrichonne, craintive, la petite que portait sa gouvernante, Mme du Bouchage, se mit à hurler et refusa le baiser de l'étrangère un peu vexée. Bien vite, on dut ramener Claude dans sa chambre.

Autre incident, plus discret celui-là, l'indisposition de Jeanne qui abusa des dragées et des confitures. Mais, sa gourmandise étant notoire, Anne avait eu la prévoyance de poster, de nuit, l'un des médecins de la cour à proximité de la chambre de l'archiduchesse, ce qui évita un branle-bas nocturne fâcheux.

— C'était réussi, n'est-ce pas ? Nous les avons bien traités, se félicita-t-elle après le départ de leurs invités.

Mis à part la pluie et le froid qui avaient empêché l'archiduc et le roi de chasser ensemble, rien n'avait gâté l'ambiance. Si Louis s'était montré aussi sobre qu'à l'ordinaire, Philippe avait bien festoyé, et toute la cour aussi. Anne elle-même s'avouait un peu fatiguée par toutes ces agapes et voyait avec soulagement le calme revenir au château. Néanmoins, elle pouvait à juste titre s'enorgueillir de cette première rencontre.

— Nous les avons impressionnés, je crois, c'est une réussite, n'est-ce pas mon ami ?

— Oui, incontestablement, acquiesça Louis, laconique.

La veille, 12 décembre, dans la chapelle Saint-Calais, avec Philippe de Habsbourg qui parlait au nom de son père, il avait juré sur le corps du Christ la paix entre les deux familles.

— Anne, tu sais comme personne faire les honneurs de notre cour, renchérit-il sincèrement.

Il lui prit la main, la baisa.

— Et si maintenant nous allions jouer avec notre petite Claude ?

Elle se laissa entraîner bien volontiers, détendue, confiante, savourant les compliments de Louis. Comment aurait-elle pu soupçonner que viendrait un temps où il la trahirait à son tour ?

52

— Cela ne finira-t-il donc jamais ? L'Italie ! L'Italie ! Encore et toujours !

Anne n'aurait jamais cru que Louis s'y laisserait prendre à ce point. Passe le duché de Milan, un bien familial. Mais Naples ! Remettre sa conquête sur le tapis ! Se fourvoyer dans des alliances compliquées et peu fiables avec Ferdinand d'Aragon pour le partage des terres du sud !

Bref, de nouveau la guerre, les pillages, les viols, les maladies qui décimaient les troupes ! Combien d'hommes vaillants allaient mourir en terre italienne sous la bannière de France, et tout cela pour rien ! Naples serait de nouveau perdue, après de vaines espérances. Anne le prévoyait déjà.

Se résigner, il n'y avait pourtant pas d'autre alternative, accepter, en pleurant, la séparation, les doutes et les affres de la jalousie. Cette fois l'amour-propre et la dignité de son rang n'étaient pas seuls concernés. Comme n'importe quelle amante, Anne tremblait en imaginant Louis dans les bras d'une autre. Qu'elle était loin l'époque où elle choisissait elle-même de jolies servantes afin de distraire Charles !

Le roi partit pour Gênes. Elle lui écrivit des vers, un peu aidée par Faustus, un poète. Elle imaginait leurs retrouvailles.

« … Amy, tu es ma totale espérance…
Entre mes bras le tien col étreindrai
Et d'un désir convoiteux ne craindrai
Yeux, bouche, nez, front et menton baiser,
Pour mille fois mon cœur apaiser… »

Mais en attendant, elle demeurait aux aguets de la moindre rumeur. Qui était cette Génoise, une certaine Thomasine Spinola, dont tout le monde parlait ?

Jeune et jolie bourgeoise, elle s'était, paraît-il, entichée de Louis XII lors de son séjour dans la ville où toutes les femmes étaient accourues dans l'espoir de le faire succomber. Sa fidélité surprenante envers la reine attisait beaucoup leur malignité ; charmant, galant, bon danseur et spirituel causeur, Louis sut cependant demeurer de marbre devant leurs appas. Thomasine se contenta donc de relations platoniques mais, prise à son propre piège, elle tomba amoureuse du roi au point de se retirer dans un couvent après son départ.

Tout cela était-il bien vrai ? Que fallait-il croire en réalité ?

Anne ruminait l'anecdote depuis qu'on la lui avait racontée. Une seule chose était sûre, elle n'avait pas vu Louis depuis trois mois et il lui manquait terriblement. Décidément, Lyon était pour elle la ville de l'attente et de l'anxiété.

Pour tromper le temps, elle entreprit d'abord de mettre de l'ordre dans les couvents lyonnais où les religieux en prenaient un peu trop à leur aise. Puis, l'été étant chaud, éprouvant, elle gagna Grenoble et s'installa au château de Montbonnot, au pied des sommets verts et purs. Par bonheur, elle apprit que Louis renonçait à gagner Naples avec son armée et s'apprêtait à quitter l'Italie.

Sa joie fit bientôt place à l'inquiétude en le revoyant épuisé par ce long voyage. Tous deux décidèrent alors de s'octroyer une semaine d'intimité et de répit. C'était si rare ! Mais le démon de la jalousie empêcha Anne de garder ce qu'elle avait sur le cœur.

— Dis-moi, Louis, cette Thomasine, as-tu, oui ou non, eu une aventure avec elle ? Avoue ! Je préfère savoir.

— Avouer quoi ? Tu sais déjà ce qui s'est passé : je suis un époux exemplaire. Si on t'a colporté autre chose, eh bien, on t'a menti !

— Pourtant, je…

— Anne, voudrais-tu gâcher nos retrouvailles par des soupçons et des récriminations ridicules ? Dans cette affaire, je suis innocent, te dis-je, comme l'agneau. Une seule femme m'inspire depuis toujours, toi, toi, ma Brette.

De toute manière, n'était-il pas préférable de le croire, en effet ? Anne, rassurée, voulut s'en convaincre et les huit jours qu'ils passèrent ensemble à Montbonnot furent idylliques d'autant plus qu'elle confia à Louis son nouveau secret : elle était enceinte.

Au terme de leur séjour, remontant vers Roanne où leurs bateaux les attendaient, ils prirent ensuite la route de Loches pour y passer Noël avec Claude. Enfin Blois fêta leur retour. Leur vie nomade ne cessait pas. De multiples raisons obligeaient la cour à changer constamment de place, la première étant l'approvisionnement gigantesque nécessaire pour nourrir toutes ces bouches. Tour à tour, une ville, une province s'en chargeait.

Ici, là, ailleurs... Bien sûr, à chaque fois, il était dur de laisser Claude. Couverte d'amulettes, de pierres de jaspe, de morceaux de cire noire enfermés dans de petits sachets de toile, la fillette pleurait à chaque fois que ses parents repartaient. Anne ne cessait d'écrire à Mme du Bouchage, la dévouée gouvernante : « Ma commère, ma petite fille n'a que faire des médecins et vous en donnez toujours garde comme vous l'avez fait jusqu'ici... J'ai été aise des nouvelles que vous m'avez mandées de ma fille et que le peu de mal qu'elle a eu que ce n'est que des petites dents... Ne lui changez point ses viandes... et m'écrivez bien au long de ma dite fille... »

Claude, il est vrai, était fragile. Elle souffrait souvent de conjonctivite et avait malheureusement aussi hérité de sa mère sa légère claudication. Mais la vigilance de cette dernière, sa méfiance envers les médecins qui n'avaient pas pu sauver Charles-Orland, la compétence des nourrices, de Mme du Bouchage et l'amour dont elle était entourée aidèrent la petite fille à grandir, vaille que vaille, et lui ménagèrent une enfance heureuse, dont le souvenir devait l'accompagner toute sa vie.

53

En janvier, Anne accoucha d'un garçon, François, qui mourut au bout de trois semaines. Chagrin de la reine, tristesse et profonde déception du roi, jubilation de Louise. Pourquoi, pourquoi ce nouveau malheur ? L'année commençait mal. Elle se poursuivit par une série de revers en Italie, les fourberies de Ferdinand d'Aragon et la mort du pape Alexandre Borgia.

Dès qu'Anne fut rétablie, courageusement elle s'arracha à Claude et accompagna Louis à Lyon pour plusieurs mois. Les nouvelles de Naples y parvenaient chaque fois plus désastreuses malgré les prouesses des capitaines français, tel le jeune Bayard qui à Garigliano se battit comme un vrai chevalier.

Louis multipliait les rencontres, les contacts, les réceptions d'ambassadeurs. Avec Philippe et Jeanne, de nouveau de passage en France, il réitéra la promesse de fiançailles de leurs enfants. Mais, à le voir soucieux, tourmenté, sans cesse en action, et si maigre, Anne se mit à craindre sérieusement pour sa santé.

— Ramenez-moi à Blois, « j'ai grand désir d'y mourir », murmura-t-il un matin, épuisé, après avoir été victime d'une hémorragie intestinale.

Sa litière quitta Lyon, fut embarquée à Roanne sur la galiote royale. Mystérieusement, la nouvelle de sa maladie s'était déjà propagée, affectant profondément le peuple qui le vénérait. Anne, bouleversée, vit les gens agenouillés sur les berges de la Loire, priant au passage de leur souverain.

Elle aussi priait de toute son âme. Elle ne pouvait imaginer la vie sans lui, seule avec leur petite Claude, obligée d'assister au triomphe de Louise et de son fils. La Savoyarde ne serait pas longue à lui disputer la place, à venir faire main basse sur ses biens. Anne allait-elle attendre de voir ce vautour foncer chez elle ? Certainement pas ! Elle avait un refuge, sa Bretagne où, en cas de malheur, elle se précipiterait, elle et sa fille.

Le cœur noyé d'angoisse mais la tête froide, Anne rassembla discrètement ses objets personnels, ce qu'elle avait de plus précieux, livres, tapisseries, ordonna que tout fût prêt à embarquer à destination de Nantes, si Louis venait à mourir. Mais quelqu'un déjoua ses plans et osa se dresser contre elle, un homme qu'elle détestait lui aussi, depuis bien des années. Dans l'esprit d'une petite fille certaines traîtrises restent imprimées à jamais : le maréchal de Gié avait été autrefois un ennemi de son père.

Après la défaite de 1488, c'était chez lui, dans son château du Verger, qu'avait été signé le traité honteux pour la Bretagne, ce traité qui avait précipité la mort du duc François. Le maréchal Pierre de Gié, un Breton pourtant, membre de la famille des Rohan, avait toujours trahi les siens. Rapace, arriviste, il était parvenu à édifier une impressionnante fortune au service des rois de France. Sa puissance et son prestige étaient sans pareils. Anne, qui le haïssait ouvertement, le considérait comme un véritable adversaire depuis qu'il avait été nommé par le roi gouverneur de François d'Angoulême, prenant fait et cause pour l'enfant.

Lorsque le maréchal de Gié eut vent de l'intention de la reine de se retirer le cas échéant en Bretagne, il ricana en prétendant qu'elle ne serait pas là-bas si bienvenue. Puis il ordonna que la Loire et les routes menant à l'Ouest fussent contrôlées, interdisant tout convoi et donnant consigne à ses hommes, sitôt le roi disparu, de se saisir de Claude et de François afin de les fiancer sur-le-champ !

La fin de Louis XII ne semblait qu'une question de jours. Gié triomphait, sûr de ses manigances. Or, par bonheur, la mort ne voulut pas du roi. Tout soudain, le malade recouvra ses forces et sourit à sa femme qui ne savait comment lui exprimer son soulagement et sa joie.

— Je suis passé bien près de l'abîme, ma douce, souffla-t-il.

Le couvrant de baisers en pleurant, Anne rendit grâce au ciel. Aujourd'hui, elle ne dirait rien, se contenterait de louer Dieu. Mais le maréchal de Gié ne perdait rien pour attendre !

— Il a osé donner des ordres à mon encontre ! C'est un crime de lèse-majesté. J'espère, Louis, que vous châtierez ce traître en conséquence ! protesta-t-elle quelques jours plus tard.

Anne voulait la tête de Gié, qu'elle maudissait maintenant autant sinon plus qu'Albret.

— Il doit être puni. Je suis la reine et non une voleuse prête à fuir en emportant son larcin. En m'offensant, c'est vous, le roi, qu'il offense. Cet homme était prêt à m'arrêter ainsi que Claude. Louis ! Le Parlement doit juger ce criminel.

Georges d'Amboise était aussi de cet avis, désireux de se débarrasser d'un personnage vraiment trop encombrant. Mais le plus curieux dans cette affaire fut le soutien inattendu de Louise de Savoie. Elle non plus n'aimait pas Gié qui avait essayé de soustraire son cher François à son emprise, qui trouvait anormal qu'il dormît encore avec sa mère, qu'elle lui fît elle-même sa toilette et le gâtât de façon éhontée.

Sous leur pression commune, le roi finit par remettre Gié à la justice et son procès commença. Tout au long de son déroulement, Anne ne lâcha jamais prise, harcela les juges, dépensa une fortune, jusqu'à ce qu'enfin, après une enquête et des débats interminables, Gié fût condamné à l'exil assorti d'une amende exorbitante.

En attendant cette victoire, Anne redressait la tête. À Blois, furent signés de nouveaux accords concernant le mariage de Claude et du petit Habsbourg. Pourtant, des voix commençaient maintenant à s'élever contre ce projet qui donnerait la part belle à un prince étranger. Mais Anne n'en avait cure. Elle se sentait capable de tenir tête à tous ses ennemis. Fait unique dans l'Histoire de la France, le 18 novembre 1504, dans la basilique Saint-Denis, elle fut couronnée reine une seconde fois par le cardinal d'Amboise. Et le 20, elle entrait triomphalement dans Paris.

Louis XII venait de lui offrir, encore, une inestimable preuve d'amour.

54

Vint l'an 1505 et d'alarmantes nouvelles coururent sur la santé de Louis.

« À la fin du mois de février, le roi se trouva tout altéré et mal de sa personne… »

Au palais des Tournelles sévissait un froid glacial qu'aucun feu, aucune chaufferette ne parvenait à vaincre. L'humidité rampait sur les murs vétustes ; un jour parcimonieux se glissait par les antiques fenêtres renfoncées. Louis n'eut plus qu'un souhait : retrouver son château de Blois flambant neuf, plus commode et plus chaleureux. Il entreprit le voyage, grelottant de fièvre.

Cette fois, Anne crut vraiment qu'il allait quitter ce monde. L'idée était pour elle atroce, inacceptable. Elle l'aimait, lui qui était à la fois son seigneur et son époux, son amant et son ami, son plus vieil ami, dans lequel il lui arrivait aussi de retrouver un peu de son père.

Installée nuit et jour à son chevet, surveillant les valets attachés à ses soins, ignorant les médecins qui ne lui laissaient guère d'espoir, elle priait, la main brûlante de Louis dans la sienne. À force de volonté, elle gardait les yeux secs et lorsque, par hasard, il ouvrait les siens, c'était pour rencontrer un visage souriant et confiant, pour entendre des mots de réconfort, quelques plaisanteries dites avec légèreté. En aucune façon, il ne devait soupçonner la gravité de son état. Les larmes, le découragement, elle y donnait libre cours loin de lui, quand elle se retirait dans sa propre chambre afin de faire un brin de toilette, de changer de robe, d'essayer de dormir, un peu. Les sanglots étaient réservés à l'intimité de son oratoire. Quand Anne reprenait sa place aux côtés de son mari, elle était élégante de nouveau et fraîche dans ses vêtements noirs fourrés de vair, discrètement parfumée de rose ou de violette, et la cour admirait, unanime, sa force de caractère.

Le royaume aussi était tout entier suspendu au souffle du roi, ce prince renommé, loué pour ses vertus. L'« amère douleur du peuple » se manifestait en messes, processions, pèlerinages. « Écoute les piteuses clameurs de ton pauvre peuple, sire

Dieu… » Donne « prompte santé et longue vie à notre roi très chrétien ».

Anne jura, s'il guérissait de faire le pèlerinage de Notre-Dame du Folgoët en Bretagne et le tour de ses évêchés. Que n'aurait-elle promis ou accepté pour lui en ces heures effroyables !

Elle eut très peur lorsque, profitant d'un répit, Louis fit venir, en toute lucidité, François d'Angoulême. Elle savait que sa mère se frottait déjà les mains, certaine de voir incessamment son « César » proclamé roi. Le roi François Ier tel que l'avaient annoncé les prédictions. Convoqué lui aussi, le cardinal Georges d'Amboise enregistra les dernières volontés du mourant : Anne serait régente, assistée d'un Conseil où siégeraient le cardinal, quelques fidèles serviteurs de la Couronne mais aussi La Trémoille et la comtesse d'Angoulême, Louise de Savoie ! Annulant toute disposition ou traité antérieurs, les fiançailles de Claude et de François auraient lieu le plus vite possible et, sous aucun prétexte, la petite fille ne devait sortir du royaume !

À la lecture du testament, Anne n'en crut pas ses oreilles et faillit exprimer violemment sa désapprobation et sa colère. Comment aurait-elle pu prévoir une telle décision qui s'abattait sur elle comme la foudre ? Elle était trahie par l'homme qu'elle chérissait pour lequel elle veillait sans relâche en tremblant de le perdre. Que lui était-il donc passé par la tête pour se parjurer de la sorte ? Après avoir affiché une entente si parfaite avec l'archiduc Philippe ? Pourquoi cet incompréhensible revirement ?

Les partisans de François d'Angoulême, manœuvrés par Louise, étaient nombreux à la cour où Anne, jugée trop bretonne par d'aucuns, était souvent critiquée. On lui avait notamment reproché de vouloir morceler le royaume en donnant sa fille à un étranger. D'un côté Claude, qui aurait les duchés de Bretagne et de Milan, Gênes, Asti, le comté de Blois et bien d'autres domaines ; de l'autre Charles de Habsbourg, maître des Pays-Bas, futur roi des Romains et empereur d'Autriche, qui hériterait de sa mère l'Espagne et les terres du Nouveau Monde. Dans cette hypothèse, que pèserait au milieu le roi de France ?

Le grand rêve d'Anne pour sa fille affolait Louise et bien d'autres car il était contraire à l'intérêt du royaume et aux devoirs monarchiques. Affaibli, le roi essaya de le faire comprendre à sa jeune femme brutalement prise au piège de ses sentiments.

On ne peut rien refuser à un mourant. Anne eut donc l'air d'accepter ses décisions, docile et fermée. Qui pouvait savoir ? Elle avait vu, par le passé, des guérisons spectaculaires et providentielles. Pourquoi ne pas croire à celle de Louis ? Elle trouverait bien alors moyen de le faire revenir à leur projet initial.

Mais bientôt le roi cessa de s'alimenter et se mit à délirer sans reconnaître son entourage.

Pourtant, un matin, il y eut une scène éprouvante lorsqu'il demanda sa fille. L'enfant apparut avec Mme du Bouchage, sa gouvernante. À quatre ans et demi, elle était tout à fait capable de comprendre que son père était très malade et la présence de tant de monde, des médecins, l'expression chavirée de sa mère impressionnèrent fortement son âme sensible.

Le roi réclama soudain son épée et sa javeline. Par précaution, on ne lui apporta qu'un simple bâton sans qu'il s'aperçût de la différence. Avisant Claude, il le lui tendit en s'écriant que nul autre que sa fille, son héritière, n'avait le droit d'y toucher. Hors de lui, il déclara morte la gouvernante qui avait posé la main sur l' « arme » en voulant aider Claude à la saisir.

— Il perd l'esprit, Dieu aidez-nous ! s'affola Anne en elle-même, sans pourtant ciller, pétrifiée sur sa chaise.

Sur le conseil des médecins, la gouvernante intelligemment entra dans le jeu du malade et s'éloigna pour réapparaître quelques instants plus tard.

— N'êtes-vous pas morte ? s'étonna le roi dont on craignit la réaction.

— Je l'ai été, sire, répondit calmement Mme du Bouchage sans se démonter. Je suis même allée en Paradis où j'ai eu la grâce de voir Notre-Dame la Vierge qui m'a ressuscitée en recommandant que vous mangiez et buviez pour guérir bientôt.

Dans la chambre figée dans le silence, Louis parut longtemps méditer. La petite Claude l'embrassa sans pouvoir retenir son chagrin et se sauva à la suite de sa gouvernante. Anne attendit, pressant entre ses mains une petite croix de jaspe.

Et le miracle eut lieu le soir même ! Louis accepta quelque nourriture et dormit mieux. Le lendemain la fièvre était tombée ; il était guéri !

55

« Le temps a laissé son manteau
De vent, de froidure et de pluie,
Et s'est vêtu de broderie
De soleil luisant, clair et beau. »

Louis, tout guilleret, revenu de ses mondes obscurs, déclamait à Anne un rondeau de son père, Charles d'Orléans.

— Il a dû le composer un matin comme celui-ci, remarqua-t-il en humant l'air de mai par la fenêtre ouverte. Écoute... « Il n'y a bête ni oiseau / Qu'en son jargon ne chante ou crie... » La vie est plus belle quand on a failli la perdre, n'est-ce pas ma Brette ?

La tête sur l'épaule de Louis, Anne acquiesça en écoutant les gazouillis infatigables, inspirant profondément, elle aussi, les senteurs du jardin, laissant le bonheur se faufiler dans ses veines, aussi rafraîchissant qu'une source. Elle pensa aux fiançailles de Claude, au testament, et se promit d'en aborder le sujet à la première occasion.

Ce fut en vain. Aucun argument, aucune supplication, aucun reproche, aucune câlinerie, rien ne réussit à ébranler la volonté de Louis.

— J'agis pour le bien du royaume, lui répétait-il, inlassablement.

— Et le bien de votre fille, y pensez-vous ? cria-t-elle en tapant du pied, refusant de se plier à sa logique.

Anne pleura, à bout de nerfs, après des semaines d'angoisse.

À la fin du mois, le roi était assez rétabli pour confirmer par lettres patentes les clauses de son testament. Les capitaines de la garde royale, de la garde suisse et des archers écossais, les trois compagnies chargées de sa protection durent alors jurer de veiller sur Claude et François d'Angoulême et d'empêcher quiconque d'emmener la petite fille hors des frontières de France. Anne prit ces décisions comme une attaque personnelle. Enfin, Louise fut convoquée à la cour et dut avec la reine jurer « sur la vraie Croix » de marier leurs enfants dès qu'ils seraient en âge.

Contrainte et forcée, Anne accepta sans broncher la victoire de cette femme honnie, supporta vaillamment la présence du jeune François qui à dix ans n'aimait rien tant que donner de grands coups d'épée dans les portes, comme ça, juste pour rire, ce qui terrorisait la petite Claude. La reine était si contrariée qu'elle fut bien près de tomber malade à son tour. Louis avait manqué à sa parole envers elle, envers l'archiduc, trahisons qu'elle ne parvenait toujours pas à croire, encore moins à admettre. Elle n'était pourtant pas arrivée au bout de ses désillusions. Elle apprit un jour, tout à fait fortuitement, qu'en réalité il n'avait jamais eu l'intention de donner Claude à un Habsbourg, ni d'ailleurs à aucun autre prince étranger, que toutes ses promesses n'avaient été que comédies, faux-semblants, des manœuvres politiques destinées à tromper l'archiduc, à obtenir le soutien de l'Autriche.

Ce fut la goutte de trop qui fait déborder le verre. Un soir de juin, Anne ordonna de boucler ses malles, rassembla sa maison et annonça à son époux qu'elle partait.

Le prétexte ? Sa promesse d'aller remercier les saints bretons pour sa guérison. Personne ne pouvait y trouver a redire. Un tel serment était sacré et Louis qui, après avoir essuyé une grosse tempête conjugale, cohabitait maintenant avec une quasi-étrangère qui semblait l'ignorer ou lui adressait à peine la parole, n'essaya même pas de l'empêcher de quitter Blois. Contrairement à ce qu'elle croyait, il comprenait sa déception et son ressentiment ; il savait combien elle avait lieu d'être ulcérée et blessée. Elle réagissait comme sans doute il l'eût fait lui-même quand il était duc d'Orléans. Tout l'esprit féodal s'incarnait pleinement dans sa fière et orgueilleuse Brette. Malheureusement pour elle, les temps et les esprits commençaient à changer.

Mais si leur brouille l'attristait plus qu'il n'aurait su le dire, il demeura ferme lorsqu'il fut question d'emmener Claude effectuer elle aussi le pèlerinage. Claude ne sortirait pas de France, sous aucun prétexte !

Avait-il raison de se méfier d'Anne ? Sans doute. Il sentait tellement la révolte gronder sous ses airs froids et offensés ! Elle était fort capable d'enlever leur fille. Allons, il était préférable en effet qu'elle partît avant qu'entre eux ne viennent se glisser des propos, des actes irrémédiables.

Un artisan de Tours, Philippon Millet, avait construit pour la reine une galiote élégante et légère sur laquelle, par une belle journée de juin, elle embarqua sous l'œil ému de Louis XII.

Tout ondulait au soleil, les voiles blanches, les fanions aux couleurs de la reine, les étendards mi-partie fleur de lys, mi-partie mouchetés d'hermines, les robes et les coiffes des dames et des petites filles d'honneur, les plumes sur les bonnets des pages, les rubans accrochés à la cage des oiseaux. Frémissait aussi la surface de la Loire d'un vert mystérieux, griffé d'argent.

Un peu plus loin, se faisait un grand remue-ménage sur les « toues » plates destinées au transport des chevaux et mulets. Châtillonne, la jument d'Anne, renâcla lorsque son valet voulut lui faire franchir la passerelle. Les déplacements de la reine s'effectuaient d'habitude dans un ordre et un calme quelque peu malmenés aujourd'hui car les Bretons de son escorte ne cachaient pas leur excitation à retourner chez eux et un petit vent rebelle et joyeux soufflait sur la flotte royale.

Le cardinal d'Amboise, son ventre énorme moulé dans une robe de velours, adressa à la reine un signe d'adieu débonnaire en lui souhaitant bon voyage.

— Revenez-nous vite, Madame, dit-il en souriant, point dupe de la raison officielle de son départ.

Louis répéta les paroles de son ami en y mêlant toute sa tendresse :

— Oui, revenez-nous vite, ma chère Anne.

Elle lui jeta un regard noir de rancune. Mais, en lisant sur ses traits encore marqués par la maladie de vrais regrets et de la tristesse, elle se sentit faiblir. Ils avaient déjà connu tous deux quelques picoteries, des disputes passagères mais jamais un aussi profond désaccord. Si elle en souffrait elle-même au point d'avoir soudain envie de se jeter dans les bras de Louis et d'y pleurer tout son soûl sans se soucier des autres, elle sut néanmoins vite se maîtriser.

— Veillez bien sur ma fille Claude, se contenta-t-elle de lui recommander en appuyant à dessein sur les derniers mots.

Louis effleura ses lèvres d'un baiser, lui pressa les mains.

— Dieu vous garde, murmura-t-elle, caparaçonnée dans sa fierté.

Elle se dégagea, se tourna vers Pierre Choque, son héraut d'armes appelé Bretagne, qui l'aida à monter à bord du bateau.

Plusieurs embarcations suivaient la galiote royale. Il s'en échappait des bribes de musique, de grands cris joyeux quand des barques ou des gabarres les croisaient et les saluaient avec enthousiasme. Entre les rives verdoyantes, le moindre bruit, la moindre voix de marinier s'amplifiait dans l'air tiède et paisible. Tout semblait glisser lentement, sans effort, sans risque.

Sur les coussins de soie de sa cabine, Anne, enfin, lâcha prise et laissa couler ses larmes. Elle venait de faire larguer les amarres avec un soulagement, une soif de revanche et de liberté presque douloureux. Claude. Louis. Sa fille Claude. Ils étaient tout ce qu'elle aimait au monde. Mais elle avait aussi son duché.

Anne ferma quelques instants les yeux mais les rouvrit bientôt et sécha ses pleurs, sourit à ses gens. Et elle s'abandonna tout entière au fil de l'eau, sur cette Loire qui la ramenait chez elle.

56

Dès qu'elle entrevit, sur le quai, la haute stature aussi solide qu'un bloc de granit et le visage franc du sire de Montauban, la reine sentit sa poitrine s'alléger d'un grand poids tant et si bien que pour un peu elle aurait sauté dans les bras de son chancelier, se serait laissé porter pour mettre le pied sur la terre ferme, comme au temps où, petite fille, il la soulevait telle une plume.

À Ancenis, une véritable flottille de sentines, de barques et de chaloupes l'attendait. Un groupe de six musiciens avait été choisi qui devait la suivre jusqu'à Nantes. Qu'avait dit perfidement le maréchal de Gié ? Que la reine et duchesse ne serait pas la bienvenue dans son propre pays ? Si elle avait eu le moindre doute à ce sujet, l'accueil rencontré en Bretagne au cours de l'été 1505 devait le balayer dans un grand envol d'acclamations et de chants d'allégresse.

« Elle fut tant honorablement reçue que ce fut un merveilleux triomphe. » Ce dernier mot résumait à lui seul un voyage qui resterait légendaire après avoir pu, au départ, apparaître sinon comme une fuite, du moins comme un geste de protestation. Quoi que pussent prétendre ses détracteurs, les témoignages d'amour que reçut alors la Bonne Duchesse furent bel et bien spontanés.

« C'était chose miraculeuse de voir par les champs, chemins et bois si grande multitude d'hommes, femmes et petits enfants qui accouraient pour voir leur dame et maîtresse, regraciant et remerciant Dieu. »

Fêtes, festins, chasses, visites des sanctuaires, dévotions, distributions de dons et de présents mais aussi décisions de justice, regards sur l'administration, écoute des requêtes, mises au point avec son chancelier qui ne la quittait pas d'un pouce, rencontres avec le clergé, les nobles, les représentants des villes, les marins et les marchands... jamais périple ne fut plus complet, plus riche, plus enivrant. Anne accomplissait enfin la tâche pour laquelle on l'avait éduquée. Elle ignorait combien d'années Dieu lui accorderait encore sur cette terre mais elle comprit que jamais plus, dût-elle vivre très longtemps, elle ne connaîtrait une telle impression de puissance et de liberté, le sentiment d'être parfaitement à sa place.

Et personne pour lui dicter sa conduite, aucune contrainte, aucun visage fâcheux auprès d'elle ! Oubliés Louise et son insupportable « César » ! Oubliés les hypocrites de la cour. Même Louis perdait de son influence. Montée sur sa fringante Châtillonne, escortée des plus belles filles de sa maison, de Montauban, du vicomte de Rohan et de Guillaume Guéguen, l'évêque de Nantes, reçue avec ferveur partout où elle passait, Anne s'affranchissait de la tutelle d'un roi, d'un époux. Elle était souveraine à part entière et respectée. Belle et réconfortante revanche !

Après s'être recueillie à l'abbaye des Couëts sur le tombeau de l'abbesse, son aïeule qui, dans son enfance par sa piété, avait contribué à lui forger une foi inébranlable, Anne quitta Nantes pour Guérande avant de gagner Vannes. Elle était partie depuis un mois, ne voyait pas passer les jours et, déjà, recevait un premier rappel à l'ordre. Discret, certes, mais tout de même… Par l'entremise de sa secrétaire Michelle de Saubonne qui correspondait avec son trésorier resté en France, Anne apprit que Louis s'étonnait de ces étapes prolongées, qu'il se plaignait de ne pas recevoir de courriers de sa femme, qu'il commençait à trouver le temps long et ce voyage sujet à caution.

— Tant mieux ! jubila-t-elle, si contente de constater que son absence le contrariait qu'elle en rajouta même, prétextant un rhume afin de pouvoir demeurer trois jours complets à Vannes.

Là, dans la cathédrale, commençait véritablement son Tro Breizh, le tour des sept évêchés de Bretagne.

Saint Patern à Vannes, saint Corentin à Quimper, saint Pol dans le Léon, saint Tugdual à Tréguier, saint Brieuc, saint Malo, saint Samson à Dol, ces moines débarqués jadis de la Grande-Bretagne étaient toujours vénérés par les Bretons qui se devaient d'accomplir chacun leur Tro Breizh sous peine d'effectuer le chemin après leur mort, en avançant d'une longueur de cercueil tous les sept ans !

Anne était superstitieuse et craignait pour le salut de son âme. Il y avait aussi la promesse faite au chevet de Louis lorsqu'il était si mal. S'ajoutait en plus la satisfaction de lui montrer quel était son prestige personnel, d'affirmer son indépendance : autant de raisons pour elle d'effectuer le Grand Tour.

Hennebont. Quimper. Une lettre de Louise de Savoie lui parvient dans laquelle cette fourbe a l'aplomb de se plaindre de ne recevoir aucune nouvelle. Anne se contente de lui envoyer une courte réponse, sans s'y épancher.

On est le 15 août et le roi s'interroge par courrier sur la lenteur du pèlerinage. Anne ne lui écrit pas tout de suite mais adresse de chaudes recommandations à Mme du Bouchage au sujet de Claude un peu souffrante. La fillette lui a envoyé des dessins, une broderie encore maladroite, et ces quelques menus travaux l'ont plus ravie que n'importe quel autre cadeau. L'absence de sa fille est une ombre au tableau de la reine, néanmoins les semaines défilent à une vitesse effarante.

À Locronan, elle implore saint Ronan de lui accorder un fils car elle s'obstine à croire à ce bonheur toujours fuyant.

À Notre-Dame du Folgoët, but officiel de son voyage, elle prie sur le tombeau de Salaün, un pauvre fol qui vivait dans les bois, près d'une fontaine, en invoquant la Vierge. Après sa mort, un lys avait poussé sur sa tombe, prenant racine dans sa bouche. Sur les pétales, il était écrit en lettres d'or : « *Ave Maria* ». L'arrière-grand-père d'Anne, le duc Jean IV, avait entrepris en son souvenir la construction de la chapelle, l'une des plus belles d'un pays pourtant exceptionnellement riche en églises, croix et calvaires, qui exprimaient partout en Bretagne une piété fervente.

Maintenant que la reine a remercié la Vierge d'avoir guéri son époux, rien ne doit plus, en principe, la retenir sur ses terres. Or, manifestement, elle ne se presse guère et le roi a de plus en plus de mal à contenir son agacement et son impatience. Cela se dit, se sait, s'écrit mais Anne n'en tient aucun compte. Elle désire à présent se rendre à Brest admirer la *Cordelière,* son vaisseau-amiral, et rencontrer le commandant, Hervé de Portzmoguer. Mais le farouche homme de mer est réputé timide et se fait prier avant de venir rendre hommage à sa souveraine.

Tout cela bien sûr prend du temps et Anne, détendue, s'en accommode fort bien. Elle va et vient. Le vicomte de Rohan la reçoit à Saint-Pol-de-Léon et l'accompagne lors de son entrée à Morlaix. La ville se souviendra toujours des fêtes qui se déroulent alors, de l'arbre généalogique vivant, représentant tous les ancêtres de la duchesse depuis le premier roi Nominoë. Vivante aussi cette petite hermine qui voulut, au cours d'une réception, se réfugier contre la poitrine de la jeune femme.

— « Ne craignez rien, Madame. Ce sont vos armes », plaisanta Rohan, mis en joie par cette symbolique incursion.

L'animal a l'air apeuré et, dans ses petits yeux noirs, Anne lit une détresse, une envie de fuir, un courage aussi, qui lui semblent, l'espace d'un instant, refléter son propre destin.

C'est également à Morlaix qu'ont lieu les fiançailles d'une de ses plus jolies filles d'honneur, sa petite cousine Françoise de Foix, avec Jean de Laval, seigneur de Châteaubriant, le petit-fils de Mme de Dinan. Tous deux ont respectivement douze et dix-huit ans.

Une raison de plus, et fort agréable, de s'attarder encore dans les parages.

Il en est une autre. À Plougasnou, bourgade toute proche, est conservé un doigt de saint Jean-Baptiste réputé guérir les douleurs oculaires. Anne qui souffre de conjonctivite chronique a demandé que la relique lui soit apportée, à Morlaix. Or, phénomène étrange, le brancard sur lequel a été posé le reliquaire se rompt et le doigt disparaît ! C'est l'affolement, jusqu'à ce qu'il soit retrouvé mystérieusement à sa place, dans son église ! Le message est clair : c'est à Anne de se déplacer et non à la relique de venir à elle.

À pied, humblement, elle accomplit donc une grande partie du trajet et lorsque, à l'issue de la messe dite par Mgr Guéguen, on lui appose sur les yeux le doigt de saint Jean-Baptiste, chacun peut témoigner du miracle : ses paupières dégonflent. Plus de larmes, plus d'humeur gênante ! La reine est guérie !

Elle l'écrit au roi qui s'en réjouit mais exige maintenant impérativement son retour immédiat : elle n'a plus aucune excuse pour le différer !

Mais si ! Que fait-il du Tro Breizh ? Anne se doit d'aller jusqu'au bout.

De Morlaix donc, elle gagne Tréguier, s'incline sur le tombeau de saint Yves, s'arrête ensuite à Guingamp dont les habitants se sont si bien battus pour elle, naguère. Puis elle rejoint Saint-Brieuc. Il lui reste encore deux étapes pour boucler son pèlerinage, Saint-Malo et Dol.

Le mois de septembre est largement entamé. Pas une averse ne vient gâter la longue promenade, car c'en est une pour Anne qui ignore les lettres de plus en plus pressantes que le cardinal d'Amboise s'est mis à lui envoyer.

À Lamballe, elle retrouve son demi-frère le Grand Bâtard puis elle demande l'hospitalité à un vieil ami, Georges de Tournemine, dans son château de La Hunaudaye. La reine et sa suite y passent deux jours merveilleux où l'on ne cesse de faire bombance. Un veau entier apparaît aux convives, fourré de volailles, une orange coincée dans son museau. Le vin coule, les musiciens se démènent, « chacun est bien repu » et s'amuse. Anne applaudit. Elle a vingt-huit ans mais ressemble en cet instant à une toute jeune fille, rayonnante de charme. Jamais de toute sa vie elle n'a vécu des moments de pareille insouciancc.

57

À Dinan, d'autres lettres l'attendent. Cette fois, le ton du cardinal a changé. La patience du roi a atteint ses limites.

« Madame, jamais je ne l'ai vu si courroucé. » Si cela continue, l'absence de la reine « va devenir une honte pour toute la chrétienté », un sujet de scandale ! Qu'elle revienne au plus vite, supplie le bon Georges d'Amboise qui déplore la mésentente de ses maîtres : « Si je pensais que vous ne fussiez bien ensemble, j'aimerais mieux être pauvre prêtre en mon église. » Qu'elle songe à l'image déplorable qu'ils sont en train d'offrir à la face du monde ! Leur couple doit à tout prix s'aimer et se faire confiance. Il y va de leur réputation et de leur salut. Revenez, implore-t-il : « Par votre bon sens tout se rhabillera si bien qu'il ne sera nouvelle que de faire bonne chère. »

Anne est comme dégrisée tout à coup. Son bon sens… l'a-t-elle vraiment perdu ? Le retour de l'épouse prodigue sera-t-il vraiment fêté à la cour ? Louis sera-t-il capable de lui pardonner de l'avoir si ouvertement et si longtemps boudé ?

D'autres nouvelles lui parviennent, le roi serait de nouveau malade. Là, Anne hésite : s'il doit par malheur rendre son âme à Dieu, il est évident qu'il vaut mieux pour elle demeurer en Bretagne.

Horrifiée par cette pensée, honteuse, elle s'abîme en prières. Certes, elle en veut toujours à Louis mais combien il lui manque ! Et Claude ! Soudain elle éprouve un besoin immense, douloureux de les embrasser tous deux.

Et Georges d'Amboise qui, sans se lasser, insiste, l'exhorte à revenir, raconte la visite que le roi, apparemment remis de son malaise, a faite à Amboise avec Claude et l'agréable journée passée en compagnie de Louise et des enfants !

Anne entrevoit aussitôt ce qu'elle risque de perdre en narguant son époux davantage. Une fois de plus, le devoir la ramène à la raison. Tant pis, elle n'ira pas à Saint-Malo, ni à Dol. Dieu lui pardonnera peut-être de ne pas avoir achevé son Tro Breizh et lui épargnera la malédiction.

Fin septembre, elle reprend donc la direction du royaume de France après avoir dû renoncer à s'arrêter à Rennes où la peste s'est répandue. Montée sur Châtillonne, elle parcourt avec mélancolie les dernières lieues menant aux marches de Bretagne, regardant autour d'elle cette terre qui est la sienne et qu'elle craint tellement de ne jamais revoir.

Brusquement, sa jument fait un écart, effrayée par une taupe qui gît, morte, au milieu du chemin. L'écuyer d'Anne s'approche, veut la rassurer. Mais la reine semble pétrifiée, toute pâle, fascinée par le petit cadavre encore souple. Les dames, sur leurs haquenées, l'entourent, inquiètes, et l'entendent murmurer :

— Pauvre bête ! Elle n'est plus rien. Bientôt, je ne serai plus rien moi aussi.

Frissonnante, elle descend de cheval, réclame sa litière, se replie en ses pensées.

Qu'espérait-elle au fait ? Que Louis ait réfléchi pendant son absence à tout ce qui les avait séparés ces derniers mois ? Au fond, leur différend se résumait à un seul point, le mariage de Claude. Pour le reste, ils s'étaient toujours bien entendus.

N'empêche, la cassure était là et ce n'était pas sans appréhension qu'Anne guettait la silhouette du roi qui l'attendait sur les quais de Tours. Mais sa joie de la revoir, son naturel dissipèrent heureusement ses craintes. Sous les vivats, les souverains s'embrassèrent et Anne souleva avec transport sa petite Claude. Avisant Louise et ses enfants parmi le comité d'accueil, elle daigna même se montrer courtoise et les embrassa eux aussi, du bout des lèvres. Personne ne pourrait la blâmer d'attiser la zizanie. Grande dame elle était, grande dame elle resterait en toutes circonstances. Qu'était donc la pauvre Savoyarde aux côtés de la reine de France, duchesse de Bretagne ?

Cependant il lui suffit de plonger une seconde dans les yeux d'acier de la pauvre Savoyarde pour en sentir toute l'ironie narquoise et la méchanceté. Pour un peu, Anne aurait fait demi-tour.

Comme l'avait écrit le cardinal, il y eut le soir un grand festin où furent servis des venaisons et des cygnes rôtis présentés avec art, magnifiquement parés de leurs plumes sur des plats d'argent. Toutefois le roi mangea peu et, sans attendre la fin des agapes, se retira avec son épouse enfin de retour !

58

Il l'aima cette nuit-là avec une ardeur rageuse plus éloquente que n'importe quelle autre explication.

— J'étais prêt à envoyer mon armée pour t'obliger à revenir si cela avait été nécessaire.

— Est-ce le roi qui parle ou l'époux ?

— Les deux. Ta place est ici, près de moi.

La rancune perçant encore dans l'attitude de Louis, Anne jugea plus habile d'attendre un peu avant de relancer ses cartes. Mais un soir, mine de rien, de sa voix suave, elle se mit à évoquer les Habsbourg et en particulier le petit Charles, l'époux idéal, qu'il serait pour Claude. Stupéfait, Louis la contempla alors comme si elle avait perdu la tête. Puis brusquement il éclata :

— Le diable m'emporte, Madame ! Vous n'avez donc rien compris ? Notre gendre sera François d'Angoulême et personne d'autre ! J'ai résolu de « n'allier mes souris qu'aux rats de mon grenier ».

— Vous pourriez employer une comparaison plus flatteuse ! s'écria Anne, élevant le ton à son tour. Vraiment, vous préférez un « rat » sans sou ni maille à un futur empereur. Je ne vous aurais jamais cru un tel manque d'ambition, une vision aussi étriquée.

— Et moi, je n'aurais jamais soupçonné chez vous une telle arrogance, un tel entêtement et surtout un tel manque d'intérêt pour l'avenir de mon royaume !

— Excusez-moi de penser d'abord à l'avenir de mon duché et à celui de Claude. Une mère sait mieux que quiconque ce qui est bon pour sa fille.

— Là, Madame, vous dépassez les limites concédées aux femmes, s'emporta le roi. Prenez garde !

C'était dit sur un ton si véhément, les mots atteignaient un point si sensible que, cette fois-ci, Anne ne répliqua pas. Louis venait de la renvoyer froidement à sa place, celle d'une créature devant obéissance à l'époux. Ici elle n'était plus maîtresse absolue. En Espagne, en Angleterre, en Bretagne, une femme avait le droit de gouverner, toute-puissante. Une reine de France ne pouvait que s'incliner en ravalant ses cris de rage. Grâce à Louis, elle avait toujours pu bénéficier de grandes libertés mais il suffisait d'un ordre de sa bouche pour qu'elle les perdît instantanément. Irait-il jusque-là ? Anne pensa que mieux valait ne pas tenter le sort.

Quelques jours plus tard, au château du Plessis, le roi reçut une délégation de notables, nobles et bourgeois venus de toutes les provinces, une sorte d'états généraux présidés par Thomas Bricot, chanoine de Notre-Dame de Paris et docteur de l'Université. Devant le Conseil royal réuni au grand complet, les députés, par l'entremise de Bricot, demandèrent solennellement que soient rompues les fiançailles de Claude avec Charles d'Autriche. Le peuple, pour sa princesse, ne voulait pas d'un étranger mais François d'Angoulême qui « était tout françois ».

La requête avait l'air parfaitement spontanée, comme un élan de la nation tout entière auquel le roi ne pouvait être insensible. Mais Anne savait bien que les députés avaient été sciemment influencés par les agents royaux. Ce qui lui fit le plus mal fut d'apprendre que les délégués des états de Bretagne, conviés au Plessis en tant qu'auditeurs, avaient eux aussi déclaré qu'ils voyaient d'un œil réprobateur le mariage autrichien.

Trahie une fois de plus, trahie encore et toujours !

Le roi fit mine de réfléchir à la demande de ses sujets, ayant « fort à cœur le bien du royaume ». « Il veille quand les autres dorment », déclara son ami le cardinal devant Bricot et tous les délégués. « Par quoi vous l'avez justement baptisé le Père du peuple. »

Le Père du peuple trancha donc : le 21 mai 1506 eurent lieu les fiançailles de sa fille et de son petit cousin.

Toute la cour est présente à la cérémonie, présidée par le cardinal d'Amboise dans la chapelle du Plessis-lès-Tours ; Mme de Beaujeu est venue de Moulins. Son mari est mort récemment, sa fille, la falote Suzanne, vient d'épouser Charles de Montpensier, un beau ténébreux pour lequel Louise de Savoie a craqué sur-le-champ, ce dont la reine, qui s'en est aperçue aussitôt, aurait pu rire si les circonstances n'avaient pour elle ce jour-là un tel goût d'amertume et de défaite.

Dans un long manteau d'hermine, portée par une dame d'honneur, Claude semble inquiète, dépassée par les événements. Elle est surtout fort intimidée par son fiancé que le roi vient de faire duc de Valois. Il va avoir bientôt douze ans et semble pour sa part très à l'aise, ravi d'être le point de mire. Grand pour son âge, bien bâti, plein de charme et de naturel, il attire les regards, en particulier ceux des femmes. Bien des dames, en effet, rêvent en secret de déniaiser l'aimable jouvenceau. Sa sœur Marguerite prétend que le pas est déjà franchi, que François n'ignore plus rien de l'amour, qu'une simple servante a été sa première maîtresse. Et c'est ce garçon-là qui dans quelques années sera le seigneur et maître de Claude ! Anne en a des nausées.

Malgré ses efforts, elle n'arrive pas à dissimuler son déplaisir, au point que les chroniqueurs présents et les ambassadeurs noteront dans leurs comptes rendus ses lèvres pincées, sa raideur.

Elle serre maintenant la main de sa fille tandis que Louise tient celle de son fils et les deux femmes, l'une meurtrie et révulsée, l'autre triomphante, jurent sur les Évangiles, après le roi, de respecter le contrat :

— « De bonne foi et de parole de reine. »

— « De bonne foi et de parole de princesse. »

La Savoyarde, tout sourires, éclate visiblement de satisfaction et d'orgueil. Pour Anne, c'est un supplice qui perdurera tout le long des festivités. Stoïque cependant, elle préside aux banquets, aux tournois parmi l'aréopage froufroutant et ravissant de ses dames et de ses « filles », véritable « royaume de féminie » qui contribue à sa propre renommée. C'est donc là que se cantonne leur rôle, briller, plaire et se taire ! Étouffant sa révolte, Anne ignore superbement son ennemie autant que faire se peut. Elle se console en pensant au geste du roi à son égard. Il a accepté de modifier sur sa demande l'une des clauses du contrat : s'il advient qu'elle ait un fils, elle pourra disposer en sa faveur de son duché.

La Bretagne n'est donc pas encore aux mains de François d'Angoulême !

59

Anne relisait souvent un passage du *Roman de la Rose* dans lequel Guillaume de Lorris évoquait le temps qui passe :

« Le temps qui s'en va nuit et jour
Sans repos prendre, sans séjour
Qui nous fuit d'un pas si feutré
Qu'il semble toujours arrêté... »

Le 25 janvier 1507, elle avait eu trente ans et depuis était hantée par l'idée que sa jeunesse était maintenant derrière elle. Elle parlait d'ailleurs volontiers de la mort, évoquait souvent les disparus, à la différence de Louise obsédée par l'avenir où triompherait son César, Louise qui se croyait éternelle.

— Et c'est moi qui ai la réputation d'être orgueilleuse ! soupirait Anne, exaspérée.

Décidément, aucun point commun ne les rapprochait. Jamais !

Sa demi-sœur Françoise n'était plus, ni son cousin Jean de Chalon. Bientôt vint le tour du cardinal Georges d'Amboise, ce vieil ami. Jeanne, la première épouse de Louis, après avoir fondé l'ordre de l'Annonciade, était morte en odeur de sainteté. On avait trouvé sur elle une croix taillée dans le bois d'un luth dont elle jouait autrefois. Jeanne y avait enfoncé des clous et la portait à même la chair, en signe de mortification. Anne en avait froid dans le dos lorsqu'elle y songeait. On pouvait être fervente chrétienne sans s'infliger de tels supplices, apprécier le linge fin, le luxe de son logis sans mettre en péril le salut de son âme.

L'archiduc Philippe était mort, lui aussi, brutalement emporté en Espagne par un chaud et froid. Sa femme en était devenue folle de douleur et errait depuis avec son cercueil, sur les rudes chemins de Castille.

— Perdrais-tu la tête toi aussi, si je venais à disparaître ? lui demanda un jour Louis.

— Non, je ne crois pas, répondit Anne le plus sérieusement du monde. Mais mon chagrin serait immense.

— Heureux de te l'entendre dire, ma mie !

Et le roi, comme toujours, de s'amuser de ses mines graves, de la taquiner gentiment.

Après les fiançailles, ils avaient fini par se réconcilier et leurs rapports étaient revenus au beau fixe, Louis faisant tout pour adoucir l'amertume de la reine et combattre sa mélancolie. S'il lui arrivait parfois de lui reprocher ses folles dépenses, ses goûts de luxe, la discussion ne dégénérait jamais.

— Nous ne sommes pas si vieux que cela, ma Brette. Pour ma part, je me sens assez bien, ces derniers temps.

Il exagérait beaucoup. Sans avoir eu de rechute sérieuse, il était sujet à des fièvres, des attaques de goutte, souffrait d'hémorroïdes, de fatigue chronique, et ce n'était pas ses voyages incessants qui amélioraient son état. Mais il conservait sa bonne humeur et avait assez de vitalité pour chasser dans les forêts du Blésois. Si Anne le suivait moins souvent, il avait toujours le bonheur d'emmener Claude avec lui, à la chasse au faucon. Une grande complicité, une profonde affection liaient le père et la fille.

— J'étais comme cela avec le mien, se souvenait Anne, attendrie mais regrettant que la fillette n'ait pas hérité sa force de caractère.

Claude était trop douce, trop effacée, ne savait pas dire non, s'efforçant de plaire à ceux qu'elle aimait, s'appliquant à accepter le fiancé qu'on lui avait choisi.

Elle aussi subissait son charme ravageur. François savait se comporter en gentilhomme tandis que ses exploits physiques et amoureux, son élégance tapageuse défrayaient déjà la chronique. Combien de fois Louise avait-elle tremblé pour son risque-tout de fils, athlète et cavalier émérite ? À quatorze ans, François était venu vivre à la cour, y faire son apprentissage. La séparation avait été un déchirement pour sa mère : « Le 3 août 1508, mon fils partit d'Amboise pour être homme de cour et me laissa toute seule », notait-elle dans son journal.

Anne se serait bien passée de la présence de ce gaillard qu'elle ne parvenait pas à aimer, et l'aurait volontiers renvoyé dans les jupes de la Savoyarde.

L'évitant le plus possible, elle continuait à mener sa maison avec son légendaire savoir-faire. Ses « filles » filaient doux, sans aucun galant dans leur sillage, Anne y veillait. Malgré tout, elle en était adorée. De même que ses gardes étaient prêts à donner leur vie pour elle.

— Voilà mes Bretons qui m'attendent sur la Perche, disait-elle en les voyant faire les cent pas.

La Perche ? C'était une terrasse située au fond de la cour du château de Blois où ses gentilshommes, tous bretons, attendaient qu'elle sorte de ses appartements.

Dès qu'elle le pouvait, elle parcourait les merveilleux jardins que le roi avait fait dessiner, en particulier le « jardin bas » où se dressait un petit pavillon édifié pour son usage personnel. Pour y accéder, il fallait franchir une galerie couverte, jetée sur les fossés. Ensuite, c'étaient des bosquets de fleurs et de plantes rares, des broderies de verdure, de savants massifs, des allées symétriques, des fontaines et des bassins, une recherche d'équilibre et d'harmonie chère à la reine.

Les fleurs étaient l'une de ses passions. Le peintre Jean Bourdichon, qui avait enluminé pour elle un remarquable livre d'heures, y avait fait revivre toute la flore qui la captivait, plus de trois cents espèces qui croissaient dans les jardins et dans les champs.

De la fleur la plus humble, du plus petit insecte à l'étoile qui brillait au firmament, Anne s'intéressait à tout, curieuse, fascinée par les mystères du monde. Par les pays lointains aussi, toutes ces contrées qu'elle ne connaîtrait jamais autrement qu'à travers les récits que lui en donnaient ses gens. Pierre Choque, son héraut d'armes, qui avait participé à la croisade en Méditerranée à bord de la *Cordelière*, lui avait tout rapporté par le menu. De même qu'il lui avait décrit le voyage en Hongrie qu'il avait effectué pour accompagner une des demoiselles de la reine promise au roi Ladislas.

Un bataillon de poètes, d'écrivains, de chroniqueurs travaillaient pour Anne. Son conseiller

Le Baud avait consacré les dernières années de sa vie à retracer les principaux événements du duché tandis qu'Alain Bouchart, un ancien secrétaire de son père, avait entrepris d'écrire les *Grandes Chroniques de Bretagne*, depuis l'arrivée en Armorique de Brutus, un Troyen, arrière-petit-fils d'Énée. Légende ou pas, Anne se plaisait à croire que parmi ses lointains ancêtres bretons, figuraient des descendants d'une race mythique. Mais Bouchart était formel, s'appuyant sur des textes vieux de plusieurs siècles, allant jusqu'à affirmer que le « langage breton est le vrai et ancien langage de Troie ».

Plonger dans le passé ? Anne ne s'en lassait pas, elle qui pourtant ne cessait de préparer l'avenir. L'un de ses confesseurs, Antoine Dufour, rassembla pour elle, dans un bel ouvrage, *Les Vies des femmes célèbres*, des portraits de femmes qui avaient laissé leur empreinte à travers les âges : Ève, la première de toutes, Diane et Pénélope, Cléopâtre et Marie, sainte Hélène et Jeanne d'Arc... Le peintre Jean Perréal redonna à chacune un visage, dans de délicates miniatures.

Anne laisserait-elle aussi une trace sur cette terre ? Se souviendrait-on de son nom, de ses actes, de ce qui avait fait battre son cœur ?

Elle pouvait dérouter ceux qui ne la connaissaient pas, trompés de loin par sa personnalité inflexible, sa piété rigoriste, son manque d'humour. En la côtoyant, ils auraient pu succomber à son charme, s'étonner de la voir danser, siffler avec les oiseaux, caresser doucement une levrette ou s'enflammer pour un bijou.

Les siens comptaient parmi les plus beaux d'Europe. Elle avait réussi à racheter une partie de ceux qu'elle avait dû vendre autrefois à Rennes, au temps des dettes et de la pauvreté. Elle avait conservé le rubis offert par Louis quand elle était enfant. Cette pierre était d'ailleurs sa préférée. Bénéfique, le rubis est le sang qui coule dans les veines, l'œil qu'on voit dans les ténèbres, le désir ardent, dissimulé dans les cœurs[1].

Anne croyait en ces symboles, aux pouvoirs occultes. Elle aurait aimé percer tous les secrets de la création. L'astrologie, l'alchimie lui en dévoilaient quelques lueurs. Pour le reste, elle préférait s'en remettre à Dieu.

60

« Le temps qui s'en va nuit et jour… »

— Anne, cesse de te tourmenter ainsi, lui répétait Louis. Tu as encore bien des années devant toi.

— Qui peut le savoir ? Et puis, j'ai tant à faire !

— Tu feras ce que tu dois, ma mie.

Patient, rassurant, toujours.

1. L'un de ses rubis, dit « Côte de Bretagne », est exposé au musée du Louvre.

— Même un fils ? lança-t-elle brusquement en plantant son regard dans le sien.

Ainsi exprimait-elle sans rien dire toute sa détresse, ses regrets, ses douleurs passées, l'espoir que, malgré tout, un jour, peut-être, enfin… À Lyon, ils avaient d'ailleurs consulté un célèbre astrologue qui les avait encouragés à persévérer.

L'attirant sur son épaule, Louis écarta sa coiffe pour mieux caresser le cou tiède. Oui, entre eux c'était toujours un sujet sensible. Les grossesses d'Anne se faisaient plus rares et Louis, depuis sa dernière maladie, n'avait plus tout à fait la même vigueur. Sans parler de leurs séparations lorsqu'il allait en Italie où rien n'était jamais définitivement acquis. Cependant, Louis savait que la véritable raison de leurs échecs était ailleurs.

— Ce n'est nullement ta faute si nous n'avons pas de fils, dit-il d'une voix si altérée soudain qu'Anne se redressa pour scruter avec inquiétude son visage las. Je suis seul responsable.

— Mais non, Louis ! C'est Dieu qui décide pour nous.

— Justement ! Dieu me frappe, c'est évident. Mais hélas, mon châtiment rejaillit sur toi.

— Quel châtiment ?

Il était rare qu'il eût l'air aussi bouleversé. Lui prenant la tête dans ses mains, Anne insista :

— Parle ! Quel châtiment ?

— Jeanne… répondit-il sur un ton à peine audible.

— Comment, Jeanne ? Que veux-tu dire ?

Des larmes perlaient maintenant aux yeux du roi qu'elle n'avait jamais vu dans cet état.

— Le procès... balbutia-t-il. Lorsque Jeanne s'en est remise à ma parole, lorsque les juges m'ont demandé de jurer que... Oh, Anne, je te demande pardon. J'étais obligé, comprends-tu. J'ai dû...

— Tais-toi ! s'écria-t-elle, posant vivement une main sur ses lèvres, refusant d'entendre sa confession, cette vérité qu'elle avait toujours soupçonnée mais sans vouloir s'y attarder, préférant accepter la version officielle, celle qui avait libéré Louis de son premier mariage.

Louis et Jeanne... Non, elle ne voulait pas en savoir plus. C'était trop affreux. Pauvre Louis... l'idée qu'il pût être damné lui était insupportable.

— Tu as agi alors selon ton devoir et ta conscience, murmura-t-elle.

— Oh, ma loyale petite Anne. Je ne te méritais pas, bien sûr. Mais je crois que je serais déjà mort si je n'avais pas eu le bonheur de pouvoir t'aimer.

Sans plus un mot, elle se mit à l'embrasser, pleurant elle aussi, mais avec un désir qu'elle n'avait pas éprouvé depuis longtemps, une sorte de délire amoureux qu'il partagea aussitôt, plus fort encore, prêt à affronter avec elle le meilleur et le pire. Du parjure de Louis, il ne fut plus jamais question. Mais quelques semaines plus tard, Anne put lui annoncer qu'elle était enceinte.

Leur seconde fille naquit au matin du 25 octobre 1510 et fut prénommée Renée en hommage à l'ancien évêque d'Angers. L'accouchement se déroula dans de mauvaises conditions. Blessée par une sage-femme inexperte, mal soignée, Anne mit longtemps à se rétablir, minée en outre par le découragement, la peur insidieuse d'aller ainsi d'échecs en échecs. Bien qu'il fût inapproprié de parler d'échec à propos de Renée.

Plus vigoureuse que sa sœur, la nouveau-née affichait déjà une forte personnalité. Son horoscope le confirmait d'ailleurs : elle aurait longue vie, serait une princesse de grand renom. Toutes ces prédictions réconfortèrent Anne. Et la visite obligée de Louise fit sur elle l'effet d'un salutaire coup de fouet. Pas question de s'avouer vaincue devant elle !

En présence de cette femme, Anne avait toujours la sensation qu'un serpent s'était faufilé dans les parages.

L'année précédente, Louise avait marié sa fille Marguerite au duc d'Alençon, des noces que le roi avait voulu fastueuses. Depuis, privée de ses enfants, la Savoyarde errait, l'âme en peine, tremblant toujours que la reine n'eût enfin le dernier mot en ayant un fils. La petite Renée lui arrachait un sourire satisfait : ouf, encore un répit !

— Mes filles... répétait Anne. Qu'on m'amène mes filles ! Claude, regarde ta petite sœur. Aime-la bien, ma mignonne.

Le cercle s'était élargi. Louis semblait heureux, ne manifestant pas le moindre dépit, englobant sa femme et leurs deux enfants dans la même tendresse généreuse. Une famille ordinaire, en somme, paisible, respectable : oui, ils auraient pu vivre cette existence s'il n'y avait eu leurs devoirs de souverains, cette exigence de chaque instant. Et, tandis qu'Anne puisait une nouvelle fois dans ses réserves d'énergie et de courage, dominait ses blessures de femme, Louis, domptant ses maux et les défaillances de l'âge, poursuivait sa dure mission de roi.

61

Gênes perdue, puis reprise. Retournements d'alliances, faux-fuyants de Maximilien. Louis avait tout de même remporté la victoire d'Agnadel contre les Vénitiens avec l'appui du nouveau pape, Jules II.

Anne avait renoncé à convaincre son époux d'abandonner ces guerres décevantes et coûteuses bien qu'elle n'en pensât pas moins.

— « Grosses dépenses et grandes difficultés », aurait-elle pu dire en reprenant les mots de son ancien ennemi Louis XI.

Elle passait donc une bonne partie de l'année à Lyon et dans sa région, à attendre, de plus en plus dévote, de plus en plus soucieuse, puis, selon la coutume, c'était le retour à Blois où l'automne et l'hiver s'écoulaient dans une tranquillité méritée.

Mais la question italienne finissait toujours par les rejoindre. En Italie, Louis XII était devenu indésirable. Après s'être servi de lui contre les Vénitiens, Jules II s'alliait avec ceux-ci et décrétait qu'il fallait chasser les Barbares de la Péninsule, les Barbares étant les Français !

— Jules II n'a rien d'un homme d'Église, maugréa Louis. Il se prend pour un chef de guerre et empiète sur un domaine qui n'est pas le sien.

Soutenu par les évêques de France réunis en conclave, le roi se décida à prendre les armes contre le pape.

Anne en fut horrifiée, atteinte dans tous ses principes chrétiens, et tenta de le rappeler à plus de respect et de modération.

— Louis, je vous supplie de vous réconcilier avec notre Saint-Père. Ne commettez pas le sacrilège de vous dresser contre lui !

— Croyez-vous donc, Madame, être plus savante que nos évêques et nos cardinaux ? « Vos confesseurs ne vous ont-ils donc pas dit que les femmes n'avaient point de voix dans les choses de l'Église ? »

Voilà ! Une fois de plus c'était lancé ! Une femme n'était pas en mesure de comprendre ces graves questions, son intelligence avait ses limites. D'aucuns soutenaient même qu'elle n'était à tout prendre qu'une créature impure et intermédiaire, à mi-chemin entre l'homme et l'animal ! Ce qui faisait bouillir Anne d'indignation.

Louis avait déjà employé avec elle ce ton sans réplique lorsqu'elle avait tenté d'empêcher les fiançailles de Claude avec François d'Angoulême. À cette époque, elle avait pu réagir fermement et s'en aller bouder en Bretagne. Aujourd'hui, elle serait bien incapable d'un tel coup d'éclat, et en aurait-elle eu la force qu'elle savait par expérience qu'il serait inutile.

Elle préféra manœuvrer autrement, en écrivant au pape pour l'assurer de sa propre obéissance, en exhortant ses évêques bretons à ne pas imiter leurs confrères français. Ouvertement, elle se démarquait de son mari et manifestait avec cran son indépendance.

Jules II lui promit qu'elle aurait un fils si elle réussissait à ramener Louis XII dans le droit chemin ! En même temps, il rassembla Venise, l'Angleterre, l'Espagne et les Suisses contre la France, en une Sainte Ligue !

— Ou tu me suis ou tu restes à Blois, c'est comme tu voudras, lui écrivit sèchement Louis avant de repartir pour Lyon.

Il s'étaient si peu vus ces derniers temps ! Pour avoir un fils, pour faire la paix avec le pape, elle devait le rattraper !

Éperdue, elle se lança sur les routes, brûla les étapes, manqua le roi, chaque fois de peu, ne le trouva pas à Lyon. Elle finit par le rejoindre seulement à Grenoble, où, harassée, sanglotante, elle tomba dans ses bras.

C'était plus fort qu'eux : même quand tout les opposait, ils ne pouvaient longtemps lutter l'un contre l'autre. « Car malaisément se peut-on défaire d'un grand feu quand il a une fois saisi l'âme[1]. »

1. Brantôme.

62

« La reine est fort pleine et l'on estime qu'elle fera son enfant à la fin de ce mois », écrit, en janvier 1512, l'ambassadeur des Pays-Bas à l'archiduchesse Marguerite, l'ancienne « petite fiancée » de Charles. « L'on n'en mène pas grand bruit ici comme l'on faisait autrefois », précise-t-il.

C'était en effet dans une certaine discrétion qu'Anne vivait cette nouvelle grossesse. Extrêmement lasse, elle ne quittait guère ses appartements de Blois.

Il était inutile de se réjouir et de pavoiser à l'avance. La déception, le cas échéant, n'en serait que plus amère. D'autre part, il était évident que toute une partie de la cour avait déjà pris fait et cause pour François d'Angoulême et que la venue d'un héritier anéantirait bien des ambitions pas toujours dissimulées.

Le roi, qui jusqu'alors avait considéré François avec une bienveillance toute paternelle, commençait à le voir d'un autre œil. Cet étalage d'habits luxueux et de bijoux, ce gaspillage déplaisaient à sa nature économe. Sans parler de ses amours ! Le bruit courait que le jeune homme était déjà affecté d'une maladie vénérienne que sa mère tentait de soigner énergiquement. Tout cela préoccupait Louis et Anne voyait bien qu'il était déçu, inquiet pour le royaume, inquiet pour leur fille Claude. Elle aurait eu beau jeu de le lui faire remarquer d'un accent triomphant : « Là, je t'avais prévenu ! » Mais elle se taisait, toute concentrée sur l'enfant qui se préparait en elle.

Rien ne pourrait être plus froid ni plus cruel que les quelques mots griffonnés triomphalement par Louise de Savoie dans son carnet intime : « Anne, reine de France, à Blois, le jour de la sainte Agnès 21 janvier, eut un fils mais il ne pouvait retarder l'exaltation de mon César car il avait faute de vie. »

« Faute de vie »... Ce fut donc un petit garçon mort-né, un de plus, qui emporta les derniers espoirs du couple royal. Cette fois, la reine fut si malade qu'on trembla pour ses jours. Partout dans le royaume et le duché de Bretagne, ce ne fut que messes, offrandes et processions pour son rétablissement. Des messages de soutien affluèrent aussi des cours étrangères. Maximilien lui-même prit la peine d'envoyer une lettre de sympathie. Anne en fut très émue. Et dire qu'elle n'avait jamais vu cet époux éphémère qui avait, un temps, occupé ses rêves de jeune fille !

Jean Marot, l'un de ses poètes attitrés, écrivit des vers touchants :

« Grand Dieu, si la reine succombe,
Que deviendrai-je,
Moi, povret, mes enfants et ma femme ? »

Tant de gens, comme lui, dépendaient de sa générosité !

Trop épuisée pour pleurer, repliée sur son chagrin, acceptant à peine de se nourrir, longtemps privée de l'usage de la parole, Anne regrettait de ne pas être morte elle aussi, en même temps que son malheureux petit enfant.

C'était fini, elle n'aurait jamais de dauphin. Pourquoi s'acharnerait-elle encore, quand bien même en eût-elle la force ? Elle était maudite, tout comme Louis. Était-ce parce qu'elle avait manqué à la parole donnée à Maximilien dans la cathédrale de Rennes ? Qui sait ? Ses mariages avec Charles, avec Louis n'étaient peut-être que des unions illégitimes ? Elle aurait donc vécu toutes ces années en état de péché mortel ? Elle ne voyait pas sinon en quoi elle avait pu offenser Dieu. Ah, si ! Il y avait le Tro Breizh inachevé ! À moins qu'elle ne fût victime d'une malédiction ? Que sur ses épaules ne reposât le poids des fautes de ceux qui l'avaient précédée en ce monde ? Il y avait bien une raison à toutes les souffrances qui jalonnaient sa vie ! Et si le véritable châtiment était de revenir sur cette terre expier des péchés commis au cours d'existences antérieures ? Dans l'esprit d'Anne s'agitaient des pensées étranges, proches du blasphème. Allons, il était beaucoup plus simple de se faire très humble devant la volonté divine, de l'accepter sans soulever de questions auxquelles personne n'avait pu encore apporter de réponses satisfaisantes.

De l'humilité, de la résignation, il allait encore lui en falloir, elle le pressentait.

Les semaines s'écoulèrent. Louis ne manquait pas chaque jour de passer plusieurs heures auprès d'elle et ses filles venaient souvent jouer au pied de son lit, accompagnées de leurs petits chiens. Claude faisait preuve d'une remarquable patience envers sa sœur. Anne aimait les entendre, sentir ce lien, le seul qui la rattachait encore au monde des vivants.

63

Enfin elle put se lever et mettre le nez à l'une des fenêtres d'où elle contempla la Loire grossie par les pluies printanières. Embarquerait-elle un jour prochain pour Nantes ? Au cours de ces dernières années, elle n'y était retournée qu'à deux reprises, en particulier pour le transfert des restes de sa mère dans l'église des Carmes auprès du duc François. L'événement avait donné lieu à de très belles cérémonies. Maintenant ses parents reposaient ensemble dans un tombeau magnifique, n'ayant pas son pareil dans toute l'Europe. Anne était très fière d'avoir pu leur offrir ce témoignage d'amour filial.

En attendant un prochain voyage, elle pouvait au moins descendre par la galerie dans le jardin bas et regarder renaître la nature le long des allées régulières.

En juin, sa convalescence était assez avancée pour lui permettre de suivre le roi à Lyon et à Grenoble. Les Français venaient de remporter la victoire de Ravenne. Malheureusement, ils l'avaient payée au prix fort puisque leur chef, Gaston de Foix, un cousin d'Anne, avait été tué dans la bataille. En outre, Jules II était plus que jamais enragé à faire plier Louis XII et pour cela utilisa l'arme suprême : il menaça le royaume de France d'interdit !

Commença alors pour tous, mais pour la reine particulièrement, une terrible épreuve, sans doute la pire jamais traversée puisqu'il s'agissait cette fois de leur salut éternel. Louis, elle-même, mais aussi leurs sujets, tous étaient concernés. L'interdit signifiait des églises fermées, des clochers muets, plus de messes et de communions, plus aucun sacrement, ni d'extrême-onction, plus de pardon des fautes. C'était la France entière plongée dans les ténèbres et maudite à jamais !

Le roi avait deux mois de réflexion avant de se décider à comparaître devant le concile et venir présenter ses excuses au pape. Sinon, c'était le gouffre, l'agonie spirituelle de millions d'âmes privées de Dieu.

Sous la menace, Anne retrouva un moment le « feu ardent » qu'on admirait chez elle. Prête à se rendre à Rome à pied s'il le fallait, elle s'adressa directement au pape. Mais son message ne servit à rien : Jules II, inflexible, attendait Louis XII, Louis qui n'avait nullement l'intention de céder à son injonction, appuyé par tout le clergé français.

La mort brutale de Jules II sauva la situation. Son remplaçant, Léon X, un Médicis, manifesta tout de suite de bien meilleurs sentiments à l'égard de la France. Les envoyés de Louis furent bien reçus à Rome, le roi fut pardonné et Anne pleura de joie en apprenant qu'ils avaient réchappé au pire, qu'ils avaient toujours leur place au sein de l'Église. Elle n'en voulait même plus à Louis d'avoir joué avec leur salut.

— Tu vois, Anne, se félicitait ce dernier, les miracles existent. Il ne faut jamais baisser les bras. Ce n'est pas moi qui te l'apprendrai, d'ailleurs.

Jamais ! Et pourtant, il fallait remplir son rôle, lutter, tout simplement vivre. Et cela devenait de plus en plus difficile.

À Milan, le fils de Ludovic Sforza reprit le pouvoir. Le nouveau chef des armées du roi, La Palice, quitta l'Italie pour combattre en Navarre contre les Espagnols. Sans succès. À Dijon, La Trémoille ne parvint que de justesse à se débarrasser des Suisses. La France, qui depuis de nombreuses années vivait en paix entre ses frontières, était maintenant menacée sur son propre sol. Le tout jeune roi d'Angleterre, Henri VIII, avait déjà fait plusieurs incursions sur les côtes bretonnes, et avait même incendié le château de l'amiral Hervé de Portzmoguer. Répondant à l'affront, la *Cordelière* et les bateaux sous pavillons de France et de Bretagne affrontèrent l'escadre anglaise au large de Brest, le matin du 10 août 1512. Le combat, inégal, devait marquer profondément les esprits et finir par entrer dans la légende car, face au vaisseau-amiral *Le Régent* commandé par le redoutable Edward Howard, Portzmoguer ne put sauver la *Cordelière*. Mais plutôt mourir que se rendre et voir tomber aux mains ennemies le beau navire de la duchesse Anne !

Portzmoguer, se sachant perdu, cria un ordre ; un marin lança une torche enflammée dans la réserve de poudre : l'explosion fut terrible, personne n'en réchappa. Mais du moins, le sacrifice de l'amiral ne fut pas inutile puisque, en sombrant, la *Cordelière* entraîna avec elle *Le Régent* et tout son équipage.

64

« Loyal Breton, que jamais ton nom ne s'efface » : Hervé de Portzmoguer. Anne, bouleversée, se souvenait comment ce bel homme courageux, qui n'avait jamais craint d'affronter les océans, avait eu peur de la rencontrer lors de son passage à Brest, si peu à l'aise avec les grands de ce monde. Son geste héroïque la renvoyait à la devise du duché de Bretagne : « *Potius mori quam fœdari.* » « Mieux vaut la mort que le déshonneur. »

Et elle, Anne, avait-elle manqué à l'honneur ? Peut-être avait-elle commis des maladresses, n'ayant pas toujours eu les armes qu'il lui aurait fallu pour lutter. Mais une femme pouvait difficilement se défendre dans l'univers des hommes, face à leurs lois, leurs appétits. Et à plus forte raison une petite fille qui, du jour au lendemain, s'était retrouvée seule à porter le poids d'une couronne et celui de son chagrin, seule à incarner un pays au long et si riche passé.

— J'ai agi selon mes moyens, pensait-elle souvent, de plus en plus lasse à mesure que s'avançait l'automne.

Les maux dont elle souffrait depuis la naissance de Renée, aggravés par son malheureux accouchement de l'année précédente, avaient empiré au cours des derniers mois. Sa vue se brouillait fréquemment. Toujours fiévreuse, elle était sujette à des crises de coliques néphrétiques violentes, ses urines se teintaient de sang. Tout le bas du ventre lui pesait comme une pierre, ce ventre qui avait porté tant de fruits. Combien au juste ? Anne se perdait un peu entre ses fausses couches, ses enfants mort-nés, ceux qu'elle avait pu bercer quelques jours ou quelques semaines. Seul Charles-Orland demeurait bien vivant dans son cœur.

« Le temps guérit toutes choses et il n'y a grande douleur qui ne diminue avec lui. » Ce proverbe espagnol ne s'appliquait en tout cas pas à la reine qui n'oubliait rien et portait toujours le deuil de son premier fils.

Bien sûr, elle avait ses filles, pour lesquelles elle tremblait lors des plus petits rhumes, ses filles qui lui donnaient le courage de tenir bon, encore !

Reportant sur Renée les ambitions déçues par les fiançailles de Claude, Anne ne désespérait pas de voir sa cadette épouser Charles de Habsbourg à la place de l'aînée. Ou, à défaut de Charles, son jeune frère Ferdinand. Maximilien n'avait pas l'air hostile à cette idée mais, échaudé par tous les mariages franco-autrichiens qui avaient échoué à ses dépens, il demanda en garantie que la petite Renée fût élevée aux Pays-Bas, auprès de Marguerite.

Se séparer de Renée ? Anne s'y opposa par un non catégorique, appuyée par Louis qui ne l'aurait pas supporté davantage. Les pourparlers entre les deux cours ne cessèrent pas pour autant. Tenace, Anne écrivit au roi d'Espagne afin d'obtenir son appui. Le vieux Ferdinand de Castille avait épousé en secondes noces une de ses jeunes cousines, Germaine de Foix dont on pouvait en France espérer le soutien.

Anne tenait d'autant plus farouchement à l'union de Renée et du jeune Habsbourg qu'elle entendait bien faire jouer une des clauses de son contrat de mariage avec Louis. Après elle, la Bretagne devait aller à leur second enfant. Renée, duchesse de Bretagne, archiduchesse d'Autriche, c'était revenir à un vieux rêve, celui d'un duché indépendant, protégé par un prince riche et puissant. Un vieux rêve qui avait échoué pour elle-même et pour Claude, mais qui se réaliserait peut-être avec Renée !

« *Non mudera* » : Anne, malgré tout, ne renonçait pas au but de sa vie. « Le duché te revient. Il doit demeurer libre. Toujours ! N'oublie pas ! » Elle entendait encore son père l'exhorter à demeurer ferme à son poste, à brandir haut le flambeau qu'il lui avait transmis. Si Renée tenait ses promesses en devenant une femme de caractère, la Bretagne serait en de bonnes mains et échapperait à François d'Angoulême.

Car en ce qui concernait l'héritier du trône, Anne campait toujours sur ses positions et continuait à détester franchement le fils et la mère !

— Mon intraitable petite Brette... lui disait souvent Louis, hochant la tête, mi-attendri, mi-attristé, admiratif en la voyant se battre encore et conserver toute sa rancœur envers Louise.

Il ne cherchait pas à contrarier les projets que sa femme faisait pour Renée, mais les approuvait-il pour autant ? Anne n'aurait pas été étonnée s'il se parjurait une nouvelle fois.

— Il sait que je suis malade, pensait-elle. Nous le sommes tous les deux. Nos jours sont comptés maintenant. Le sais-tu, Louis ? Cher, cher Louis !

Chacun de son côté mènerait son propre combat mais ils avaient surmonté trop d'orages et de drames pour s'affronter encore et se meurtrir.

Ils avaient l'impression depuis peu de retrouver leur amour tel qu'il était à son commencement, un amour pur où les embrasements du corps n'étaient que souvenirs. Certaines nuits, Louis venait se glisser dans la chambre d'Anne, s'allongeait auprès d'elle et, longtemps éveillés, ils demeuraient serrés l'un contre l'autre, sans parler, à l'abri des courtines brodées d'or. Il était son aîné de quinze ans. C'était dans l'ordre des choses qu'il partît le premier, se disait-il, oubliant que, dans ce domaine, l'âge ne comptait guère. Il voulait croire en l'extraordinaire vitalité de sa femme car, sans elle, il ne serait plus rien, rien qu'une ombre prête aussitôt à la suivre.

65

L'hiver 1513-1514 fut l'un des plus rudes qu'eut à subir le royaume. Il gela si fort qu'à Paris l'on pouvait traverser la Seine à pied. La Loire charriait d'énormes blocs de glace, rendant impossible toute navigation. Les loups rôdèrent non loin des villes, s'aventurant jusqu'aux faubourgs, comme à Blois. Les asiles étaient bondés mais beaucoup de pauvres gens mouraient de froid, au coin des rues, au bord des routes.

Dans les appartements de la reine flambaient jour et nuit des troncs entiers. Des chaufferettes étaient disposées dans toutes les pièces, son lit était régulièrement bassiné. Malgré tout, malgré ses fourrures et les bouillons de viande brûlants qu'elle se forçait à boire, Anne ne parvenait pas à se réchauffer. Frissonnante, la sueur au front mais les membres glacés, elle souffrait maintenant sans un instant de répit, les reins tordus par d'atroces douleurs.

Cependant, elle essayait de garder bon visage, son élégance et sa dignité, continuait à s'occuper de ses affaires, obsédée par le mariage de Renée.

Quel souvenir la petite fille garderait-elle de sa mère ? Elle n'avait que trois ans !

— Claude, ma mignonne, dit Anne à son aînée, fais-moi la promesse de toujours avoir sur toi une pierre de jaspe car « de jaspe est construite la muraille céleste ». Il faut savoir se prémunir contre le mauvais sort. Veille à ce que Renée en porte elle aussi.

Un matin, elle fit venir sa fidèle Michelle de Saubonne et lui confia sa cadette.

— Jurez-moi d'être pour Renée une véritable mère. Vous en êtes digne, je n'en doute pas, et ne soyez pas triste, Michelle. Je ne le suis pas, moi.

C'était vrai. Anne était même heureuse d'avoir la certitude que l'heure approchait où bientôt elle quitterait ce monde. Elle allait retrouver son Père, Marguerite, Isabeau et le petit Charles-Orland. Tous l'attendaient pour l'aider à franchir le miroir des morts. Alors, enfin, elle pourrait déposer son fardeau, connaître le repos dans l'éternité.

Mais auparavant, il lui fallait confesser ses fautes, pardonner à ses ennemis.

Pardonna-t-elle sincèrement à Louise ? En tout cas, elle lui confia l'administration de ses biens et lui fit jurer « par serment d'honneur » de bien s'occuper de Claude. S'il advenait que Louise manquât à sa parole, elle risquait tout simplement d'être damnée.

« Quand la Mort frappe à la porte, tous les cœurs sont glacés d'effroi. » Celui de la reine, au contraire, était prêt à accueillir l'intraitable visiteuse, délesté maintenant de toute haine, de tout regret.

— Tu ne dois pas pleurer, Louis, chuchota-t-elle à l'oreille de son mari. Nous ne serons pas séparés bien longtemps.

— Anne, je t'en prie, ne me laisse pas seul !

— Tu as nos filles… Mes filles…

Début janvier 1514, Anne eut une crise plus forte que les autres et pendant une semaine vécut une véritable agonie.

Il arrivait que son esprit parvînt à échapper aux cruelles morsures qui lui ravageaient le corps. Sa chambre s'emplissait alors d'un bruit sourd qui couvrait les pas feutrés, les murmures de ses domestiques et de son confesseur. La mer semblait battre le pied de son lit comme elle le faisait autrefois au bas des murailles de Suscinio. Parfois aussi, Anne croyait entendre la voix tant chérie de son père.

Un soir, dans le ciel, apparurent d'étranges phénomènes, des lunes, des soleils inconnus, autant de signes mystérieux, présages de malheurs. Anne ne put les voir, bien sûr. Mais elle savait que pour elle le moment était venu.

Elle reçut l'extrême-onction, traversa encore une nuit affreusement douloureuse et, au petit matin du 9 janvier, put enfin s'endormir, laissant s'envoler son âme indomptable.

ÉPILOGUE

Anne aurait bientôt eu trente-sept ans. Unanimement pleurée et regrettée, elle eut droit à des funérailles comme jamais on n'en fit à une reine de France. Somptueusement paré d'or, de velours et de fourrures d'hermine, son corps fut acheminé jusqu'à la basilique Saint-Denis. Mais son cœur, lui, s'en retourna à Nantes, selon ses dernières volontés, pour être placé dans le tombeau de ses parents. Ce cœur, étonnamment gros, était contenu dans un reliquaire d'or surmonté d'une couronne[1], où l'on avait gravé un poème de Jean Marot :

« En ce petit vaisseau
De fin or pur et munde
Repose ung plus grand cueur
Que oncque dame eut au munde
Anne fut le nom d'elle
En France deux fois royne
Duchesse des Bretons
Royale et souveraine. »

Chargé de le transporter, le héraut de la reine, Pierre Choque, accomplit sa tâche en pleurant.

1. Ce reliquaire est conservé à Nantes, au musée Dobrée.

Tous étaient en larmes, femmes et enfants, l'homme de la rue comme le grand seigneur. Philippe de Montauban sanglota lui aussi en accueillant le cœur de sa chère maîtresse à laquelle il ne devait guère survivre.

— « Faites un caveau assez grand pour elle et pour moi. Avant un an je l'aurai rejointe », parvint à balbutier le roi.

Anéanti, Louis chassa musiciens, fous et danseurs de la cour, s'habilla entièrement de noir, exigea que chacun en fît autant et s'enferma plusieurs jours dans la chambre de sa Brette, auprès de sa dépouille. Puis il quitta le château, s'éloigna de Blois, fuit à Paris, où il fit venir Claude.

Le mariage de sa fille avec François d'Angoulême eut lieu quelques mois plus tard, tristes noces en vérité, sans un habit de fête ni une note de musique.

En octobre toutefois, il se produisit un véritable coup de théâtre ! Louis XII se remariait avec la ravissante Mary, sœur du roi d'Angleterre ! La jeune femme avait seize ans, Louis cinquante-deux et en paraissait bien davantage. Union insensée, bien sûr, mais contractée dans l'unique espoir qu'elle lui apportât la chance miraculeuse de lui donner un fils. François d'Angoulême serait ainsi écarté du trône et Anne aurait sa revanche posthume !

Anne, sa tendre et chère petite Anne… Même auprès de Mary, qui va vite avoir raison de ses dernières forces, Louis demeura fidèle de cœur et de pensée à sa Brette et, le 1er janvier 1515, selon la promesse faite à Blois un an plus tôt, il s'en alla la rejoindre.

Leur fille Claude a, au moins, laissé à la postérité son nom donné à une prune délicate et savoureuse : la reine-claude... Mariée à un homme sympathique mais volage, dominée par une belle-mère ambitieuse, l'épouse de François Ier mena une existence retirée, très brève puisqu'elle mourut d'épuisement à vingt-cinq ans, après avoir mis sept enfants au monde. Sept enfants en dix ans !

À son fils aîné, elle légua la Bretagne ; à son époux, François, elle en accorda l'usufruit. Anne se retourna-t-elle dans sa tombe ou avait-elle, au-delà de ce monde, tout pardonné ?

Et Renée ? La seule à posséder incontestablement l'étoffe de sa mère, elle épousa un prince italien, Hercule d'Este, duc de Ferrare. Sa cour devint rapidement célèbre. Elle s'entoura de savants et d'artistes, elle protégea aussi les huguenots dont elle partagea les nouvelles doctrines. Femme de tête, elle sut se battre pour ses idées.

Digne fille de sa mère, elle finit ses jours en France, à l'âge de soixante-cinq ans, après avoir vainement tenté de faire jouer ses droits sur le duché de Bretagne.

QUELQUES SOURCES

Textes anciens

Jean d'Auton, *Chronique de Louis XII*, Paris, H. Laurens, 1889-1895.

Brantôme, *Vies des dames illustres*, in *Recueil des Dames, poésies et tombeaux*, Paris, Gallimard, coll. « Bibliothèque de la Pléiade », 1991.

Alain Bouchart, *Grandes Chroniques de Bretagne*, Paris, Éditions du CNRS, 1993.

Philippe de Commynes, *Mémoires* [1524 et 1528], édition de Joël Blanchard, Paris, Le Livre de Poche, 2001.

Guillaume de Lorris et Jean de Meun, *Le Roman de la Rose*, traduit de l'ancien français par André Mary, Paris, Gallimard, coll. « Folio », 1984.

Charles d'Orléans, *Ballades et Rondeaux*, Paris, Le Livre de Poche, 2004.

Jean de Saint-Gelais, *Histoire de Louis XII, roy de France, père du peuple, et de plusieurs choses memorables advenues en France et en Italie jusques en l'an 1510*, Paris, Abraham Pacard, 1622.

Louise de Savoie, *Journal de la mère de François Ier*, Clermont-Ferrand, Paleo, 2006.

Claude de Seyssel, *Les Louenges du roy Louys XIIe de ce nom,* Paris, Antoine Vérard, 1508 ; édition critique de Patricia Eichel-Lojkine et Laurent Vissière, Paris, Droz, 2009.

Autres ouvrages

Louis Batiffol, *Le Siècle de la Renaissance,* Paris, Hachette, 1947.

Simone Bertière, *Les Reines de France au temps des Valois,* tome I *: Le Beau XVIe siècle,* Paris, Éditions de Fallois, 1994, et Paris, Le Livre de Poche, 1996.

Henry Bidou, *Le Château de Blois,* Paris, Calmann-Lévy, 1931.

Dr Augustin Cabanès, *Mœurs intimes du passé,* Paris, Albin Michel, 1939.

André Castelot, *Les Grandes Heures des cités et châteaux de la Loire,* Paris, Perrin, 1997.

Ivan Coulas, *La Vie quotidienne dans les châteaux de la Loire au temps de la Renaissance,* Paris, Hachette, coll. « La vie quotidienne », nouvelle édition 1999.

Émile Gabory, *Anne de Bretagne, duchesse et reine. L'union de la Bretagne à la France,* Paris, Plon, 1941.

Paule Henry-Bordeaux, *Louise de Savoie, « roi » de France,* Paris, Perrin, 1971.

Paul Murray Kendall, *Louis XI,* traduction d'Éric Diacon, Paris, Fayard, 1974.

Louis de La Saussaye, *Histoire du château de Blois,* Paris, Techener, 1840.

Hervé Le Bortef, *Anne de Bretagne,* Paris, Éditions France Empire, 1976.

Didier Le Fur, *Charles VIII*, Paris, Perrin, 2006.
—, *Louis XII, Un autre César,* Paris, Perrin, 2007.
Mireille Lesage, *La Salamandre d'or* (ou le destin tragique de Françoise de Foix, cousine d'Anne de Bretagne, maîtresse de François Ier), Paris, Pygmalion, 1998.
Georges Minois, *Anne de Bretagne,* Paris, Fayard, 1999.
Jean-Alexis Néret, *Claude de France, femme de François Ier (1499-1524)*, Les Éditions de France, 1942.
Henri Pigaillem, *Anne de Bretagne, épouse de Charles VIII et de Louis XII*, Paris, Pygmalion, 2008.
Henri Poisson et Jean-Pierre Le Mat, *Histoire de Bretagne,* Spezet, Coop Breizh, nouvelle édition 2000.
Geneviève-Morgane Tanguy, *Sur les pas d'Anne de Bretagne,* Rennes, Éditions Ouest-France, 2007.
Georges G. Toudouze, *Anne, duchesse de Bretagne, reine de France,* Paris, André Bonne, 1966.

Ninon de Lenclos
La « sainte patronne » des coutisanes

AVANT-PROPOS

Elles doivent toutes à Ninon de Lenclos une fière chandelle ! Toutes ces dames qui, depuis la nuit des temps, ont fait de leur corps le siège social de leurs activités et la source principale de leurs revenus, sans elle seraient demeurées de modestes prostituées, mais grâce à elle, sont devenues des « courtisanes ». Ninon leur a apporté leurs lettres de noblesse en même temps qu'elle servait d'exemple aux plus ambitieuses. Dans son sillage, et durant des siècles, elles ont accompli des exploits qui consistaient essentiellement à ruiner le plus grand nombre d'hommes possible, ou du moins à écorner sérieusement leurs comptes en banque.

Ainsi, Ninon de Lenclos mérite-t-elle bien le titre de « sainte patronne » des courtisanes. À celles-ci, elle a fourni le code parfait de la mauvaise conduite avec la manière de s'en servir ; elle a hissé l'élevage du « pigeon » à la hauteur d'un culte. Désireuse d'exercer le plus vieux métier du monde, pratiqué jusque-là sans méthode, elle a divisé les hommes en trois catégories bien définies : les « payeurs » d'abord, dont le rôle consiste à ouvrir leurs bourses dans lesquelles on peut plonger sans retenue. Quand les « payeurs » ne sont plus en mesure de payer, ils sont renvoyés à leurs chères épouses.

Ninon nomme également des « favoris » auxquels on accorde ses faveurs moyennant un prix d'ami parce qu'ils lui plaisent. Pour être courtisane, on n'en est pas moins femme et l'on a bien le droit de suivre les penchants de... son corps. Parfois. Mais pas trop souvent. Ninon ne saurait commettre cette erreur fâcheuse. Le « règne » du favori excède rarement un trimestre. Ensuite, s'il veut rester dans les faveurs de Ninon, il lui faut passer dans la catégorie des « payeurs », beaucoup moins avantageuse sur le plan financier évidemment.

Enfin, troisième catégorie : celle des « caprices ». Entre Ninon et eux pas question d'argent : seul compte le plaisir ! Ceux qui ont ce privilège doivent se dépêcher d'en profiter, car leur bonne fortune ne se prolonge guère. En moyenne, les passions chez Ninon n'excèdent pas quelques semaines. Un jour, à l'un de ses admirateurs qui lui demande combien de temps dureraient leurs amours, Ninon, d'un seul élan, lui répond : « Vous, je vous aimerai toute la vie... C'est-à-dire pas moins de trois mois ! »

Nulle hypocrisie dans le comportement de la jeune femme ; au contraire, avec une louable franchise, elle « annonce la couleur » à ceux qui aspirent à sa conquête. Les règles qu'elle impose ne découragent pourtant pas les amateurs. Durant les années où elle exerce sa pratique, ces derniers seront toujours aussi nombreux.

Obtenir les faveurs de Ninon de Lenclos est pour la réputation d'un homme une sorte de référence, ce qui explique qu'elle n'a que l'embarras du choix des « payeurs ». Comme elle possède le sens des réalités, elle saura faire bon usage de ses gains. Au lieu de les dilapider, comme le font la plupart de ses « collègues », elle opérera au contraire de judicieux placements qui lui assureront une vieillesse paisible. D'autant qu'elle va profiter d'une longévité amoureuse remarquable : à quatre-vingts ans, Ninon fera encore des ravages !

Les atouts dont Ninon dispose ne tiennent pas particulièrement à son physique. Au contraire, si l'on en croit plusieurs de ses contemporains, ce physique n'a rien d'exceptionnel, mais elle possède d'autres avantages plus précieux. Tallemant des Réaux, l'un de ses intimes, a défini en quelques mots le secret de sa séduction : « Son esprit est plus charmant que son visage et beaucoup échapperaient à ses fers s'ils ne faisaient que la voir, mais ils ne pourraient se défendre s'ils l'entendaient parler. »

Jugement pertinent, car Ninon sut à la fois conquérir les hommes et les retenir par les grâces de son esprit. C'est même ainsi qu'elle passera à la postérité et s'imposera comme une des personnalités de son époque. Raconter sa vie, c'est donc entrer dans la gloire de plain-pied… même si c'est pour y faire quelques faux pas ! La liste de ses « victimes » pourrait d'ailleurs constituer un chapitre de l'Histoire de France tant elle scintille de noms illustres. Ils sont si nombreux qu'il est impossible de les énumérer tous ; citons quand même parmi ces messieurs : le prince de Condé, le vainqueur fameux de la bataille de Rocroi, le marquis de Vassé, le comte de Choiseul,

Saint-Évremond, l'une des plus fortes personnalités de son temps, le marquis de Sévigné, l'époux de la célèbre épistolière. Ninon ne se bornera pas à « honorer » le marquis de ses faveurs : vingt ans plus tard, le fils Sévigné y aura droit également.

Et puis, n'oublions pas le principal : le marquis de Villarceaux, qui sera le père de son fils...

Les membres de la noblesse et de l'armée ne sont pas les seuls à figurer dans son palmarès, Ninon se tourne aussi vers les gens de lettres ; ainsi l'un des fondateurs de l'Académie française, l'abbé de Boisrobert, que son intérêt pour les jeunes garçons n'empêche pas de faire voir à ses intimes un petit tableau qui montre Ninon dans le plus simple appareil. Elle ne figure pas seule sur ce tableau puisqu'elle s'y montre en compagnie de Françoise d'Aubigné, la future Madame de Maintenon. Les mauvaises langues de l'époque – mais sont-elles si mauvaises que cela ? – prétendent même qu'à l'occasion de ses « relations » avec sa jeune amie, Ninon fit une exception dans ses choix amoureux habituels.

Son intense activité sentimentale lui inspire des jugements sur l'amour qui ne manquent pas de piquant et qui nous offrent des exemples de son humour. Qu'on en juge : « L'amour est un commerce où les banqueroutes sont nombreuses. » Ces saillies, dont elle est prodigue, ont établi sa réputation de femme d'esprit, elles lui valent de conserver comme amis la plupart de ses ex-amants. Elle amuse les hommes et c'est là le moyen le plus sûr de se les attacher. Même le cardinal de Richelieu se montre charmé par la conversation de la belle. Ninon a tout juste quinze ans quand elle se trouve, pour la première fois, en présence de « l'homme rouge ». Nullement impressionnée, elle répond avec pertinence aux questions qu'il lui pose ; le cardinal est tellement satisfait de l'entrevue qu'il rappelle la jeune fille auprès de lui à plusieurs reprises. Ces visites donnent naissance à une rumeur selon laquelle le ministre aurait été le premier à cueillir une fleur d'oranger que Ninon ne songerait guère à défendre...

On n'a aucune certitude absolue sur la réalité de ce « fait d'armes ». Ce dont on est assuré, en revanche, c'est que le propre frère de Richelieu, lui-même haut dignitaire de l'Église, entretint un certain temps avec Mademoiselle de Lenclos les rapports les plus intimes. Ce n'est pas que Ninon éprouvait un attrait particulier pour les ecclésiastiques, mais comme avec les Sévigné, elle avait fait en sorte que ses écarts restent « dans la famille » !

Nous venons d'effleurer le destin hors du commun de la « patronne des courtisanes ». Tout au long de son existence, elle nous réservera de nombreuses surprises et son parcours amoureux sera semé de coups de théâtre. Avec un éclectisme digne de louanges, elle fera défiler dans sa chambre à coucher des hommes de toutes les conditions et de tous les âges, chacun d'eux apportant sa contribution à la légende de la dame. Il suffit de les écouter parler d'elle pour mesurer l'emprise qu'elle exerce sur les représentants du sexe fort. Notamment Voltaire, qui lui consacra de nombreux commentaires... pas toujours bienveillants.

1

Ôtez l'amour-propre de l'amour, il ne reste fort peu de choses.

Ninon de Lenclos

Rien ne semblait prédisposer Ninon à la foudroyante réussite de sa carrière amoureuse. Non que son milieu familial ne s'y prêtât pas, ses chers parents n'étaient pas tellement regardants sur les questions de vertu. Ninon aurait donc pu n'être qu'une « recrue » de plus dans l'armée des femmes qui faisaient commerce de leurs charmes. C'est à sa personnalité quelle dut de sortir du rang, en même temps qu'elle donna le signal du départ à une nouvelle classe de la société qui ferait parler d'elle durant trois siècles : les courtisanes.

Dès sa naissance, Ninon va se singulariser. Alors qu'elle vient au monde en 1623, son père, sans qu'on sache pourquoi, la fait passer pour une autre de ses filles disparue en bas âge et née, elle, en 1620. Si bien que durant une partie de sa vie, Ninon va croire qu'elle a trois ans de plus qu'elle n'a en réalité. Exemple assez rare de se vieillir soi-même, pour une créature appelée a exercer le plus vieux métier du monde. Ce n'est qu'à près de cinquante ans qu'elle découvre le pot aux roses. De se sentir du jour au lendemain plus jeune qu'elle ne le pensait la rend très heureuse, au point qu'elle communique aussitôt la bonne nouvelle à plusieurs de ses admirateurs. L'un des plus fidèles, Saint-Évremond, s'en réjouit, comme en témoigne cette lettre qu'il lui adresse :

« J'avoue que vous avez fait un gain admirable de vous trouver plus jeune de trois ans que vous ne le croyiez. Hélas, vous devez avoir pitié de nous autres mortels qui ajoutons jours aux jours et courons avec précipitation à notre fin. Quand votre âge vous paraît avancé, vous retournez en arrière et vous vous défaites des années avec moins de peine que vous ne quittez une chemise par ce froid-ci. »

Ces incertitudes sur sa naissance ne sont pas les seuls mystères qui entourent sa venue au monde. Son père, Henri de Lanclos – c'est Ninon qui, par la suite, changera le *a* de son nom en *e* – se disait gentilhomme et ajoutait à son nom celui plus ronflant de seigneur de La Douardière. Il affirmait aussi qu'il était de Tours mais nulle trace de sa famille n'a été retrouvée en Touraine, pas plus que de ce nom de « La Douardière » qu'il arborait fièrement. Plus tard, Ninon allait enrichir la légende en faisant de son géniteur un compagnon d'Henri IV, qu'il avait accompagné durant les péripéties guerrières qui l'avaient conduit sur le trône… Or, Henri de Lanclos était né en 1592, trois ans après que le Béarnais eut succédé à Henri III, ce qui aurait témoigné d'une précocité remarquable de sa part. Pour faire bonne mesure, Ninon complétait le portrait de son père en lui attribuant les qualités de philosophe et de musicien, ce qui était à moitié vrai, car Henri de Lanclos était connu comme un admirable joueur de luth.

Le portrait que Ninon brossait de sa mère n'était pas moins flatteur, mais tout aussi fantaisiste. Certes,

Marie-Barbe de La Marche était de bonne noblesse, mais nullement sœur d'un évêque, comme elle l'affirmait. De même, elle était loin d'être la sainte femme confite en dévotion que sa fille prétendait. Il semble que ses parents aient fait connaissance au cours d'une de ces soirées joyeuses et mouvementées que l'un et l'autre fréquentaient. À l'époque, Henri de Lanclos est au service du duc d'Elbeuf, mais avant d'être attaché à ce puissant seigneur, pour vivre, il avait exercé d'autres activités moins reluisantes, notamment celle de spadassin ! Cependant, depuis qu'il appartient à la maison du duc d'Elbeuf, il s'est acheté une conduite et s'est découvert la passion de la musique. Il a fait du luth son instrument de prédilection et très vite sa réputation de virtuose s'est répandue dans les hôtels de la place Royale où il est accueilli. Puis il change de maître, le marquis Timoléon d'Épinay, lui-même excellent musicien, ayant obtenu du duc d'Elbeuf qu'il lui cède ce précieux serviteur. C'est donc alors qu'il rencontre et épouse Marie-Barbe de La Marche.

Plusieurs enfants vont naître au foyer des Lanclos, dont Ninon, la petite dernière. Si Madame de Lanclos ne se préoccupe guère de sa progéniture, Henri de Lanclos, tout de suite, s'attache à l'enfant. Ayant remarqué sa précocité, il lui enseigne l'art du luth, dont elle devient très vite une joueuse remarquable. En même temps, il l'initie à la lecture des œuvres de Montaigne et d'autres écrivains de valeur, si bien que dès son plus jeune âge l'esprit de Ninon est nourri aux meilleures sources.

Elle aussi adore son père et recherche sans cesse sa compagnie. Hélas, elle va bientôt en être privée. Henri, bien que marié, est un infatigable coureur de jupons. Ces pratiques sont la cause d'une violente dispute avec un certain baron de Chabans. Henri, ayant peu apprécié les rumeurs venimeuses que Chabans déverse sur son compte, surprend un soir ce dernier et lui passe son épée au travers du corps, avant même que l'infortuné baron ait eu le temps de dégainer. Cette exécution, qui ressemble fort à un assassinat, fait grand bruit et, pour échapper au châtiment, Lanclos doit fuir à l'étranger. Il n'en reviendra que quinze ans plus tard, quand Ninon sera devenue une jeune fille. En attendant, du jour au lendemain, la voici séparée de ce père attentionné dont la présence va lui manquer cruellement. Heureusement pour elle, elle sent déjà s'éveiller en elle les prémices d'une forte personnalité. Même en l'absence de son guide, elle va toute seule enrichir ses connaissances, en même temps qu'elle devient une luthiste virtuose. Ses dons musicaux vont lui ouvrir les portes des salons les plus huppés de la capitale. Sa mère, qui a vite pressenti les avantages qu'elle pourrait tirer de la situation, ne se fait pas prier pour exhiber l'enfant devant tous ceux qui en expriment le désir… pourvu qu'ils soient nobles et riches. Sa dévotion ostentatoire n'empêche pas la dame d'avoir un esprit pratique. En attendant de lui dénicher quelque mari fortuné, elle pense avec juste raison qu'il serait dommage de ne pas tirer profit de cette « poule aux œufs d'or ». La réputation de la jeune fille s'affirme de jour en jour : c'est à qui l'invitera à venir chanter et jouer du luth devant des admirateurs de plus en plus nombreux.

C'est ainsi qu'un jour, elle est conduite devant le tout-puissant Richelieu en personne. Marion Delorme, autre courtisane fameuse, l'a présentée au cardinal.

Pour Ninon, Marion, de quelques années plus âgée qu'elle, est un exemple qu'elle brûle de suivre... dans tous les « domaines », y compris dans le domaine défendu. Ninon répond avec empressement aux invitations du cardinal. Elle a tout juste quinze ans. Nous sommes en 1638, mais sa curiosité n'attend pas le nombre des années et le cardinal saura en profiter ! Du moins si l'on en croit cette mauvaise langue de Voltaire. Mais les mauvaises langues ne sont-elles pas la providence des historiens ?

Quoi qu'il en soit, la protection du cardinal ne manquera pas à la jeune fille.

Une autre version donne à Ninon pour initiateur un curieux personnage, fort peu recommandable : Claude de Beaumont, vicomte de Chaumassay, sieur de Saint-Étienne. En dépit de son impressionnante lignée, Saint-Étienne est connu à l'époque comme un aventurier. Mais voici qui ne saurait arrêter la jeune fille sur la route du péché. Au contraire. Ce Saint-Étienne n'est évidemment pas en mesure d'assurer aux dames Lanclos mère et fille le train de vie auquel elles aspirent ; ses habitudes le portent davantage à recevoir de l'argent des femmes qu'à leur en donner. Heureusement, un commanditaire se présente alors en la personne d'un conseiller au parlement, Jean Coulon. Madame de Lanclos ne va pas le laisser passer. Certes, le bonhomme n'a rien de ragoûtant. Son teint rougeaud, sa voix pâteuse indiquent dès l'abord qu'on est en présence d'un ivrogne. Pour compléter le portrait, ajoutons qu'il n'est pas seulement très laid, mais qu'il est aussi grossier et que la galanterie n'est pas son fort. Il est cependant très riche et les protecteurs généreux ne courent pas les rues. Ayant entrepris le siège de Ninon, Marie-Barbe de La Marche accepte de la lui vendre – c'est le terme qui convient – moyennant un prix avantageux. Pour que ce prix soit encore plus élevé, la maman fait croire à Coulon qu'il est le premier homme à approcher sa fille. Ainsi la vertu de Ninon, décidément inépuisable, va compter un initiateur de plus. Coulon tombe dans le panneau. Tout fier de se croire « le premier », il s'engage à verser une rente mensuelle de cinq cents livres, somme fort importante pour l'époque. L'arrangement durera une dizaine d'années et n'empêchera pas Ninon de faire le bonheur de bien d'autres postulants.

Avec son sens de l'organisation, elle a divisé ces derniers en trois catégories, les faisant passer de l'une à l'autre au gré de son caprice ou de ses besoins d'argent. À part Coulon, elle a d'autres payeurs qui lui assurent son indépendance matérielle et qu'elle récompense avec parcimonie.

Le succès de Ninon auprès des hommes se prolongera durant de longues années sans qu'il faille en attribuer la source à ses seuls attraits physiques. Ses contemporains s'accordent à déclarer qu'il y avait autour d'elle des femmes plus séduisantes. Ainsi

Tallemant des Réaux témoigne-t-il : « Elle n'eut jamais beaucoup de beauté, mais elle avait beaucoup d'agréments et comme elle avait l'esprit vif, les dames du voisinage l'avaient souvent avec elles. »

C'est un fait qu'elle doit sa réussite avant tout aux ressources de son intelligence. Saint-Simon lui-même devait lui rendre hommage, non sans quelque perfidie d'ailleurs : « Ninon, écrira-t-il, courtisane fameuse, fut un exemple nouveau du triomphe du vice conduit avec esprit, et réparé de quelque vertu. »

Quant à la célèbre chroniqueuse de l'époque, Mademoiselle de Scudéry, elle s'est inspirée de Ninon pour brosser le portrait de l'héroïne d'un de ses romans : « Elle est de fort belle taille et d'une grandeur agréable, capable de plaire à tout le monde par un certain naturel qui lui donne bonne grâce. Elle a les cheveux du plus beau châtain que j'aie jamais vu, le visage rond, le teint vif, la bouche agréable, les lèvres fort incarnates, une petite fosse au menton, les yeux noirs, brillants, pleins de feu, souriants, la physionomie fine, enjouée et fort spirituelle. »

Comme on peut le constater, sous cette avalanche de compliments Mademoiselle de Scudéry évite soigneusement de nous dire que Ninon est jolie pour la simple et bonne raison qu'elle ne l'est pas ! Mais telle qu'elle est, elle va quand même faire fortune dans la pratique de la galanterie. Et pour commencer, grâce aux générosités de Jean Coulon, elle va pouvoir fonder son « fonds de commerce ». Sa modeste demeure de la rue des Trois-Pavillons va voir défiler une noria impressionnante de grands seigneurs, d'écrivains, d'artistes et d'aventuriers, les uns et les autres ne faisant, la plupart du temps, qu'une apparition fugitive dans l'existence de la jeune femme, le temps de plaire, de payer et de s'esquiver pour céder la place au suivant de ces messieurs, certains cohabitant parfois dans les bonnes grâces de notre Diane chasseresse.

Cependant, un personnage comme Jean Coulon, en dépit de ses largesses, ne saurait prétendre à quelque exclusivité ; Ninon se met donc en quête d'un mécène plus reluisant et ne tarde pas à le découvrir en la personne du comte d'Aubijoux. Loin de se jalouser, par une sorte d'entente tacite, Coulon et Aubijoux se partagent à parts égales les faveurs de Mademoiselle de Lenclos et les rémunèrent à leur juste prix.

Voici donc la jeune femme menant une vie luxueuse et ne dissimulant pas l'origine de son aisance. Évidemment, cette prospérité ne va pas sans écorner sa réputation, mais elle ne s'en soucie guère et assure avec fierté sa position de courtisane : « Je vois, dit-elle à son amie Marion Delorme, qu'on nous a chargées de ce qu'il y a de plus frivole et que les hommes se sont réservé le droit aux qualités essentielles. De ce moment, je me fais homme. » Et elle ajoute : « Les règles et les devoirs étaient égaux entre les deux sexes que, sur ce chapitre, il ne fallait pas attendre de moi plus que du commun des hommes ; je réservais la constance et la fidélité dont j'étais capable pour un sentiment plus pur : pour l'amitié. »

Des amis, elle va en avoir tout au long de sa vie, anciens amants reconnaissants pour les plaisirs qu'elle leur a prodigués ou, tout simplement, séduits par les grâces de son esprit et de sa conversation.

Et ces amis lui témoigneront une fidélité, un attachement, une admiration à toute épreuve. À commencer par l'illustre poète Scarron. De son fauteuil, où le clouent d'implacables rhumatismes, il lui adresse force placets où il clame sans retenue son admiration pour elle. D'autres poètes suivent cet exemple et forment autour d'elle le commencement de sa légende. Bien sûr, au milieu des louanges qu'elle provoque, il y a aussi des notes discordantes. On critique la liberté de ses mœurs, la vénalité de ses amours et surtout son absence de religion. Certains vont jusqu'à la menacer des foudres du Ciel, mais ces anathèmes ne modifient en rien ses habitudes. « Que se passerait-il, demande-t-elle, si la religion et moi, nous nous rencontrions ? Nous ne serions pas capables de nous reconnaître ! »

À une époque où le clergé est tout-puissant, où les souvenirs de l'Inquisition ne sont pas si lointains, il faut un certain courage pour adopter une telle attitude. Elle n'en poursuit pas moins sa cueillette des amours faciles où rémunératrices. Selon la rumeur, son palmarès ne comportera pas moins de cinq mille amants ! Parmi ces privilégiés, apparaissent souvent des personnages célèbres en leur temps. Outre le cardinal de Richelieu déjà nommé, c'est ainsi qu'à l'âge de vingt ans, elle fait le bonheur du comte César de Miossens, futur maréchal d'Albret. Bien qu'apparenté à la famille royale, Miossens a mené jusqu'alors une existence des plus dissolues. Ayant dilapidé la fortune paternelle, il a profité de ses charmes auprès de dames généreuses, appartenant à la plus haute société. Si l'animal n'est guère recommandable, il possède d'autres qualités appréciées du beau sexe. À son tour, Ninon souhaite profiter d'un mâle de cette espèce. Pour oublier les étreintes comme celles d'un Jean Coulon, elle a besoin de « chair fraîche ».

À vingt ans, elle se sent affranchie de toute contrainte. Si bien qu'à côté de son « travail » de courtisane, elle entend satisfaire ses désirs de femme. Ce qui justifie qu'elle ait accueilli Miossens dans son lit. Il n'y fera d'ailleurs qu'un bref séjour que Saint-Évremond célébrera dans une épître à la belle :

« Un maréchal, l'ornement de la France,
Rare en esprit, magnifique en dépense,
Devint sensible à tous vos agréments,
Et fit son bien d'être de vos amants. »

Au passage, soulignons que Miossens, pour les beaux yeux de Ninon, fait une entorse à ses habitudes : au lieu de recevoir de l'argent d'une femme, il lui en donne ! Ninon nous fournira d'autres exemples de son habileté a mêler l'utile à l'agréable.

Mais voici qu'un autre prétendant se présente qui va mettre un terme à l'aventure Miossens. Bien que très jeune, le duc d'Enghien est déjà tout auréolé par sa victoire de Rocroi qui a sauvé la France de la domination espagnole. Celui qui va passer à la postérité sous le nom de Grand Condé, lui aussi pose sa candidature. On peut dire qu'il tombe à pic ; Ninon se trouve alors à la croisée des chemins. Bien qu'à la tête de deux entreteneurs – Coulon et

Aubijoux –, elle n'est pas encore intégrée dans la légion des « femmes perdues ». Elle peut encore revenir en arrière et, après quelques mois de retraite en province, le temps de faire oublier ses « exploits », dénicher un amoureux assez naïf pour lui donner son nom. C'est d'ailleurs l'espoir que nourrit sa mère. Mais la chère dame n'en verra pas l'accomplissement. Souffrant depuis longtemps de cruels rhumatismes, Marie-Barbe de La Marche, comme bien d'autres, ne survit pas aux traitements que lui infligent les médecins. L'un d'eux, ayant décrété qu'elle devait « suer par tout le corps afin d'en chasser les mauvaises humeurs », l'enferme dans une sorte de cage, close de toutes parts, auprès de laquelle il fait brûler un feu de bois permanent. Le feu brûle si bien qu'il se répand sur la cage et la malheureuse aurait été consumée si ses cris n'avaient alerté ses domestiques. Un autre de ses médecins, obéissant à la mode de l'époque, affirme qu'elle doit être saignée trois fois par jour. Comment résister à ces tentatives de meurtre qui se succèdent ? Marie-Barbe disparaît, laissant Ninon orpheline. Elle fait à sa mère de somptueuses funérailles, payées par Coulon et Aubijoux, associés là encore, mais en revenant de l'enterrement, sa décision est prise : faire fructifier davantage le capital de séduction dont la nature l'a gratifiée.

C'est peu après que le prince de Condé entre à son tour dans la ronde des adorateurs. Ayant eu une brève aventure avec Marion Delorme, celle-ci lui a parlé de son amie Ninon en des termes qui ont piqué sa curiosité. Il s'agit en effet plus de curiosité que de désir car le vainqueur de Rocroi trouve surtout son plaisir auprès des jeunes et vigoureux laquais qu'il emploie. C'est d'ailleurs sous le costume de l'un de ses laquais qu'il va se présenter pour la première fois à Ninon.

Pourquoi ce déguisement ? Avant de s'engager plus avant dans l'aventure, le prince, prudent, a voulu juger « sur pièces ». S'étant travesti, il vient frapper un soir à la porte de Ninon, « porteur » d'une invitation à dîner de Monsieur le prince de Condé pour Mademoiselle de Lanclos, un jour à fixer prochainement.

Il faut croire que l'examen a été favorable car dès le lendemain, le prince vient retrouver Ninon, mais cette fois sous son aspect véritable. C'est le début d'une liaison, qui sera des plus brèves, comme toutes celles de Ninon, mais qui se transformera en une amitié qui, elle, aura une plus longue destinée.

2

J'aime toutes les personnes que j'estime, mais je n'estime pas toujours celles que j'aime.

Ninon de Lenclos

La victoire de Condé sur Ninon, en cette époque où les membres de la noblesse passent leur temps à se mêler des affaires des autres, fait presque autant de bruit que celle qu'il a remporté sur le champ de bataille de Rocroi. Cette fois, c'est sur une autre sorte de champ de bataille que le prince s'illustre, mais Ninon est une conquête plus aimable que celle du général espagnol qu'il a vaincu !

Quant à Ninon, elle accepte avec empressement une « défaite » qui ajoute à sa gloire et qui inspire à Scarron ce nouvel hommage :

« Charmants sujets de mille voluptés,
Que leur amour, aux dépens de leurs larmes,
Assujettit autrefois à vos charmes,
Que leur amour, par des désirs pressants,
Assujettit au pouvoir de vos sens. »

Saint-Évremond n'est pas moins dithyrambique lorsqu'il s'agit de célébrer la belle. Ayant dû comme tant d'autres renoncer très vite au rôle d'amant, il s'est consolé en devenant pour Ninon un véritable historiographe ; l'aventure avec Condé excite sa verve de la plus agréable des manières :

« Ce jeune duc[1] qui gagnait la bataille,
Voulant jouir des plaisirs de sa gloire,
De fier et grand rendu civil et doux,
Ce même duc allait souper chez vous,
Comme un héros jamais ne se repose,
Après souper, il faisait autre chose,
Et savoir s'il poussait des soupirs.
Je sais au moins qu'il aimait ses plaisirs. »

1. Son père était toujours vivant, ce n'est qu'à sa mort que le duc d'Enghien deviendra prince de Condé.

Dans le domaine des plaisirs en question, le Grand Condé est moins à son aise que dans le domaine de la guerre, mais Ninon possède d'autres armes pour exercer son empire. Les exploits amoureux du prince ne sont pas à la hauteur de ses exploits guerriers ? Qu'importe ! La conversation de la courtisane dans son salon compensera les carences de son amoureux dans son lit.

Une occasion pour Saint-Évremond de rendre un nouvel hommage aux talents de son amie :

« Votre esprit à son courage,
Qui paraissait abattu,
Faisait retrouver l'usage,
De sa première vertu.
Le charme de vos paroles
Passait ceux des Espagnoles,
À ranimer tous les sens
Des amoureux languissants. »,

Il n'est pas le seul à célébrer ce don de la parole que Ninon possède et qui lui attache les hommes autant que d'autres exercices. Séduits par les idées de la jeune femme sur de nombreux sujets, ses interlocuteurs vont jusqu'à lui demander des conseils de toute nature. Parler politique au lit, avec une courtisane, voilà qui n'est pas fréquent ! C'est pourtant ce qui se produit souvent entre Mademoiselle de Lenclos et Monsieur de Condé. L'originalité des amours de Ninon ne tient pas seulement au nombre et à la diversité de ses partenaires ; elle est très sollicitée, mais il lui arrive aussi de se trouver dans la position de demanderesse, quand un homme lui plaît.

À ce propos, Tallemant des Réaux, un autre historiographe de la dame, nous rapporte une anecdote savoureuse. Un jour qu'elle se promène sur le Cours-la-Reine, elle aperçoit un homme qui passe à cheval. Elle le trouve tout à fait à son goût et, comme il n'est pas dans ses habitudes de refouler ses désirs, elle s'informe de l'inconnu ; il s'agit d'un Monsieur de Navailles, dont Madame de Motteville nous dit qu'il était « bien fait et fort honnête homme ». Il doit l'être en effet car, obéissant à une pulsion irrésistible, Ninon lui fait savoir qu'elle l'attend à souper chez elle, ce soir même. Navailles, qui a déjà croisé notre Ninon, ne se fait pas prier. Quelques heures plus tard, le voici dans l'hôtel de la courtisane, impatient de goûter aux délices qui lui semblent promises. Il va devoir patienter afin de se soumettre au rite du souper. Ninon possède l'art de se faire désirer et elle connaît sur ce chapitre le pouvoir de sa conversation. Effectivement, ses propos charment son invité et ne font qu'exacerber son désir de passer à une autre forme d'entretien. Il bout d'impatience, le malheureux. Ninon, qui s'en rend compte, s'amuse à prolonger le « supplice ». Elle se lève de table et conduit le jeune homme dans une chambre où elle l'invite à patienter. Après quoi, elle lui annonce qu'elle va procéder à sa toilette de nuit et elle s'éclipse. Resté seul, Navailles, pour gagner du temps, se met au lit, ne doutant pas que son hôtesse va l'y rejoindre promptement. Mais le temps passe et Ninon n'apparaît toujours pas, si bien que son amoureux… finit par s'endormir. Lorsque Ninon arrive enfin dans la chambre, il lui vient à l'esprit l'idée d'une bonne farce. Sans réveiller le jeune homme, elle s'empare de ses vêtements et va se coucher dans une autre pièce.

Le lendemain matin, s'étant travestie avec les habits du garçon, elle le réveille, en agitant une épée d'un air menaçant. Navailles, tiré brutalement du sommeil, ne la reconnaît pas et croit avoir affaire à quelque mari jaloux. « Je suis homme d'honneur, lui dit-il, et je suis tout prêt à vous rendre raison. » Ninon éclate alors de rire et, s'étant dévoilée, se déshabille enfin et vient se blottir dans les bras de son soupirant. Hélas, l'attente prolongée et l'émotion de ce réveil insolite ont dû le troubler profondément car, à sa grande honte, il se trouve dans l'incapacité d'accomplir enfin ce pourquoi il est venu ! Et Tallemant des Réaux, auquel nous devons ce récit, de conclure sans ménagement : « On dit qu'après tout cela, il ne lui fit qu'un pauvre coup. »

Loin de tenir cachée cette cocasse aventure, Mademoiselle de Lenclos prend un malin plaisir à la colporter, de telle façon que tout le ridicule en retombe sur l'infortuné Navailles et non point sur elle. Elle n'est pas fâchée de faire rire aux dépens d'un maladroit qu'elle entend punir ainsi de son incapacité. La belle a la dent dure et ne saurait pardonner à un homme une si importune défaillance ; elle considère cette carence comme une injure faite à sa personne.

Navailles n'est d'ailleurs pas la seule victime de son ironie. Même le Grand Condé n'est pas épargné, à propos duquel elle écrit :

« Pour avoir la valeur d'Hercule,
Il n'en avait pas la vigueur. »

Ninon, au fond d'elle-même, est-elle aussi ardente qu'elle le laisse croire à ses « payeurs » ? Chacun d'eux, après une nuit passée auprès d'elle, repart convaincu de lui avoir procuré des sensations exceptionnelles. Ainsi a-t-il le sentiment d'en avoir pour son argent. Mais ne s'agit-il pas là de la comédie qu'une courtisane se doit de jouer à celui qui a payé cher quelques heures de plaisir ? Les chroniqueurs du temps s'accordent à vanter la science amoureuse de Ninon, la qualité de ses « services », mais on peut se demander si, pour sa part, elle était aussi satisfaite qu'elle le manifestait. À ce propos, une autre question se pose : cette frénésie d'aventures qui l'animait était-elle uniquement provoquée par l'appât du gain ? N'était-ce pas aussi qu'elle était à la poursuite d'un plaisir qu'elle n'obtenait pas facilement ?

Sur ce point de son intimité, Ninon ne nous en dira pas plus et l'on en est réduit aux conjectures. Quoi qu'il en fût, Ninon n'hésite pas à jurer fidélité à chacun de ses soupirants et, pour la plupart, ils ont la naïveté de la croire.

À ce sujet, Saint-Simon nous rapporte une histoire significative : « Elle a quelquefois gardé à son tenant, quand il lui plaisait fort, fidélité entière pendant toute une campagne. La Châtre, maître de camp de cavalerie, sur le point de partir, prétendit être de ces heureux distingués. Apparemment, Ninon ne le lui promit pas bien nettement. Il fut assez sot, et il l'était beaucoup, et présomptueux à l'avenant, pour lui demander un engagement écrit. Elle le lui fit. Il l'emporta et s'en vanta fort. Le billet fut mal tenu et, à chaque fois qu'elle y manquait : "Oh, le bon billet qu'a La Châtre !" s'écriait-elle. Son fortuné, à la fin, lui demanda ce que cela voulait dire. Elle le lui expliqua. Il le conta et accabla La Châtre d'un ridicule qui gagna l'armée où il était. »

Observateur passionné des gens de la Cour, comptable impitoyable de leurs défaillances, le duc de Saint-Simon s'intéressa tout naturellement à ce qui touche de près ou de loin à Ninon de Lenclos. Comme elle, le personnage est plein de contradictions. Après une honorable carrière dans l'armée, il a laissé des *Mémoires* qui sont un témoignage précieux sur les fourbes et les hypocrites qui hantent les allées du pouvoir. Mais il éprouve les scrupules d'une conscience délicate : il a peur, en composant ses *Mémoires*, que la charité ne s'offusque de ses jugements sur les hommes. Pourtant, il ne se hausse pas jusqu'au respect de la conscience humaine et il demeure personnellement attaché à des pratiques mesquines et à des superstitions. À la mort du Régent, son ami d'enfance, il s'éloigne de la Cour. Jusqu'à sa mort, en 1755, il se distrait en revoyant ses *Mémoires*, véritable somme sur la vie quotidienne à la Cour aux XVIIe et XVIIIe siècles. Que Ninon de Lenclos ait provoqué son intérêt n'a rien de surprenant, étant donné la personnalité de cette femme hors du commun. En effet, quelle étrange créature que Ninon, faite de contrastes, changeant d'humeurs et de sentiments à tout moment, rejetant l'homme qu'elle jurait, l'instant d'avant, d'adorer pour la vie. Ce curieux comportement explique la brièveté de ses liaisons comme la soudaineté de ses emballements. Elle va donner une nouvelle preuve de sa nature capricieuse avec un jeune officier du nom de Pierre de Villars. Dès qu'elle l'a aperçu, elle s'est sentie emportée vers lui par un élan irrésistible, comme avec Navailles, mais Villars, lui, ne s'est pas endormi et s'est comporté au lit avec une ardeur qui a achevé de surexciter les désirs de Ninon.

Durant quelques jours, les deux jeunes gens filent le parfait amour. Mais nous sommes en 1648, la Fronde qui agitait le royaume prend brusquement l'ampleur d'un ouragan. Villars doit rejoindre son régiment, qui a été appelé d'urgence à Lyon afin d'y maintenir le calme. Ce départ plonge Ninon dans le désespoir. Elle supplie son amant de l'emmener avec elle, mais le garçon ne veut pas risquer de compromettre son avancement en s'affichant avec une femme dont la réputation de courtisane est bien établie. C'est compter sans la volonté de sa maîtresse.

On sait que lorsque Ninon a une idée en tête, il est bien difficile de l'en faire changer. Elle décide donc d'aller rejoindre Villars. Son impatience est telle que, pour gagner du temps, elle voyage en poste, comme un courrier, et pour cela revêt des habits masculins, car ce moyen de transport n'est permis qu'aux hommes.

Après trois jours d'une folle randonnée, la voici donc auprès de son amoureux. Elle tombera de haut car Villars, d'un air embarrassé, lui explique qu'il est marié et qu'il ne peut affronter le scandale d'une rupture avec son épouse. Que va devenir Ninon, toute seule à Lyon ? Pour couper court aux bruits fâcheux qui pourraient courir sur une femme comme elle, elle demande asile à un couvent de la ville. Retraite toute relative, car elle n'empêche pas notre Ninon de continuer de faire des dégâts parmi les membres du sexe fort.

Par ailleurs, pour certains de ses biographes, le désir de rejoindre Villars n'aurait pas été la seule raison de son expédition : le climat parisien était devenu malsain pour elle, les lois se montraient souvent impitoyables vis-à-vis des femmes qui s'illustraient dans la galanterie. Or, en ces temps troublés de la Fronde, les protecteurs de Ninon eux aussi se cachent et ne peuvent plus lui assurer l'impunité. D'un jour à l'autre, elle risque de se voir embarquée de force pour les Amériques, comme on faisait avec les prostituées. Ninon avait donc tout intérêt à se faire oublier. D'autre part, son père, après quinze années d'exil, est venu se réfugier à Vienne, non loin de Lyon, chez un vieil ami, le célèbre luthiste dit le Vieux Gaultier. Il est donc fort possible qu'elle ait souhaité revoir l'auteur de ses jours. Celui-ci ne demeure pas longtemps dans la cité rhodanienne, son goût de l'aventure l'ayant conduit à se mêler aux combats de la Fronde.

Avant d'en terminer avec les raisons qui ont conduit Ninon à Lyon, il ne faut pas négliger une de ces rumeurs malveillantes, qui accompagneront toujours ses faits et gestes : selon ces bruits, Ninon serait venue soigner à Lyon une maladie « honteuse », qu'elle aurait récoltée au cours de ses « exploits ».

Hypothèse peu vraisemblable au demeurant, car une telle affection aurait pu être traitée à Paris.

À Lyon, pendant quelque temps, Ninon se tient sagement à l'écart de toute activité trop voyante, mais sa présence comme sa réputation ne vont pas sans attirer l'attention d'admirateurs potentiels. Parmi ces derniers figure le cardinal-archevêque de la cité en personne, Alphonse de Richelieu, le propre frère du grand cardinal. Il y a maintenant plus de six ans que le tout-puissant ministre a quitté ce monde, mais les membres de sa famille occupent toujours des places de choix dans le royaume. Ninon va donc tirer largement profit de cette nouvelle aventure.

En effet, le cardinal, en la voyant, est frappé au cœur, au point qu'il ne cherche même pas à dissimuler le trouble qu'elle a éveillé en lui. La manière dont il l'a rencontrée ne manque pas de saveur. Un jour, comme il le fait parfois avec les établissements religieux de la ville, il annonce sa visite dans celui où Ninon a trouvé refuge. La mère supérieure du couvent a pour la circonstance rassemblé toutes ses pensionnaires ; parmi elles, Ninon, qui a revêtu une robe bien sage de pénitente. En dépit de cet accoutrement, à sa vue, le cardinal lui manifeste le plus vif intérêt. Ainsi, à la longue collection des admirateurs de Ninon, faut-il ajouter un haut dignitaire de l'Église, ce qui ne doit pas arriver souvent dans la carrière d'une courtisane.

Richelieu a alors dépassé largement la soixantaine et son apparence physique n'est pas celle d'un Adonis, mais il n'est pas question pour Ninon de repousser les avances d'un personnage de cette importance. Ainsi commence cette idylle insolite. Lors de leur première entrevue, pour faire bon effet, Ninon a annoncé au cardinal qu'elle avait l'intention de prendre le voile. Il n'en est évidemment pas question, mais Richelieu mord à l'hameçon et entreprend de la faire renoncer à ce projet. Il a beaucoup mieux à lui offrir. Il est tellement épris qu'il ne peut se passer d'elle, ce qui le conduit à une démarche inimaginable : il vient s'installer au couvent où elle réside ! Un cardinal-archevêque venant rejoindre une nonne dans son couvent !... Rien que l'énoncé de cet événement est d'une cocasserie irrésistible et la société lyonnaise ne manque pas d'en faire des gorges chaudes.

Richelieu n'en a cure. Il faut dire que le personnage n'est pas banal. Depuis des années, son esprit donne des signes de sérieux dérangements : il lui arrive par instants de se prendre pour Dieu le Père, ou bien, à d'autres moments, il se déguise en berger et exige qu'on lui amène un troupeau de moutons ! Dans le même temps, il couvre la jeune femme de cadeaux et exige de la haute société de la ville qu'elle l'accueille dans ses demeures. Bien que les dames de l'aristocratie goûtent modérément la promiscuité que le cardinal leur impose, elles sont obligées de s'incliner. Cette fois, Ninon a échappé définitivement au sort habituel des filles de mauvaise vie, et elle a également lancé la mode des courtisanes de haut vol, qui ne sauraient être confondues avec de vulgaires prostituées, même si leurs moyens d'existence procèdent d'une source semblable.

Richelieu n'est d'ailleurs pas le seul « payeur » de la jeune femme. Elle a fait aussi la connaissance d'un riche négociant lyonnais, Marc-Antoine Perrachon. Tout de suite, elle l'éblouit par la distinction de ses manières et son allure de grande dame. Très impressionné, Perrachon n'ose même pas lui faire la cour, mais il n'en est pas moins très épris. Il le prouve en offrant à Ninon une maison d'une valeur de huit mille écus… sans rien demander en échange ! Ninon reçoit le présent comme si elle lui faisait une faveur. Tout ce qu'elle permet à son généreux donateur, c'est de lui rendre visite de temps à autre, en tout bien tout honneur, comme il se doit.

Flatté qu'elle ait accepté la maison, Perrachon patiente, dans l'espoir de finir par obtenir une « récompense ». Mais la récompense ne vient pas. À bout de patience, Perrachon s'enhardit et ose réclamer à Ninon ce qu'il considère comme son dû. Il est fort mal reçu : Ninon le jette dehors et lui rend la maison du déshonneur !

Elle a donné à son geste une large publicité et acquis du coup une nouvelle réputation. Elle n'est plus une femme qu'on peut acquérir avec de l'or, qu'on se le dise ! Elle est devenue une vraie « dame ». C'est sous cette étiquette qu'elle va désormais exercer ses ravages. C'est elle qui choisira ses entreteneurs et ne leur accordera ses faveurs que s'ils ont l'heur de lui plaire. Les autres devront se borner à payer. Plus rien ne s'oppose à ce qu'elle vive à Paris ;

elle peut alors regagner la capitale sous son nouvel aspect de femme respectable.

Avant d'y revenir, elle s'est rendue auprès de son père, blessé mortellement lors d'un des combats de la Fronde. Le discours que lui tient Henri de Lanclos, en guise de testament, revêt un ton prophétique : « Vous voyez, lui dit-il, que tout ce qu'il me reste en ce monde est un souvenir fâcheux des plaisirs qui me quittent. Leur possession na pas été de longue durée et c'est la seule chose dont je puis me plaindre à la nature. Vous qui avez à me survivre, profitez d'un temps précieux et ne devenez jamais scrupuleuse sur le nombre, mais sur le choix de vos plaisirs. »

Un conseil qui ne devait pas tomber dans l'oreille d'une sourde !

En regagnant la capitale, Ninon a adopté certaines résolutions auxquelles elle demeurera fidèle le reste de sa vie. Elle n'entend pas se fabriquer une nouvelle virginité, mais elle se veut une femme libre, libre d'agir à sa guise et selon son bon plaisir. Pour que la chose soit entendue, elle clame haut et fort ce que sera désormais sa conduite. Ou plutôt son inconduite… Oui, elle continuera de coucher fréquemment avec les uns et les autres, mais l'argent ne sera plus le guide de ses choix. Il faudra bien sûr que ceux qui se portent candidats à ses faveurs assortissent leur candidature d'espèces sonnantes et trébuchantes. Mais, répétons-le, il faudra aussi qu'elle « les ait dans la vue », comme l'écrit pudiquement Tallemant des Réaux. Ainsi va-t-elle ajouter à ses adorateurs une nouvelle catégorie : celle des martyrs. Ces derniers constitueront pour elle une sorte de réserve dans laquelle elle puisera au gré de ses caprices… et de ses besoins d'argent. Pour faire patienter ses martyrs, elle leur laisse entrevoir l'espoir de changer un jour de catégorie et de rejoindre celle des favoris. Mais ils courent aussi le risque d'être rétrogradés du jour au lendemain et de se retrouver martyrs.

Quel que soit le rang auquel un homme accède auprès de Ninon – hormis le bref privilège du « caprice » –, il cumule sa fonction avec celle de payeur, car selon le credo de la jeune femme, être riche est pour un homme la moindre des choses.

Les conditions qu'elle met au don de soi la rendent encore plus désirable pour les postulants. Faire sa conquête ne procède pas seulement d'une satisfaction charnelle, mais assure également au gagnant du gros lot une véritable auréole. Être choisi par Mademoiselle de Lenclos confère une véritable notoriété, comme une lettre de noblesse sur la Carte du Tendre. En cela, elle donne naissance à une tradition, qui se perpétuera à travers les siècles. Ainsi, à la fin du XIXe siècle, posséder une maîtresse en renom, lui assurer un train de vie royal étaient un signe de réussite tout aussi flatteur que la possession d'un château sur les bords de la Loire…

Du coup, les « tarifs » de la belle vont grimper sans qu'elle ait besoin de procéder elle-même à leur réajustement. Pour oser aborder Ninon, il ne faut surtout pas lésiner.

En femme de tête, elle comprend qu'il n'est plus question de se gaspiller. Elle fait donc le ménage dans sa vie amoureuse. L'infortuné Coulon fait les frais de cette décision. Plusieurs raisons justifieront sa disgrâce : compromis au moment de la Fronde, il est mal vu de la Cour et ne peut plus assurer aucune protection à la jeune femme, mais surtout, il a perdu beaucoup d'argent et c'est là pour elle une faute impardonnable ! La rupture avec Coulon ne passe pas inaperçue dans cette société où la médisance est un exercice quotidien. Un chansonnier connaîtra un vif succès en célébrant l'événement par des vers dont le bon goût laisse à désirer – qu'on en juge plutôt :

« Coulon est dans son lit
Qui, faute d'assistance,
Coulon est dans son lit
Qui se branle le vit *(sic)*
Reniant Chrême et carême,
Disant, le vit au poing,
Qu'il se foutrait lui-même,
Mais son cul est trop loin. »

Si elle répudie Coulon, prudente, Ninon conserve un autre payeur fidèle : le comte d'Aubijoux. Elle se rapproche même de lui en quittant sa demeure de la rue des Trois-Pavillons pour emménager au faubourg Saint-Germain, dans un appartement d'un luxe digne d'elle. En outre, elle a « promu » un nouveau payeur, en la personne de Léon Foureau, riche négociant en viandes ; en raison de ses manières frustes, il n'est évidemment pas question qu'il ait droit à la moindre faveur. Le seul privilège que Ninon lui accorde... c'est de régler ses dépenses ! Quand elle fait l'acquisition d'une toilette ou d'un bijou, au commerçant qui lui présente sa facture, elle déclare négligemment : « Monsieur Foureau vous paiera. » Et Monsieur Foureau paye en effet, avec une bonne volonté qui n'a pas de limites.

La présence des *payeurs* et des *martyrs* n'empêche pas que Ninon ait aussi des compagnons de plaisir. En ces années 1650, parmi plusieurs autres, distinguons-en quelques-uns qui auront droit à trois semaines d'amour – un record avec Ninon. Il y a d'abord un jouvenceau nommé Moreau. Il a dix-huit ans et Ninon l'impressionne à un tel point qu'il n'ose pas profiter des faveurs qui lui sont offertes : il faut que Ninon elle-même lui donne le signal du « départ ». Leur idylle ne dure guère plus longtemps que ce que vivent les roses, quelques semaines, mais quelles semaines ! Ninon apprécie ce contact de chair « fraîche » qu'elle s'est autorisée mais il ne saurait lui faire perdre la tête. Le jeune Moreau, quelles que soient ses qualités, va devoir « passer à la caisse ». Mademoiselle de Lenclos en fait une question de principe.

Ce sera le cas également pour le marquis Henri de Vassé et pour le comte de Rambouillet. Tous deux ont l'âge de Ninon et sont d'un physique agréable, ce qui leur a valu d'accéder d'emblée au rang de favoris, mais qui ne les dispense pas de verser leur « obole ». Vassé, dont les succès féminins ne se comptent plus, accepte pourtant de payer royalement la conquête de Ninon. C'est aussi le cas d'Antoine de Rambouillet, que la belle a prévenu du sort qui l'attend : « Je crois que je t'aimerai trois mois et c'est infini pour moi », lui a-t-elle écrit. Malgré cela il accueille la jeune femme dans sa luxueuse propriété du bord de la Seine où elle se comporte en souveraine des lieux. Petit détail, qui rend l'aventure encore plus pittoresque, Rambouillet est marié, mais son épouse s'accommode fort bien de la présence sous son toit de la maîtresse de son mari. Bien mieux : les deux jeunes femmes deviennent les meilleures amies du monde.

Vassé et Rambouillet doivent être sérieusement accrochés, puisqu'ils accepteront bientôt de descendre de leur piédestal et de continuer de payer sans plus rien recevoir en échange !

Le jeune marquis Henri de Sévigné est plus heureux puisqu'il est promu favori par Ninon sans rien lui donner, à l'exception d'une petite bague sans valeur. Henri vient d'épouser celle qui, avec ses *Lettres*, fera passer le nom de Sévigné à la postérité. Lui aussi est un beau garçon auquel sa passion des femmes finira par faire perdre la vie. Devenu l'amant d'une femme mariée, il sera provoqué en duel, non par le mari de la dame, mais par un autre de ses amants. Ce duel lui sera fatal. En attendant, Ninon s'est entichée de lui, bien que Vassé soit toujours en poste, mais pour elle ce n'est pas un obstacle et elle continuera de jurer fidélité au pauvre Vassé qui ne se doute de rien. Marie de Sévigné, elle, est au courant des relations de son mari avec la courtisane ; apparemment, cela ne la dérange guère. Il faut dire que l'illustre épistolière n'attache aucun intérêt aux plaisirs de la chair et n'en éprouve nulle satisfaction. Lors de ses brèves étreintes avec son mari, elle est hantée par la crainte de tomber enceinte et d'avoir à affronter l'épreuve de l'accouchement. À cette époque il est vrai, nombre de femmes meurent en mettant un enfant au monde. Chez la marquise cette appréhension prendra de telles proportions qu'après avoir donné deux enfants à son mari, elle lui fermera au nez la porte de sa chambre. Plus tard, lorsque sa fille sera mariée, elle lui prodiguera des conseils d'abstinence et ira jusqu'à coucher auprès d'elle lorsque la jeune femme en compagnie de son époux lui rendra visite. Malgré cet interdit, Madame de Grignan n'en donnera pas moins naissance à quatre enfants. Elle n'avait pas en effet le même point de vue que sa maman sur la question du plaisir.

Quant à Henri de Sévigné, il vivra avec Ninon une passion violente. Pourtant bien que fort amoureuse du jeune homme, Ninon ne néglige pas le cours de ses affaires.

Un nouveau payeur s'est présenté, le comte de Jaucourt. Celui-ci jouit auprès des femmes d'une réputation flatteuse, si l'on en croit ces vers qu'il a inspirés :

« Contre ce fier démon, voyez-vous aujourd'hui
Femme qui tienne ?
Et toutes cependant sont contentes de lui,
Même la sienne. »

En dépit de ses talents, cet « artiste » ne tiendra pas plus longtemps que ses prédécesseurs. Il laisse la place à deux nouveaux martyrs, de conditions fort différentes, puisque si l'un d'eux est un grand seigneur, le comte de Choiseul, l'autre est un simple danseur du nom de Pécourt. Un jour une collision se produit. Pécourt, pour rehausser son prestige, éprouve le besoin de revêtir un uniforme militaire de fantaisie. C'est dans cette tenue qu'il est surpris, auprès de Ninon, par Choiseul, qui a éprouvé le besoin de lui rendre visite à l'improviste. Considérant l'uniforme de son rival, le comte l'interroge d'un air hautain : « Puis-je vous demander dans quel corps vous avez servi ? »

Le danseur ne se démonte pas et sa réplique ne manque pas d'esprit : « Monseigneur, je sers dans un corps où vous servez vous-même depuis longtemps ! »

Choiseul le prend mal ; il fait une scène violente à Ninon et, pour l'impressionner, lui rappelle ses titres. Comment oser tromper un homme en ayant tellement ? Alors, Ninon, moqueuse, de lui lancer : « Ah, ciel, que de vertus vous me faites haïr. »

Pliant l'échine sous une telle repartie, Choiseul n'insiste pas davantage. Il ne lui reste plus qu'à se retirer… sans pour autant retirer sa commandite, car quitter publiquement la vie de Ninon le déconsidérerait aux yeux de ses relations.

3

Si Dieu apparaît aux femmes, c'est qu'il tient à leur faire part d'un mystère qu'il veut rendre public.

Ninon de Lenclos

Elle nous le démontre à plusieurs reprises, le goût de l'argent chez Ninon ne suffit pas à déterminer un choix. Mais chez elle le plaisir est fugitif, il s'éteint aussi vite qu'il s'est allumé. Bien qu'elle soit toujours demeurée discrète quant à sa sensualité, on peut en déduire qu'il est bien difficile de lui faire perdre la tête, ce qui lui permet de conserver sa lucidité en toutes circonstances. Alors qu'en bonne technicienne de l'amour charnel, elle fait le bonheur de ses partenaires de lit, elle ne le partage qu'en apparence et peut ainsi leur faire croire tout ce qu'ils ont envie de croire.

Parfois, il y a pourtant des moments où elle n'est pas obligée de jouer la comédie pour satisfaire l'orgueil de son compagnon. Sévigné a inspiré à Ninon un désir assez fort pour qu'elle néglige de le faire payer et assez fort également pour qu'il lui procure des satisfactions, que ses autres amants sont incapables de lui apporter.

Le marquis ne fait pas partie du troupeau des payeurs et inspire à Ninon des sentiments jusque-là inconnus. Lui-même est fort épris de la belle et il en fait la confidence à son parent Bussy de Rabutin-Chantal.

Choix étrange que celui du propre cousin de son épouse. Bussy, dont la discrétion n'est pas la qualité dominante, s'empresse de répéter les propos qu'il a entendus à la marquise : « Sévigné me remit sur le chapitre de sa bonne fortune et, après m'avoir dit mille avantages qu'il y avait d'être amoureux, il conclut pour me dire qu'il le voulait être toute sa vie, et même qu'il l'était alors de Ninon autant qu'on pouvait l'être. »

Oui, pour une fois, Ninon se laisse emporter par la passion. Que Henri de Sévigné soit marié ne représente pas un obstacle pour elle ; elle aime et ne veut rien savoir d'autre. De son côté, Henri est comblé. Sous l'empire de son bonheur, il est incapable de le garder pour lui et redouble de confidences à son ami Bussy. Ainsi, au lendemain d'une nuit ardente passée avec Ninon, il confesse à Bussy : « Je suis heureux et elle aussi a été heureuse, vous pouvez m'en croire ! J'ai passé la plus agréable nuit du monde et elle tout pareil ; ai-je besoin d'ajouter que ce n'est pas avec votre cousine ; c'est avec Ninon. »

À peine Bussy a-t-il recueilli ces confidences que, selon son habitude, il les rapporte à Madame de Sévigné. Bussy a des raisons pour se montrer aussi peu discret ; lui-même est épris de sa cousine et il espère qu'en lui dévoilant les tromperies de son mari, elle sera tentée de lui rendre la pareille et le choisira, lui Bussy, comme instrument de sa vengeance.

Ses espoirs sont déçus : Madame de Sévigné ne voit aucun inconvénient à ce que son mari aille chercher ailleurs les étreintes qu'elle lui refuse ; ainsi n'a-t-elle pas à se soumettre à ses avances. Il en sera de même avec tous ceux qui aspireront à ses faveurs. La marquise de Sévigné ne mange pas de ce pain-là, qu'on se le dise !

Débarrassé de tout scrupule conjugal, Henri de Sévigné ne s'en montre que plus empressé auprès de Ninon. Les semaines qui suivent sont des semaines de lune de miel pour les deux amants.

Non seulement Sévigné, en Ninon, a découvert une maîtresse experte aux jeux de l'amour, devinant ses désirs sans qu'il ait besoin de les formuler, et les satisfaisant aussitôt, mais aussi une complice qui partage ses idées. Leur entente se poursuit au-delà des plaisirs physiques. La conversation de Ninon est parsemée de mots d'esprit, de réflexions pertinentes, de pensées judicieuses. Depuis qu'ils se sont rencontrés, ils ont toutes les peines du monde à demeurer un jour loin de l'autre. Tous deux ont trente ans et sont bien décidés à jeter leur jeunesse dans une course éperdue vers le bonheur. Ils ne se font guère d'illusions sur les vertus pérennes de l'amour, raison de plus pour en profiter le plus vite et le plus largement possible. Rien qu'en se regardant, ils ont compris qu'ils étaient de tempérament volage, mais cette constatation n'a pas diminué leur ardeur réciproque. Bref, chacun considère l'autre comme une occasion à ne pas laisser passer.

C'est dans l'hôtel de la marquise de La Sablière qu'ils se sont connus. Sévigné était assis en face de Ninon et celle-ci le contemplait avec attention comme elle l'aurait fait d'une œuvre d'art. Elle admirait ce visage gracieux que la maturité disputait déjà à l'adolescence, ces longs cheveux bouclés qui dessinaient une sorte d'auréole et ces mains fines et nerveuses qui promettaient des caresses enivrantes. À un moment, dans la conversation, d'une voix assez forte pour être entendu de Ninon, le marquis a lâché : « Ma femme est froide. » Pour être indirecte, l'invitation n'en était pas moins précise ; elle a suffi pour que la jeune femme se sente encouragée à faire le premier pas. Ce n'est d'ailleurs ni la première ni la dernière fois que cela lui arrive : quand un homme lui plaît, elle ne fait pas de manières. Posant sa main sur celle du garçon, elle lui murmure : « Chez moi, demain… »

C'est ainsi qu'a débuté cette histoire d'amour. Ninon va mettre une sorte de coquetterie à refuser le moindre présent de son galant : « Je me refuse à l'ajouter à la collection de mes *martyrs* ; j'ai bien le droit d'aimer parfois un homme pour lui-même. »

Ce luxe – car pour elle, c'en est un –, elle se l'offrira pendant quelques semaines, après quoi, elle renverra le marquis à son épouse. Celle-ci, dans le même temps, a repoussé de nouveaux assauts du cousin Bussy, qui s'obstine toujours à poursuivre cette conquête chimérique. Témoin, ce billet brûlant qu'il lui adresse :

« Comme j'ai commencé à vous servir, je ne vous abandonnerai pas dans l'état où vous êtes. Vous savez que la jalousie a quelquefois plus de vertu pour retenir un cœur que les haines ou que le mérite ; je vous conseille d'en donner à votre mari, ma belle cousine, et pour cela, je m'offre à vous. Aimez-moi et je vous aiderai à vous venger en vous aimant toute ma vie. »

La suite tient du vaudeville. Le messager, auquel a été confié le billet, se trompe de destinataire : au lieu de le remettre à la marquise de Sévigné, il le remet au marquis. Et comme il s'enquiert pour savoir s'il y a une réponse, non sans malice, Henri lui déclare : « Non, je ne crois pas qu'il y aura une réponse. »

La séparation d'avec Ninon intervient peu après. Nulle amertume n'accompagne cette rupture : ce n'est pas dans les habitudes de la courtisane qui s'efforce de rester amie avec ceux quelle quitte. Il en serait donc de même avec Henri de Sévigné, si celui-ci n'était fâcheusement tué dans un duel.

Cette fin brutale ne manque pas de chagriner Ninon, mais elle n'est pas de ces femmes qui se complaisent dans le deuil. Elle se met en quête d'un remplaçant et n'a nulle peine à le trouver en la personne d'un gentilhomme très répandu dans les milieux mondains, Alexandre d'Elbène. Elle le sait fort amateur du beau sexe. Durant un dîner où tous deux sont conviés, elle lui dit : « Monsieur d'Elbène, vous souhaitez des maîtresses pour chacun des jours de l'année, alors, si vous le voulez, je vous réserve pour le mois de février ! Congédiez mes rivales. »

On ne saurait être plus direct. D'Elbène est si troublé par la proposition qu'il en a l'appétit coupé. L'appétit… mais pas le reste ! Et les voici devenus amants, sans même avoir attendu le mois de février en question. Malheureusement, pas moyen de faire du nouveau venu un *martyr* de plus. S'il vit sur un grand pied, d'Elbène est endetté jusqu'au cou et traîne derrière lui pas moins de quatre-vingts procès. Ninon a été trompée sur la marchandise ! Bonne fille, elle n'en tient pas rigueur au garçon et comme son cœur est généreux, elle va même jusqu'à demander de l'argent à un autre de ses adorateurs afin de renflouer l'infortuné. C'est le marquis de Vassé, déjà nommé, qui fera les frais de l'opération. Sans qu'il s'en doute, bien entendu… Et Ninon poursuit ses exploits amoureux.

Pourtant, il ne faudrait pas croire qu'à l'époque tout est rose dans la vie d'une courtisane. Les succès que connaît Ninon auprès des hommes ont pour corollaire de provoquer la jalousie des femmes. Parmi ces dernières, il en est beaucoup qui lui envient la liberté de ses mœurs et qui brûlent du regret de ne pas pouvoir en faire autant. Par ailleurs, grisée par sa réussite, Ninon commet parfois des imprudences. Ainsi, pendant le Carême, elle refuse de faire maigre et ne s'en cache pas. Bien pire, elle donne chez elle de fastueux dîners où les convives font ripaille sans la moindre gêne. Voilà ce que l'Église considère comme péché mortel. Or, l'Église est encore toute-puissante et il n'est pas bon de braver ses commandements, du moins trop ouvertement. Ninon est la première à donner à ses convives le signal de la dissipation. Ce qui va lui valoir de graves mécomptes.

Un soir, au début de l'année 1651, alors qu'elle a fait servir à ses commensaux un repas bien arrosé, l'un d'eux jette un os par la fenêtre. Ce geste, qui nous semble incongru aujourd'hui, n'a alors rien d'exceptionnel. Malheureusement le hasard fait que l'os atterrit sur la tête d'un prêtre qui passait sous les fenêtres de la belle. Le prêtre va se plaindre aussitôt au curé de Saint-Sulpice, la paroisse de Ninon. Aggravée par les commérages du voisinage, l'affaire fait grand bruit. Le curé de Saint-Sulpice entend faire payer cher à Ninon son insolence et la menace d'une arrestation. Ninon, parmi ses admirateurs, compte plusieurs hauts personnages. Deux d'entre eux, Monsieur de Candale et Monsieur de Mortemart, vont trouver le bailli qui instruit l'affaire et le prient de ne pas donner suite. Soucieux de son avenir, le bailli obtempère et absout Ninon. Mais entre-temps, les deux protecteurs de la jeune femme se sont brouillés et leur querelle a fait scandale. L'écho en parvient aux oreilles de la reine régente qui, à son tour, décide de punir l'insolente. Elle est menacée d'enfermement au couvent des Filles perdues. La suite de l'histoire, c'est Voltaire qui nous la conte :

« Une question entre deux de ses amants fut cause qu'on proposa à la reine de la faire entrer dans un couvent. Ninon, à qui on le dit, répondit qu'elle le voulait bien, pourvu que ce fût dans le couvent des Cordeliers. On lui dit qu'on pourrait bien la mettre aux Filles repenties ; elle répondit que cela n'était pas juste, parce qu'elle n'était ni fille, ni repentie ! Elle avait trop d'amis et était de trop bonne compagnie pour qu'on lui fît cet affront. Enfin la reine, qui était très indulgente, la laissa vivre à sa fantaisie. »

C'est en effet devant Anne d'Autriche elle-même que Ninon a comparu et c'est à elle qu'elle a osé demander qu'on l'enferme au couvent des Cordeliers. Or, il s'agit là d'un couvent qui offre un grand attrait pour Ninon car ses pensionnaires… sont des hommes ! Cette requête insolite a le don de faire éclater de rire la reine : « Fi, la vilaine ! s'écrie-t-elle. Qu'elle s'en aille où elle voudra ! »

Une fois encore l'esprit de Ninon, son sens de la repartie se sont manifestés et lui ont été d'une aide précieuse.

L'incident ne guérit pas la jeune femme de ses habitudes. Elle revendique sa liberté dans tous les domaines, celui de la religion comme celui de l'amour. Elle n'est pas plus disposée à subir le joug de l'Église qu'elle ne l'est à supporter celui des hommes. Elle continue donc de pécher et de le faire savoir. Pire encore, elle entraîne ses admirateurs à sa suite et ceux-ci, pour lui plaire, vont jusqu'à la profanation de certains rites. Ainsi un chansonnier du nom de Blot écrit-il une chanson que Ninon interprète de sa jolie voix, en s'accompagnant au luth. Son insolence, si elle lui vaut la condamnation du parti des dévots, lui vaut aussi des rires de bien des gens de la Cour. Dans cette chanson, Blot associe habilement le charme de Ninon à l'attirance qu'il ressent pour elle :

« Malgré ma maudite luette
Qui rend ma muse un peu muette,
Puisque l'adorable Ninon
Trouve bon qu'on chante au carême
Je ne lui dirai jamais non ;
Plût à Dieu qu'elle en fît de même. »

Le garçon est récompensé de sa chanson par Ninon de la manière dont on se doute, ce qui l'encourage à récidiver. Cette fois, c'est Coulon, qui fut le premier « payeur » de Ninon, qu'il met en scène :

« Coulon est un fort galant homme.
En dépit du maître de Rome
Il nous donne de bons repas
Bonne chère, point de contrainte.
Ah, que j'aime le Mardi gras,
Quand il vient en semaine sainte ! »

Cet emploi du temps de Ninon, que nous pouvons suivre presque jour après jour, nous le devons au premier de ses fidèles, Charles de Marguetel de Saint-Denis, seigneur de Saint-Évremond. Comme son nom nous l'indique, il appartient à une grande famille, mais il lui plaît de vivre en marge afin de conserver son indépendance et sa liberté de langage. Tout au long de sa vie, il se passionnera pour les faits et gestes de la courtisane et entretiendra avec elle une correspondance abondante.

Après avoir servi courageusement aux armées dans le sillage du Grand Condé, Saint-Évremond s'est tourné vers la carrière des belles-lettres, ce qui nous vaut sa fréquente relation des activités de Ninon de Lenclos.

Par ailleurs, Saint-Évremond a été l'amant de Marion Delorme. C'est chez elle que Ninon le rencontre et se lie tout de suite d'amitié avec lui. Très souvent Marion les accueille à sa table. Hélas, elle va bientôt succomber après un avortement ! Ce n'était pas le premier qu'effectuait la courtisane et son état de santé en avait été sérieusement compromis. Le chagrin qu'éprouvent Ninon et Saint-Évremond de la mort soudaine de la jeune femme contribue à les rapprocher encore plus l'un de l'autre. Tout naturellement, c'est en vers qu'en bon poète Saint-Évremond pleure la disparue :

« Philis n'est plus, tous ses appas
Aussi bien que toutes mes larmes,
Contre la rigueur du trépas
Ont été d'inutiles armes. »

Ninon s'efforce de dissiper le chagrin de son ami et dispose pour cela d'arguments irrésistibles... Oui, elle est sincèrement affectée par la perte de Marion. Celle-ci lui avait servi de modèle pour accomplir ses premiers faux pas ! Il n'en demeure pas moins que Ninon se trouve maintenant sans rivale dans le domaine de la galanterie. Sa « clientèle » va s'en trouver élargie dans de vastes proportions, au point qu'arrivée dans sa trentième année, Ninon ne sait plus littéralement où donner... de la tête. Heureusement, cette tête est solide et Ninon s'y entend pour en tirer profit.

Ses amours se déroulent dans un climat agité. La Fronde a atteint une telle intensité qu'elle devient une menace sérieuse pour la stabilité du régime. Au début, cette révolte n'est pas tellement prise au sérieux. D'ailleurs le nom qu'on lui donne, la Fronde, n'évoque-t-il pas un jeu d'enfant ? Mais bientôt la situation va prendre un tour dramatique.

Comment est né ce mouvement qui va mettre en péril le jeune roi Louis XIV et la reine mère Anne d'Autriche ? Comme il arrive souvent, ce sont les embarras financiers que connaît alors le royaume qui sont à l'origine des troubles. Les caisses sont vides, la misère du peuple est immense, un mécontentement général agite les membres du parlement. En refusant d'entériner les mesures décidées par Mazarin au nom du roi, les parlementaires vont mettre le feu aux poudres. Le roi ayant tenu un « lit de justice » afin d'imposer ses décisions, ils osent traiter ce lit de justice de formalité sans valeur et nomment des députés qui délibéreront sur la réforme de l'État. La reine mère est furieuse de cette atteinte aux droits souverains de son fils et donne l'ordre d'arrêter le conseiller Broussel et les principaux meneurs de l'opposition parlementaire. Cette décision déchaîne une série de troubles violents qui gagnent toutes les classes de la société. Au mécontentement populaire, s'ajoute maintenant celui de l'aristocratie.

Les grands du royaume sont à présent en révolte ouverte contre le roi et ont à leur tête le Grand Condé en personne. Monsieur le Prince estime qu'il n'occupe pas le rang auquel sa haute naissance lui donnerait droit, d'où son entrée en dissidence. Heureusement pour le jeune Louis XIV et sa mère, il semble qu'en combattant son roi, Condé ait perdu son génie guerrier. Quand il se heurtera à Turenne, demeuré fidèle au pouvoir en place, il subira de sérieux échecs. Il n'empêche qu'autour de Condé se sont groupés de nombreux membres de la noblesse qui rejoignent ainsi dans l'opposition les parlementaires et les couches populaires. La Fronde est en train d'embraser le pays.

La haine des Frondeurs s'est cristallisée autour de Mazarin. L'Italien est devenu la bête noire des Français. Chaque jour, de nombreux pamphlets vouent le ministre aux gémonies. Il est accusé de toutes les prévarications – ce qui est vrai en partie –, mais plus tard, dans ce domaine, nous verrons bien des politiciens rivaliser avec lui. Ce qui aggrave encore plus la colère générale contre Mazarin, c'est le fait qu'il soit ouvertement le favori de la reine mère et que celle-ci ait pratiquement abdiqué tous ses pouvoirs entre ses mains. Parmi les plus virulents à brocarder le ministre, le poète Scarron se distingue : ses mazarinades – comme il nomme lui-même les flèches qu'il dirige contre Mazarin – sont sur les lèvres du Tout-Paris dont la plus fameuse :

« Un vent de Fronde
S'est levé ce matin,
Je crois qu'il gronde
Contre le Mazarin. »

Ninon, qui entretient avec Scarron des liens d'amitié qui ne se briseront jamais, prend un malin plaisir à réciter ces mazarinades lors des réceptions auxquelles elle est conviée.

Chaque jour, la situation empire au point que bientôt le roi et sa mère, menacés dans leurs personnes, sont obligés de fuir Paris et se réfugient à Saint-Germain. Ninon suit d'un regard amusé la tragi-comédie qui se déroule sous ses yeux. Elle n'y attache qu'une importance relative, tout occupée qu'elle est à soigner ses intérêts. Bientôt, un homme va entrer dans sa vie et l'éclairer d'une lumière nouvelle.

C'est à l'abbé François de Boisrobert qu'elle va devoir cette rencontre. Boisrobert fait partie de ces privilégiés si chers au cœur de Ninon. Nul malentendu ne vient compliquer leurs relations, qui se situent sur le terrain de l'amitié et ne sauraient jamais se confondre avec un autre sentiment. Avec Boisrobert la situation est d'autant plus claire que ses préférences le portent exclusivement vers les jeunes garçons. Son esprit caustique, sa bonne humeur toujours en éveil ont séduit Ninon, comme ils lui avaient attiré la bienveillance du cardinal de Richelieu, quelques années auparavant.

C'est sur les conseils de Boisrobert en effet que le cardinal a procédé à la création de l'Académie française et qu'il en est devenu le protecteur. L'abbé et Ninon se rencontrent souvent et se livrent à des joutes spirituelles qui font leurs délices. Un soir, Boisrobert lui décrit la personnalité d'un de ses amis en des termes qui éveillent aussitôt son intérêt : « Il porte grand, lui dit-il. Ses cheveux changent de couleur dans la lumière, ses yeux bleus en amandes sont étonnamment écartés. Il a une figure de statue égyptienne. »

Pour compléter ce portrait flatteur, Boisrobert ajoute qu'il a trente-trois ans, qu'il a servi comme capitaine dans les gardes du duc d'Orléans et qu'il est un chasseur enragé.

Ces informations ne peuvent que séduire Ninon. Voici enfin un homme véritable, loin de ces petits personnages falots qui peuplent les salons qu'elle fréquente. Boisrobert ajoute qu'il se nomme Louis de Mornay, marquis de Villarceaux, et qu'il est à la tête d'une jolie fortune. Ce dernier détail ne peut que captiver Ninon.

Cependant, autour de nos deux personnages les combats de la Fronde vont s'apaiser peu à peu. Afin de désarmer la haine de ses ennemis, Mazarin fait semblant d'abandonner le pouvoir et de retourner en Italie. Du coup, le climat se détend. Condé, qui avait été arrêté avec quelques-uns de ses partisans, sort de prison. La reine mère et le jeune roi reviennent à Paris. Très vite, la Cour oubliera le péril qui a failli lui être fatal. Quant à Mazarin, il n'a jamais cessé de correspondre secrètement avec Anne d'Autriche et de lui prodiguer des conseils. Bientôt, profitant de la fin des hostilités, il va reprendre sa place à la tête du gouvernement, pour la plus grande satisfaction de la reine mère.

De leur côté, Ninon et Villarceaux donnent libre cours aux sentiments qui les submergent, car c'est un véritable coup de foudre qui s'est abattu sur eux. Ces deux libertins, amoureux de tous les plaisirs, sont faits pour s'entendre et ils ne vont opposer aucune résistance au vertige qui s'empare d'eux. Pourtant, toujours aussi habile, Ninon ne cède pas tout de suite, ce qui a pour résultat d'exacerber davantage les désirs de Villarceaux et d'enflammer aussi sa jalousie. Le beau marquis est d'un tempérament possessif et ce qu'il sait du passé amoureux de Ninon contribue encore plus à le rendre soupçonneux. Il a tort. Bien que ce ne soit pas son genre, Ninon va lui être fidèle, du moins dans les commencements. Car elle s'abandonne avec délice à cette passion qui déferle. La sensation lui est nouvelle ;

jusqu'alors, ses plus longues histoires d'amour n'ont duré que quelques semaines. Avec elle, jamais l'expression populaire « un clou chasse l'autre » n'a revêtu une telle signification. Mais cette fois, les battements de son cœur, quand elle est en présence de son nouvel amant, lui disent qu'elle a rencontré celui qu'elle attendait.

À cet éblouissement sentimental s'ajoute une complicité sexuelle qu'elle n'a peut-être encore jamais ressentie. Le plaisir, qu'elle a cherché auprès des nombreux hommes qu'elle a connus, se refusait à elle ; et voilà que le miracle s'accomplit. Dans les bras de Villarceaux, elle atteint une sorte d'apothéose. Saint-Évremond, pour lequel elle ne semble pas avoir de secrets, y fait une allusion pudique : « Quelle surprise dut-elle connaître, elle qui se plaisait à afficher un certain mépris pour des plaisirs qu'elle ignorait. Avec le marquis de Villarceaux son horizon s'éclaircissait, elle était comme le voyageur qui s'aventure dans un pays inconnu. Pourvu que son voyage se poursuive aussi heureusement. »

Saint-Évremond ne croit pas si bien dire. Villarceaux, lui aussi tout à la joie de cet amour naissant, désire mettre son bonheur à l'abri. Il se méfie de Paris et des tentations multiples qui guettent les femmes telles que Ninon. Justement, la jeune femme va lui fournir une preuve de son attachement.

Elle décide de faire table rase de son réseau d'admirateurs. Plus question de « martyrs », de « favoris », ni de « payeurs », Villarceaux ne saurait être assimilé à aucun de ces personnages. Pourtant, malgré le nouveau mode de vie que Ninon observe, la jalousie de Villarceaux ne s'apaise pas. Tous les stratagèmes lui sont bons pour contrôler les faits et gestes de sa maîtresse ; certains sont à peine croyables et feront éclater de rire ses amis lorsque l'indiscrétion d'un domestique les révélera. Villarceaux a eu l'idée d'engager plusieurs nains qui se relaient… sous le lit de Ninon, afin de vérifier qu'un « corps étranger » ne s'y glisse pas auprès d'elle !

Les nains ne parviennent pourtant pas à calmer les angoisses du marquis. Leurs rapports font état du calme plat qui règne dans la couche de Ninon, sans que pour autant il cesse de douter de sa fidélité. Il prend alors la résolution de l'éloigner de Paris et de son milieu. En vérité, la jalousie n'est pas le seul motif qui pousse Villarceaux. D'abord, à Paris, la Fronde provoque encore des soubresauts, mais surtout, Ninon lui apprend qu'elle est enceinte. En courtisane consciente des obligations de son « métier », elle est prête à se faire avorter. Villarceaux ne l'entend pas de cette oreille ; il prend l'engagement de reconnaître l'enfant, de veiller à son éducation et de l'établir quand il atteindra l'âge adulte.

Promesse imprudente : Villarceaux est marié et c'est à la dot de son épouse qu'il doit les trois quarts de sa fortune. Malgré cette situation délicate, il est bien résolu à tenir ses engagements et il les tiendra contre vents et marées. Pas question donc que Ninon coure le risque d'une intervention comme celle qui a emporté la pauvre Marion Delorme. Mieux encore : pour que la naissance de leur enfant s'opère loin des regards malveillants, il va conduire Ninon dans une discrète retraite de province. Lui-même doit d'ailleurs quitter Paris pour rejoindre son château de Villarceaux, où sa femme réclame sa présence. Mais il n'est pas question pour lui de vivre loin de celle qu'il aime. Il va donc la conduire au cœur du Vexin, au château de Rueil, situé à moins de dix lieues de son propre château. Le domaine de Rueil appartient à l'un de ses amis, le marquis de Valliquierville, et ce ne sera pas la seule marque de soutien que celui-ci apportera aux amours de Villarceaux et de Ninon.

Charles de Valliquierville n'est pas un personnage ordinaire. Quelques années auparavant, il avait risqué la potence en complotant contre Richelieu. Dès le début de la Fronde, dans le sillage du cardinal de Retz, il avait pris résolument parti contre Mazarin. D'esprit libertin, il se proclame disciple de Pythagore et affirme que son système philosophique lui interdit de consommer toute nourriture provenant d'un être vivant. Mais ce végétarien n'en donne pas moins à ses hôtes de fastueux dîners où l'on fait bonne chère. Attiré par les sciences occultes, d'un voyage à Venise il a ramené un rabbin qui lui a enseigné les secrets de la kabbale. Il lui a recommandé de ne manger que des herbes afin de se dégager « de toute vapeur grossière ». Valliquierville s'est également initié au judaïsme dont il a adopté les croyances.

C'est donc lui qui va tenir compagnie à Ninon lorsque Villarceaux la quitte pour regagner le château conjugal. Avec un tel compagnon, elle ne saurait s'ennuyer. D'esprit curieux comme on le sait, elle poursuit avec son hôte de longues digressions philosophiques qui les tiennent éveillés jusque fort avant dans la nuit. Se bornent-ils à philosopher ? Certains des biographes de Ninon en ont douté. Valliquierville, après tout, n'a que cinquante-six ans, un âge où un libertin de son espèce s'intéresse encore au genre féminin. Passant ses journées avec cette jolie femme, comment ne serait-il pas tenté d'aborder d'autres domaines que ceux de la réflexion philosophique ? L'amour de Ninon pour Villarceaux vient à l'encontre de ces suppositions, de même que l'amitié fidèle et le dévouement constant de Charles de Valliquierville pour Villarceaux. Et puis, ne l'oublions pas, Ninon aime… Elle aime d'une passion qu'elle n'a jamais rencontrée jusqu'alors et qui explique ce comportement, tout à fait insolite chez elle : celui d'une femme fidèle !

Ce qui l'attache encore plus à Louis de Villarceaux, c'est ce fruit de leurs amours auquel elle va bientôt donner le jour. Pour l'enfant du péché, ils échafaudent les projets les plus souriants, en premier lieu celui de l'aimer tendrement. Tout au bonheur de cette future naissance, ils en oublient les précautions qu'ils devraient prendre pour que le bruit de l'événement ne se répande pas. Aux termes de la loi qui règne alors, il y a péril pour une femme à se montrer enceinte d'un homme marié. Elle risque de se retrouver placée d'autorité dans un couvent ou, pire encore, embarquée pour les Amériques avec les prostituées. Ces menaces ne rendent pas Ninon plus prudente ; elle est fière de porter l'enfant de l'homme qu'elle aime et elle entend le faire savoir. Comme l'écrit un chroniqueur du temps, « elle se considère dès maintenant comme l'épouse de

Villarceaux, comme une épouse mieux que la véritable, dévouée à son bonheur. Le marquis lui témoigne un amour de plus en plus exalté ».

Cette exaltation va pousser le jeune homme à une suprême imprudence. Avide de partager avec sa maîtresse ses jours et ses nuits, il lui fait quitter le château de Valliquierville et l'invite dans sa propre demeure. La marquise de Villarceaux a regagné Paris depuis quelques semaines et la voie est libre. Mais pour combien de temps ?

Qu'importe ! Les deux amants dévorent leurs plaisirs à pleines dents comme si aucun obstacle ne pouvait les arrêter. Villarceaux a installé sa maîtresse dans une des deux tours qui flanquent le château. Le logis n'est pas très vaste mais n'en plaît que davantage à Ninon par son intimité. Elle va passer dans cette tour les plus agréables moments de son existence et son souvenir y demeurera si bien attaché qu'on la nommera désormais « la tour de Ninon ». La chambre qu'elle occupe est d'un luxe discret, ornée de portraits de famille qui doivent se voiler la face pour ne pas assister aux ébats coupables de leur descendant et de sa compagne. La pièce donne sur une bibliothèque dont les rayons dissimulent l'une de ces portes secrètes comme il en existait dans les châteaux d'autrefois. Cette porte donne accès à une sorte de réduit inconfortable mais qui permettrait à Ninon de se cacher en cas de retour inopiné de la marquise.

Dès le jour de son arrivée, Ninon a reçu du marquis une superbe gerbe de fleurs, portant un billet où son amoureux a écrit un poème :

« Prête-moi ton sein pour y boire
Des odeurs qui m'embaumeront
Ainsi mes sens se pâmeront
Dans les lacs de tes bras d'ivoire. »

Sous la conduite de son amoureux, Ninon fait le tour du propriétaire, qui la comble d'une joie enfantine. Longuement elle promène son regard sur un étang aux eaux alanguies. À cette vue, elle est prise d'une de ces envies subites à laquelle, comme d'habitude, elle ne résiste pas : ôtant ses vêtements, elle plonge entièrement nue dans l'étang. Quand elle en sort, elle sent peser sur elle les yeux admiratifs de Louis et s'amuse à le provoquer en s'enfuyant à travers les massifs de fleurs. Ici encore elle laissera le souvenir de son passage, l'étang prendra le nom de « bassin de Ninon ».

Elle a chassé de sa vie tous les généreux donateurs qui lui ont assuré jusqu'à présent une existence confortable. Portée par les élans de son cœur, elle ne s'est pas demandé comment elle ferait pour vivre. Villarceaux va y veiller ; bien qu'elle ait scrupule à lui demander son aide, le marquis va la lui apporter spontanément. Plus tard, quand la liaison aura pris fin – que les lecteurs se rassurent –, Ninon retrouvera aussitôt la source de ses revenus.

Sa grossesse s'écoule normalement. Lorsque le futur héritier se manifeste par quelque mouvement impulsif, Ninon est heureuse de ce témoignage vivant de son amour. Elle qui, avec ses autres amants, tremblait de se retrouver enceinte, qui après chaque étreinte, prenait les précautions les plus insolites pour qu'il n'y ait pas de suite, comme elle apprécie de pouvoir savourer sans crainte le plaisir qu'elle vient de ressentir ! Elle commence à bâtir des projets d'avenir, elle oublie que le père de son futur enfant... en a déjà quatre avec son épouse légitime !

Si Ninon s'efforce ainsi d'effacer de son esprit l'existence de Madame de Villarceaux, il n'en est pas de même chez cette dernière. Comment n'aurait-elle pas connu les frasques d'un mari qui cherche si peu à les dissimuler ? Elle a d'ailleurs l'habitude des incartades conjugales. Juste avant de rencontrer Ninon, le marquis s'est fort diverti avec l'épouse d'un lieutenant général du royaume, appelé par ses fonctions à déserter souvent son foyer. La dame en profitait pour recevoir Villarceaux dans sa chambre. Par une sorte de coquetterie perverse, elle avait placé au-dessus de son lit un portrait de son mari en grand uniforme, qui se trouvait ainsi le témoin involontaire des ébats de sa femme. Cette dernière, prise parfois de remords, s'adressait au portrait d'une voix contrite : « Faut-il que je fasse tort à un si vaillant homme ? Grand héros, me le pardonnerez-vous ? » Puis, ayant ainsi apaisé ses scrupules de conscience, elle retournait à son partenaire et reprenait la « conversation » au point où elle l'avait laissée.

Madame de Villarceaux, jusqu'à présent, a fermé les yeux sur les fredaines de son mari. Il n'en va pas de même avec sa nouvelle liaison. A-t-elle senti que Louis, cette fois, est accroché ? Elle lui fait de fréquentes scènes de jalousie, et porte à Ninon une haine farouche, si l'on s'en rapporte à l'anecdote qui suit.

Lors d'une visite que lui rend l'abbé de Boisrobert, elle appelle son fils aîné. Le garçon est un brillant sujet et la marquise est très fière de lui. Voulant montrer à l'académicien les connaissances latines de son rejeton, elle invite le précepteur de l'enfant à l'interroger devant Boisrobert, en latin.

« Qui fut le mari de Sémiramis ? » demande le précepteur à son élève.

Le jeune Villarceaux se rengorge ; il connaît par cœur l'histoire de Babylone et il sait que Ninus, roi de la cité, fut l'époux de Sémiramis. Mais au lieu de répondre « Ninus », malencontreusement, l'enfant prononce « Ninon ». Sans doute avait-il entendu souvent prononcer ce nom lors des scènes de ménage de ses parents. Quoi qu'il en soit, la marquise sort de ses gonds. Oubliant les bonnes manières propres à son rang, elle apostrophe le malheureux précepteur :

« Vous pourriez vous dispenser d'apprendre de telles ordures à mon enfant ! s'écrie-t-elle. C'est me mépriser que de prononcer ce nom-là chez moi ! »

Cependant, malgré son indignation, la marquise est bien obligée de supporter la nouvelle liaison de son mari. Pour le marquis, il est de moins en moins question de renoncer à sa maîtresse. La grossesse de Ninon se déroule normalement et Villarceaux, afin d'assumer l'avenir de son enfant, décide de placer une somme importante sur sa tête. Dans son souci de discrétion, il fait appel à son ami Valliquierville. Toujours aussi complaisant, ce dernier accepte de servir de prête-nom pour l'opération. Mais l'information vient aux oreilles de Madame de Villarceaux et provoque chez elle une nouvelle crise de fureur. S'adressant à son mari, elle lui lance :

« Que trouvez-vous donc à cette femme que je n'aie pas ? Elle n'est même point belle !

— Peut-être, réplique Villarceaux, mais elle a une conversation et une humeur qui valent toutes les beautés du monde... Y compris la vôtre ! »

Propos peu galants mais qui montrent bien à l'épouse outragée qu'elle a perdu la partie.

Quelques semaines après cette scène, Ninon de Lenclos met au monde un garçon. Rejetant toute prudence, ses parents le revendiquent officiellement. Villarceaux le reconnaît comme étant « Louis de Mornay, fils naturel de demoiselle Anne de Lanclos et de Messire Louis de Mornay, marquis de Villarceaux », nous démontrant que cet infatigable don juan avait aussi le sens de la famille.

Ainsi, Ninon n'a-t-elle pas hésité à braver les commandements de l'Église, et les risques qui en découlent. Ses parents vouent à l'enfant, dès son apparition, une tendre affection dont ils l'entoureront tout au long de leur existence.

Le garçon fera une belle carrière dans la marine sous le nom de chevalier de La Boissière et obtiendra le grade de capitaine de vaisseau. Il se retirera à Toulon où il mourra en 1730, à près de quatre-vingts ans.

Certains chroniqueurs, et même Voltaire, se sont fait l'écho d'une rumeur selon laquelle Ninon aurait donné à Villarceaux un autre enfant qui serait mort en bas âge, mais aucune certitude ne vient confirmer la rumeur.

L'enfant a été placé en nourrice à la campagne, dans les environs de Paris, ce qui permet à ses parents de lui rendre de fréquentes visites. À Paris, toujours en proie à sa jalousie maladive, le marquis a exigé de sa maîtresse qu'elle quitte son appartement de Saint-Germain, marqué de trop de souvenirs galants à son gré. Toujours soumise aux désirs de son amant, Ninon déménage et loue une partie de l'hôtel particulier de Boisrobert, en compagnie de Villarceaux, tout heureux de pouvoir ainsi surveiller de près les faits et gestes de sa maîtresse.

Mais Ninon n'est pas femme à supporter d'être tenue en laisse bien longtemps. Elle prend alors une maison rue de Richelieu, voisine de celle de Boisrobert, ainsi Villarceaux peut-il continuer de la fréquenter... mais d'un peu plus loin.

4

Les premiers billets doux sont ceux que les yeux disent.

Ninon de Lenclos

Bon gré, mal gré, cédant au souci de son adorateur, Ninon s'est éloignée de son cercle habituel et ses amis le déplorent, notamment Saint-Évremond – encore lui :

« Chère Philis, qu'êtes-vous devenue ?
Cet enchanteur qui vous a retenue
Depuis trois ans par un charme nouveau,
Vous retient-il en quelques vieux châteaux ? »

La demi-retraite de Ninon n'a pas diminué son succès. On la regrette, donc on ne l'oublie pas, telle Mademoiselle de Scudéry qui l'évoque dans un de ses livres et détaille complaisamment les charmes multiples de sa personnalité : « Elle se fait un plaisir d'une bagatelle. Elle aime à faire une innocente guerre à ses amis. Cette aimable enjouée a toutes les bonnes qualités des mélancoliques qui ont l'esprit bien fait car elle a le cœur tendre et sensible. Elle sait pleurer avec ses amis affligés, elle sait rompre avec les plaisirs quand l'amitié le demande. »

Un autre de ses thuriféraires, un écrivain du nom de Somaize, dans son *Dictionnaire des précieuses*, n'est pas moins élogieux quand il célèbre « sa mélancolie, sa vivacité d'esprit qui la fait rechercher de tous ceux qui savent goûter le plaisir de converser avec les personnes spirituelles ».

Encore un homme qui a succombé aux grâces de son intelligence et vient s'ajouter à tous ceux qui, en ayant goûté, ne peuvent plus s'en passer. Ce n'est pas autrement que Ninon passera à la postérité.

Parmi les privilégiés qu'elle continue de fréquenter, le poète Paul Scarron occupe une place de choix. L'auteur du *Roman comique* séduit tous ceux qui l'approchent par les jugements ironiques qu'il porte sur le monde. L'impitoyable sort qui a fait de lui un infirme contrefait n'empêche pas son irrésistible penchant pour la gaieté. Contre ses souffrances, le rire est son unique ressource. Il ne cesse alors de plaisanter pour oublier ses maux et aussi pour quémander auprès de généreux donateurs qui l'ont pris en pitié. À son sujet, Villarceaux ne voit rien à redire étant donné l'état pitoyable du malheureux. Sa disgrâce ne l'a pourtant pas empêché de se marier avec une ravissante adolescente de seize printemps, Françoise d'Aubigné, petite-fille du poète Agrippa d'Aubigné, qui fut jadis le compagnon d'armes – et de débauche – du roi Henri IV. Si la jeune personne s'est résolue à épouser l'infirme, c'est pour échapper au couvent dont sa famille la menaçait. D'autre part, l'état physique de son époux la mettait à l'abri de toute relation intime.

Ninon et Françoise vont très vite se lier d'une vive amitié. Une amitié qui se révélera précieuse pour Ninon quand le besoin s'en fera sentir. La jeune Madame Scarron est elle-même promise à un destin d'exception. Quand la mort viendra délivrer son époux de ses souffrances, Françoise se retrouvera veuve. Sa situation peut sembler difficile, heureusement pour elle sa séduction lui est d'une aide précieuse. D'abord gouvernante des enfants naturels de Louis XIV et de la marquise de Montespan, avec habileté, elle supplantera cette dernière dans les bonnes grâces du roi. Elle finira par exercer sur lui une influence grandissante qui la conduira jusqu'à devenir son épouse morganatique. Quelle ascension ! Mais nous n'en sommes pas encore là...

Quant à Ninon, sa liaison avec Villarceaux commence à s'éterniser. Toujours surveillée étroitement par son amant, elle se sent à présent prisonnière. Mauvais signe en amour ! Ses soupirants reprennent soudain l'espoir de voir s'effondrer la forteresse de sa fidélité. Au premier rang des candidats, Saint-Évremond, qui n'a toujours pas renoncé ; il n'hésite pas à le faire savoir et à regretter de voir la belle prendre prématurément une sorte de retraite :

« Ces belles jeunesses
Qui nous donnaient leurs plus nobles caresses.
Charmants sujets de mille voluptés
Que leur amour, aux dépens de leurs larmes,
Assujettit autrefois à vos charmes,
Que leur amour par des désirs pressants
Assujettit aux pouvoirs de vos sens. »

Est-ce dû à ces incitations ? ou plutôt à une sorte de lassitude ? Voici que Ninon semble moins insensible aux suppliques de ses admirateurs. À moins qu'il ne faille attribuer ce changement à la réapparition d'un ancien favori. César de Miossens n'est plus l'aventurier dont nous avons parlé. Promu maréchal de France, il est désormais à la tête d'une fortune que lui a apportée un riche mariage. Quand il se présente à elle, Ninon sent son intérêt se réveiller. Et pas seulement son intérêt. Ce Miossens, on le sait, bénéficie d'une flatteuse réputation sur le chapitre de l'amour physique. Pourtant, lors de leurs diverses « entrevues », quelques années plus tôt, il n'avait pas réussi à émouvoir la jeune femme. Cette fois, il en est tout autrement. Ninon rompt, en faveur de Miossens, le pacte de fidélité qui la liait à Villarceaux. Comme dans un vaudeville classique, le marquis va découvrir son infortune de ses propres yeux. Arrivant chez Ninon à l'improviste – terrible imprudence avec une courtisane –, il la découvre en conversation intime avec Miossens. Il n'y a pourtant pas de drame car la jalousie de Villarceaux, avec le temps, s'est quelque peu émoussée. D'ailleurs, toujours aussi volage, Miossens se répand aussi aux pieds de la belle Françoise Scarron. Ce qui provoque chez Ninon un réflexe de mauvaise humeur, sans que l'on sache de façon sûre si c'est le maréchal ou la future Madame de Maintenon qui en est la cause. Sur la nature exacte des relations entre Ninon et Françoise, les chroniqueurs du temps ont émis les suppositions les plus audacieuses. Ninon s'est plu d'ailleurs à entretenir l'équivoque par certains de ses propos. Un jour qu'elle plaisante Boisrobert sur son homosexualité, elle a cette phrase révélatrice : « Je pense qu'à votre invitation, je commencerai à aimer mon sexe. »

Une autre fois, Saint-Évremond, auquel elle a dû faire des confidences, met dans sa bouche à propos de sa liaison passée avec Condé, ces vers éloquents :

« Quand j'ai su le bizarre avis
Pour qui le patient a tant de répugnance,
J'ai dit à ses meilleurs amis :
Je suis femme, il est vrai, mais pas tant que l'on [pense.
Il peut bien avec moi suivre ses appétits
Sans négliger son ordonnance. »

Ajoutons enfin que lorsque Ninon sera devenue malgré elle la pensionnaire du couvent de Lagny, elle entretiendra avec certaines de ses compagnes des rapports d'une extrême « cordialité », dont elle ne fera pas mystère.

Alors que Ninon goûte avec ivresse le plaisir d'avoir retrouvé son petit monde d'adorateurs, une menace que son comportement laissait prévoir s'abat brutalement sur elle. Par un subit retour de flamme, comme il s'en produit parfois dans les histoires d'amour, elle venait de passer avec Villarceaux une semaine d'idylle passionnée. Retrouvailles provisoires car Ninon n'entend pas renoncer à sa liberté. Sa maison est le centre de réunions d'une folle jeunesse qui fait beaucoup de bruit. Le moment est mal choisi pour ce débordement de débauche. Un vent de pruderie souffle depuis quelque temps sur la Cour. C'est Mazarin qui l'a provoqué. Après l'épreuve de la Fronde, le cardinal, soucieux d'affermir un pouvoir encore chancelant, cherche des appuis au sein de l'Église, notamment auprès de la toute-puissante Compagnie du Saint-Sacrement. Il s'agit de la réunion de plusieurs dignitaires de l'Église auxquels se sont joints quelques hauts personnages de l'État. Parmi ces propagandistes de la vertu, se dissimulent d'ailleurs des individus qui ont eux-mêmes beaucoup à se faire pardonner. Mais Mazarin n'y regarde pas de si près et approuve les arrêts pris par la Compagnie.

La chasse aux femmes de mauvaise vie est déclarée, et nombreuses sont celles qu'on embarque de force pour les Amériques, tandis que d'autres sont placées d'autorité dans de sinistres couvents. C'est ce qui va arriver à notre Ninon.

Les calomnies n'ont jamais cessé de la poursuivre. la Cour, elle ne compte plus ses ennemies parmi les dames de la haute société, qui lui envient ses plaisirs et ses succès masculins. Le climat semble favorable pour lui porter un coup fatal. Un édit vient d'interdire la prostitution ; on épluche la vie privée des femmes seules et les libertins sont pourchassés. Boisrobert lui-même est exilé et n'obtient le droit de revenir à Paris qu'à la condition... de dire la messe ! C'est la moindre des choses pour un abbé, mais cela ne lui est plus arrivé depuis longtemps. Rien d'étonnant par conséquent à ce que la vie scandaleuse de Mademoiselle de Lenclos, sa liaison affichée avec un homme marié lui attirent de sérieux ennuis.

Un matin de mars 1656, Ninon est arrêtée chez elle et conduite au couvent des Madelonnettes. La décision a été prise par la reine mère Anne d'Autriche en personne. Elle aussi, inspirée sans doute par Mazarin, a résolu de chasser le démon qui s'est glissé dans les cœurs de ses sujets. C'est la maréchale de Grammont, fausse dévote et vraie langue de vipère, qui a monté la reine mère contre Ninon et lui a arraché l'ordre d'incarcération. L'opération s'est déroulée de manière fort peu discrète ; elle a été menée par la marquise de Senecy, ancienne gouvernante du roi, et la duchesse de Vendôme, épouse du fils naturel d'Henri IV. Accompagnées de deux exempts, ces dames entraînent Ninon sans même lui laisser le temps de prendre ses affaires. La duchesse de Vendôme est particulièrement empressée à remplir une mission dont elle est convaincue qu'elle lui assure la sauvegarde de son âme ! Il faut dire qu'elle n'est pas bien maligne, cette belle-fille du Béarnais – une « bonne idiote », selon Tallemant des Réaux.

Quoi qu'il en soit, l'arrestation de Ninon provoque une vive émotion chez les libertins qui y voient une menace pour eux-mêmes. Non sans raison… En même temps qu'on la persécute, des prêtres jansénistes sont incarcérés, plusieurs salles de jeu sont fermées, les cabarets également. Toujours aiguillonnées par les membres de la Compagnie du Saint-Sacrement, les poursuites se multiplient et frappent tout autant les écrits jugés suspects que les pratiques condamnées comme impies. Anne d'Autriche veille elle-même à ce que soit menée cette politique d'austérité. Peut-être, comme cela arrive fréquemment, parvenue au seuil de la vieillesse, la reine mère éprouve-t-elle le regret de certaines imprudences commises jadis par elle et estime-t-elle qu'il est grand temps de se mettre en règle avec le Seigneur ! La souveraine se montre offensée par « la vie scandaleuse que Ninon menait à la vue du Louvre, c'est-à-dire à la connaissance de la Cour et surtout par le rendez-vous général que tous les jeunes seigneurs de la Cour se donnaient chez elle tous les jours et où ils établissaient la débauche, le libertinage et l'impiété au plus haut degré d'insolence que l'on puisse imaginer ».

Ninon est donc pour les confits en dévotion la coupable idéale, le symbole de ces turpitudes qu'il est urgent d'extirper, sous peine d'être damné à jamais. N'eût été la protection d'un puissant seigneur comme le marquis de Villarceaux, elle eût été inquiétée plus tôt. Villarceaux lui-même ne doit qu'à son nom de ne pas être poursuivi.

Voici donc la pauvre courtisane enfermée au couvent des Madelonnettes, dans le quartier Saint-Martin. L'établissement est destiné aux filles de mauvaise vie qui sont condamnées à se repentir de leur existence de pécheresses par la pratique de la prière quotidienne. Quel dur châtiment pour une jeune personne habituée à vivre à sa guise et à faire provision d'hommages masculins !

Cet établissement ressemble davantage à une prison qu'à un simple couvent. Ninon, qu'on y enferme, s'y sent assimilée à une simple prostituée. Heureusement pour elle, elle va bénéficier d'un statut spécial. Les protecteurs haut placés qui se sont succédé dans son lit, notamment Villarceaux, le dernier en date, incitent ses geôliers à la ménager. Elle bénéficie d'une cellule personnelle et les repas qui lui sont remis sont plus alléchants que ceux des autres pensionnaires. Il n'empêche qu'elle tombe de haut. Habituée à une vie de luxe et de plaisir, la voilà arrachée à son milieu, obligée de revêtir la tenue sans grâce des pensionnaires, privée de visites et – ce qui n'est pas le moindre des sacrifices qu'on lui impose – tenue d'assister à trois messes par jour et de se confesser chaque matin à l'aube. Si l'on veut savoir a quoi ressemblent les Madelonnettes, il suffit de lire ces vers qui leur sont consacrés :

« Fatal tombeau des amourettes,
Puisque frisés, poudrés, coquets,
Et débiteurs de vrais caquets,
N'ont jamais d'accès ni d'entrée
En cette impétueuse contrée. »

Cette absence d'hommes est la plus cruelle des privations qu'on puisse lui infliger et quand elle jette les yeux autour d'elle, le décor qui s'offre à sa vue n'a rien de réconfortant : comme meubles, rien qu'un prie-Dieu, une table et une chaise ; le lit, hier encore synonyme de tant de félicités, est une simple paillasse jetée sur une planche. Aucun ustensile pour faire sa toilette : se laver est considéré comme un péché de coquetterie, de même que se déshabiller. C'est sans quitter sa robe qu'elle doit dormir.

La grande frayeur de Ninon, c'est qu'on l'oublie dans ce sépulcre, comme sont oubliés à la Bastille tant de malheureux qui n'ont jamais été jugés. Pour compléter le tableau, ajoutons que l'humidité suinte des murs et Ninon n'a pas droit à une couverture « car la chaleur ramollit le cœur et l'âme et empêche qu'on se repente comme il le faudrait ».

La discipline la plus stricte règne aux Madelonnettes et tend à faire des pensionnaires des esclaves soumises. Ninon, comme les autres, doit donc s'y plier, mais son caractère rebelle s'y refuse.

Un jour qu'elle a, paraît-il, mérité une punition, la mère supérieure lui intime l'ordre de baiser les pieds de vingt-deux nonnes ! Ninon lui éclate de rire au nez : « Je ne fais pas partie de votre ordre, lui lance-t-elle. Je n'ai donc pas à obéir à vos commandements ! »

Recluse dans sa prison-couvent, Ninon n'est pas pour autant oubliée de ses admirateurs. Elle absente, les fêtes n'ont plus la même gaieté, les libertins soupirent après son esprit insolent. Bientôt, certains de ses fidèles conçoivent le plan de prendre les Madelonnettes d'assaut et de la faire évader, comme le rapporte Tallemant des Réaux : « On alla dire que tous les galants de la Cour voulaient investir la maison de Madelonnettes ; on y envoya le guet faire la patrouille toute la nuit. Une autre fois, on assura que des cavaliers fort dorés avaient, d'une maison voisine, pris la hauteur de murs du couvent. »

Oui, l'emprisonnement de Ninon fait du bruit, un bruit qui parvient jusque dans l'antichambre royale. Voici qui ne plaît guère à Mazarin ; le cardinal avait toujours souhaité que ses mauvaises actions demeurassent discrètes. La Fronde n'est pas si éloignée, le moment est mal venu de susciter un surcroît de mécontentements. Virtuose du retournement de veste, Mazarin persuade la reine mère qu'il convient d'alléger le sort de la courtisane. Anne d'Autriche se fait bien un peu tirer l'oreille, mais comment pourrait-elle résister aux désirs de son cardinal amant ? Un soir, on vient chercher Ninon dans sa cellule et on lui annonce qu'elle va déménager sur-le-champ. Cette nouvelle l'inquiète ; elle redoute de se voir exilée sur quelque terre lointaine. Mais elle est vite rassurée : on la conduit chez les bénédictines de Lagny – c'est aussi un couvent, mais il n'a aucun rapport avec les Madelonnettes. Ninon va y rencontrer des conditions de vie décentes. À commencer par une liberté d'expression et de comportement qui la réconforte. Les pensionnaires de cet établissement ne sont pas ces filles revêches, enfermées dans leur chasteté, qu'elle a côtoyées pendant six mois. Au contraire, elles usent de certaines privautés qui aideront Ninon à patienter, en attendant de retrouver ses adorateurs et leurs jeux.

L'arrivée de Ninon fait sensation parmi les bénédictines. Sa réputation l'a précédée et a soulevé la curiosité des autres pensionnaires. Le goût du péché exerce un attrait irrésistible, surtout chez ceux et celles qui sont condamnés à une existence de sagesse.

Avec un soulagement non dissimulé, Ninon constate que l'accueil qui lui est réservé n'a rien de comparable avec ce qu'elle a connu aux Madelonnettes. Sa chambre est vaste, bien aérée et elle a droit à un vrai lit qui n'a rien de commun avec la paillasse qui a meurtri son corps durant six mois. Ce qu'elle apprécie plus encore, c'est qu'elle a le droit de recevoir autant de visites qu'elle le désire. Le premier à accourir est évidemment Boisrobert qui, pour demeurer plus près de sa « divine », comme il la nomme, s'est installé à l'hôtellerie de l'Épée royale, face au couvent. Sa présence est d'un grand réconfort pour la jeune femme, bien que l'abbé, fidèle à ses petites habitudes, se soit fait accompagner d'un de ses précieux laquais.

D'autres fidèles arrivent à leur tour, dont la venue rappelle à Ninon certains moments agréables de son passé. Parmi les plus empressés, citons le marquis de Vassé, le marquis d'Elbène, Bussy-Rabutin, Saint-Évremond et aussi le fameux Miossens de glorieuse mémoire, d'autres encore. Tous ont été des « payeurs » et ne demanderaient pas mieux que de le redevenir, mais Ninon n'y songe pas. Instruite par les épreuves qu'elle a subies, elle aspire à devenir une femme respectable et compte s'y employer dès qu'elle quittera le couvent. En attendant, ses visiteurs sont si nombreux que, pour éviter de faire trop de remue-ménage chez les bénédictines, Ninon a loué l'hôtellerie de l'Épée royale ; c'est là qu'elle reçoit à longueur de journée. Pour se concilier les bonnes grâces de la supérieure, elle a suggéré à ses admirateurs de faire des dons à son couvent et ils ont obtempéré sans se faire prier. À cette petite troupe de visiteurs, manquent toutefois deux personnages. Villarceaux, d'abord, qui a retrouvé sa jalousie d'autrefois, s'accommode mal de l'entourage de Ninon et clame haut et fort sa réprobation. Manque aussi le comte d'Aubijoux qui fut, avec Coulon, le premier « payeur » dans la carrière de Ninon. Le brave comte a une excuse sérieuse pour ne pas être venu se répandre aux pieds de son ex-égérie : il est mort !

Ninon, servie par sa petite cour, n'a donc pas le temps de s'ennuyer pendant sa retraite forcée. Elle n'en aspire pas moins à se retrouver le plus tôt possible libre d'aller et venir à sa guise.

Et justement, un nouvel événement va se produire qui va influencer le cours de son destin : l'irruption dans sa vie de la reine Christine de Suède, qui vient d'arriver en France.

Bien qu'elle ait renoncé à sa couronne afin de pouvoir vivre selon ses désirs, sans les contraintes du pouvoir, l'ex-souveraine n'en demeure pas moins en Europe un personnage considérable. Fille du roi Gustave II Adolphe de Suède, Christine devient reine à six ans, en 1632, après la mort de son père, tué au combat. La Suède occupe alors une place prépondérante en Europe, Christine est donc promise à un destin d'exception, mais son caractère fantasque va la conduire très vite à rejeter les obligations du pouvoir. Très dépensière, elle ne tardera pas à vider les caisses de l'État. Pour essayer de les renflouer, elle impose à la noblesse un surcroît d'impôts, en même temps qu'elle soutient les revendications de la classe paysanne, positions hardies qui lui valurent de nombreux ennemis. Attirée par la philosophie, elle invite Descartes à Stockholm, où il mourra en 1650. Éprise de liberté, elle a de nombreuses aventures avec des gentilshommes de sa cour, mais refuse de se marier. Prise d'une crise soudaine de mysticisme, elle décide de se convertir au catholicisme, ce que les Suédois, farouches luthériens, ne peuvent tolérer, au point qu'elle doit abdiquer et quitter la Suède. Commence alors pour elle une vie d'errance à travers l'Europe. À la mort de son successeur, elle rêvera de récupérer son trône puis d'organiser une croisade contre les Turcs. Finalement, c'est à Rome, en 1689, que s'achèvera sa vie auprès de son dernier amant, le cardinal Azzolipo.

Lorsque Christine de Suède est arrivée en France, en 1657, Anne d'Autriche et Mazarin ont décidé de la recevoir avec les honneurs réservés aux visiteurs royaux. Pour l'accueillir, la reine mère lui a envoyé un des premiers gentilshommes du royaume : le duc de Guise, qui brossera de Christine un portrait dont la précision est digne d'une fiche anthropométrique :

« Elle n'est pas grande, mais elle a la taille fournie et la croupe large, le bras beau, la main blanche et bien faite mais plus d'homme que de femme, une épaule haute dont elle cache si bien le défaut par la bizarrerie de son habit, sa démarche et ses actions que l'on en pourrait faire des gageures. Le visage est grand sans être défectueux, tous les traits de même et fort marqués, le nez aquilin, la bouche assez grande mais pas désagréable, les yeux fort beaux et pleins de feu, le teint, nonobstant quelques marques de petite vérole, assez vif et assez beau, le tour du visage assez raisonnable, accompagné d'une coiffure fort bizarre. C'est une perruque d'homme fort grosse, quelquefois elle porte un chapeau. Elle est chaussée comme un homme dont elle a le ton de voix et quasi toutes les actions. Elle a pour le moins autant de fierté qu'en pourrait avoir le grand Gustave, son père. Elle est fort civile, parle huit langues et principalement le français comme si elle était née à Paris. Elle sait plus que toute notre Académie jointe à la Sorbonne, se connaît admirablement en peinture comme en toutes autres choses et sait mieux toutes les intrigues de notre Cour que moi. »

Pour compléter ce portrait, ajoutons que, depuis son abdication, Christine porte un costume masculin et qu'elle n'est jamais plus satisfaite que lorsque ceux qu'elle croise la saluent d'un sonore « bonjour Monsieur ».

Avant de quitter sa Suède natale, pour lui faire ses adieux, au lieu d'une cérémonie d'apparat, elle a réuni une douzaine de ses amants – les derniers en date – et, revêtue d'un simple déshabillé blanc, elle leur a tenu un petit discours bien dans son caractère : « Vous ne me reverrez sans doute plus jamais, mais c'est mieux ainsi car vous ne conserverez pas de moi l'image d'une vieille flétrie. »

Son comportement insolite, sa liberté de langage font lever un vent de curiosité autour d'elle. Le bruit de sa venue à Paris s'est répandu comme une traînée de poudre et, lorsqu'elle pénètre dans la capitale, elle est accueillie par des milliers de bourgeois avides de la contempler. Il lui a fallu sept heures pour se rendre de la porte Saint-Antoine au Louvre où elle va résider. Si elle souhaitait préserver l'incognito, elle fut servie ! Il est vrai qu'elle n'a rien fait pour passer inaperçue. C'est à cheval qu'elle a traversé une partie de la France et toujours dans cet équipage qu'elle fait son apparition sous les murs de la capitale. En même temps qu'elle, dix navires, partis de Stockholm, ont apporté en France des centaines de caisses bourrées de meubles, de tableaux, de livres et surtout d'une centaine de manuscrits anciens, d'une valeur inestimable.

Cette façon de se conduire ne plaît pas à tout le monde et choque la prude famille royale élevée selon les préceptes d'une rigoureuse hypocrisie. Dans l'entourage de la reine mère, la bigote Madame de Motteville est la plus sévère : « Elle ne ressemblait en rien à une femme, écrira-t-elle dans son *Journal*, elle n'en avait pas même la modestie nécessaire : elle se faisait servir par des hommes dans les heures les plus particulières ; elle affectait de paraître homme en toutes ses actions... Comme le peu de soin qu'elle avait de son teint lui en faisait perdre la blancheur, elle me parut d'abord comme une Égyptienne dévergondée qui, par hasard, ne serait pas trop brune... En présence du roi, de la reine et de toute la Cour, elle appuyait ses jambes sur des sièges aussi hauts que celui où elle était assise, et les laissait voir trop librement. Elle doit à son rang de pouvoir se comporter de telle manière... »

Le climat compassé qu'elle observe à la cour de France lui donne le désir de ne pas s'y attarder ; elle se dirige vers Rome, où elle doit rencontrer le pape. Elle va pourtant s'arrêter en route dans le seul but de faire la connaissance de Ninon de Lenclos.

C'est le hasard qui préside à leur rencontre. De passage à Fresnes, dans la propriété d'amis, Christine apprend que Ninon de Lenclos est pensionnaire au couvent de Lagny, non loin de là. Aussitôt, elle décide d'aller la visiter. Christine, qui a toujours manifesté de l'intérêt pour ce qui se passe en France, a entendu parler de Ninon. Ce qu'elle a appris de sa personnalité a tout de suite provoqué chez elle un élan de sympathie. Elle a deviné en elle une sorte de complice, comme elle, amoureuse de la liberté et ennemie des convenances.

Les voici donc en présence l'une de l'autre et sur-le-champ le contact s'établit. Comme Christine, Ninon aspire à échapper à sa condition féminine et à jouir d'une liberté égale à celle des hommes. Les persécutions dont elle est l'objet témoignent de son refus de se plier aux règles. Par ailleurs, son passé de débauche est un attrait de plus pour la Suédoise qui, elle-même, ne s'est jamais privée d'aimer à sa guise. La conversation de Ninon, son esprit railleur achèvent de conquérir son interlocutrice. Spontanément, elle lui propose de la suivre à Rome. Elle assortit cette proposition d'un baiser qui éclaire Ninon sur ses intentions à son égard. Mais Ninon tient trop à son indépendance. Elle ne veut pas tomber sous la coupe d'un tyran en jupon, elle refuse donc la proposition de Christine. Celle-ci ne lui en tient pas rigueur et le lui prouve en adressant, avant de quitter la France, une lettre à Mazarin où elle exprime son étonnement de voir retenue loin de la Cour une personnalité comme Ninon, estimant « qu'il ne manquait au roi que la conversation de cette rare fille pour le rendre parfait ».

Cette intervention inattendue fera croire que c'est à Christine que Ninon devra sa remise en liberté. Il n'en est rien, mais l'entrevue de l'ex-reine de Suède et de la courtisane soulèvera de nombreux commentaires, notamment ceux de Madame de Motteville qui, ne pouvant cacher son dépit, notera, toujours dans son *Journal* : « Ce fut à Ninon, seule de toutes les femmes que Christine vit en France, à qui elle donna quelque marque d'estime. »

5

En amour, on plaît plutôt par d'agréables défauts que par des qualités essentielles.

Ninon de Lenclos

Ninon va enfin quitter son couvent de Lagny au printemps 1657. Elle a trente-quatre ans, et c'est à l'époque un âge déjà avancé pour une femme. Elle n'en poursuivra pas moins sa carrière de séductrice, bien que sur un mode plus discret et plus prudent qu'au temps de ses tapageux exploits. Un portrait d'elle, peint en ce même printemps 1657, nous montre une femme qui a perdu l'éclat de sa jeunesse, pour tout dire plutôt défraîchie.

Ce qui serait fâcheux pour toute autre ne l'est pas pour Ninon. Ce n'est pas à sa beauté, nous le savons, qu'elle doit l'attrait qu'elle exerce, mais à sa culture et à son esprit. Elle en a la preuve à son retour : aucun de ses amis ne l'a oubliée et chacun d'eux lui a réservé une petite fête, pour célébrer comme il se doit sa réapparition dans le monde. Ninon est évidemment ravie de cet accueil, mais évite de faire trop de bruit. L'année d'enfermement qu'elle a subie, les menaces qui pèsent sur les femmes de mauvaise vie, auxquelles elle se trouve assimilée contre son gré, l'ont rendue circonspecte.

En revenant à Paris, c'est une nouvelle vie qui commence pour elle, une vie qui lui permettra d'accéder enfin à ce rang de femme respectable auquel elle aspire. La métamorphose n'est pas facile à opérer ; pour y parvenir, Ninon a besoin de toute son habileté. Afin de démontrer à ceux qui l'observent qu'elle n'est plus la courtisane « croqueuse de diamants » qu'elle a été, il va lui falloir contrôler chacun de ses gestes et chacune de ses paroles. Même dans ces conditions, elle ne peut éviter de faire parler d'elle. L'intérêt que Christine de Suède lui a publiquement manifesté ne manque pas de faire jaser ; la lettre en sa faveur que l'ex-souveraine a écrite à Mazarin lui a fait attribuer la libération de Ninon. En vérité, c'est Miossens d'Albret qui s'est entremis auprès d'Anne d'Autriche et de Mazarin et qui a réussi à lui faire recouvrer sa liberté.

Pour inaugurer son nouveau mode de vie, et faire oublier les fâcheux témoignages de son passé, Ninon décide de quitter sa demeure, trop en vue, et de venir habiter rue des Tournelles une maison qu'elle louait, mais dans laquelle elle n'avait presque jamais mis les pieds jusqu'à présent. Elle y demeurera jusqu'à sa mort.

Douxmesnil, un des biographes de Ninon, en fait une description fidèle : « Maison petite, mais commode et propre qui contenait deux appartements séparés. Dans son premier appartement, elle avait un fort beau et grand salon où elle recevait ses visites. Dans le fond, un cabinet assez grand, plus voluptueusement meublé, orné de glaces et de panneaux de menuiserie. Elle avait fait peindre à fresque et sur le plafond toute l'histoire de Psyché et sur les panneaux plusieurs aventures des plus galantes de la fable. C'était dans ce palais qu'elle se plaisait le plus et qu'elle aimait à se retirer quand l'assistance n'était pas nombreuse. C'est là qu'elle avait coutume de jouer du luth et de chanter, ce qui arrivait rarement. »

De même, elle a réduit son train de vie et diminué le nombre de ses serviteurs. Ce n'est pas sous l'empire de la nécessité qu'elle s'impose ces restrictions : elle possède une jolie fortune qui la met à l'abri du besoin, mais encore une fois, elle entend « se ranger ».

La maison de la rue des Tournelles a pour Ninon un attrait supplémentaire, elle est proche de la rue Neuve-Saint-Louis où habite son grand ami Scarron avec sa jeune femme, la belle Françoise d'Aubigné, liée à Ninon par une tendre amitié. Les rencontres avec le ménage Scarron se trouvent donc facilitées par ce voisinage. Souvent, le poète vient visiter la belle dans « son fauteuil à roulettes » et, entre eux, ce sont de longues conversations philosophiques entrecoupées d'éclats de rire fréquents.

Quand ils ne se voient pas, les deux amis s'adressent des billets où se reflète leur complicité : « Je vais boire à votre santé avec nos amis d'hier, lui écrit Scarron, et si je puis faire porter mes pauvres membres jusque chez vous après dîner, ils auront l'honneur de se réchauffer à votre feu. Adieu, la plus aimable du monde pour Scarron. »

En venant souvent chez son ami, certes Ninon y trouve son plaisir, mais en même temps, elle prend quelques risques : le poète passe pour un libertin résolu et ceux qui le fréquentent n'ont pas meilleure réputation. Ninon, qui s'efforce de faire oublier la courtisane qu'elle était, peut donc compromettre sa réhabilitation, mais elle n'en a cure. Son rayonnement est tel qu'elle peut se permettre certaines imprudences. Mademoiselle de Scudéry, avec le sens de l'observation qui a fait le succès de ses livres, insiste sur ce pouvoir que Ninon possède de charmer tous ceux qu'elle rencontre : « Pour l'esprit, elle en a d'une certaine manière dont il y a peu de personnes qui en soient capables car elle l'a enjoué, divertissant et commode pour toutes sortes de gens, principalement pour des gens du monde. Elle parle volontiers, elle rit aisément, elle se fait un grand plaisir d'une bagatelle, elle aime à faire une innocente guerre à ses amis... Elle est enfin si aimable qu'elle est aimée des plus honnêtes gens de la Cour, de l'un ou l'autre sexe, mais de gens qui ne lui ressemblent ni en condition ni en honneur, ni en esprit ni en intérêt. »

Dans son *Dictionnaire des précieuses*, Somaize rend également hommage à ses qualités : « Parmi toute cette disposition qu'elle a pour la joie, écrit-il, on peut dire que cette aimable enjouée a toutes les bonnes qualités des mélancoliques qui ont l'esprit bien fait. Je sais qu'on l'a soupçonnée d'avoir des amants qui n'étaient pas mal auprès d'elle et qu'on la même accusée d'avoir des emportements pour eux, mais moi qui n'aime à parler des choses qu'avec connaissance je me contente d'ajouter à ce que j'en ai dit qu'elle loge tout près de la place Royale, dans un appartement qu'elle a garni de jolis meubles et de jolis tableaux. »

Cette allusion au goût des belles choses de Ninon est aussi un hommage à ses qualités de femme du monde. Ninon est en train de gagner son pari de faire oublier ce qu'a été jusque-là son existence.

Le plus remarquable c'est que, tout en se refaisant une « virginité », Ninon n'en conserve pas moins dans son sillage plusieurs de ses anciens amants qui continuent de se montrer extrêmement généreux à son égard. Au premier rang de ces éternels amoureux, nous retrouvons Louis de Villarceaux, le grand, et peut-être le seul amour de sa vie. La flamme qui les consumait l'un et l'autre est retombée, mais le marquis n'a pas pu l'oublier. Il n'est pas le seul « ancien » à se manifester. D'Albret et d'Elbène sont aussi toujours empressés auprès d'elle, mais c'est évidemment Villarceaux qui demeure son préféré.

Tous ces compagnons d'hier et d'aujourd'hui, Ninon les reçoit dans sa maison de la rue des Tournelles, mais elle les rencontre aussi chez Scarron qu'elle fréquente toujours aussi assidûment.

Autre habituée de la rue des Tournelles : Madeleine de Scudéry, qui, en même temps qu'elle publiait ses romans, s'est faite l'historiographe des gens du monde, lesquels se pressent dans son salon, tout heureux de s'y faire voir. Les « samedis » de Madeleine de Scudéry ont pris la place des réceptions données dans l'hôtel de Rambouillet, où les réunions ont perdu de leur éclat et se sont transportées chez Mademoiselle de Scudéry, lui fournissant son inspiration. Dans ses écrits, elle est incapable d'oublier le petit monde délicat et subtil qui est le sien. Ce petit monde, avec quelle tendresse elle en décrit les personnages et les goûts vagues et pompeux !

Lorsqu'ils représentent les grandes figures de l'époque, ses portraits se font plus colorés ; et plus vifs lorsqu'ils traitent de ses familiers, ce qui explique son intérêt pour une Ninon de Lenclos dont le libertinage émoustille. Ne pouvant se livrer elle-même à de tels jeux en raison de sa réputation, Madeleine de Scudéry fait ses délices des « exploits » de son amie. C'est au cours de ces « samedis » que se rencontrent ces « précieuses » dont il sera beaucoup question et que Molière brocardera sans pitié. Le mot de « précieuses » apparaît pour la première fois en 1654 dans une lettre du poète Ménage qui décrit un nouveau type féminin. Ces néophytes se laissent entraîner à des exagérations de langage parfois assez osées. C'est un foisonnement d'assemblées mondaines, une multiplication de « réduits ». Ces dames, pour ne pas s'exposer à une trop rude concurrence, doivent même adopter chacune leur « jour ». Dédaignant toute occupation triviale, elles se confinent en invitées dans les salons littéraires et parfois dans des études plus particulières encore. Dans le domaine du cœur, poussent-elles si loin les scrupules que les passions ne les tentent pas et qu'elles ferment leurs portes aux épouseurs ? Dans leurs manières de s'exprimer, elles sont désireuses de se distinguer du commun, elles masquent les choses les plus simples par des équivalents ambitieux, leur obscur jargon joint le pompeux au fleuri. Il faut bien qu'elles aient marqué leur place dans la société puisque, pour les désigner, un mot nouveau surgit, laudatif chez les uns, ironique chez les autres : les « précieuses », c'est-à-dire celles qui se placent au-dessus du profane, qui évaluent fort cher leurs personnes et leur intelligence. Le *Dictionnaire des précieuses* de l'historien Somaize n'oublie pas dans sa nomenclature d'y inclure Ninon de Lenclos dont il décrit par le menu la vie quotidienne.

Une autre activité occupe ses jours : la décoration et l'ameublement de sa chambre à coucher. Très longtemps inoccupée, une partie de la demeure est tombée dans une sorte de vétusté que Mademoiselle de Lenclos ne saurait tolérer, à présent qu'elle est admise dans le grand monde. Sa chambre va donc requérir toutes ses attentions ; elle va en faire un « lieu de rencontre » des plus accueillants.

Afin d'agrandir la pièce, elle a fait abattre une cloison et a fait placer au centre de la pièce un immense lit a baldaquin. Sa couche est recouverte d'une couverture en piqué. Deux grands rideaux de taffetas rouge peuvent se fermer et cacher le lit... si les circonstances l'exigent ! Le ciel de lit représente une scène galante en broderie et l'ensemble se reflète dans deux grands miroirs qui, heureusement pour la morale, demeurent muets, car ils en auraient beaucoup à dire !

Visitant la chambre sous la conduite de la maîtresse des lieux, Boisrobert, que son intimité avec elle autorise à une certaine familiarité, ne peut s'empêcher de remarquer avec malice :

« Quel grand lit ! Lorsqu'en hiver vous vous y trouvez, ne craignez-vous pas d'y attraper froid ?

— Rassurez-vous, je connais le moyen infaillible de me réchauffer ! » réplique Ninon sur le même ton.

Ils vont être nombreux en effet à trouver refuge sous le baldaquin, si nombreux qu'il serait impossible de tous les citer. Nommons-en quand même quelques-uns ; d'abord, Villarceaux et d'Albret, les fidèles, mais aussi La Rochefoucauld, Vivonne, Fiesque, Dangeau, Benserade, Mignard, et aussi celui qui, depuis des années, frappe en vain à la porte de sa chambre à coucher : le poète Charleval. Et voilà que le miracle se produit ; la porte s'ouvre. Le brave Charleval n'en croit pas son bonheur et en bon poète qu'il est, c'est en vers qu'il célèbre sa félicité :

« Je ne suis plus oiseau des champs,
Mais de ces oiseaux des Tournelles,
Qui sans choix des saisons nouvelles
Se parlent d'amour en tout temps,
Et qui plaignent les tourterelles
De ne se baiser qu'au printemps. »

Parmi les visiteurs de Ninon, il y a aussi de très jeunes gens, souvent les fils de certains de ses adorateurs passés ; ces garçons, pour la plupart, n'ont encore jamais goûté aux mystères de l'amour. Bonne fille, notre Ninon accepte volontiers de jouer les initiatrices. Boisrobert, qui nous rapporte les faits, émet l'hypothèse que la charité n'est pas le seul motif de Ninon mais qu'elle doit éprouver quelque plaisir à provoquer l'émoi de partenaires – qui ont près de vingt ans de moins qu'elle !

Outre les candidats de sexe masculin, Ninon, de temps à autre, accueille quelque belle amie. En premier lieu, Françoise Scarron qu'elle invite à venir voir… où en sont ses travaux : « Si Madame Scarron voulait bien me visiter, je serais fort heureuse de lui présenter ma nouvelle maison. »

L'invitation ne plaît qu'à moitié à Scarron et il ne se gêne pas pour le faire savoir : « Ne lorgnez pas trop mon épouse, dit-il à Ninon. Car déjà plusieurs dames veulent la convertir au vin et aux femmes et à me la mettre sur les dents. La duchesse de Lesdiguières s'en est éprise. Madame Fouquet la pensionnerait volontiers, même la Cardeau, fille de la fameuse faiseuse de bouquets à la Cour, s'est jetée sur son lit un jour où elle avait une petite colique ! »

Malgré l'avertissement de son mari, Françoise se rend à plusieurs reprises rue des Tournelles et admire la somptueuse chambre à coucher de la courtisane. Elle fera en sorte, plus tard, de faire oublier ces visites et quelques autres péchés véniels. Madame de Maintenon ignorera résolument le passé de Madame Scarron et, pour cela, redoublera de pruderies quand elle sera devenue la favorite de Louis XIV.

Ninon, elle aussi, s'efforce de faire oublier le passé de la courtisane. Peu à peu, elle parvient à forcer les portes de toutes ces grandes dames qui, jusqu'alors, se refusaient à la recevoir. Elle dispose d'un atout précieux : l'étendue de ses connaissances. Une femme qui peut évoquer Aristote, Épicure ou Montaigne, ce n'est pas si fréquent à une époque où il est de bon ton de ne pas donner trop d'instruction aux filles. On part du principe qu'elles se marieront et qu'elles n'ont point besoin d'être instruites pour trouver un époux… ni pour le tromper, si elles le souhaitent.

Ninon fait donc figure d'oiseau rare dans la société du siècle de Louis XIV. Nous avons déjà pu constater comment elle s'y prenait avec la gent masculine, elle est tout aussi habile avec la gent féminine. De même, tout en fréquentant le « beau monde », elle n'entend pas renoncer à la compagnie de ces libertins qui lui est indispensable ; ses relations avec un personnage comme Scarron en sont un exemple frappant. Mais en réalité, Ninon est égocentrique et sa générosité s'arrête aux portes de ses intérêts. On pourrait s'attendre de la part d'une courtisane à une certaine indulgence vis-à-vis des subalternes, mais tel n'est pas le cas. En veut-on une démonstration ? Un jour, elle accompagne à un souper la marquise de Champré, une de ces grandes dames qu'elle aime à fréquenter. Durant le repas, une servante trébuche et répand une assiette de sauce sur Madame de Champré.

Celle-ci pique une violente colère et administre un soufflet à la maladroite, qui, spontanément, lui rend son soufflet. Scandale ! La marquise appelle ses laquais et leur ordonne de punir la coupable. Mais les laquais sont embarrassés sur la nature du châtiment qu'ils doivent lui infliger. C'est alors que Ninon intervient : « Cette insolente mérite une punition exemplaire. De quelle manière peut-on porter atteinte à son honneur ? Je n'en connais qu'une : le viol ! »

Les valets ne demandent pas mieux que de s'exécuter et la malheureuse doit subir leurs outrages. On ne sait si Ninon assista à la punition, mais le fait qu'elle ait pu la suggérer est significatif du mépris qu'elle éprouvait pour la classe inférieure.

Il est significatif également de cette rupture décisive avec une jeunesse dont elle n'est pas tellement fière. En s'achetant une conduite vis-à-vis des autres, elle n'a pas pour autant opéré un véritable retour sur elle-même. Le seul souci des apparences l'a guidée. Chez elle, elle répugne aux tâches domestiques, jamais elle ne confectionne elle-même un repas, jamais elle ne procède au rangement de son intérieur. En revanche, elle veille constamment sur sa garde-robe et ne porte que des vêtements qui la mettent en valeur et, comme elle a le goût sûr, son entourage vante son élégance. Pour souligner les courbes appétissantes de son corps, elle porte des robes serrées qui épousent ses formes. Elle arbore des décolletés audacieux qui plongent au-delà des limites de la décence, car elle a remarqué, quand elle entre dans un salon, que tous les regards masculins convergent immédiatement vers ce décolleté prometteur. Si elle ne tient plus à enrichir davantage sa collection d'amants, elle aime à provoquer, pour avoir le plaisir ensuite de refuser.

Grâce à ce manège, elle entraîne toujours à ses basques une cohorte de postulants alors que le temps qui passe commence à marquer ses traits. Autre élément de son manège, en un temps où la longueur des robes interdit aux femmes de montrer leurs jambes, elle a une façon de s'asseoir qui lui permet de laisser deviner ses chevilles. Lorsqu'elle se déshabille devant un heureux élu, elle prend son temps pour venir à bout des artifices compliqués de sa toilette. Elle prolonge à plaisir l'opération afin de mettre à son comble l'impatience de son partenaire.

Quand elle reçoit à dîner, elle tient à épater ses hôtes par la magnificence du service, l'éclat de l'argenterie et la qualité des mets. Elle-même a bon appétit si nous en croyons Douxmesnil : « Elle ne buvait guère que de l'eau, mais elle mangeait beaucoup. Elle était si gaie et si animée quand elle était à table qu'on disait ordinairement qu'elle était ivre dès la soupe. »

Pendant le repas, elle abreuve ses commensaux de bons mots et de reparties qui frisent parfois l'insolence. Ainsi, à l'un de ses courtisans qui se penche pour lui parler à l'oreille, elle lui fait remarquer... qu'il n'a pas l'haleine agréable ! Cette information n'a pas l'air de contrarier le personnage. Jouant la désinvolture, il réplique à Ninon :

« Qu'importe mon haleine ! Je ne m'en tourmente pas !

— Je vois ce que c'est, dit Ninon, vous laissez ce soin-là à vos amis ! »

Il faut dire qu'à cette époque les soins d'hygiène sont considérés comme superflus.

Une autre fois, un gentilhomme proche de Louis XIV a été fait chevalier du roi et a reçu le cordon bleu, insigne de sa promotion. Plusieurs gentilshommes ont été distingués en même temps que lui. Il n'empêche que le nouveau promu brandit le cordon avec ostentation, ce qui lui attire cette réflexion de Ninon : « Monsieur le Comte, si je vous y prends encore, je vous nommerai tous vos camarades qui sont l'objet du même honneur. »

Encore un dernier exemple de sa verve : un de ses invités a fait une grosse fortune dans le commerce... des vaches laitières. Doté d'un gros appétit, il se ressert largement de chaque plat. Ninon, qui observe son manège, l'interpelle en souriant : « Quel dommage, mon ami, que les vaches de vos troupeaux ne puissent vous voir à table, elles seraient rassurées. Avec tout ce que vous avez avalé ce soir, elles ne risquent pas d'être votre repas de demain. »

Ces saillies suffisent à faire la réputation de son salon. On s'y presse, bien que l'exiguïté des lieux ne s'y prête guère. Voltaire qui, plus tard, devait éprouver un vif intérêt pour Ninon, nous dit à ce propos : « Sa maison était sur la fin une espèce de petit hôtel de Rambouillet où l'on parlait plus naturellement et où il y avait un peu plus de philosophie que dans l'autre. »

Pour pallier le manque de place de sa demeure, Ninon reçoit ses visiteurs par fournées successives. Sans aucun doute, elle pourrait s'offrir une maison plus vaste, elle en a les moyens, mais encore une fois, elle ne tient pas à attirer l'attention sur elle ni surtout sur l'origine de ses ressources. Elle affirme bien haut qu'elle vit de ses seules économies ; en fait, il n'en est rien. Même s'ils sont contraints à une certaine discrétion, les « payeurs » sont toujours là et toujours aussi généreux.

Il y a aussi un visiteur qui a ses entrées chez Ninon à toute heure du jour et de la nuit, c'est Villarceaux. Outre l'amitié qui les unit encore, il règne toujours entre eux une véritable complicité. C'est rue des

Tournelles, grâce à Ninon, que Villarceaux a rencontré Françoise Scarron et qu'il a éprouvé tout de suite pour elle une vive attirance. Il est vraisemblable qu'avant même la mort de son mari, Françoise a cédé aux sollicitations du marquis et c'est dans la chambre même de Ninon, obligeamment prêtée par cette dernière, qu'ils ont fait plus ample « connaissance ». Selon la rumeur du temps, il est même possible que Ninon ait en quelque sorte « parrainé » leur union. Nous connaissons déjà les rapports intimes de Ninon avec la future Madame de Maintenon et la philosophie de la courtisane qui la pousse à admettre les situations les plus scabreuses.

Un ami de Ninon du nom de Bret, qui la connaît bien, nous éclaire sur l'état de ses relations avec Villarceaux : « Un incident qui divise toutes les femmes ne peut les séparer. Ninon vit sans colère Monsieur de Villarceaux, encore son amant, ressentir pour son amie des sentiments que celle-ci était bien près d'écouter… Elle avait deux coupables à pardonner et tous deux trouvèrent grâce devant elle. Elle rassura son amie sur ses craintes et le marquis sur son embarras, il ne lui manquait plus que d'être leur confidente, et sa philosophie ne lui fit trouver rien de honteux à le devenir. Si dans ce qu'on appelle rupture, infidélité, on écoutait moins l'amour-propre, on se trouverait moins d'amour, on verrait moins de justice à ses plaintes et à ses emportements, et on se comporterait aussi sagement que Ninon. »

Quand on songe à la sévérité des mœurs que Madame de Maintenon affichera plus tard, quand on se souvient de l'ostentation de ses pratiques religieuses, on peut dire qu'elle a élevé l'hypocrisie à la hauteur d'un culte. Boisrobert, devant lequel, un jour, on rendait hommage aux qualités morales de l'épouse de Louis XIV, ne put retenir un éclat de rire et, comme on lui reprochait son attitude, il expliqua qu'il avait vu un jour de ses propres yeux un tableau où figuraient ensemble Villarceaux, Françoise et Anne de Lenclos, tous trois entièrement nus ! C'est Villarceaux lui-même qui en était l'auteur. L'avait-il peint d'après ses souvenirs ou d'après nature ? C'est cette dernière hypothèse que l'abbé retenait.

Voltaire, plus tard, à son tour, devait revenir sur cette question délicate : « Lorsque Mademoiselle d'Aubigné qui n'avait aucune fortune eut cru faire une bonne affaire en épousant Scarron, Ninon devint sa meilleure amie. Elles couchèrent ensemble quelques mois de suite, c'était alors une mode dans l'amitié. Ce qui est moins à la mode, c'est qu'elles eurent le même amant et ne se brouillèrent pas. »

Combien de temps dura « l'arrangement » entre Villarceaux et ses deux maîtresses ? Là-dessus, Voltaire, auquel décidément on ne peut rien cacher, émet un jugement précis : « Quelques mois, mais les amours de Françoise et de Villarceaux se prolongèrent sûrement beaucoup plus longtemps. »

Cependant, rue des Tournelles, l'appartement de Ninon ressemble de plus en plus à une ruche bourdonnante qu'animent quelques-uns des hauts personnages du royaume. Il y règne un climat de gaieté, car telle est la volonté de la maîtresse de maison. Ceux qui ne sont pas d'humeur joyeuse n'ont rien à faire chez elle.

Un nouveau venu vient renforcer encore davantage la « tribu » de Mademoiselle de Lenclos : il s'agit de Molière. Après avoir dû batailler longtemps avant de connaître le succès, l'auteur-acteur recueille maintenant pour chacune de ses pièces des louanges unanimes. Or, avant de les présenter en public, il ne manque jamais de venir les lire à Ninon et de lui demander son avis. L'esprit frondeur de Ninon, son mépris des conventions et des faux dévots ne peuvent que s'accorder avec des œuvres comme *Tartuffe* ou *L'École des femmes*, ainsi Molière et Ninon se sentent-ils unis par un même point de vue sur la société où ils vivent. Il n'y aura pourtant entre eux jamais d'autres relations que spirituelles. L'illustre auteur ne fera pas partie des « cinq mille » bénéficiaires des faveurs de Ninon, mais la complicité qui les unit est plus forte qu'une passagère amourette. Elle est en harmonie avec les personnages imaginés par Molière. Ainsi dans *L'École des femmes*, quel couple original que celui que Molière met en scène ! Arnolphe, l'homme de quarante ans, cultivé, mais trop calculateur, trop égoïste, trop entêté dans ses idées… L'ingénue aux naïvetés profondes, découvrant l'amour et trouvant ainsi la force de défendre son bonheur, bientôt dominatrice à l'égard d'Horace, son amoureux, et, devant Arnolphe, le quadragénaire effondré à ses pieds, image éternelle de l'amour jeune, implacable.

Avec *Tartuffe*, Molière se déchaîne contre le vice, l'hypocrisie. Mais ici la rencontre avec la religion complique sérieusement le problème. Marquer le partage entre la vraie et la fausse dévotion est une tâche périlleuse. La malhonnêteté triomphante de Tartuffe et la naïveté navrante d'Orgon, sa victime, semblent avoir été croquées sur le vif par la plume impitoyable de Molière. Oui, on s'amuse bien chez Ninon de Lenclos et dans son entourage.

Un événement imprévu va venir troubler le petit monde de la rue des Tournelles. Le tout-puissant surintendant des Finances, Fouquet en personne, est soudain jeté à bas de son piédestal sur ordre de Louis XIV. L'affaire est d'autant plus considérable que le personnage de Fouquet semblait inamovible. En vendant sa charge de procureur général au parlement, qui le rendait inviolable, Fouquet contribue lui-même à sa perte.

C'est à l'issue d'une grande fête donnée le 17 août 1661 au château de Vaux en son honneur que le monarque a pris sa décision. Le luxe inouï déployé lors de la cérémonie a choqué le roi. Il ne tolère pas qu'un de ses sujets puisse égaler les pompes de Versailles par la somptuosité de sa demeure. Mais d'autres facteurs ont contribué à la disgrâce du surintendant.

L'empressement de Fouquet auprès de Louise de La Vallière, la favorite du roi, a profondément irrité ce dernier. Par ailleurs, depuis plusieurs mois, Colbert, qui aspire à la charge de Fouquet, met sous les yeux du souverain les comptes qui établissent des malversations du surintendant. La colère royale rejoint la haine de Colbert et conduit Louis XIV à décider son arrestation. Fouquet se doutait-il de ce qui se tramait contre lui ? Il a fait fortifier l'île de Belle-Île qui lui appartient, afin de s'y réfugier en cas de disgrâce, mais le roi ne lui en laisse pas le temps. En route pour la session des États de Bretagne, il s'arrête à Angers où il signe l'ordre d'arrestation de Fouquet ; c'est d'Artagnan, capitaine des mousquetaires du roi, qui est chargé de son exécution. Voici donc Fouquet jeté en prison, où il demeurera jusqu'à sa mort en 1680.

Cette façon d'opérer est bien dans la manière de Louis XIV qui, tout au long de son règne, ne s'embarrassera jamais de scrupules quand il prendra une décision. Et pourtant, jusqu'à la dernière minute, le roi était encore tout sourire pour son ministre.

La vindicte du monarque ne se limite pas à la seule personne de Fouquet : plusieurs de ses amis sont arrêtés ; des femmes, qui avaient entretenu avec lui des relations intimes, sont elles aussi poursuivies à la suite d'une perquisition dans les papiers intimes du ministre opérée sur ordre du roi.

Parmi les personnages compromis, il y a des proches de Ninon de Lenclos ; à commencer par le fidèle Saint-Évremond qui va devoir prendre la fuite pour éviter l'arrestation.

Un autre commensal de la courtisane, du nom de Gourville, se trouve dans une situation compromettante. Il avait compté au nombre de ses « payeurs » et, selon l'habitude, avait conservé avec elle les meilleures relations. Tout naturellement, il vient demander son aide à Ninon. Malgré le risque encouru, elle accueille chez elle le fugitif et lui trouve une filière pour qu'il puisse gagner l'étranger. Avant de partir, Gourville a voulu mettre sa fortune, soit vingt mille écus, à l'abri ; il en a confié la moitié à son confesseur, un prêtre connu pour son zèle religieux, et l'autre moitié à Ninon.

Quelques années plus tard, Gourville pourra sans danger regagner la France. Sans ressources, il se précipite chez son ancien confesseur afin de récupérer les dix mille écus qu'il lui a confiés, mais le « saint homme » feint de ne pas se souvenir de l'opération. Étant donné sa situation toujours précaire, Gourville n'ose pas le poursuivre en justice. Bien entendu, il suppose qu'il rencontrera le même accueil chez une courtisane comme Ninon et il juge inutile de se rendre auprès d'elle. C'est Ninon qui, apprenant son retour, le fera mander et lui remettra les dix mille écus en sa possession. En revanche, comme pour remercier Ninon, il se montrait un peu trop tendre à son gré, elle lui déclara : « Voici les dix mille écus que vous m'avez confiés en partant, mais ne me demandez plus un cœur dont je ne puis disposer aujourd'hui en votre faveur. »

L'alerte passée, le petit cercle de Ninon retourne à son insouciance et Ninon mène le bal avec ardeur. Les adorateurs sont toujours aussi nombreux, prêts à desserrer les cordons de leurs bourses en échange de privautés que la belle distille au compte-gouttes, ce qui ne l'empêche pas d'inspirer des poèmes enflammés, tel celui-ci, du mathématicien Huyghens :

> « Elle a cinq instruments dont je suis amoureux ;
> Les deux premiers, ses mains ; les deux autres, ses yeux ;
> Pour le plus beau de tous, le cinquième qui reste,
> Il faut être fringant et leste. »

Quand elle ne leur accorde pas ce qu'ils espèrent, Ninon console ses amoureux en leur jouant du luth et en leur chantant des romances de « cette voix mélodieuse qui pareille à celle des sirènes, ensorcelle ceux qui l'entendent ».

Si Ninon possède toujours une réserve de « payeurs » qui lui assurent une existence confortable, elle s'est fait également une jolie réputation d'initiatrice. Le poète Chavagnac, qui fait partie de ses « martyrs », nous en informe avec élégance : « Quand un courtisan avait un fils à dégourdir, il l'envoyait à l'école de Ninon. L'éducation qu'elle donnait était si excellente qu'on faisait bien la différence des jeunes gens qu'elle avait dressés. Elle leur apprenait la manière jolie de faire l'amour, la délicatesse de l'expression. Pour si peu de peine qu'elle se donnât et pourvu qu'elle trouvât un naturel docile, elle en faisait en peu de temps un honnête homme. »

Saint-Pavin, un autre de ses amis, imaginait en vers ce que pourrait être la profession de foi de la courtisane :

« Tous les blondins vont chez moi à l'école
Pour faire leur salut.
Je veux sauver Duras, Dangeau, Briole,
Et c'est là mon seul but.
Honni soit qui mal y pense,
Je suis pénitente, moi,
Je suis pénitente. »

Tous ceux qu'elle éconduit ne sont pas d'une humeur aussi conciliante. L'un d'eux, le grand prieur de Vendôme, haut dignitaire de l'Église – ce qui n'est nullement incompatible avec le désir de Ninon –, a fort mal pris de se voir repoussé et a traduit son mécontentement en vers, selon la mode de l'époque :

« Indigne de mes feux, indigne de mes larmes,
Je renonce sans peine à tes faibles appas ;
Mon amour te prêtait des charmes,
Ingrate, que tu n'avais pas. »

Mais Ninon n'a pas sa plume dans sa poche. Elle aussi sait manier la poésie quand il s'agit de son honneur :

« Insensible à tes feux, insensible à tes larmes,
Je te vois renoncer à mes faibles appas.
Mais si l'amour prête des charmes,
Pourquoi n'en empruntais-tu pas ? »

Chapelle, un autre admirateur, poète lui aussi, est éconduit. Il est ivrogne et Ninon ne le supporte pas, aussi lui ferme-t-elle sa porte. Molière, Boileau, amis de Chapelle, tentent de la faire revenir sur sa décision. Peine perdue. Alors, de guerre lasse, le pauvre Chapelle adresse à la cruelle un poème qui mérite d'être cité en entier car il est le reflet d'une époque, hélas bien révolue :

Lettre à mademoiselle de Lenclos
Le dessus
« À Ninon, de qui la beauté
Méritait une autre aventure,
Et qui devait avoir été
Femme ou maîtresse d'Épicure.

La lettre
Si c'est à bonne intention
Qu'à tes lois tu me veux soumettre,
Réponds à mon affection
Lorsque tu réponds à ma lettre.

Mon cœur pour toi forme des vœux,
Mes yeux te trouvent sans seconde.
Et, si je ne suis amoureux,
Je suis le plus trompé du monde.

Mon âme languit tout le jour ;
J'admire ton luth et ta grâce.
J'ai du chagrin, j'ai de l'amour :
Dis-moi que veux-tu que j'en fasse ?

Ton entretien attire à soi ;
Je n'en trouve point qui le vaille ;
Il pourrait consoler un roi
De la perte d'une bataille.

Je me sens touché jusqu'au vif
Quand mon âme voluptueuse
Se pâme au mouvement lascif
De ta sarabande amoureuse.

Socrate, et tout sage et tout bon,
N'a rien dit qui tes dits égale ;
Au prix de toi, le vieux barbon
N'entendait rien à la morale.

Tu possèdes les qualités
Dont un cœur ne peut se défendre,
Peut-on avoir tant de beautés,
Et n'en avoir point à revendre ?

Je sais quel nombre de galants
De ton affection se pique.
Trop de Médors, trop de Rolands
Font l'amour à mon Angélique.

Je modère ainsi mon courroux
De ne pouvoir faire des rimes.
Je les voudrois dignes de vous,
Et de pareils souhaits ne sont pas légitimes.

6

L'amour est la pièce au monde où les actes sont les plus courts et les entractes les plus longs. De quoi voulez-vous remplir les intermèdes si ce n'est par le talent ?

Ninon de Lenclos

Tandis que Ninon se grise des parfums de l'encens que ses postulants répandent autour d'elle, le monde ne s'arrête pas à la porte de sa maison des Tournelles. Bien des événements se déroulent en ce début de règne de Louis XIV, des événements qui, indirectement, vont se mêler au destin de la courtisane.

La guerre entre la France et l'Espagne s'est enfin arrêtée. Avant de reprendre plus tard de plus belle. En attendant, le traité des Pyrénées, en 1659, marque le rapprochement des deux pays, que va couronner le mariage du jeune roi de France avec l'Infante d'Espagne. Un mariage qui comble d'aise la reine mère : le cœur d'Anne d'Autriche est demeuré espagnol et, tout au long du conflit, il a continué de battre pour son pays d'origine. Tout va rentrer dans l'ordre grâce au mariage de son fils avec sa nièce. Le traité des Pyrénées est d'ailleurs très avantageux pour la France. Il complète celui de Westphalie, conclu onze ans plus tôt, et marque l'annexion de l'Artois, du Roussillon et de nombreuses places sur la frontière de l'Est. Autre conséquence, le prince de Condé, qui s'était mis au service de l'Espagne, voit sa trahison amnistiée : il va pouvoir rentrer en France.

Ninon lui écrit aussitôt pour lui exprimer la joie que lui procure son retour. Le héros de Rocroi a de la mémoire, il n'a pas oublié les moments de plaisirs cueillis auprès d'elle. À peine rentré à Paris, il se rend rue des Tournelles et Ninon lui démontre qu'elle non plus n'a rien oublié !

Le Grand Condé n'agit pas simplement pour son propre compte. Il a un fils qui ne possède ni la prestance ni l'esprit d'entreprise de son père, et qui fait preuve d'une timidité excessive à l'égard des femmes, au point qu'il n'a pas encore osé croquer dans le fruit défendu. Condé attend donc de Ninon qu'elle veuille bien mettre son garçon dans le « droit chemin ». Ce à quoi elle consent volontiers puisque, comme on l'a vu, le rôle d'initiatrice est loin de lui déplaire. Par ailleurs, le prince a assorti sa requête de dons généreux, un geste que Ninon apprécie particulièrement. Si officiellement elle a rejeté l'étiquette de femme vénale qui nuisait à sa réputation, il lui arrive quand même de faire quelques « extras ». À condition bien entendu que les bénéficiaires en aient les moyens, sinon ils sont priés d'aller chercher ailleurs leur pitance. C'est la mésaventure que connaît un certain chevalier de Méré. Quelques années plus tôt, il a connu une brève aventure avec Ninon, une aventure dont il a gardé présente la saveur en dépit des années qui se sont écoulées. Malheureusement pour lui, il est à présent aux trois quarts ruiné, ce qui pour Ninon est une erreur impardonnable. Méré se voit donc interdit l'accès de la fameuse « chambre jaune » et il en exprime sa rancune dans un pamphlet qu'il adresse à Ninon :

« Au temps heureux ou régnait l'innocence
On goûtait, en aimant, mille et mille douceurs
Et les amants ne faisaient de dépense
Qu'en soins et qu'en tendres ardeurs.
Mais aujourd'hui, sans l'opulence,

Il faut renoncer aux plaisirs :
Un amant qui ne peut dépenser qu'en soupirant
N'est plus payé qu'en espérance. »

Les chroniqueurs du temps ne se sont pas privés de critiquer Ninon et de condamner ses agissements. Mais lorsqu'on y réfléchit, il faut plutôt voir en elle une sorte de précurseur. Cette manière de traiter les hommes, non plus en maîtres absolus comme ils l'ont été depuis toujours, mais en simples partenaires, cette volonté de s'émanciper des principes qui jusque-là ont gouverné les rapports des hommes et des femmes, de rejeter les contraintes, les hypocrisies, les faux-semblants, et surtout de regarder la vie en face, ne sont-ce point là des théories qui président à l'émancipation du genre féminin ? Jusqu'à Ninon peu de femmes ont osé revendiquer leur liberté, peu de femmes ont osé braver l'opinion. En le faisant, Ninon a sans doute inauguré des pratiques qui vont inspirer les courtisanes à venir, mais elle a fait davantage en donnant aux femmes le signal de leur émancipation.

Ninon a le mérite d'appliquer à sa vie les préceptes qu'elle recommande. Elle ne se limite pas à faire de sa vie l'exemple de ce qu'elle croit bon, ses écrits en témoignent également. Des écrits qui sont rares car, à l'inverse d'une marquise de Sévigné, elle ne se sent pas écrivain. Il n'empêche qu'un livre, qui à l'époque fera un certain bruit, lui est attribué. Il a pour titre *La Coquette vengée* et met en scène des personnages qui pratiquent une forme moderne de l'amour. C'en est fini des atermoiements, des attentes languissantes, des désespoirs pathétiques des romans de l'époque. La rupture avec les précieuses est définitive, place à l'audace, à l'amour source de joies et non plus de malheurs, place au plaisir qui n'a plus peur de dire son nom.

Bussy-Rabutin, le cousin ô combien libertin de Marie de Sévigné, décrit fort bien cette évolution des rapports amoureux lorsqu'il écrit : « Je sais bien qu'il faut aimer avec respect pour être aimé, mais assurément, pour être récompensé, il faut entreprendre ; et l'on voit plus d'aventureux réussir sans amour que de respectueux avec la plus grande passion du monde. »

L'abbé Cotin a également un point de vue sur la question : « C'est aujourd'hui la mode que les femmes fassent les avances. De peur de languir dans l'oisiveté, elles n'osent plus se montrer cruelles. »

Femme moderne, Ninon l'est aussi dans l'habileté avec laquelle elle gère ses intérêts. En cela, elle servira d'exemple aux courtisanes qui lui succéderont, mais elle en diffère par son esprit de prévoyance. Alors que bien des femmes entretenues ont jeté allègrement par les fenêtres les fortunes que les hommes mettaient à leurs pieds, Ninon, elle, a bien compris que cette manne ne pourrait pas durer toujours.

Au mois de juin 1661, elle va réussir un tour de passe-passe qui est en même temps un coup de maître. Accrochée à sa respectabilité retrouvée, elle veille à ne plus recevoir d'argent de ses admirateurs. Du moins en apparence, car en réalité, elle continue d'accepter les dons. Ainsi dispose-t-elle depuis peu d'un nouveau mécène particulièrement généreux :

Gérard du Burg est conseiller au parlement de Bordeaux, mais il est surtout l'héritier d'une grosse fortune que la belle va pouvoir écorner à sa guise. Ils se rencontrent lors d'une soirée chez Françoise Scarron. Ninon lui laisse entendre qu'il l'intéresse et le millionnaire tombe dans le panneau. Le personnage est un benêt qui souhaite faire parler de lui par n'importe quel moyen. Être l'amant de Ninon, c'est pour lui un échelon vers la consécration. Pour y parvenir, il est prêt à tous les sacrifices, y compris à la couvrir d'or. Ninon ne lui en demande pas davantage, mais elle met une condition à ses faveurs : leur liaison doit demeurer secrète. Toujours à cause de sa réputation, Ninon veut faire croire à tout le monde qu'elle n'a plus aucun rapport avec « la femme de mauvaise vie » qu'on a connue. Du Burg est bien obligé de s'incliner. Cependant il ne peut s'empêcher de révéler sa bonne fortune à certains de ses intimes.

Pour témoigner sa reconnaissance à Ninon, il se prête à une savante combinaison afin d'enrichir sa maîtresse sans laisser de trace. Devant notaire, le sieur du Burg reconnaît à Ninon de Lenclos la copropriété de la maison de la rue des Tournelles et lui en abandonne l'usufruit et la jouissance sa vie durant. Après quoi, le même jour, devant un autre notaire, il lui vend sa part de la maison moyennant onze mille livres qu'elle est censée lui verser… mais qu'elle ne lui verse pas ! Ainsi, Ninon est devenue officiellement seule propriétaire de la demeure, sans que la famille du Burg puisse s'y opposer.

Cependant, elle n'entend pas laisser dormir la fortune qu'elle possède. Moyennant vingt-cinq mille livres prêtées à l'hôpital des Incurables, elle s'assure un intérêt annuel de 8 %, alors que l'intérêt usuel n'est que de 5 %. Elle profite également d'une offre exceptionnelle de la ville de Lyon ; endettée jusqu'au cou, la cité des bords du Rhône a lancé un emprunt au taux usuraire d'intérêts de 12 %, et Ninon se dépêche d'y souscrire. En outre, elle verse au comte de La Rochefoucauld une somme de treize mille livres qui va lui garantir jusqu'à sa mort une rente viagère de 1 200 livres. L'ensemble de ces placements la met définitivement à l'abri du besoin. Ce qui ne l'empêche pas de faire toujours appel à la générosité de Gérard du Burg, de manière confidentielle bien entendu.

Obligé par Ninon, contre son gré, de dissimuler sa bonne fortune, du Burg va pourtant la révéler de manière accidentelle. Ninon et lui sont convenus de se retrouver chaque mercredi dans un endroit discret. Il s'agit d'un hôtel particulier que du Burg a loué sous un nom d'emprunt et qui demeure fermé le reste du temps. Un certain mercredi, il se rend donc au rendez-vous, très en avance comme de coutume, car, pour rien au monde, il ne voudrait faire attendre l'élue de son cœur. Et voilà qu'en arrivant sur les lieux, il constate qu'un incendie a dévasté l'hôtel, qui n'est plus qu'une ruine. Dans ces conditions, impossible évidemment d'y consommer le fruit défendu ! Complètement affolé, le malheureux se précipite rue des Tournelles afin de prévenir

Ninon. Quand il arrive, elle est en train de raccompagner des amis venus lui rendre visite. L'irruption de du Burg l'inquiète, on s'en doute.

Il est tellement troublé qu'il oublie la règle du silence à laquelle il est soumis. D'une voix altérée par l'émotion, sans prendre garde à la présence des visiteurs de Ninon, il lui annonce la catastrophe qui vient de se produire et qui ruine les projets qu'ils avaient pour l'après-midi.

Gênés, les visiteurs se retirent. Ninon, furieuse annonce à du Burg que tout est fini entre eux. Ce qui la conforte encore plus dans cette décision, c'est que le bruit de son aventure avec du Burg s'est vite répandu dans le petit cercle qu'elle fréquente. À quelques jours du regrettable incident, Ninon s'est trouvée à dîner chez Mademoiselle de La Sablière et a dû subir des quolibets de la part de l'assistance, ce qui a mis le comble à sa colère.

Désespéré, à force d'insistance, Gérard du Burg obtiendra son pardon… en échange d'une jolie propriété des environs de Rambouillet.

Pour sauvegarder une réputation que l'imprudence du sieur du Burg risque de compromettre, Ninon redouble d'efforts. Avec ostentation, elle se rend chaque jour à la messe et elle rédige un testament officiel dans lequel, après avoir avoué ses péchés, elle demande à la Sainte Église catholique d'en être absoute par l'intercession de Jésus-Christ, de la Vierge et des saints. Avec de telles « protections », elle ne doute pas d'obtenir la rémission de ses fautes passées… et à venir ! Ce qui est une sage précaution quand on la connaît…

Elle va faire mieux encore pour renforcer l'odeur de sainteté qu'elle répand autour d'elle : elle va s'offrir l'assistance d'un directeur de conscience. Étrange directeur de conscience que cet abbé de Pons qu'elle désigne pour cet office !

Sorti on ne sait d'où au juste, le personnage a fidèlement été décrit par La Bruyère qui, à son propos, écrit : « Je vois bien que le goût qu'il y a à devenir le dépositaire du secret des familles, à se rendre nécessaire pour les réconciliations, à procurer des commissions ou à placer des domestiques, à trouver toutes les portes ouvertes dans les maisons des Grands, à manger souvent à de bonnes tables, à se promener en carrosse dans une grande ville et à faire de délicieuses retraites à la campagne, je vois bien, encore une fois, que cela seul a fait imaginer le spécieux et irrépréhensible prétexte du soin des âmes et semer dans le monde cette pépinière intarissable de directeurs. »

Ce portrait pourrait être celui d'un Tartuffe et l'on comprend que Ninon ait fort apprécié la pièce de son ami Molière. Quant à l'abbé de Pons, c'est avec zèle qu'il va servir la réputation de Ninon et veiller au salut de son âme. Sa présence fournit à la courtisane un certificat de bonne conduite et administre aux gens naïfs la preuve de sa « conversion ».

Mais il va se produire un accident que la belle n'avait pas prévu. L'abbé de Pons tombe amoureux de sa « pupille ». Ninon feint d'en être choquée, mais de Pons lui explique « que les plus grands saints avaient été susceptibles de passions sensuelles, que saint Paul était affectueux et que le bienheureux François de Sales n'avait pu s'en exempter ».

Avec de tels exemples, comment Ninon ne serait-elle pas convaincue ? Il est donc vraisemblable que notre directeur de conscience a vu sa tentative couronnée de succès. De Pons laissa dans l'histoire quelques parcelles de la « sainteté » dont il se paraît volontiers, mais Ninon en valait la chandelle ! Et comme le moindre de ses actes donne lieu à des commentaires, une chanson célébrera l'événement à sa manière :

« Ninon passe tes jours au jeu,
Cours toujours où l'amour te porte ;
Le prédicateur qui t'exhorte,
S'il était auprès de ton feu,
Te parlerait d'une autre sorte. »

L'abbé de Pons n'est pas le seul ecclésiastique à graviter autour de Ninon : cette belle pécheresse est une proie tentante pour ceux dont la vocation est de ramener les brebis égarées dans le sentier de la vertu. Ninon va donc faire l'objet d'une véritable compétition entre plusieurs prêtres, chacun souhaitant gagner cette étrange course à la rédemption. Les plus acharnés dans cette quête sont le révérend père d'Orléans, un jésuite allié à la famille des cousins du roi, et l'abbé Tétu, un voisin de la belle, rue des Tournelles. Pour le père d'Orléans, personnage infatué de lui-même, convertir Ninon raccourcirait son chemin vers le chapeau de cardinal auquel il aspire depuis longtemps. Se voyant sûr de son pouvoir de conviction, il va par les salons, racontant à tout va que Ninon devant lui a fait acte de soumission. Ce qui est tout à fait inexact.

L'abbé Tétu, lui, a des ambitions plus modestes : il compte bien que la conversion de Ninon lui apporte un siège épiscopal. Dans ce but, profitant de son voisinage avec la dame, il se rend presque chaque jour dans sa maison, la bonne parole aux lèvres. Et le madrigal aussi, car il se verrait bien plus que le confesseur de Ninon ! À la fin, lassée par ce quémandeur obstiné, elle lui lance : « Étant donné votre passion pour le beau sexe, il faudrait que l'évêché qu'on vous accorderait fût un évêché femelle. »

Bien des années plus tard, évoquant l'incident devant Fontenelle, elle lui confiera, toujours avec humour : « Vous savez le parti que j'aurais pu tirer de mon corps ; je pourrais encore mieux vendre mon âme, les jésuites et les jansénistes se la disputent. »

Le combat entre les jansénistes et la Compagnie de Jésus – les jésuites – va se poursuivre durant une grande partie du règne de Louis XIV. Au départ c'est une querelle religieuse qui les oppose, à laquelle se mêlera bientôt un antagonisme politique. Inspirés par Jansénius, l'évêque d'Ypres, ses disciples privilégient l'initiative divine dans le comportement des hommes alors que les jésuites prônent, au contraire, la liberté humaine. Ces querelles théologiques sur la grâce trouvent un terrain favorable dans la bourgeoisie parlementaire et récusent la morale mondaine. La parution de l'*Augustinus* qui consacre la théorie de Jansénius entraîne en 1653 leur condamnation par le pape Innocent X. Dans le même temps, Louis XIV condamne lui aussi les jansénistes qui, victimes de persécutions, cherchent refuge à l'abbaye de Port-Royal qui devient leur foyer principal. Parmi les jansénistes les plus célèbres, citons Blaise Pascal et Jean Racine.

L'inconstance de Ninon en amour ne va pas se trouver contrariée par les diverses tentatives pour l'amener à plus de sagesse. Ces vers, qu'un de ses soupirants éconduits lui adresse, résument assez fidèlement son comportement :

« Le changement vous est si doux,
Que, quand on est bien avec vous,
On n'ose s'en donner la gloire.
Celui qui vous peut arrêter
A si peu de temps pour le croire,
Qu'il n'en a pas pour s'en vanter. »

Quant à l'abbé de Pons, il n'a toujours pas renoncé à ses entreprises et comme Ninon, une fois encore, lui rappelle que sa condition de prêtre devrait l'inviter à plus de retenue, il pourrait faire siens les vers de Tartuffe (n'aurait-il pas, selon certains, inspiré le personnage à Molière ?) :

« Ah ! pour être dévot, je n'en suis pas moins [homme ;
Et lorsqu'on vient à voir vos célestes appas,
Un cœur se laisse prendre, et ne raisonne pas. »

Ninon veille à ce que les refus, qu'elle oppose aux entreprises de ses amoureux à soutane, soient connus de tous. Encore une fois, il y va de l'image qu'elle entend donner d'elle-même. Ce qui ne l'empêche pas de critiquer ouvertement l'hypocrisie des « précieuses » et leurs discours vertueux, si éloignés de leurs actes.

Dans son livre *La Coquette vengée*, elle expose certaines des théories qui lui sont chères par le truchement de ses personnages. Ainsi place-t-elle dans la bouche de l'un d'eux cette profession de foi : « Il n'y a rien de si beau ni de si plein que l'amour et cependant vous en faites un squelette tout sec, sans un bon point et sans couleur. »

Répétons-le, Ninon est une féministe – avant que le mot ait été inventé –, alors que les revendications des femmes sont un sujet interdit.

Son esprit d'indépendance ne lui interdit pas certaines précautions. Le souvenir des désagréments qu'elle a connus est encore trop proche pour qu'elle prenne des risques. Au contraire, elle veille à se constituer un réseau de relations qui pourraient lui être utiles en cas de besoin. Avec ce flair qu'elle a toujours eu, elle a pressenti que la jeune Françoise Scarron, alors à l'orée de la brillante carrière que l'on sait, occupera un jour une place au soleil. Elle veille donc à ce que leurs liens d'amitié ne se relâchent pas et n'hésite pas à lui rendre service en toutes circonstances. Témoin cette lettre que Madame Scarron lui adresse :

« Faites, je vous prie, mes compliments à Monsieur de La Rochefoucauld et dites-lui que le livre de Job et le livre des *Maximes* sont mes seules lectures. Vous ne serez pas remerciée, puisque vous ne voulez pas l'être ; mais la reconnaissance ne perd rien au silence que vous m'imposez. Que je vous dois de choses, ma très aimable ! »

Ces derniers mots sont-ils une allusion aux « choses » que Ninon fit connaître à Françoise ? C'est possible. Quoi qu'il en soit, les bonnes relations entre la courtisane et la future épouse du roi perdureront.

Il est vrai, comme nous l'avons vu à différentes reprises, que Ninon manifeste à ses amis une générosité, une sincérité qui ne sont pas monnaie courante. Cette femme, qui sait si bien prendre de l'argent aux hommes, sait aussi leur en donner lorsqu'ils se trouvent dans la nécessité. On la voit, par exemple, voler au secours d'un d'Elbène que ses folles prodigalités ont conduit au bord de la ruine. De même, à l'égard de Gourville rentrant d'exil, donne-t-elle, comme on l'a vu, la preuve de son honnêteté scrupuleuse en ayant sauvegardé l'argent qu'il lui avait confié avant de s'enfuir.

Ce geste lui vaut de la part de Saint-Évremond cet éloquent et flatteur témoignage : « Ma belle gardeuse de cassette, la réputation de votre probité est particulièrement établie sur ce que vous avez résisté à des amants qui se fussent accommodés volontiers de l'argent de vos amis. »

Un peu plus tard, ce même Saint-Évremond lui rendra un hommage appuyé, qui décrit la qualité du personnage et démontre qu'on peut être en même temps fille vénale et grande dame :

« Vous avez été aimée des plus honnêtes gens du monde et avez aimé autant de temps qu'il fallait pour ne rien laisser à goûter dans les plaisirs, et aussi juste qu'il était besoin pour prévenir les dégoûts d'une passion lassante. Jamais on n'a porté si loin le bonheur de votre sexe ; il y a peu de princesses dans le monde à qui vous ne fassiez sentir la dureté de leur condition par jalousie de la vôtre ; il n'y a peut-être même pas de saintes dans les couvents qui n'eussent voulu changer la tranquillité de leur esprit contre les troubles agréables de votre âme. De tous les tourments, vous n'avez senti que ceux de l'amour et vous savez mieux que personne qu'en amour tous les autres plaisirs ne valent pas les peines. [...] Au moment qu'un amant vous découvre sa passion, un ami peut vous confier son secret. Votre parole est la convention la plus sûre sur laquelle on puisse se reposer, et, quand vous avez fait espérer cent pistoles sur des droits seigneuriaux, on y peut compter comme si elles étaient déjà reçues... »

7

Les hommes manquent plus de conquêtes par leur maladresse que par la vertu des femmes.

Ninon de Lenclos

Un autre portrait de Ninon, alors qu'elle approche de la cinquantaine, la décrit dans un livre d'Angélique Petit sous le nom de *Pithie* et nous démontre que le temps n'a pas opéré sur elle sa fâcheuse manie de laisser les femmes vieillir :

« Pithie est née avec tous les agréments que peut souhaiter la personne du monde qui a le plus envie de plaire. Son esprit est vif et pénétrant et se tourne toujours selon les personnes avec qui elle est… La taille est belle et fine et ses yeux, qui font plus de fracas que tous les yeux du monde. Sa gorge, ses mains sont bien taillées et le reste du corps, selon ce qu'on peut en juger par ce qu'on en voit et par sa manière de marcher, est au-dessus de tout ce qu'on peut figurer… Elle a dans la voix quelque chose de si tendre et un ton si agréable qu'elle aurait mieux chanté que toutes celles que l'on admire si elle avait pu vaincre une sorte de timidité… »

Ce portrait est à rapprocher de celui que l'on faisait d'elle quelque vingt-cinq ans auparavant ; on y retrouve la même description de ses attraits et la même admiration qu'elle suscite de la part de son entourage.

Ces louanges ne sont quand même pas unanimes ; il y a toujours quelqu'un qui se souvient qu'avant de devenir la digne Mademoiselle de Lenclos, elle était Ninon la courtisane. Pour une sombre histoire d'argent, l'importun pousse l'inconvenance jusqu'à le lui rappeler ; ainsi Saint-Évremond écrit dans une lettre à Monsieur d'Hervart :

« Quittons un discours sérieux pour parler de Mademoiselle de Lenclos. Je vous supplierais de lui faire mes compliments sur l'occupation agréable que lui donne le choix d'un amant au milieu de vingt qui se présentent, si je ne craignais qu'elle prît le témoignage d'une joie sincère pour l'effet d'un étonnement malicieux… Cela n'empêche pas que ce ne lui soit un grand bonheur de pouvoir être inconstante et changer d'amant quand il lui plaît. On estime une demoiselle de vingt ans pour être fidèle ; l'infidélité fait le plus grand mérite de celles de trente ; et bienheureuse est la dame qui trompe des galants où les autres sont heureuses de rencontrer des trompeurs. »

Oui, aussi étonnant que cela puisse paraître, Ninon a encore devant elle une longue carrière de séductrice. Mais avec le temps, ses goûts ont évolué et ils ne la portent plus vers les hommes mûrs qui, il y a quelques années, jalonnaient son parcours amoureux. À présent son attirance pour la jeunesse se donne libre cours. Pourquoi se priverait-elle ? Puisque les jeunes gens sont nombreux à solliciter ses faveurs, il serait dommage de repousser ceux qui sont jolis garçons. En tout cas, ce ne sont pas les scrupules qui la gênent, comme elle l'explique dans une lettre à Saint-Évremond, qui s'était risqué à lui faire la morale :

« J'ai bien entendu l'appel à la raison que vous avez cru devoir me lancer. Je vous remercie des bons conseils que vous me prodiguez, mais vous me permettrez de ne les point suivre. Qu'y a-t-il de contraire aux bonnes mœurs pour une femme de ne pas repousser les avances d'un homme sous le seul prétexte qu'il a quelques années de moins qu'elle ? À partir du moment où lui-même sollicite les faveurs de la dame, les lui accorder relève de leur bon plaisir réciproque et ne regarde qu'eux. Il faut vivre et ne point avoir honte de ses désirs dès l'instant où ils sont partagés... »

Voilà, n'est-il pas vrai, une position qu'Épicure eût pleinement approuvée.

Ninon va trouver bientôt une nouvelle occasion de mettre en pratique sa profession de foi. L'aventure sera cocasse à un double titre, car ce nouveau soupirant n'est pas n'importe qui pour Ninon : il a des antécédents, des antécédents qui nous ramènent à la famille Sévigné. Dix-huit ans auparavant, Henri de Sévigné, l'époux de la célèbre marquise, était tombé sous les rets de la chère Ninon. Coup de passion réciproque, puisque – une fois n'est pas coutume – Ninon s'était montrée tout à fait désintéressée. Mais avec Ninon, les passions les plus courtes sont les meilleures ; après trois mois d'idylle, elle avait renvoyé le bel Henri chez sa femme et, peu après, il avait été tué en duel.

Depuis lors, Marie de Sévigné et Ninon de Lenclos se retrouvent parfois en face l'une de l'autre et entretiennent des relations parfaitement courtoises ; jadis, la marquise a été au courant du penchant de son mari pour la courtisane, mais habituée de longue date à ses frasques, elle a passé cette nouvelle tromperie aux profits et pertes !

Et voilà que brusquement Ninon surgit à nouveau dans son destin. La marquise a deux enfants : une fille, Françoise, qui deviendra Madame de Grignan, et un fils, Charles, qui a hérité de son père ses qualités de chasseur de femmes ! N'ayant que peu d'activité, il profite de ses loisirs pour se livrer sans retenue à son exercice favori. C'est ainsi que lors d'un souper il fait la connaissance de Ninon et tombe aussitôt sous son charme, comme tant d'autres. De son côté, outre le jeune âge et la beauté du garçon, Ninon trouve l'aventure piquante. Où le père a passé, pourquoi le fils n'y passerait-il pas à son tour ? Elle se met donc en devoir de faire tourner la tête de ce prétendant inattendu et elle y parvient aisément.

Charles a pris l'habitude de faire à sa mère la confidence de ses bonnes fortunes. La marquise s'en amuse et ressent même une certaine fierté devant les succès féminins de son rejeton. Ayant elle-même depuis longtemps oublié la signification du plaisir des sens, elle n'est pas fâchée de constater que Charles, lui, ne se prive de rien. Pourtant cette nouvelle aventure ne la divertit pas. C'est que Ninon lui rappelle de fâcheux souvenirs, non pas en raison des relations que naguère son mari eut avec la courtisane, mais parce que celle-ci trouva le moyen de lui faire négliger ses devoirs religieux. Fervente catholique, la marquise redoute par-dessus tout qu'il en soit de même avec Charles. La nouvelle liaison de son fils la préoccupe à un tel point qu'elle en fait la confidence à sa fille dans une de ses fameuses lettres :

« Votre frère entre sous les lois de Ninon. Je doute qu'elles lui soient bonnes. Elle avait gâté son père… Quand on est chrétienne, on ne peut voir ces dérèglements sans chagrin… Qu'elle est dangereuse cette Ninon ! Si vous saviez comme elle dogmatise sur la religion, cela vous ferait horreur. Son zèle pour pervertir les jeunes gens est redoutable. Elle trouve que votre frère a la simplicité de la colombe et que c'est vous qui avez tout le sel de la maison. Quelle corruption ! Je suis vraiment touchée du mal qu'elle fait à mon fils ; ne lui mandez rien, nous faisons nos efforts, Madame de La Fayette et moi, pour le dépêtrer d'un engagement dangereux. Avec elle, ce sont des soupers délicieux, c'est-à-dire des diableries... »

Elle attend avec impatience qu'une brouille vienne dissocier le couple insolite et voici justement qu'un incident se produit qui rend des couleurs à la digne marquise. Une confidence étonnante que lui a faite son fils en est la cause, qu'elle communique sur-le-champ à sa fille :

« Mon fils vint hier me chercher du bout de Paris pour me dire l'accident qui lui était arrivé... Son *dada demeura court à Lérida*. Ce fut une chose étrange... Le cavalier en désordre sortit en déroute, croyant être ensorcelé. Et ce qui vous paraîtra plaisant, c'est qu'il mourait d'envie de me conter sa déconvenue. Nous rîmes fort ; je lui dis que j'étais ravie qu'il fût puni par où il avait péché. Il s'est pris à moi, et me dit que je lui avais donné de ma glace, qu'il se passerait fort bien de cette ressemblance, que j'aurais bien mieux fait de la donner à ma fille. Il voulait que Pecquet [un médecin] le restaurât... C'était une scène digne de Molière... J'eus beau l'assurer que tout l'empire amoureux est rempli d'histoires tragiques, il ne peut se consoler... Ninon disait l'autre jour à mon fils qu'il était une vraie citrouille fricassée dans la neige. Vous voyez ce que c'est que de voir bonne compagnie. On apprend mille gentillesses. »

En général, les hommes n'aiment guère raconter ce genre de « panne », surtout à leur mère, et admirons combien en termes galants ces choses-là sont dites quand la marquise décrit l'événement par ces mots : « son dada demeura court à Lérida ».

Ce qui contrarie le plus Marie de Sévigné, ce n'est pas tellement qu'il ait une liaison avec une courtisane plus âgée que lui, ni qu'il succombe aux mêmes délices auxquelles son père avait succombé jadis. Mais encore une fois, c'est que la liaison en question l'éloigne de ses devoirs religieux. Décidément, elle est devenue une bigote accomplie, notre marquise ! Une lettre de Charles à sa mère a provoqué chez elle un regain d'inquiétude, comme elle le rapporte à sa fille :

« Il me disait hier au soir que, pendant la semaine sainte, il avait été si épouvantablement dévergondé, qu'il lui avait pris un dégoût de tout cela, qui lui faisait bondir le cœur ; il n'osait y penser, il avait envie de vomir. Il lui semblait toujours avoir autour de lui des légions de tétons, et quoi encore ? Des tétons, des cuisses, des myriades de baisers en telle abondance, il en avait l'imagination frappée et ne pouvait pas regarder une femme ; il était comme les chevaux reboutés d'avoine. Le mal n'a pas été d'un moment. J'ai pris mon temps pour faire un petit sermon là-dessus ; nous avons fait ensemble des réflexions chrétiennes ; il entre dans mes sentiments, et particulièrement pendant que son dégoût dure encore... »

Sans doute Madame de Sévigné exagère-t-elle un peu. Son propre mépris de l'amour physique la porte à des jugements que ne doit pas partager son fils, si l'on en juge par les multiples aventures qu'il a connues.

Quoi qu'il en soit, les tourments de la marquise vont prendre fin : la rupture tant espérée avec Ninon se produit, et elle annonce aussitôt la bonne nouvelle à sa fille :

« Parlons un peu de votre frère ; il a eu son congé de Ninon… Elle a redemandé ses lettres, ou les lui a rendues ; j'ai été fort aise de cette séparation. Je lui disais toujours un petit mot de Dieu et le priais de ne point étouffer le Saint-Esprit dans son cœur… »

Sans vouloir ôter ses illusions à la marquise, on doit à la vérité d'ajouter que le rôle du Saint-Esprit dans cette rupture est des plus modestes et que c'est avant tout la lassitude de Ninon qui en est la cause.

La rupture se passe en douceur. Ninon désire faire de son ex-jeune amant un ami, ainsi qu'elle en a l'habitude. Opération délicate, mais qu'elle réussit une fois encore, tant est fort le rayonnement de sa personnalité. Pour y parvenir avec Charles, elle a eu deux obstacles à surmonter. Le premier d'ordre religieux : il lui faut convaincre le jeune homme qu'en entretenant avec elle une relation amicale, il ne risque pas de perdre son âme. Quant au second obstacle, il vient de la marquise elle-même, qui ne cesse de marteler les oreilles de son fils avec tous les dangers que l'ancienne courtisane lui fait courir, ce qui devrait impliquer une rupture définitive de tout rapport avec elle.

Cette double difficulté n'interrompt pourtant pas les visites de Charles. Il continue de fréquenter la rue des Tournelles, insouciant des quolibets que sa venue suscite. Cette nouvelle amitié est-elle absolument pure ? Il est permis d'en douter quand on connaît les deux personnages.

Il est bien possible que, pour ne pas contrarier sa maman, Charles lui ait juré qu'il n'y avait plus rien entre lui et « Mademoiselle de Lenclos ». Une anecdote vient à l'encontre de ce serment. Un jour, quelques mois après leur rupture officielle, Ninon et Charles se promènent en voiture sur le Cours-la-Reine… À un moment, leur équipage croise celui d'une jeune femme d'une grande beauté. Incapable de se maîtriser, Charles lui décoche un regard admiratif. C'en est trop pour Ninon, qui lui applique une gifle magistrale, accompagnée de paroles peu amènes. Pour une femme qui a élevé l'infidélité à la hauteur d'un culte, le geste ne manque pas de saveur.

Qu'aurait-elle dit, la chère Ninon, si elle avait su qu'en même temps qu'avec elle, Charles avait entretenu une liaison avec la Champmeslé, une comédienne, mieux en rapport avec son âge. Cette jolie personne n'était pas non plus un ange, puisqu'à côté de Charles elle était entretenue par le comte de Clermont-Tonnerre et qu'elle avait Racine pour autre amant. C'est quand elle découvre le pot aux roses que, blessée dans son orgueil, Ninon ferme à Charles la porte de sa chambre… pour la lui entrouvrir de temps à autre quand l'envie lui en prend.

Cependant, si Ninon semble avoir oublié l'infidélité de Charles, elle n'en nourrit pas moins une rancune profonde à l'égard de la Champmeslé, ce qui peut nous sembler injustifié puisque, dans l'histoire, c'est Charles le coupable. Mais l'amour ne coïncide pas toujours avec la logique. Ninon se sent humiliée. D'ordinaire, c'est toujours elle qui trompe ses amants. Que l'ordre des choses soit inversé lui paraît d'autant plus intolérable que c'est une femme plus jeune qu'elle qui est l'objet de ce « crime de lèse-majesté ». Jusqu'alors, son parcours amoureux ne s'est jamais encombré des questions d'âge, et voilà que brusquement elle se trouve face à une réalité déplaisante. Peu à peu, le désir de se venger s'insinue en elle et va lui inspirer un comportement peu reluisant. Charles lui ayant avoué qu'il avait eu l'imprudence d'écrire plusieurs lettres à la Champmeslé, Ninon lui affirme que la jeune comédienne montre ses lettres à tous leurs amis en s'en gaussant sans retenue. Charles tombe dans le panneau, sans même chercher à savoir comment Ninon est au courant de l'affaire. Sur l'injonction de Ninon, il se précipite chez la Champmeslé et exige qu'elle lui rende les missives en question. Ensuite, il retourne auprès de Ninon et, tout fier de ses actes, brandit les lettres comme des trophées. Pour se faire pardonner sa trahison et pour bien lui montrer que tout est définitivement terminé entre la Champmeslé et lui, il accepte de lui remettre les lettres, comme elle le lui demande. Ninon tient entre ses mains l'instrument de sa vengeance. Elle a tout simplement l'intention de remettre lesdites lettres au comte de Clermont-Tonnerre, l'entreteneur de la comédienne. Elle ne doute pas qu'à leur lecture le comte s'empressera de cesser ses générosités. Ce n'est pas un geste qui honore notre Ninon, tant s'en faut ! Et Charles s'est comporté comme un benêt en acceptant de se faire le complice de cette mauvaise action. Mise au courant, comme toujours, des faits et gestes de son fils, la marquise de Sévigné en est indignée et le rapporte évidemment à sa fille :

« Je dis à Charles que c'était une vilaine trahison et basse, et indigne d'un homme de qualité et que, même dans ces choses malhonnêtes, il y avait de l'honnêteté à observer. Il entre dans mes raisons, il court chez Ninon et, moitié figue, moitié raisin, moitié par adresse, moitié par force, il retira les lettres de cette pauvre diablesse ; je les ai fait brûler. Vous voyez là combien le nom de comédienne m'est quelque chose... Mon fils a conté ses folies à Monsieur de La Rochefoucauld, qui aime les originaux. Il approuve ce que je lui dis l'autre jour, que mon fils n'était point fou par la tête, mais par le cœur. Ses sentiments sont tout vrais, tout froids, sont tout brûlants, sont tout fripons, sont tout sincères ; enfin son cœur est fou. Nous rîmes fort de tout cela et avec mon fils même, car il est de bonne compagnie. »

Ninon ne sort pas grandie de l'histoire et Charles en éprouve un tel ressentiment envers elle qu'il va cesser de la voir. Parti avec sa mère aux Rochers, la maison des Sévigné en Bretagne, lorsqu'il en revient, il se jure de ne plus avoir aucun rapport avec une femme capable d'une telle duplicité. De son côté, Ninon n'est pas très fière d'elle ni du procédé qu'elle voulait employer, ce qui ne l'empêche pas de susciter de nouveaux admirateurs.

À cinquante ans révolus, la femme mûre n'a rien perdu des attraits de sa jeunesse. Ce qui ressort d'un portrait que Saint-Évremond brosse à son propos : « On trouve des femmes qui sont aussi capables de secret et de confiance que les plus fidèles de vos amis. J'en connais qui n'ont pas moins d'esprit et de discrétion que de charme et de beauté ; mais ce sont des singularités que la nature, par dessein ou par caprice, se plaît quelquefois à nous donner. Ces femmes extraordinaires semblent avoir emprunté le mérite des hommes ; et peut-être qu'elles font une espèce d'infidélité à leur sexe de passer ainsi de leur naturelle condition aux avantages de la nôtre. »

Portrait sans doute trop indulgent, qu'il faut attribuer à la fidélité de Saint-Évremond, mais qui constitue un témoignage de plus de l'attraction de Ninon sur la société de son temps. Son salon de la rue des Tournelles, jadis pépinière mondaine et lieu de rencontre des « précieuses », est à présent fréquenté par l'élite intellectuelle. Il s'y échange des propos que les philosophes de l'Antiquité n'auraient pas désavoués. On y rencontre des académiciens, des professeurs, des dames de la haute société, et même des ecclésiastiques qui ne craignent pas de fréquenter la libertine Ninon. Mais pour elle, l'amitié la plus précieuse, c'est celle de Françoise Scarron, qui sera bientôt la marquise de Maintenon. Choisie par la Montespan pour élever les enfants que celle-ci a eus avec le roi, Françoise Scarron s'apprête à supplanter la favorite. Elle a su avec adresse tisser la toile dans laquelle Louis XIV va se laisser prendre. À l'inverse des pratiques douteuses de la favorite, elle prône haut et fort la vertu, condamne le péché et demande au Ciel sa protection. Cette attitude lui vaut d'affirmer son autorité sur Louis XIV, à mesure que le monarque vieillit. Faisant de sa bruyante dévotion l'instrument de sa réussite, elle finira par faire croire au roi que, grâce à elle, il pourra effacer les conséquences d'une existence tumultueuse.

Un jour, lorsque la reine Marie-Thérèse aura disparu, le souverain fera de sa favorite une épouse, qui prendra alors sa revanche sur toutes ces années où elle a dû attendre de sortir de l'ombre et qui profitera abusivement de son pouvoir, lui valant le surnom de « vieille truie » donné par la princesse Palatine, la belle-sœur de Louis XIV. Fait assez rare, elle n'oubliera jamais les sentiments désintéressés que Ninon lui avait témoignés quand elle n'était encore qu'une veuve dans le besoin et lui prouvera sa gratitude en maintes circonstances.

8

Les femmes détestent un jaloux qui n'est point aimé, mais elles seraient fâchées que l'homme qu'elles aiment ne fût point jaloux.

Ninon de Lenclos

Il aura fallu dix ans à Ninon pour devenir définitivement « Mademoiselle de Lenclos » et faire oublier Ninon la vénale. En 1670, elle semble bien installée dans son nouvel état de femme du monde ; la qualité des personnages qu'elle fréquente en témoigne. Parmi ses visiteurs, le plus élogieux est Fontenelle. Un jour, au sortir d'une séance de l'Académie française, il confiera à un ami : « J'ai perdu mon temps à l'Académie aujourd'hui… J'aurais mieux fait de me rendre chez Ninon de Lenclos, sa conversation est plus enrichissante que celle de la plupart de mes confrères… Il m'arrive de balancer entre une séance à l'Académie et une visite à Mademoiselle de Lenclos. C'est Mademoiselle de Lenclos qui, le plus souvent, a ma préférence. »

Bien plus tard, dans ses vieux jours, il conservera de Ninon un souvenir très vivace : « Ah, si vous aviez connu Ninon ! Elle alliait la grâce à l'esprit ; elle fut l'une des plus brillantes représentantes de la condition féminine. »

Sans doute est-ce parce qu'il mourut centenaire en 1757 que Bernard de Fontenelle est demeuré dans la mémoire collective. C'est méconnaître l'importance de ses travaux scientifiques qui annonçaient l'esprit philosophique du XVIIIe siècle. Neveu de Pierre Corneille, Fontenelle avait entrepris d'observer avec minutie les faits et gestes des gens de son époque et il en avait tiré des jugements qui font de lui un précurseur dans le domaine de la philosophie. Voltaire lui-même confiera qu'il devait beaucoup à la lecture des œuvres de Fontenelle. Mais ce philosophe était aussi un bon vivant qui appréciait la bonne chère. Il avait pour habitude de déjeuner chaque semaine chez un de ses amis. Entre autres plats, tous deux appréciaient particulièrement les soles, mais alors que Fontenelle les préférait cuites au beurre, son ami les aimait à l'huile. Pour tout concilier, le cuisinier de son hôte faisait donc cuire les deux soles, avec un accommodement différent. Un jour que Fontenelle est allé déjeuner chez son ami, ce dernier au début du repas est pris d'un malaise soudain. En réalité, il s'agit d'une crise cardiaque foudroyante et le malheureux ne tarde pas à succomber. Aussitôt, Fontenelle quitte la table et, se précipitant vers le cuisinier, il crie : « Aujourd'hui, faites cuire les deux soles au beurre ! »

Un autre visiteur assidu de la rue des Tournelles, c'est le Grand Condé en personne. Outre les agréables souvenirs qu'il a gardés de ses rencontres intimes avec Ninon, il lui conserve sa gratitude après ce qu'elle a fait pour son fils. Souvent il l'exprime devant elle : « Ce garçon me donnait bien du souci… sans votre intervention, il n'aurait sans doute jamais été déniaisé ! »

De même qu'elle reçoit chez elle ce que Paris compte de « têtes bien faites », elle est elle-même reçue par les grands personnages du royaume. Le chevalier de Méré, un ancien « martyr » de la courtisane, demeuré un ami fidèle, évoque avec un plaisir évident la réussite mondaine de Ninon. Ils ont été quelque temps brouillés, mais il la retrouve un jour à une réception que donne la duchesse de La Feuillade. D'abord, il n'en croit pas ses yeux. Mariée à l'un des plus puissants seigneurs du royaume, Charlotte de La Feuillade, confite en dévotion, qui a failli entrer dans les ordres, recevoir chez elle une femme qui a fait profession de son corps ! Voilà qui dépasse l'imagination, mais le chevalier est bien obligé de se rendre à l'évidence. La duchesse et la courtisane bavardent comme deux bonnes amies. Ninon semble tout à fait à l'aise au milieu de cet « aréopage de bien-pensants ». Et tandis qu'elle parle, autour d'elle, tout le monde fait silence. Elle va de l'un à l'autre, semant sa conversation de mots d'esprit qu'elle profère de cette voix sensuelle qu'on ne peut entendre sans en être troublé.

À son retour chez lui, le chevalier de Méré jette dans son *Journal* quelques notes qui résument ce qu'il a ressenti : « Mademoiselle de Lenclos a bon air. Elle se prend bien à ce qu'elle fait. Elle joue bien du luth. Elle danse bien. Elle dit de grands mots. C'est une Allemande, c'est-à-dire une ignorante auprès de Madame de Longueville. Ces femmes qui ont été galantes ne deviennent jamais pédantes. Le libertinage des mœurs oblige à une sociabilité et à une souplesse d'esprit qui développent la subtilité et l'agilité intellectuelle… Ninon a quelque chose de ces belles stances de Malherbe… » Le compliment n'est pas mince, surtout venant d'un libertin comme Méré.

Des personnages officiels cèdent eux aussi au charme de Ninon. Si le grave Colbert ne saurait s'y risquer, le ministre d'État, Hugues de Lionne, fait partie des habitués de la rue des Tournelles. Mais Ninon voudrait encore plus. Elle nourrit une ambition secrète qui lui tient à cœur : elle souhaiterait être reçue à la Cour. Rien de moins ! Nous verrons plus loin de quelle manière elle va s'y prendre pour y parvenir.

Pour commencer, il ne faut pas seulement tirer un trait sur son passé, il faut aussi que son entourage en fasse autant. Et ce résultat n'est pas acquis d'avance. Des voix inopportunes s'élèvent encore pour rappeler que Mademoiselle de Lenclos ne fut pas toujours un ange de pureté ni d'une fidélité absolue aux commandements de la religion. Parmi ces sceptiques obstinés, Tallemant des Réaux est le plus virulent et le fait savoir : « Alexandre d'Elbène et César d'Albret ont été ses professeurs d'impiété. Ils lui ont fait prendre un certain air de dire et de trancher les choses en philosophie ; elle ne lit que Montaigne et décide de tout à sa fantaisie. Dans ses lettres il y a du feu, mais tout y est bien déréglé ! »

Ce n'est pas la première ni la dernière fois qu'on porte contre elle cette « accusation » d'être une philosophe, chose mal vue des bien-pensants à l'époque. Il va justement lui falloir faire preuve d'une bonne dose de philosophie pour supporter l'aventure qu'elle va connaître.

On sait que Ninon va veiller avec tendresse sur le fils que lui a donné Villarceaux ; elle en offrira bientôt une nouvelle démonstration. En attendant, c'est une affaire familiale d'un autre genre qui va l'occuper.

Faut-il croire Voltaire quand, après avoir prétendu que Ninon a eu de Villarceaux un autre enfant, il nous rapporte une histoire ahurissante ?

Contrairement à son frère, cet enfant clandestin a été élevé loin de sa mère qu'il n'a jamais vue et dont il ignore l'identité. Arrivé à l'âge d'homme, il reçoit le nom de chevalier de Villiers ; il est pourvu, de manière discrète, de rentes confortables qui lui permettent de mener l'existence insouciante d'un jeune oisif. Mêlé à la vie mondaine, il a entendu parler de Ninon et de son pouvoir de séduction. Sa curiosité éveillée, il brûle de faire sa connaissance. C'est chose faite, ils se rencontrent dans un élégant cabaret, proche de la Bastille. Villiers, qui ignore évidemment ses liens familiaux avec elle, et bien qu'elle ait atteint la cinquantaine, ne jure plus que par elle. Il n'aura de repos que lorsqu'il aura fait sa conquête et le lui fait savoir.

La suite de l'affaire aurait fait le succès d'un de ces mélodrames du XIXe siècle qui faisaient « pleurer Margot ».

Devant l'impétuosité du garçon, Ninon se voit contrainte de lui révéler la vérité : elle est sa mère !

Désespoir de Villiers… Ne voulant pas en entendre davantage, il se précipite sur son cheval, saisit le pistolet qui repose dans l'arçon de sa selle et se tire une balle dans la tête, à quelques pas de Ninon qui n'a rien pu faire pour arrêter son geste. Et Voltaire de conclure son récit par cette simple phrase : « Il n'était pas aussi philosophe que sa mère ! »

Même si Voltaire, avec son imagination habituelle, a dramatisé les événements, il n'a pas tout inventé et, en tout cas, Villiers s'est suicidé réellement. Ninon en eut d'ailleurs beaucoup de chagrin, bien qu'elle n'ait jamais reconnu qu'elle avait eu un autre fils que celui que nous connaissons sous son nom de chevalier Louis de La Boissière. Depuis la naissance de ce dernier, elle n'a cessé de veiller sur lui et s'est efforcée de lui faire donner une instruction complète. Malheureusement, à mesure qu'il grandit, il cause bien des soucis à sa mère. D'esprit instable, de caractère faible, il fait des dettes, néglige ses études et cause des esclandres partout où il passe.

Non sans difficulté, usant de ses relations, sa mère a réussi à le faire intégrer dans la marine royale comme élève officier. Mais comme il ne tient pas en place, le jeune homme abandonne très vite son poste. Chapitré par Ninon, il devient plus raisonnable et se montre prêt à reprendre ses fonctions. Ninon va s'y employer, comme d'habitude en usant de ses charmes.

Par l'entremise de Madame de La Sablière, elle a fait la connaissance de François de Bonrepos, premier commis de la marine. C'est un brave homme, assez naïf, qu'on surnomme ironiquement « Petit Bon » en raison de son caractère serviable. Ninon voit tout de suite le parti qu'elle peut en tirer.

Elle se livre auprès de lui à ce manège de coquetterie où elle est experte. Les lettres qu'elle lui adresse reflètent l'ambiguïté qu'elle entretient : « Je ne me croyais plus propre aux connaissances nouvelles. Il me semble que nous ne fîmes pas trop bien l'un pour l'autre. Je me le reproche. Je n'aime pas ce qui va vite d'abord et qui tombe de même. »

Le résultat ne se fait pas attendre : Louis est réintégré. Ninon en remercie chaleureusement Petit Bon : « Je vous suis très obligée, Monsieur. C'est, me semble, tout ce que je puis répondre à toutes vos honnêtetés. Si j'étais à portée de la reconnaissance avec vous, je vous ferais connaître que j'ai un cœur très sensible à votre procédé… »

De ce « cœur sensible », Petit Bon attend qu'il se manifeste de manière plus concrète qu'il ne l'a fait jusqu'à présent. Entre lui et Ninon, c'est un peu le jeu du chat et de la souris, avec cette nuance que le chat c'est Ninon, et qu'elle tient Petit Bon en haleine d'une griffe de fer. Quand elle le sent lassé de ce jeu, elle lui fait espérer que le « couronnement » est proche et le brave homme revient aussitôt dans la partie. Pendant ce temps, il monte en grade ; le voici bientôt commissaire général de la marine, puis amiral et chef d'escadre. La Boissière a profité de la bonne fortune de son protecteur pour grimper lui aussi dans la hiérarchie ; il est à présent capitaine de frégate, promotion qu'il doit avant tout à sa coquette de mère.

Malheureusement, le garçon est incorrigible. Il lui arrive souvent de déserter son poste, au risque d'être radié de la marine. Aussitôt, Ninon intervient et relance l'inusable Petit Bon : « Un pauvre garçon malade depuis un mois, et qui était venu à Paris pour vous rendre ses devoirs, me prie de m'assurer auprès de vous de ce que vous pouvez penser de sa négligence. Il s'est excusé à moi de n'avoir pas eu l'honneur de vous écrire encore sur des douleurs violentes qu'un pied, blessé autrefois, lui a attirées au genou. »

Cette fois, la faute est sérieuse et Petit Bon doit user de toute son autorité pour tirer d'affaire l'imprudent jeune homme. Mais celui-ci récidive encore et Ninon, de nouveau intervient : « Je vous ai supprimé, Monsieur, écrit-elle à Petit Bon, un mauvais compliment du capitaine de frégate et je me suis chargée de supplier qu'une petite fièvre ou quelque maîtresse, qui le retient sept ou huit jours, ne lui nuise point. Il rattrapera les autres… Le mérite de la durée en amitié n'est pas médiocre et je m'en pique pour vous autant que si j'avais bien des occasions de vous la témoigner… Je crois que ce garçon sera digne de vos bontés et je les ressentirai toute ma vie… »

Petit Bon attend depuis longtemps que Ninon lui manifeste sa reconnaissance autrement que par des mots et elle sent qu'il est temps de payer ses « dettes », si elle entend conserver Petit Bon dans son jeu. Elle s'y résout donc et le brave homme est aux anges. Bien sûr, de la part de Ninon, il n'est pas question d'amour, mais le dévouement que lui prodigue l'amiral a fini par l'émouvoir et elle noue avec lui des liens d'amitié qui ne se briseront jamais.

Ses relations avec Petit Bon ne l'empêchent pas de veiller à conserver ses autres admirateurs. Et parmi eux, le fidèle Gérard du Burg, toujours aussi discret et toujours aussi généreux. Demeuré dans l'ombre, sur l'ordre formel de la courtisane, il va en sortir en 1675, à l'occasion de sa mort ! Sa disparition laisse Ninon seule propriétaire de la maison de la rue des Tournelles que du Burg avait pourtant payée intégralement. L'affaire n'est pas sans provoquer des remous. La marquise du Fresne, héritière légitime de Gérard du Burg, affirme ses prétentions sur la demeure. Ninon exhibe alors les papiers que son ex-amant avait rédigés en sa faveur et la marquise en est pour ses frais.

Lorsque Ninon fait ses comptes, elle s'aperçoit qu'elle peut donc sans dommage renoncer définitivement aux activités d'un genre spécial qu'elle pratique depuis son plus jeune âge. Mais les mauvaises réputations sont tenaces : malgré ses efforts, la nouvelle Ninon de Lenclos respire toujours un parfum de scandale, ce qui ne nuit nullement à une popularité qui a même franchi les frontières. En Russie, on la surnomme « la gaieté française » ; en Italie, elle est tout aussi célèbre, et partout elle est considérée comme une philosophe accomplie.

Flattée, Ninon affecte une humilité de surface quand elle évoque son personnage : « J'essaie seulement, prétend-elle, d'imiter les poètes en butinant la beauté, de fleur en fleur, fleur des livres et fleur des amours. Mes connaissances vont avec mon caprice ; j'ai préféré m'en tenir à quelques auteurs et les lire. Plus les années passent, plus j'aime oublier ce que j'ai appris. L'ignorance nouvelle donne une grande liberté. N'y voyez pas de la modestie et permettez que je cite Montaigne. »

Michel Eyquem de Montaigne abandonne sa charge de conseiller au parlement de Bordeaux pour se consacrer au loisir de sa bibliothèque. Au fil de ses lectures, il note ses réflexions, ses réactions. Ainsi s'élaborent ses fameux *Essais*, dont la première édition date de 1580. Jusqu'à sa mort, il enrichira l'ouvrage. Il s'y peint lui-même sans artifices et découvre ainsi l'impuissance de l'homme à trouver la vérité et la justice. C'est à son père que Ninon doit, depuis son plus jeune âge, la fréquentation des œuvres du philosophe. Et c'est à Montaigne qu'elle doit ses premières lectures et son initiation à la philosophie ; c'est lui qui a ouvert son esprit à des connaissances que les femmes galantes n'appréhendent jamais. Avide de progresser dans cette voie, elle a ensuite dévoré l'œuvre de Sénèque, mais le philosophe avec lequel elle se sent une véritable parenté, c'est évidemment Épicure, dont elle met en pratique les théories dans sa vie quotidienne. Ce qui lui vaut la réprobation d'une partie de ses relations. Épicure est proscrit à la cour de Louis XIV et Ninon, prudemment, évite de l'évoquer trop souvent. Il y a d'ailleurs un paradoxe à s'inspirer à la fois d'Épicure et de Sénèque, du libertin et du croyant. Mais Ninon est la femme de tous les paradoxes. Son goût de la liberté conduit son esprit dans les directions les plus opposées. C'est à ce goût qu'elle doit l'universalité de sa pensée qui séduit ceux qui l'approchent.

Saint-Évremond, toujours en exil, continue d'entretenir avec elle une correspondance passionnée. Aussi, parfois s'inquiète-t-il de la propension qu'elle a à cultiver tout et son contraire. « Il n'y a rien de mieux, lui écrit-il, que la part qui regarde vos amis, rien de plus sec que ce qui regarde vos amants. »

Ninon lui répond en imputant à son âge la responsabilité de ses changements d'humeurs. Elle brosse d'elle-même un portrait peu flatteur, celui d'une femme en train de vieillir. Saint-Évremond proteste avec véhémence : « Vous êtes encore la même pour moi et quand la nature, qui n'a jamais pardonné à personne, aurait épuisé son pouvoir à produire quelque altération aux traits de votre visage, mon imagination sera toujours pour vous cette gloire de Niquée où vous savez qu'on ne changeait point. Le plus grand besoin que vous ayez, c'est de bien connaître les avantages de votre esprit qui se perfectionne tous les jours. Vous êtes plus spirituelle que ne l'était la jeune Ninon. Puissiez-vous avoir des droits considérables sur l'avenir. Je n'ai pas en vue la réputation, elle vous est assurée de tous les temps. »

Saint-Évremond rend la lecture de Sénèque responsable de l'évolution spirituelle de Ninon. Il ne craint pas de l'attaquer de front : « Je ne lis jamais ses écrits sans m'éloigner des sentiments qu'il veut inspirer à ses lecteurs. S'il tâche de persuader la pauvreté, on meurt d'envie de ses richesses. Sa vertu fait peur et le moins vicieux s'abandonnerait aux voluptés pour la peinture qu'il en fait. »

Ninon se défend d'avoir abandonné, sous l'influence de Sénèque, ce goût pour le libertinage qu'Épicure lui a inspiré. Elle admet qu'elle n'a plus grand-chose à voir avec la jeune Ninon de jadis ; elle en accuse les années qui pèsent. Elle cite à ce propos une maxime qu'elle tient de la bouche de La Rochefoucauld lui-même : « L'enfer des femmes, c'est la vieillesse. »

Saint-Évremond réagit aussitôt, inspiré par l'immuable tendresse qu'il ressent pour elle : « Que l'enfer de Monsieur de La Rochefoucauld ne vous épouvante pas ; c'était un enfer médité, dont il voulait faire une maxime. Prononcez donc le mot d'*amour* hardiment, et que celui de *vieille* ne sorte jamais de votre bouche. Il y a tant d'esprit dans votre bouche, il y a tant d'esprit dans votre lettre, que vous ne laissez pas même imaginer le commencement du retour. »

Un peu plus tard, il confirme son point de vue sur l'ex-courtisane au moyen de ces quatre vers :

« L'indulgente et sage Nature
A formé l'âme de Ninon
De la volupté d'Épicure
Et de la vertu de Caton. »

9

Il n'appartient qu'à un homme de peu d'expérience de faire une déclaration en forme. Une femme se persuade bien mieux qu'elle est aimée par ce qu'elle devine que par ce qu'on lui dit.

Ninon de Lenclos

Cette question d'âge, qui semble de plus en plus préoccuper Ninon, va donner lieu à un coup de théâtre qu'elle n'avait pas prévu. En consultant des papiers de famille, elle découvre la date réelle de son année de naissance et, par la même occasion, elle découvre aussi qu'elle a trois ans de moins qu'elle ne le croyait. Cette erreur volontaire, de la part de son père, s'était produite lors de sa naissance. En 1620, trois ans avant la naissance de Ninon, les époux Lanclos avaient eu une fille à laquelle ils avaient donné le prénom d'Anne. Hélas, l'enfant ne vécut que jusqu'à l'âge de trois ans et ses parents en conçurent un vif chagrin. Surtout Henri de Lanclos qui s'était profondément attaché à la petite fille. Lorsqu'en 1623, la future Ninon vient au monde, afin de perpétuer le souvenir de la disparue, Lanclos triche sur la date, de même qu'il la déclare sous le prénom d'Anne, comme celui de la défunte. C'est Anne elle-même qui transforma ce prénom en Ninon. Ce rajeunissement inattendu la remplit de joie mais ne modifie pas la ligne de conduite qu'elle s'est tracée : pas question de revenir sur le passé ni de ralentir ses efforts pour accréditer sa nouvelle image. De temps à autre, elle veut bien profiter de ce qui lui reste de jeunesse en s'offrant une passade, mais il n'est plus question de faire payer ceux qui en profitent.

D'ailleurs, ces derniers sont, pour la plupart, recrutés en fonction de leur jeune âge. Comme elle l'explique crûment dans une autre confidence à Saint-Évremond : « Puisque ce sont eux les quémandeurs, pourquoi leur refuserai-je mon aumône ? Parce qu'ils seraient trop jeunes pour la recevoir ? Ils ne sont pas trop jeunes pour l'apprécier ; n'est-ce point là le plus important ? »

Après la carrière qu'elle a menée, Ninon juge qu'elle n'a plus à s'embarrasser de vains scrupules. Vive la jeunesse et vive la vie ! comme l'aurait dit son maître Épicure.

Ces quelques embardées amoureuses ne l'éloignent pas de ses amitiés. Au contraire, elle n'a jamais eu autour d'elle autant d'amateurs des deux sexes. Certains sont, comme toujours, attirés par l'éclat de son esprit, mais d'autres par la curiosité. Lorsqu'un élégant voyageur étranger débarque dans la capitale, il demande aussitôt à être mené auprès de Ninon de Lenclos, et de même pour les représentants de la noblesse de province, comme s'il s'agissait d'aller visiter un monument ! Pour la bonne société la fréquentation de l'ancienne courtisane est devenue une sorte de brevet de mondanité.

Parmi ceux dont la fidélité ne s'est jamais démentie, Françoise d'Aubigné occupe toujours une place de choix, comme à l'époque où, veuve démunie, elle recherchait la protection de Ninon. Aujourd'hui, l'ex-Madame Scarron est en train de gravir les marches qui vont la conduire à la plus éclatante des réussites. Pour autant, elle n'oublie pas la courtisane ni, sans doute, la nature des rapports qu'elles entretinrent jadis.

Lorsqu'elle vient visiter son amie rue des Tournelles, Madame de Maintenon reste la nuit et, bien entendu, les deux femmes partagent le même lit. Sur ces tête-à-tête très intimes nous devons à Jules Janin des détails savoureux. Donnons-lui la parole :

« Ninon, mieux que toute autre, connaissait l'effet puissant de ce clair-obscur, et combien il favorise de tendres et naïfs épanchements. Sans contredit, il était visible que son amie, venant ainsi seule à cette heure, [...] avait quelques révélations importantes à lui faire et bien des conseils à lui demander. [...] Elle se contenta donc de combler son amie de prévenances, de tendres caresses, de reproches modérés, et son amie commença par être sensible à la modération de ses reproches ; car il y avait bien longtemps que Ninon avait été négligée et qu'elle avait été forcée de s'en rapporter à la renommée pour apprendre le destin d'une femme qu'elle aimait si tendrement. [...] Ninon de Lenclos et son amie étaient depuis longtemps habituées à coucher ensemble ; et en effet cette intimité favorisée par un calme parfait, à la lueur incertaine d'une bougie à moitié consumée, devait favoriser grandement les confidences pénibles et les aveux sans nombre, souvent suivies d'une modeste et confuse rougeur, que deux femmes jeunes et belles ont nécessairement à se faire toutes les fois qu'elles sont restées longtemps sans se voir. »

Sur la nuit que les deux jolies dames vont passer ensemble, il faut croire que Jules Janin a découvert quelque rapport secret inédit, car il nous en fait un récit… très vivant :

« Ninon parla donc très peu à son amie et, après le premier bonsoir, elle parut tout occupée des minutieux apprêts de la simple toilette pour la nuit ; ce fut avec la même vivacité qu'elle se délivra de ses longues dentelles, de sa poudre, de ses mouches, du peu de rouge qu'elle mettait alors pour obéir à la mode. […] En effet, pour une femme de cette époque, il y avait le soir une heure bien précieuse de simplicité et de grâce, pendant laquelle elle pouvait se féliciter à loisir de la blancheur de sa peau, de la souplesse de sa taille, de ses noirs et longs cheveux, en un mot, de toutes les beautés sans fard qu'elle était obligée malgré elle de déguiser le matin. Cependant, plus timide ou moins vive, Madame d'Aubigné défaisait avec lenteur les modestes atours de la journée. Il y avait dans son action quelque chose de la pudeur d'une jeune fille dans le dortoir de son couvent. […] À la fin pourtant, les deux amies furent prêtes à se mettre au lit. Ninon s'y jeta la première, vive et légère comme toujours ; son amie s'y plaça au contraire avec circonspection et une timidité craintive. […] Il n'y avait pas une heure que les deux belles amies étaient couchées, feignant toutes les deux de dormir profondément et ne dormant ni l'une ni l'autre, lorsque enfin la conversation commença. […] "Dormez-vous donc si entièrement, ma chère Ninon, et ne voulez-vous pas m'adresser une parole de toute la nuit ?" s'écria Madame de Maintenon avec un son de voix doux et faible. [...] "C'est qu'en vérité ta chambre est si remplie de parfums, ton lit est si doux, que toute cette atmosphère diabolique m'empêche absolument de fermer les yeux, et j'aimerais mieux causer avec toi puisque je ne puis m'endormir !" »

Si Françoise de Maintenon demeure toujours aussi affectionnée à l'égard de Ninon, celle-ci, de son côté, est toujours prête à lui rendre service quand besoin s'en fait sentir.

La marquise de Maintenon est affublée d'un frère dont l'inconduite risque de compromettre sa propre situation. Ninon convoque le jeune homme et lui prodigue des conseils de sagesse qui portent leurs fruits. Françoise en remercie son amie : « Continuez à donner de bons conseils à Monsieur d'Aubigné. Il a bien besoin de vos leçons. Les avis d'une amie aimable persuadent toujours mieux que ceux d'une sœur sévère. Ce que vous entendez dire de ma faveur n'est qu'un vain bruit ; je suis étrangère dans ce pays, sans autre appui que des personnes qui ne m'aiment pas. Vous jouissez d'une liberté entière, je vis de l'esclavage continuel. Croyez-moi, ma belle, car vous ne cesserez jamais de l'être, les intrigues de la Cour sont bien moins agréables que le commerce de l'esprit. Madame de Coulanges et moi célébrâmes hier votre santé à Maintenon... »

Françoise, qui a commencé à faire patiemment la conquête de Louis XIV, entend opérer dans la discrétion la plus complète. Elle connaît le caractère du roi et elle sait que la moindre imprudence serait fatale à ses desseins. Elle avance donc à petits pas, chaque jour affirmant son ascendance, mais, en attendant, Louis demeure sous les feux de la Montespan. Ce sont les faux pas de cette dernière qui vont accélérer la marche des événements et faciliter la tâche de Françoise.

L'histoire s'apparente à un véritable roman policier. Sentant que l'intérêt du roi semble fléchir, la Montespan, pour conserver son empire, est décidée à user de tous les moyens. C'est le pire de tous qu'elle va choisir. Comme bien des femmes lorsqu'elles ont des problèmes amoureux, afin de savoir ce que l'avenir lui réserve, la marquise va interroger les cartes par le truchement d'une voyante. Ce ne sont pas les voyantes qui manquent à une époque où la superstition a pignon sur rue. Hélas, l'aventurière à laquelle elle se livre est des moins recommandables.

Le 12 mars 1679, la police arrête une certaine femme Monvoisin, dite la Voisin, que l'on soupçonne de sorcellerie. C'est à elle que la Montespan s'est confiée. L'interrogatoire de la Voisin fait découvrir des révélations inquiétantes. Le 7 avril, fortement encouragé par La Reynie, son lieutenant de police, Louis XIV établit une cour d'exception qui reçoit le nom de Chambre ardente. En même temps, des rumeurs circulent selon lesquelles, parmi ses « clientes », la Voisin aurait des femmes de la noblesse. Tout en faisant rechercher les coupables, le roi s'efforce de limiter le scandale. Or, celui-ci rebondit lorsque les accusations les plus graves visent la marquise de Montespan. Animé par son sens du devoir, La Reynie pousse Louis XIV à rechercher la vérité sans s'occuper des personnalités que l'enquête peut concerner ni des retombées que risquent de provoquer les investigations.

Dès que les bruits concernant sa favorite lui viennent aux oreilles, le roi interdit d'utiliser des registres pour les interrogatoires mais demande de se servir de feuilles volantes. Peu après, il ordonne que la Chambre ardente ne s'occupe que d'affaires où le nom de Madame de Montespan n'apparaît pas. Mais pour la marquise ce n'est là qu'un répit provisoire.

Afin de tirer le plus d'argent possible d'une cliente aussi prestigieuse, la Voisin lui a prédit monts et merveilles à condition qu'elle suive ses conseils aveuglément. Le plus étonnant, c'est que la Montespan a fait preuve d'une naïveté incroyable et s'est risquée aux pratiques les plus imprudentes.

La Voisin a organisé des messes noires pour lesquelles elle a fait appel à des complices recrutés dans les bas-fonds parisiens. Parmi eux, un prêtre défroqué, l'abbé Guibourg. C'est lui qui officiait au cours de ces étranges cérémonies. Mais ça ne semblait pas suffisant pour réchauffer les sentiments du roi. Françoise de Montespan sentait croître son inquiétude ; alors la Voisin lui suggéra un moyen suprême : il s'agissait de trouver un nouveau-né et de le sacrifier, tout en prononçant des formules cabalistiques !

Malgré l'atrocité du procédé, la Montespan accepta de s'y prêter, sans que la ferveur du roi s'en trouvât renforcée pour autant. Bien pire, à la Cour, la rumeur des étranges pratiques auxquelles se livrait la favorite commençait à percer.

Ce que l'on pouvait redouter se produit alors : le nom de la Montespan apparaît de plus en plus. Ses relations avec la Voisin ne tardent pas à être révélées. Il est bientôt établi que Françoise de Montespan a eu également des rapports avec la marquise de Brinvilliers, autre empoisonneuse célèbre que ses forfaits ont conduite à la peine de mort.

Les insinuations hostiles à la favorite sont confirmées par les réponses qu'un certain Le Sage, un complice de la Voisin, fait aux interrogatoires du lieutenant de police. Selon ses dires, la Voisin aurait rencontré plusieurs fois à la Cour deux femmes appartenant à la maison de la Montespan, ce qui sous-entend des négociations ayant trait aux poisons. Il résulte de ces informations que, de 1667 à 1679, la marquise aurait communiqué directement avec la Voisin, obtenant d'elle toutes sortes de maléfices. À cela s'ajoutaient les révélations de l'abbé Guibourg au sujet des messes noires citées plus haut. L'énormité de ces accusations renforce les convictions de La Reynie. À propos de Guibourg, il écrit : « Impossible que Guibourg ait trompé en faisant sa déclaration et qu'il ait inventé ce que dit le pacte, c'est-à-dire de la conjuration qui était dite au cours des messes sur le ventre. Il n'a pas l'esprit assez appliqué ni assez de suite pour une méditation telle que celle qu'il lui aurait fallu faire pour trouver à dire ce qu'il a dit à ce sujet. »

Ces accusations portées contre Françoise de Montespan seront mises en doute par plusieurs historiens et aussi par des témoins de l'époque. Il n'en demeure pas moins que les assertions de La Reynie ont semé dans l'esprit du roi des soupçons ineffaçables dont la marquise finira par payer le prix. Quels que soient les doutes que Louis ressentait quant à la culpabilité de sa maîtresse, il fut suffisamment troublé pour conserver dans une cassette les dépositions accusatrices des témoins du procès. Comme on va le voir, Ninon elle aussi jouera un rôle conséquent dans la révélation des pratiques de la Montespan.

C'est finalement le mélange de responsabilité et de naïveté de Madame de Montespan qui allait provoquer la sanction royale. En tout cas, l'événement ne devait pas avoir de répercussions sur les affaires de l'État, ce qui est à mettre au crédit de Louis XIV.

Ninon a écouté toutes les rumeurs de l'affaire avec intérêt dans la mesure où elles pouvaient influer sur le destin de son amie Françoise Scarron qui, dans l'ombre, poursuit une ascension toujours aussi discrète. L'humilité qu'elle affiche, le dévouement avec lequel elle élève les enfants naturels du monarque contribuent à la rendre indispensable. Ce qui n'est pas du goût de tout le monde. Dans la famille royale, notamment chez le duc d'Orléans, le futur Régent, on assiste sans plaisir à l'apparition d'une nouvelle maîtresse en puissance.

Sa réussite ne trouble pas la tête de Madame de Maintenon, ni ne lui fait oublier certaines amitiés qui lui furent chères... Certes, la future reine de la main gauche fréquente moins la rue des Tournelles où elle risquerait de se frotter à un milieu trop libertin qui nuirait à sa réputation, mais Ninon et elle continuent de se voir fréquemment. Une complicité que dénonce avec virulence la Palatine qui ne porte pas Françoise dans son cœur : « Ninon, écrit-elle, aura beau mener telle vie qui lui plaira, on ne lui dira jamais rien car elle est une des meilleures amies de la Pantocrate qu'elle connaît depuis de longues années. La liaison a commencé au Marais. »

Beaucoup plus tard, une autre relation de Ninon, un certain sieur Bret, rapportera à ce sujet : « Madame de Maintenon fit offrir un logement à Ninon auprès d'elle à Versailles, afin de procurer au roi le plaisir de voir et d'entendre une personne qui jouissait encore de la même vivacité d'esprit et de ce goût si délicat. Elle répondit qu'il était trop tard pour apprendre l'art de la dissimulation. Elle accepta seulement de se trouver un jour dans la tribune de Versailles pour que Louis le Grand puisse voir au moins une fois cette merveille étonnante de son règne. »

Les propos de Bret sont à prendre avec circonspection car Ninon ne tenait guère à jouer les objets de curiosité, mais il est fort possible qu'elle ait accepté en une seule occasion de se montrer à Louis XIV et que celui-ci ait souhaité voir à quoi ressemblait cette femme dont on lui avait si souvent parlé.

Quant à la poursuite des relations entre la courtisane et la favorite, Saint-Simon lui aussi devait en traiter : « Ninon était restée l'amie intime de Madame de Maintenon tout le temps que celle-ci demeura à Paris. Madame de Maintenon n'aimait pas qu'on lui parlât d'elle, mais elle n'osait la désavouer. Elle lui a écrit de temps à temps jusqu'à sa mort, avec amitié... Lenclos n'était pas si réservée avec ses amies intimes ; et, quand il lui arrivait de s'intéresser fortement à quelqu'un ou pour quelque chose, ce qu'elle savait rendre rare et bien ménager, elle en écrivait à Madame de Maintenon qui la servait efficacement et avec promptitude... »

Jusqu'à la fin de sa vie, bien que leurs relations se fussent espacées, les deux femmes continueront de se voir à plusieurs reprises et de correspondre dans les termes les plus amicaux.

Bientôt, la faveur du roi va faire de Françoise une marquise de Maintenon et ladite marquise va s'efforcer de faire oublier les frasques de Mademoiselle d'Aubigné en devenant la plus farouche de toutes les « grenouilles de bénitier ».

De son côté, Ninon n'hésite pas à rendre à son amie le plus singulier des services. Par l'un de ses multiples ex-amants, le comte de Crèvecœur, elle a été mise au courant des fameuses messes noires, auxquelles Crèvecœur lui-même a assisté. Il n'a pas voulu en dire davantage à Ninon, mais celle-ci brûle de savoir les noms des témoins de la sinistre mise en scène. Après s'être fait un peu prier, le comte finalement lâche les noms des assistants et, parmi ceux-ci, celui de la Montespan. Les précisions et les détails qu'il donne sont suffisants pour compromettre gravement la favorite.

En possession de ces précieux renseignements, Ninon se précipite chez Madame de Maintenon et lui rapporte ce qu'elle vient d'entendre. La connaissance de ces faits aide Françoise dans sa conquête du pouvoir. À présent, Louis XIV n'hésite plus à se séparer définitivement de celle qui fut sa favorite.

Cependant, Ninon s'est fait une autre amie, toujours parmi les dames de l'aristocratie : Henriette de Coligny, qui possède en outre l'avantage d'être la sœur d'un gentilhomme du nom de Châtillon d'Andelot, autrefois un des cinq mille membres de la « confrérie » des chéris de la belle.

Henriette a vu elle aussi défiler dans son lit un nombre respectable d'amants. Ce goût de la diversité, commun aux deux femmes, ne peut que les rapprocher. Henriette ne jure plus que par Ninon et le lui manifeste en la comblant de cadeaux. Elle fait aussi de fréquentes visites rue des Tournelles, de jour... comme de nuit ! Ces assiduités ont même conduit l'un des plus brillants biographes de Ninon, Philippe Erlanger, à se demander si leurs relations n'avaient pas dépassé les limites de la simple amitié. À l'appui de cette thèse, il cite ces vers écrits par Henriette de Coligny alors qu'elle regardait Ninon dormir :

> « Jouissez, jouissez de cette paix profonde
> Que vous offre un heureux sommeil
> Et laissez-lui fermer les plus beaux yeux du [monde.
> Puisque demain, à leur réveil,
> Ils doivent effacer tous les traits du soleil. »

Et, puisque nous en sommes à l'inventaire des hautes relations de Mademoiselle de Lenclos, ne pas oublier la très riche Madame Cornuel, la propre belle-mère de ce Coulon qui fut le premier « payeur » de Ninon, à l'époque de ses débuts dans la galanterie.

Les mœurs de cette dame Cornuel n'étaient pas plus recommandables que celles de la courtisane, mais son salon n'en était pas moins fréquenté par les plus hauts personnages du royaume. C'est que la verve de Madame Cornuel était si brillante qu'elle était une source permanente de divertissement pour ses visiteurs. Certains de ses traits d'esprit ont traversé les siècles, comme le rappelle encore Philippe Erlanger.

Ainsi pour une certaine comtesse de Fiesque, une intarissable bavarde, elle a inventé une formule dont le succès ne s'est pas démenti : « Machine, vous êtes un moulin à paroles. »

Une autre fois, après la mort de Turenne commentant la nomination de plusieurs maréchaux de France, elle déclarait : « Voilà la monnaie de Monsieur de Turenne. »

Parfois, elle se faisait plus méchante ; à propos de la femme du ministre Hugues de Lionne qui arborait avec ostentation une paire de boucles d'oreilles impressionnante, elle eut cette réflexion peu aimable : « Il me semble que ces gros diamants sont du lard dans la souricière. »

Lorsque, nonagénaire, Madame Cornuel se décida à quitter ce monde, un poète composa pour elle une épitaphe qui rendait hommage à l'amitié que lui avait prodiguée Ninon :

« Dans ses mœurs, quelle politesse !
Quel tour, quelle délicatesse,
Éclatait dans tous ses discours !
Ce sel tant vanté de la Grèce
En faisait l'assaisonnement ;
Et malgré la froide vieillesse,
Son esprit léger et charmant
Eut de la brillante jeunesse
Tout l'éclat et tout l'enjouement.
On vit chez elle incessamment
Des plus honnêtes gens l'élite.
Enfin, pour faire en peu de mots
Comprendre quel fut son mérite,
Elle eut l'estime de Lenclos. »

Ninon devenue une référence morale ! Qui l'eût cru ? Dans cet entourage, à la fois libertin et intellectuel, Ninon se sent de plus en plus à l'aise. Elle en arrive même à délaisser ce qui a été son sport favori : la conquête des hommes. Certes, il est normal que l'âge ait atténué ses désirs et que les candidats se fassent plus rares. Ils sont cependant encore assez nombreux pour qu'elle puisse opérer des choix. Il y a des nouveaux soupirants qui se présentent, mais il y a aussi des anciens, qui viennent en redemander. Le plus inattendu, celui sur lequel tout semblait avoir été dit, Charles de Sévigné, a débarqué un jour rue des Tournelles, sous le couvert de l'amitié. À l'en croire, ses intentions étaient dépourvues de toute arrière-pensée coupable. Pendant un certain temps, en effet, il est resté sur le terrain de la conversation.

Mais un soir, il s'est attardé auprès de Ninon et celle-ci s'est rendu compte qu'il avait encore bien du charme, ce garçon. Insensiblement, ils en sont venus à évoquer des souvenirs intimes... et Charles s'est retrouvé dans la chambre de la dame, comme au bon vieux temps.

Dans l'esprit de Ninon, il n'est pas question de reprendre une liaison qui sentirait le réchauffé, mais plus simplement de s'offrir de temps a autre un « entracte » agréable. Charles de Sévigné n'est d'ailleurs pas le seul à offrir à la belle cette sorte d'entracte. Il y en a un autre, qui a la priorité, c'est Louis de Villarceaux. En raison de la longévité de ses rapports avec Ninon, de la place qu'elle lui a accordée dans sa vie et, surtout, du fils qu'ils ont eu ensemble et qu'ils chérissent d'une tendresse égale, Villarceaux estime qu'il a des droits, et il entend qu'ils soient respectés. N'oublions pas non plus la générosité dont il a toujours témoigné à l'égard de Ninon, qui lui vaut certains privilèges. Ninon ne fait donc aucune difficulté pour l'accueillir et, comme il est toujours très jaloux, elle n'hésite pas non plus à lui affirmer qu'il est le seul, l'unique et qu'elle ne saurait accorder la même faveur à un autre homme.

Elle n'est pas avare de ses serments de fidélité et elle ne se gêne pas pour ne pas les respecter. Elle a toujours su entretenir plusieurs affaires en même temps en faisant croire à chacun des bénéficiaires qu'il était le seul dans la place. Le marquis se croit donc autorisé à venir la nuit rue des Tournelles, sans prévenir. Fatale imprudence avec une femme comme Ninon !

Ayant annoncé qu'il devait se rendre à Villarceaux pour y régler des affaires concernant ses propriétés, le marquis s'est éloigné. Ninon en profite pour signaler à Charles que la voie est libre. Monsieur de Sévigné se hâte d'en profiter et se rend un soir rue des Tournelles avec l'intention d'y passer la nuit.

Le couple est donc confortablement installé dans le grand lit de Ninon, quand soudain on entend heurter à la porte de la rue : Villarceaux était en route pour sa demeure lorsqu'il a été pris du désir subit de revoir Ninon. Prémonition ou caprice ? On ne sait… Quoi qu'il en soit, le voici devant la demeure, réclamant à voix haute qu'on lui ouvre.

Affolée, Ninon bondit hors du lit et invite son compagnon à en faire autant. Il se déroule alors une scène digne du meilleur vaudeville, telle que Ninon en a déjà connu au cours de sa longue carrière. Villarceaux sera là dans quelques instants… Où dissimuler Charles ? Ninon ne voit qu'un seul endroit : son lit large et haut, sous lequel un homme peut facilement se glisser. Cette solution ne plaît guère au marquis de Sévigné, il la juge incompatible avec sa dignité. Mais Ninon n'a pas le choix. Énergiquement, elle pousse son compagnon sous le lit. Déjà Villarceaux, auquel on a ouvert la porte, se rapproche. Ninon s'aperçoit alors que les vêtements ôtés par Charles sont bien en vue. D'un geste désespéré, elle les empoigne, en fait un paquet et les cache eux aussi sous le lit.

Il n'était que temps. Le marquis fait son entrée, accueilli par le plus beau sourire de Ninon. Bien entendu, elle ne songe qu'à s'en débarrasser, mais

Villarceaux ne l'entend pas de cette oreille et compte bien au contraire profiter de ce lit accueillant qui lui tend les bras. Ninon, évoquant une migraine, essaie de l'en dissuader, mais le bonhomme sait ce qu'il veut et le voici bientôt couché sans se douter qu'il y a sous le lit un corps étranger !

Il va demeurer là toute la nuit, faisant profiter Charles de ses ébats sonores avec Ninon ! Il ne partira qu'au petit matin. Charles de Sévigné pourra enfin quitter son inconfortable abri et en sera quitte pour quelques courbatures. Mais Ninon avait eu chaud !

10

On ne prend pas une femme pour le raisonnement, on ne la prend pas par la prière. On la prend !

Ninon de Lenclos

Cependant l'affaire des Poisons continue de faire des dégâts aussi bien dans l'entourage royal que parmi les « mignons » du duc d'Orléans, le frère de Louis XIV. Le duc vit dans les transes car plusieurs de ses compagnons de plaisir sont fâcheusement compromis, comme le relate l'ambassadeur du Saint-Siège Primo Visconti : « Je vous assure, écrit-il, que d'innombrables dames ont passé de mauvaises nuits et que beaucoup d'hommes étaient dans une situation encore bien pire, tant que fut sur le tapis la question de savoir si l'on rechercherait aussi la "sodomie". »

En effet, bien que les jeunes gens incriminés aient pris femme afin d'égarer les soupçons, Louis XIV chasse de la Cour plusieurs d'entre eux, pour le plus grand chagrin de Monsieur. Ce qui va sauver les autres, c'est l'ampleur même du scandale, devant lequel le roi recule. En ce qui concerne la marquise de Montespan, le souverain ne peut accepter que la femme qui lui a donné plusieurs enfants soit jugée publiquement. C'est donc par étapes que la favorite va devoir s'éloigner.

Celle qui va la supplanter ne s'était certes pas attendue à une telle promotion. La piété qu'elle affiche ostensiblement ramène Louis sur le chemin de la vertu. Elle a en effet réussi à lui faire entendre qu'il n'était que temps qu'il se mît en règle avec sa conscience.

Commentant la fortune de la nouvelle élue, Saint-Simon écrira : « Les uns regardaient Madame de Maintenon comme la confidente du roi, les autres comme une entremetteuse, d'autres comme une personne habile, dont le roi se servait pour rédiger les Mémoires de son règne… »

Quel que soit son rôle exact, et même s'il tient des trois à la fois, elle le joue avec suffisamment d'adresse pour que le monarque ne jure bientôt que par elle. Au mois de juillet 1683, le corps médical faisant une nouvelle « victime » en la personne de la reine Marie-Thérèse, le roi se trouve libre. Comme il a résolu de ne plus vivre dans le péché – mieux vaut tard que jamais ! – il épouse celle dont il a fait une marquise de Maintenon, qu'on surnommera bientôt la « marquise de *Maintenant* », en raison de son ascension.

Le secret qui va entourer cette union morganatique est évidemment un secret de Polichinelle et les premiers à s'en indigner sont le duc et la duchesse d'Orléans. Ils jettent des hauts cris à l'idée que leur nouvelle belle-sœur fût l'amie intime de Ninon de Lenclos et qu'elle le demeure. Une référence qui n'est pas particulièrement reluisante, estiment-ils, pour une reine de France, fût-elle reine de la main gauche.

Si Monsieur, pour critiquer le choix de son frère, invoque l'étiquette, le ressentiment de la Palatine se double du chagrin de voir l'homme dont elle est secrètement amoureuse en choisir une autre, aussi voue-t-elle la marquise aux gémonies et ne se gêne-t-elle pas pour le clamer haut et fort. Dans ses lettres, la duchesse d'Orléans affuble sa rivale d'appellations aussi gracieuses que celles de « vieille grenouille », « vieille casserole », « vieille coque » « crotte de souris », « truie », « fumier dont le roi est réduit à humer la puanteur », « vieille ordure du grand homme », et autres amabilités du même ordre.

Cependant, sous l'influence de « la crotte de souris », un vent de pudibonderie s'abat sur la Cour, dont le roi est le premier à donner l'exemple ; cette bigoterie des époux royaux donne à sourire si l'on se souvient du genre d'existence que l'un et l'autre ont menée, il n'y a pas si longtemps. La vertu, si hautement prônée, n'est d'ailleurs que de façade ; pour une fois, la Palatine exagère à peine quand elle émet ce commentaire : « Si le roi devait punir tous les gens vicieux comme ils le méritent, il resterait sans princes, sans gentilshommes, sans domestiques. »

Les ennemis nombreux, dont elle se sait entourée, sèment dans le cœur de Françoise de Maintenon une rancune qui subsistera longtemps et dont ceux qui en sont l'objet paieront souvent les conséquences. Et tout cela rapproche davantage la marquise de Ninon, dont elle apprécie la loyauté. C'est d'ailleurs souvent grâce à ce que lui rapporte son amie que la nouvelle reine est mise au courant des commérages dont elle fait l'objet. Par l'étendue de ses relations et les confidences qui lui sont faites, Mademoiselle de Lenclos est devenue une véritable gazette.

Madame de Maintenon n'est pas la seule à se confier à Ninon et à en recevoir les conseils. Marguerite de La Sablière lui rend elle aussi de fréquentes visites.

Madame de La Sablière a d'autant plus besoin de la solliciter qu'elle est pour l'heure fort malheureuse. Le marquis de La Fare, l'homme qu'elle aime à la folie, après une longue liaison, vient de s'éloigner d'elle. Une autre passion l'occupe, non pas celle d'une femme, mais celle du jeu. Il y consacre désormais ses jours et ses nuits.

Tout naturellement, la marquise de La Sablière vient confier son désespoir à Ninon. Celle-ci s'efforce de la consoler ; en bonne disciple d'Épicure, elle professe l'opinion que la meilleure façon d'oublier un homme… est de passer au suivant !

Mais tel n'est pas l'état d'esprit de l'infortunée Marguerite qui s'enfonce chaque jour davantage dans son chagrin. Ninon est bien obligée de constater son impuissance à réconcilier les anciens amants. Devant la vanité de ses efforts, elle écrit au fidèle Bonrepos :

« J'ai reçu une lettre de Madame de La Sablière. Cette pauvre femme me fait une grande pitié. Je vois Monsieur de La Fare tous les jours et je suis comme ces Messieurs du parlement qui ne cessent d'entendre le pour et le contre. Je les plains tous deux. C'est un cruel présent du ciel que l'excès de la sensibilité et les choses de la tendresse font plus souffrir qu'elles ne portent finalement de joie. Pour moi qui n'ai plus besoin que de consolations, je suis tout entière à celles que mon estime et mon amitié lui doivent. »

Dans cette lettre, Ninon de Lenclos laisse parler son cœur. À chaque instant de sa vie, quelles que soient les circonstances, elle l'a toujours senti battre du côté des victimes. Elle a épousé les malheurs de ses amis et les a ressentis souvent comme s'ils étaient les siens.

De la part d'une femme qui a si longtemps « négocié » ses faveurs et collectionné les amants-mécènes, le phénomène n'est pas si fréquent. Finalement, l'inconsolable marquise de La Sablière, repoussant les conseils de Ninon, se réfugiera dans une sévère pratique religieuse à laquelle elle demandera la consolation de ses maux. Elle se consacrera désormais à soigner les cancéreux.

Tel n'est pas le chemin que va suivre Ninon. La vieillesse qui s'approche n'a pas ravivé sa dévotion ; elle demeure toujours fidèle au personnage de sa jeunesse, à l'épicurienne qu'elle fut. Tout ce qui faisait l'éclat de son esprit demeure intact. Quant à son aspect physique, Philippe Erlanger nous rapporte le portrait qu'un témoin a brossé d'elle à cette époque :

« Ninon a toujours cette beauté à laquelle chaque année apporte une nouvelle perfection en glissant sur ses charmes d'un pas si léger que ses traits achèvent la conquête que son cœur a commencée... L'accent, ce timbre du cœur qui fait deviner ses plus petites intentions, suffit, dans Ninon, pour captiver tout ce qui l'entoure ; on pourrait l'adorer sans la voir... Cependant tout ce qui compose la Cour se forme à l'école de Ninon. »

L'âge qui est venu n'altère en rien ce privilège d'attirer aussi bien des hommes que des femmes, dont le Ciel a gratifié Ninon.

Une autre grande dame, Madame de Coulanges, qui ne porte guère Ninon dans son cœur parce que son mari, en revanche, s'intéresse fort à elle, constate non sans amertume : « Les femmes courent chez elle, comme d'autres gens y couraient autrefois. Le moyen de ne pas haïr la vieillesse après un tel exemple. »

Monsieur de Coulanges va mettre le comble à la jalousie de son épouse lorsqu'il sollicite de Ninon qu'elle lui prête un de ses portraits afin de le faire copier et de « pouvoir le contempler à son aise à quelque heure de la journée ».

Dans sa réponse Ninon affecte une fausse modestie qui dissimule mal la satisfaction de cette coquette : « Je me croirai immortelle si ma figure est à Ormesson, quelque place que vous vouliez lui donner, Monsieur. Et je me sens si honorée que je me fais un reproche de n'être pas assez magnifique pour acheter une si belle place. Faites couvrir par le copiste une épaule que l'on voit trop et que je trouvais autrefois qu'on ne voyait pas assez. Le temps supporte de grands changements dans les goûts ; les miens de ce temps sont modestes, à moins que la vanité que vous me donnez en me demandant mon portrait ne gâte toute ma sagesse. Croyez, Monsieur, quoi qu'il m'arrive, que je suis très touchée que vous vouliez de moi ce que mes meilleurs amis ont désiré. »

La marquise de Sévigné, elle aussi, abonde dans le même sens pour célébrer les « beaux restes » de l'ancienne courtisane : « Corbinelli me mande des merveilles de la bonne compagnie d'hommes qu'on trouve chez Mademoiselle de Lenclos. Ainsi elle rassemble tout sur ses vieux jours, quoi qu'en dise Madame de Coulanges, et les hommes et les femmes. Mais, quand elle n'aurait présentement que les femmes, elle devrait se consoler de cet arrangement, ayant eu les hommes dans le bel âge. »

La chère marquise n'oublie pas au passage d'appliquer un coup de griffe à son « amie » Madame de Coulanges.

Le témoignage de la célèbre épistolière est d'autant plus généreux qu'elle aurait des raisons de se plaindre de Ninon. Son mari, puis son fils passèrent jadis sous les fourches caudines de la belle, mais ils ne sont pas les seuls de la famille à avoir suivi ce chemin semé de roses… et d'épines. Voici que dans une soirée joyeuse, Ninon se trouve en présence du jeune comte de Grignan, le petit-fils de la marquise ! Le jeune homme va marcher sur les traces de son grand-père sans que Mademoiselle de Lenclos en éprouve la moindre gêne. On peut dire qu'à l'égard des Sévigné elle aura pratiqué une sorte de… fidélité ! Mais ce Sévigné-ci n'a pas hérité des appétits sexuels de ses ascendants. Avec Ninon, le jeune homme a surtout des contacts intellectuels. La conversation de la dame, sa gaieté le ravissent et, chaque fois qu'il se trouve à Paris, il ne manque pas de se rendre rue des Tournelles.

Plusieurs des jeunes gens qui gravitent autour de Ninon sont donc attirés par les ressources de sa personnalité et ne se préoccupent pas de son âge. Pour eux, elle est une sorte de mère spirituelle qui ouvre leur intelligence et enrichit leurs connaissances. Un autre de ses « élèves » va faire parler de lui : le jeune marquis de Dangeau. Grâce, pour une bonne part, à ce qu'il aura retenu de ses entretiens avec Ninon, le marquis acquerra le goût des lettres et ce goût le mènera à l'Académie française, tout en exerçant les fonctions d'aide de camp du roi. Comme le marquis n'était pas un ingrat et qu'il savait ce qu'il devait à Ninon, dans son *Journal* il devait lui rendre un hommage appuyé au lendemain de sa disparition :

« Quoiqu'elle fût fort vieille, écrit-il, elle avait conservé tant d'esprit et de raison que les meilleures compagnies de Paris s'assemblaient tous les jours chez elle. Les personnes âgées l'aimaient par le souvenir de la supériorité qu'elle avait eue de leur temps dans le monde et moins par le souvenir de ses charmes que par celui de ses vertus. Les jeunes personnes l'aimaient pour la grâce et la beauté qu'ils voyaient encore en elle dans un âge si avancé. »

Quelle belle oraison pour une personne qui avait débuté dans la vie en faisant commerce de ses charmes et quelle éclatante démonstration d'une reconversion réussie ! Certes, parmi ceux qui l'ont connue autrefois, il en est qui se souviennent de ses « activités » passées, mais comme l'écrit Roger Duchêne, un autre de ses biographes, « elle a profité du mythe ambiant pour opérer et réussir sa métamorphose de courtisane ayant pratiqué fort concrètement et fort longtemps le métier en une sorte de courtisane idéale, de maîtresse à penser de tous ceux qui, pour approfondir leur art de vivre en société, cherchent seulement à connaître intellectuellement la manière jolie de faire l'amour… »

Saint-Évremond, qui fut sans doute, de ses amis, celui qui la connut le mieux, résumera en quelques vers élégants ce qui devait assurer le passage de notre courtisane à la postérité :

« Une politique indulgente
De notre nature innocente
Favorisait tous les désirs.
Tout goût paraissait légitime.
La douce erreur ne s'appelait point crime.
Les vices délicats se nommaient des plaisirs. »

Ce qui motive l'admiration de Saint-Évremond pour son amie, c'est aussi la détermination avec laquelle elle suit la ligne de conduite qu'elle s'est tracée. Cette femme, qui a vécu toute sa vie dans la fête et dans le plaisir, sait en mesurer la vanité, sans pour autant verser dans la mélancolie ou dans une dévotion tardive. Elle ne se comporte pas en « retraitée de l'amour » et ne rougit pas de ses turpitudes passées, mais elle a compris que la vie offrait d'autres aspects aussi captivants, à condition de savoir en profiter. L'épicurienne qu'elle est toujours demande à la réflexion les plaisirs que lui ont apportés auparavant des pratiques d'un autre ordre.

Cette cure de sagesse qu'elle entreprend ne signifie pourtant pas qu'elle ait renoncé complètement à d'autres distractions. Miracle d'une jeunesse qui ne veut pas la fuir, elle soulève toujours l'intérêt des hommes. Une aventure qu'elle va connaître en est une illustration des plus cocasses.

Sous l'impulsion de Louis XIV, la France est devenue en quelques années la nation dominante de l'Europe. Hégémonie militaire, mais aussi culturelle, puisque ses enfants brillent autant sur les champs de bataille que sur ceux de l'esprit. Des contrées les plus éloignées, les visiteurs les plus distingués accourent à Paris afin de constater par eux-mêmes que cette réputation n'est pas usurpée. Ils sont souvent accueillis dans ce palais de Versailles dont le roi a fait un joyau. Ainsi le roi de Siam à son tour est venu admirer de plus près l'illustre souverain dont les échos glorieux sont parvenus jusqu'en son lointain royaume. Mais le souverain siamois est très éclectique dans ses goûts : s'il apprécie les fastes de Versailles, la pompe officielle n'est pas seule à susciter son intérêt. Il a entendu dire que les femmes françaises méritaient tout autant un détour que les grands monuments du pays, et brûle d'impatience d'en rencontrer quelques « spécimens ». Pour lui complaire, le duc de Rochechouart a organisé en son hôtel un grand dîner où il a convié quelques belles créatures de ses relations. Parmi celles-ci, Ninon... Ne soyons pas surpris de la trouver en une si noble compagnie. Ses frasques de jadis oubliées, elle est à présent reçue dans les milieux les plus huppés. L'atmosphère est joyeuse et Ninon, selon son habitude, mène la conversation. Bien qu'il n'entende qu'imparfaitement notre langue, le roi est subjugué par la verve et le sourire de Ninon. Durant tout le dîner, il ne cesse de la contempler et ne cache pas son admiration. Après le repas, par l'intermédiaire d'un interprète, il annonce à Ninon que le duc de Rochechouart ayant mis son hôtel à sa disposition durant son séjour parisien, il va à son tour y donner une réception. Il serait charmé que « Mademoiselle de Lenclos lui fasse l'honneur d'être son invitée ».

Bien qu'elle n'éprouve guère d'attirance pour l'exotisme, Ninon ne peut évidemment refuser. Quelques jours plus tard, la voici donc accueillie à l'hôtel Rochechouart, d'une manière qui ne manque pas de la surprendre. Au lieu d'être conduite dans l'un des grands salons de la demeure, elle est menée dans une chambre à coucher ! Là, elle remarque une table où sont dressés deux couverts, et aussi... un vaste lit qui semble tendre les bras aux visiteurs !

Visiblement, elle est l'unique invitée de ces agapes. Au roi de Siam, qui entre à ce moment, toujours flanqué de son interprète, elle manifeste son étonnement. L'homme lui explique alors que tous les autres invités se sont décommandés à la dernière minute et qu'ils devront donc dîner en tête à tête. « Ce ne sera que plus agréable », ajoute-t-il et, joignant le geste à la parole, il se précipite sur Ninon avec l'intention de lui démontrer les « sentiments » qu'elle lui inspire. Mais Ninon ne l'entend pas de cette oreille et repousse énergiquement l'assaut dont elle est l'objet. Le Siamois est déconcerté ; dans son pays, il n'est pas habitué à s'attarder aux bagatelles de la sorte. Il insiste donc. Lui échappant, Ninon quitte la chambre en poussant des cris qui mettent un terme aux entreprises de son hôte.

Rentrée chez elle, elle retrouve peu à peu calme et sérénité. À présent que le péril est écarté, elle ne peut s'empêcher de rire au souvenir de la mine déconfite de ce soupirant trop impétueux.

Le Siamois ne doit sans doute pas être fier de lui car dès le lendemain il plie bagage et quitte le pays avec toute sa délégation.

Durant ces années, Ninon ne s'est guère souciée que de ses propres affaires et de celles de ses amis les plus proches. Elle qui, par ses brillantes relations, a été au courant de bien des secrets de la politique, ne semble pas y avoir accordé un intérêt particulier. Finalement, seul le domaine de l'amour et celui de l'esprit ont été ses terrains de prédilection. Et pourtant, tant d'événements importants se sont déroulés durant sa vie.

Après le traité des Pyrénées en 1659, le traité de Nimègue avait confirmé la prépondérance de la France en Europe et l'autorité de Louis XIV s'était imposée sans discussion. Mais peu à peu, la situation va changer.

Les guerres, qui émailleront les dernières années du règne du Roi-Soleil, ont perdu ce parfum de victoire qu'elles avaient fait sentir autour d'elles si longtemps. Mais tout cela n'a pas influé sur l'existence de Ninon. Elle aurait eu pourtant des récits passionnants à nous léguer. Quand on songe, par exemple, à tout ce que la correspondance de la marquise de Sévigné nous a révélé, à toutes les indiscrétions dont elle s'est fait l'écho, on ne peut que déplorer cette quasi-indifférence de Ninon pour les événements de son temps.

Il est vrai que Ninon n'est pas une épistolière. C'est l'art de la conversation qu'elle pratique avec le plus de virtuosité. Aussi les lettres espacées qu'elle adresse à Saint-Évremond et à Bonrepos n'en sont-elles que plus précieuses. Citons par exemple celle-ci, une des rares à avoir le ton d'un reportage :

« Je voudrais bien avoir de jolies nouvelles à vous mander, mais on ne parle que de guerre. Monsieur de Boufflers, faisant le tour de Courtrai, a été traîné par son cheval un quart de lieue. Il a tout le visage meurtri, toutes les dents cassées, et lorsqu'on m'a dit cet accident, la connaissance ne lui est pas revenue. Il ne nommait que Courtrai. On dit que cette ville est assiégée, mais je ne vous l'assure pas. Je crois que vous avez de meilleures nouvelles des affaires générales que moi. Il en faut revenir à parler de soi et à vous assurer que personne au monde ne prend un plus véritable intérêt que vous à moi. »

Encore une fois, on ne sort pas du cercle qui gravite autour d'elle. Elle traverse une des plus grandes périodes de l'Histoire de France sans tellement s'en soucier, non qu'elle soit aveugle ni égocentrique, mais en authentique philosophe, elle a évalué le juste poids des choses et surtout leur précarité.

Elle ne se fait pas d'illusions sur la durée de cette éternité que les amants se promettent à tout bout de champ et déplore qu'il n'en soit rien. « Je n'aime pas ce qui va vite d'abord et qui tombe de même », écrit-elle à Bonrepos.

Elle observe avec ironie les drames de la jalousie que vivent certains de ses amis. Il y a longtemps qu'elle s'est mise à l'abri de ce genre d'accident. Elle n'hésite pas à livrer en public son point de vue sur la question :

« Il ne faut jamais faire l'aveu tardif des fautes qu'on a commises. L'aveu tardif empoisonne l'existence la vie durant. Il faut dire la vérité au commencement ou bien la taire définitivement. »

« Et si l'on est pris sur le fait ? » questionne un de ses interlocuteurs, auquel elle adresse cette recommandation : « Même pris sur le fait ! La jalousie rend les hommes stupides et les femmes cruelles. Si vous êtes jaloux, faites comme si vous ne l'étiez pas et si vous ne l'êtes pas, feignez de l'être un peu. »

11

Plaignons les tourterelles de ne se baiser qu'au printemps !

Ninon de Lenclos

Parmi les nombreux visiteurs attirés rue des Tournelles, on compte plusieurs ecclésiastiques. Leur présence voudrait-elle dire que Ninon, avec l'âge, est en train de revenir à la religion ? Pas du tout, c'est même plutôt le contraire qui se produit. Ces jeunes abbés – car ils sont jeunes, évidemment, sinon ils ne seraient pas admis avec autant de chaleur dans le gynécée de Ninon –, sous son influence, se laissent gagner peu à peu par ses manières d'épicurienne. Être l'invité de Ninon est pour les uns et les autres comme un brevet de mondanité. Ainsi l'abbé du Plessis qui ne se rend jamais chez elle sans avoir préparé les propos qu'il lui tiendra, ce qui fait dire à l'un de leurs familiers : « Il entrera chez vous le papier à la main, comme à l'Académie française ! » Justement, l'Académie vient de refuser d'accueillir en son sein l'abbé de Chaulieu. C'est le roi lui-même qui s'est opposé à l'élection de ce prêtre sous le prétexte… qu'il manque de religion. Aussitôt Chaulieu vient faire part de sa déception à Ninon qui le reçoit à bras ouverts. À partir de ce jour, il devient un des habitués de la rue des Tournelles, mais ce n'est pas seulement la verve de Ninon qui l'attire, c'est aussi sa table ! Pour témoigner sa gratitude

« gastronomique » à son hôtesse, c'est en vers qu'il célébrera l'accueil qu'il trouve auprès d'elle :

« À des maximes de sagesse
On mêle de joyeux propos
Et l'on jette sur quelques mots
Ce sel que produisait la Grèce
Qui nous fait la terreur des sots. »

Autre visiteur de Ninon, l'abbé de Marcillac. Celui-ci doit sa faveur à son père qui n'est autre que François de La Rochefoucauld. Marcillac se plaît à évoquer à tout bout de champ l'auteur de ses jours dont il récite volontiers les *Maximes*. Il y met une telle conviction qu'il fait la conquête de toutes les oreilles féminines qui l'écoutent : Ninon, et d'autres encore, la marquise de Sévigné et Madame de La Fayette notamment.

À ces prêtres catholiques qui entourent Mademoiselle de Lenclos, va bientôt s'ajouter un pasteur protestant, qui va se présenter chez Ninon sur la recommandation de Saint-Évremond. Il se nomme Turretini, il vient de Genève et, comme tous ses coreligionnaires, il est en butte à la persécution du pouvoir. Courageuse comme toujours, et insouciante des risques qu'elle prend, Ninon lui offre le refuge de sa demeure. Ajoutons que le garçon a vingt-deux ans et que sa jeunesse lui a en quelque sorte servi de « passeport », comme il ressort de ce qu'elle en écrit à Saint-Évremond : « J'étais dans une chambre toute seule et très lasse de lecture, lorsqu'on me dit : "Voilà un homme de la part de Monsieur de

Saint-Évremond." Jugez si tout mon ennui ne s'est pas dissipé dans le moment. »

De son côté, le pasteur est vivement impressionné par sa nouvelle connaissance, ainsi qu'il en rend compte à son père, demeuré à Genève : « C'est une nommée Mademoiselle de Lenclos. Elle a infiniment d'esprit et il se rend chez elle tous les jours quantité de gens distingués. J'y ai vu entre autres l'agréable Monsieur de Fontenelle... »

Le jeune Turretini n'a pas dû se borner à des échanges de politesse avec Ninon. Malgré leur différence d'âge, il est vraisemblable qu'il a rejoint lui aussi la glorieuse phalange des « chéris de la dame »...

Cette lettre de Saint-Évremond à Ninon est assez éloquente pour nous en convaincre : « Monsieur de Turretini m'a une grande obligation de lui avoir donné votre connaissance... Je ne doute point qu'il vous ait trouvée avec les mêmes yeux que je vous ai vue. Ces yeux par qui je connaissais toujours la nouvelle conquête d'un amant quand ils brillaient un peu plus que de coutume. »

Les yeux de Ninon ne brillent pas seulement pour le Genevois. L'abbé de Châteauneuf – oui, un autre abbé, décidément Mademoiselle de Lenclos les collectionne – est admis à faire valoir ses désirs. Lui aussi, on n'en sera pas surpris, est très jeune, tellement jeune que Ninon a hésité à céder à cette nouvelle pulsion. Il a fallu que le garçon, avec la fougue de son âge, se montre particulièrement entreprenant pour que tombe une « forteresse »... qui ne demandait qu'à tomber. Saint-Évremond ayant plaidé la cause de Châteauneuf, Ninon s'empresse de le mettre au courant : « S'il veut profiter de ce qui nous reste d'honnêtes abbés en dehors de la Cour, il sera traité comme un homme que vous estimez. S'il est amoureux de mérite que l'on appelle ici distingué, peut-être que votre souhait sera accompli car tous les jours on me veut consoler par ce beau mot. »

Ce qui amène Ninon à résister parfois aux prières de ses postulants, c'est qu'elle ne veut pas compromettre cette réputation d'honnête femme qu'elle a mis si longtemps à imposer. Mais sa résistance ne se prolonge jamais plus de quelques semaines, parfois même de quelques jours, car son « appétit » est demeuré intact. Ce qui explique la liste des abbés qui s'enrichit constamment.

C'est ainsi qu'à l'approche de ses quatre-vingts ans elle va connaître une aventure peu banale pour une octogénaire et va célébrer cet anniversaire de manière tout à fait insolite. L'auteur de cet « exploit » est encore un abbé… et encore un jouvenceau. Dans la troupe des amoureux de Ninon du moment, il est même sûrement le plus « frais » puisqu'il a tout juste vingt ans. L'abbé Gédoyn – c'est son nom – l'a rencontrée lors d'une de ces soirées dont elle raffole. Rencontre historique pour ce jeune homme qui, à partir de ce jour, ne cesse de lui adresser des billets brûlants où il exhale sa soudaine passion.

Ninon commence par en rire, croyant à un simple caprice, mais le jeune homme s'obstine et devient de plus en plus pressant. Pour s'en débarrasser – car elle le trouve quand même trop jeune – Ninon a une idée originale.

Comme, une fois de plus, il lui a clamé son désir, Ninon feint de s'y rendre : « Vous voulez vraiment que je vous appartienne ? » lui demande-t-elle. Le jeune homme proteste de la violence de ses sentiments. Alors Ninon lui annonce : « Vous me désirez ? Eh bien, je vais vous satisfaire. Venez chez moi mercredi prochain au début de l'après-midi. »

Mercredi, c'est dans cinq jours ! Impossible d'attendre si longtemps pour Gédoyn, tant est grande son impatience. Mais Ninon est inflexible et le garçon est bien obligé de s'incliner. Enfin, le jour tant espéré arrive. Dès quatorze heures, l'abbé frappe à la porte de la rue des Tournelles. Il a hâte de goûter au bonheur, mais là encore il se heurte au refus de la courtisane. L'opération devra se dérouler à quinze heures précises, ni avant ni après. L'abbé est déconcerté mais il ne peut rien faire pour accélérer le mouvement.

Enfin, dix minutes avant l'heure dite, Ninon prend l'abbé par la main et le conduit dans sa chambre où le fameux grand lit semble prêt à accueillir ses visiteurs. Auprès du lit, l'abbé remarque une grosse horloge qui, elle aussi, semble attendre. Et voici que soudain, l'horloge égrène trois coups. Ninon se dresse et lance à son interlocuteur : « À présent nous pouvons y aller… Vous avez entendu l'horloge ? »

Le jeune homme ne comprend pas à quoi Ninon veut en venir. Il l'interroge du regard. Alors toute souriante elle lui déclare : « Trois heures… Vous avez vingt ans, moi je viens d'atteindre mes quatre-vingts ans et je tenais à les fêter de la manière la plus agréable possible. » Naturellement, l'abbé Gedoyn ne va pas attendre davantage pour toucher... sa récompense. Le grand lit lui aussi n'attendait que cela !

Sans doute cet exploit fut-il le dernier que devait accomplir Ninon. Ainsi, un jeune abbé inconnu portait-il sa conclusion à une vie amoureuse que, soixante ans plus tôt, un célèbre cardinal avait inaugurée.

Plus tard, commentant l'aventure, Voltaire qui, encore enfant, avait connu Ninon, n'en revenait toujours pas. Et la raison de son étonnement tient au physique de la courtisane à l'époque, qu'il décrit de manière bien peu indulgente : « Elle était devenue une décrépite ridée qui n'avait sur les os qu'une peau jaune tirant sur le noir. Elle était sèche comme une momie... »

Pour en terminer avec la série des abbés figurant parmi ses admirateurs, citons encore l'abbé Fraguier qui, peu après la disparition de Ninon, pondit à sa gloire cette épitaphe dithyrambique : « Si elle eût passé sa vie dans les premiers emplois de l'État, elle n'aurait pas eu une vieillesse plus honorable ni plus respectée que celle qui suivait une vie pleine de galanterie et d'amour. Tout ce qu'elle pensait était bien pensé, tout ce qu'elle disait était bien dit. Et tout ce qu'elle faisait était bien fait. »

Si elle-même n'a pas occupé au sein de l'État la situation élevée que Fraguier aurait voulu lui voir tenir, du moins de hauts personnages du royaume reconnaissaient ses mérites et ne dédaignaient plus de s'aventurer rue des Tournelles. Ce fut le cas du duc Philippe de Chartres, le neveu du roi, que les pesanteurs de la Cour n'amusaient guère et qui désertait souvent les solennités de Versailles pour venir échanger avec Ninon des considérations sur la philosophie et la littérature. Là se bornent les raisons de ses assiduités auprès de cette alerte octogénaire. Sa mère, la princesse Palatine, qui naguère jugeait la courtisane avec un certain mépris, a complètement changé d'opinion à son sujet et se réjouit à présent des fréquents contacts de son fils avec elle :

« Depuis que Mademoiselle de Lenclos est vieille, écrit-elle, elle mène une vie fort honnête. Mon fils est de ses amis. Je souhaiterais qu'il allât la voir plus souvent, de préférence avec ses bons amis. Elle lui inspirerait de meilleurs sentiments, et de plus nobles que ceux-ci le font. Elle s'y entend, paraît-il, car ceux qui sont de ses amis la vantent et ont coutume de dire : "Il n'y a point de plus honnête homme que Mademoiselle de Lenclos." On prétend qu'elle est fort modeste en ses manières et ses discours, ce que mon fils n'est pas le moins du monde. Elle dit, à ce qu'on prétend, qu'elle ne se serait jamais corrigée si elle n'avait pas trouvé en elle-même la chose ridicule. »

Ninon en odeur de sainteté dans la famille royale ? Qui l'eût cru ? Que de chemin parcouru !

Un autre commensal de Ninon mérite d'être cité : l'abbé Dubois, homme de confiance du duc d'Orléans, qui sera nommé cardinal et deviendra le principal ministre du Régent. Pour elle, il accepte de jouer le rôle de « facteur » en apportant à Londres les lettres qu'elle écrit à Saint-Évremond et en lui rapportant ses réponses.

Dubois n'a pas caché au duc d'Orléans les raisons de certains de ses voyages à Londres. Loin de l'en réprimander, le futur Régent y trouve au contraire quelque intérêt. Il lui arrive même, à propos d'un problème qu'il doit régler, de dire à son secrétaire : « Demandez donc à votre amie, Mademoiselle de Lenclos, ce qu'elle en pense… »

On peut le constater, la courtisane repentie a si bien réussi sa reconversion qu'on rend publiquement hommage à sa sagesse. Lors des réceptions qu'elle donne chez elle, elle veille avec soin à ce que les conversations ne glissent jamais sur un terrain scabreux ; les sujets politiques notamment sont évités. Louis XIV a des espions partout et il se méfie des esprits trop libres. La rue des Tournelles est donc sous surveillance en raison des nombreux visiteurs de tous bords qu'elle accueille, car Mademoiselle de Lenclos est toujours aussi entourée que l'était la jeune Ninon. Saint-Simon constate la pérennité de ce phénomène et s'en réjouit :

« Quand les charmes cessèrent de lui attirer du monde, quand la bienséance et la mode lui défendirent de ne plus mêler le corps avec l'esprit… chez elle il n'y eut jamais ni jeux, ni ris élevés, ni disputes, ni propos de religion ou de gouvernement ; beaucoup d'esprit et fort orné, des nouvelles anciennes et modernes, des nouvelles de galanteries, et toutefois sans ouvrir la porte à la médisance. »

De son côté, Françoise de Maintenon approuve le virage que Ninon a pris. Ainsi se rassure-t-elle en pensant que son amie a oublié certaines « images » de leur passé commun et peut-elle continuer de la voir sans perturber le climat d'austérité qu'elle fait régner sur la Cour.

La réserve qu'observe Ninon, pas plus que les années qui ont passé n'ont cependant diminué la curiosité qu'elle a toujours soulevée ni altéré sa popularité au point qu'on lui dédie toujours des chansons, dont celle-ci qui fut écrite à l'occasion de Noël 1696 et qui passe en revue ses adorateurs de jadis :

« Dans la rue des Tournelles
La troupe s'assembla
En contant des nouvelles
De la crèche on parla.
Aussitôt la Ninon,
De l'avis de Gourville,
Écrivit au poupon, don, don,
Qu'il fallait qu'il vînt là, la, la,
Et qu'on aurait Tréville.
Sans faire révérence,
Sans ôter son bonnet,
Corbinelli s'avance
Chargé de ce billet
En criant au poupon :
N'amène pas ta mère,
Jamais chez la Ninon, don, don,
De vierge il n'y entra, la, la,
Que celle de Cythère. »

Rue des Tournelles, si l'on s'abstient donc de commenter l'actualité, on ne s'en divertit pas moins en écoutant parler la maîtresse des lieux. Quand il s'agit des relations des hommes et des femmes, elle est intarissable et elle n'hésite pas à prendre parti :

« Que les femmes sont donc malheureuses ! Leur propre sexe est leur ennemi le plus cruel. Un mari les tyrannise, un amant les méprise et souvent les déshonore. Observées de toutes parts, contrariées sans cesse, toujours dans la crainte et dans la gêne, sans appui, sans secours, elles ont mille admirateurs et n'ont pas un ami véritable… Faut-il s'étonner qu'elles aient de l'humeur, de la dissimulation, des caprices ? C'est pourquoi une femme sensée ne doit jamais prendre de mari sans le consentement de sa raison et d'amant sans l'aveu de son cœur… Nous sommes assez dupes pour nous faire de l'amour une affaire capitale. Vous autres, hommes, vous en faites un jeu. »

Ces hommes, qui l'ont souvent aimée et dont elle a goûté à cinq mille d'entre eux, elle les juge avec une lucidité pas toujours complaisante. Peut-être est-ce sa propre expérience qui lui dicte son opinion quand elle déclare : « J'ai remarqué que les hommes d'esprit avaient moins de résistance dans l'alcôve que les imbéciles. »

Citons aussi cette réflexion qui est le fruit d'une longue pratique : « L'homme qui feint d'être amoureux est quelquefois plus séduisant que celui qui l'est en effet. »

Et s'adressant à la gent masculine dans son ensemble, elle lui délivre de précieux conseils : « Abandonnez aux Céladons les propos sublimes, les beaux sentiments ; laissez-leur filer le parfait amour. Je vous le dis de la part des femmes : il n'y en a guère parmi nous qui n'aiment mieux être un peu brusquées que trop ménagées. Les hommes manquent plus de cœurs par leurs maladresses que la vertu n'en sauve... » Et aussi : « Parlez-lui sans cesse d'elle-même et rarement de vous. Et soyez persuadé qu'elle est cent fois plus enchantée des charmes de sa figure que de tout l'étalage de vos sentiments. Cependant, si quelque jour elle se rend à vos empressements, souvenez-vous en recevant son cœur qu'elle dépose entre vos mains le bonheur de sa vie, qu'elle vous confie son repos et sa gloire et qu'elle vous rend l'arbitre suprême de sa destinée. »

12

Jamais les hommes ne deviennent plus tendres que lorsqu'on leur a pardonné une infidélité de passage.

Ninon de Lenclos

Les années passent et le temps poursuit le cours implacable de ses mauvaises actions. Autour de Ninon, le cercle des intimes s'éclaircit lentement mais sûrement. Ses anciens admirateurs s'éteignent les uns après les autres et ses amies de jeunesse aussi. Miossens – ou, si l'on préfère, le maréchal d'Albret –, l'obstiné coureur de jupons, s'en va le premier, bientôt suivi par d'Elbène. Ce dernier laisse derrière lui une armée de débiteurs et une montagne de dettes qu'il a accumulées durant toute sa vie, jusqu'à des hauteurs vertigineuses. Puis, c'est au tour de Valliquierville de tirer sa révérence. Sa disparition cause un véritable chagrin à Ninon ; elle se remémore la complicité qui les unissait jadis, quand elle trouvait chez lui une hospitalité discrète qui mettait à l'abri des regards sa liaison avec Villarceaux.

Ce dernier, qui fut sans doute le seul véritable amour de Ninon, rejoint lui aussi le royaume des ombres. Depuis quelques années, les relations entre Ninon et lui s'étaient distendues, mais ils entretenaient quand même des rapports réguliers à cause de leur fils, un fils sur lequel l'un et l'autre continuaient de veiller tendrement et qui poursuivait une belle carrière militaire.

Ninon, quand elle apprit la mort de Villarceaux, ne laissa paraître aucune émotion visible, mais elle la ressentit profondément si l'on s'en rapporte à la confidence qu'elle en fit à la marquise de Sévigné :

« Monsieur de Villarceaux n'est plus ; à vous, ma chère amie, pour laquelle je n'ai jamais eu de secret, je peux confesser combien cette disparition m'affecte. Il était le sourire de ma jeunesse, le coin de pureté où se réfugiait une existence qui n'avait pas été toujours irréprochable, loin s'en est fallu. Il était aussi celui grâce auquel j'ai pu réaliser ma seule bonne action : la mise au monde de mon fils... Je ne sais combien de temps il me reste à accomplir mon destin terrestre, mais je sais que jusqu'au dernier jour je pleurerai son départ... »

Si la pudeur de Ninon lui interdit d'exhaler bruyamment sa peine, en revanche il est un autre deuil qui lui arrache des cris de douleur : la mort de Charleval, cet amoureux aussi fidèle qu'obstiné, dont elle n'avait jamais voulu couronner la flamme. À Saint-Évremond, elle avoue le choc qu'elle a reçu : « Monsieur de Charleval vient de mourir. J'en suis si affligée ! Je le voyais tous les jours ; son esprit avait tous les charmes de la jeunesse et son cœur toute la bonté et la tendresse désirable dans les véritables amis. Nous parlions souvent de vous et de tous les originaux de notre temps. Sa vie et celle que je mène présentement avaient beaucoup de rapport. Enfin c'est plus que de mourir soi-même qu'une pareille perte. »

Saint-Évremond lui-même, quoique toujours en vie, manquait cruellement à Ninon. Il s'obstinait à demeurer en Angleterre alors que depuis longtemps les raisons qui l'avaient poussé à l'exil avaient disparu, mais à quatre-vingt-trois ans, le vieil ami de Ninon ne se sentait plus la force ni le courage d'entreprendre le voyage, même pour revoir la femme qui avait le plus compté dans sa vie. Ninon le déplorait : « Je vous assure que je vous aime toujours, plus tendrement que ne le permet la philosophie. À cette heure que nos rois sont amis, ne devriez-vous pas faire un tour ici ? Ce serait pour moi le plus grand succès de la paix. »

Il est vrai qu'après tant d'années de conflit, la paix régnait de nouveau aux frontières de la France. Les traités de Ryswick avaient, provisoirement, mis un terme aux hostilités. Malgré ce climat apaisé,

Saint-Évremond ne change pas d'avis. Sa correspondance avec Ninon s'en trouve d'autant plus nourrie ; on peut, à travers les lettres qu'ils échangent, y voir le reflet fidèle du climat qui régit toujours leurs relations : « Vous vivez, lui écrit Saint-Évremond, dans un pays où l'on a de merveilleux avantages pour se sauver. Le vice n'y est guère moins opposé à la mode qu'à la vertu. Pécher, c'est ne savoir pas vivre et choquer la bienséance autant que la religion. Il ne fallait autrefois qu'être méchant ; il faut être de plus malhonnête homme pour se damner en France présentement. »

Point de vue réaliste que Ninon partage : il y a longtemps qu'elle n'a plus d'illusions sur le genre humain. Cet état d'esprit, loin de l'attrister, la ravit au contraire dans la mesure où il lui permet de ne pas avoir à prendre parti et de s'amuser du spectacle que lui donnent les autres.

Ces disparitions, qui se multiplient autour d'elle, n'affectent pas sa philosophie, pas plus qu'elles ne l'alarment quant à son propre sort. Elle est lucide et entrevoit sa mort prochaine sans que cette perspective ne l'inquiète. S'est-elle pour autant rapprochée de la religion ? Certainement pas. Pour rien au monde elle ne voudrait ressembler à ces vieilles dévotes, anxieuses d'entretenir de bonnes relations avec le Ciel avant qu'il ne soit trop tard. Elle n'entend rien changer dans son mode de vie. Ayant dû renoncer aux plaisirs de la chair, elle cultive plus que jamais ceux de l'esprit. Rue des Tournelles, ses visiteurs, pour la plupart, sont jeunes et sèment la gaieté autour d'elle, mais elle ne porte pas sur eux le même regard avec lequel elle les considérait quelques années auparavant. Saint-Évremond, qui la voit toujours avec les mêmes yeux, va se trouver remis vertement à sa place. Il lui annonce la visite d'un jeune seigneur anglais, en des termes évocateurs : « Je crois que vous ne serez pas fâchée d'un jeune cavalier qui sait plaire à toutes nos dames. »

Ninon prend très mal l'allusion complice de son ami et le lui fait savoir : « À quoi songez-vous de croire que la vue d'un jeune homme soit un plaisir pour moi ? Vos sens vous trompent sur ceux des autres. J'ai tout oublié hors mes amis. »

On ne saurait tirer trait plus vigoureux sur le passé… Dans sa réponse, Saint-Évremond semble le déplorer : « Étant jeune, je n'admirais que l'esprit, moins attaché aux intérêts du corps que je devais l'être. Aujourd'hui, je répare autant qu'il est possible le tort que j'ai eu, ou par l'usage que j'en fais ou par l'estime et l'amitié que j'ai pour lui. Vous en avez usé autrement. Le corps vous a été quelque chose dans votre jeunesse ; présentement vous n'êtes occupée que de ce qui regarde l'esprit. Je ne sais si vous avez raison de l'estimer tant. »

Si Ninon a été choquée à l'idée qu'à son âge Saint-Évremond lui suggère d'enrichir encore son « cheptel » masculin, en revanche elle réserve le meilleur accueil à une jeune Anglaise qu'il lui adresse. Lady Sandwich a quelque cinquante ans de moins qu'elle mais, en dépit de cette énorme différence d'âge, les deux femmes éprouvent aussitôt l'une pour l'autre une vive sympathie. Élisabeth de Sandwich, alliée à l'une des plus grandes familles d'Angleterre, verra son nom passer à la postérité non grâce à ses mérites, mais à ceux de l'un de ses descendants, fort amateur de cuisine, qui inventa la manière de confectionner un repas rapide rien qu'avec deux tranches de pain et une de viande. En donnant son nom à cette innovation, il s'assura ainsi l'éternité.

Ravie de cette nouvelle amitié, Ninon en fait aussitôt la confidence à Saint-Évremond : « Madame de Sandwich m'a donné mille plaisirs par le bonheur que j'ai eu de lui plaire... Je ne me croyais pas, sur mon déclin, pouvoir être propre à une femme de son âge ; elle conservera la force de l'esprit en perdant la jeunesse. »

De son côté, Élisabeth de Sandwich devait demeurer fidèle au souvenir de Ninon. Soixante ans plus tard, devenue une très vieille dame, l'Anglaise conservait dans son salon le portrait de la dame.

Et puisque l'arrivée de Madame Sandwich dans la vie de Ninon nous amène à « parler cuisine », n'omettons pas de nous souvenir que la bonne chère fut le dernier plaisir auquel s'abandonna l'ancienne courtisane. À Saint-Évremond qui, lui aussi, faisait encore à son âge de plantureux repas, elle écrivait : « Monsieur l'abbé Dubois m'a dit autant de bien de votre estomac que de votre esprit. Il vient du temps où l'on fait plus de cas de l'estomac que de l'esprit. Et j'avoue à ma honte que je vous trouve plus heureux de jouir de l'un que de l'autre. J'ai toujours cru que votre esprit durerait autant que vous ; on n'est pas si sûr de la santé du corps sans laquelle il ne reste que de tristes réflexions... Tout le monde me dit que j'ai moins à me plaindre du temps qu'un autre ; on tient à un vilain corps comme à un corps agréable. On aime à sentir l'aise et le repos. L'appétit est quelque chose dont je jouis encore. Plût à Dieu de pouvoir éprouver mon estomac avec le vôtre ! »

N'est-ce point là le langage d'une épicurienne accomplie pour qui il se présente toujours un plaisir nouveau afin de remplacer celui auquel on ne peut plus goûter ? Sans doute y a-t-il d'autres plaisirs que ceux dont Ninon a si largement usé, les plaisirs de l'âme notamment. Autour d'elle, les pécheresses les plus acharnées, les libertines les plus licencieuses se livrent à une course effrénée à la conversion. C'est à qui se réconciliera le plus vite avec le bon Dieu.

Ninon, pour sa part, n'entre pas dans cette compétition. Elle ne se sent pas plus dévote au crépuscule de sa vie qu'elle ne l'était à l'orée. Si elle prend officiellement un confesseur, l'abbé Brunet, si elle achète une place dans l'église Saint-Paul, c'est davantage pour préserver sa réputation posthume auprès de ses contemporains que pour assurer le repos de son âme au ciel. D'ailleurs elle ne craint pas la mort et l'attend de pied ferme... ce qui ne l'empêche pas de croire plus que jamais en la vie. Elle a fait sienne cette opinion que Saint-Évremond a émise devant elle : « Rien ne vaut l'existence. Je regarde une chose plus essentielle : c'est la vie dont huit jours valent mieux que huit siècles après la mort. »

Toujours au même, elle livre le fond de sa pensée d'une telle façon que celle-ci prend la forme d'un testament spirituel. Elle n'y dissimule pas une certaine lassitude : « Je suis lasse quelquefois de faire toujours la même chose, et je loue le Suisse qui se jeta dans la rivière, par cette raison. Mes amis me reprennent souvent sur cela, et m'assurent que la vie est bonne, tant que l'on est tranquille, et que l'esprit est sain. La force du corps donne d'autres pensées. L'on préférerait sa force à celle de l'esprit : mais tout est inutile, quand on ne saurait rien changer ; il vaut autant s'éloigner des réflexions, que d'en faire qui ne servent à rien. »

Mais de cette mélancolie apparente, il ne faudrait pas déduire que Ninon a perdu cet entrain qui lui a valu tant de succès auprès de ses amis. Elle se mêle toujours avec autant de plaisir à la vie mondaine et elle reçoit toujours de nombreuses visites. Ainsi lui amène-t-on un jour un petit personnage de huit ans dont tout le monde loue la précocité et l'intelligence. C'est sa mère, la femme de son notaire, Madame Arouet, qui l'a conduit chez elle, toute fière de lui montrer sa progéniture. Tout de suite, Ninon a été impressionnée par la personnalité du garçon. Pourtant il a un physique ingrat et un caractère peu amène, mais Ninon a vite pressenti le destin auquel il est promis. Ninon s'attache très vite à cet enfant à l'intelligence précoce. Elle convainc ses parents de le laisser poursuivre ses études le plus longtemps possible et, pour les décider, leur annonce que c'est elle qui paiera de ses deniers les frais de ses études. C'est ainsi que le tout jeune Voltaire entrera dans la vie de Mademoiselle de Lenclos, ce qui ne l'empêchera pas plus tard d'écrire à son propos... tant de choses inexactes ! Avoir inspiré des mensonges à

Voltaire, c'est là un privilège que beaucoup envieraient à Ninon.

Elle demeure donc au premier rang de l'actualité. En veut-on un exemple ? Alors qu'elle vient d'atteindre ses quatre-vingts ans, une rumeur court dans Paris qui plonge la ville dans la consternation : « Mademoiselle de Lenclos est au plus mal… » En réalité, il ne s'agit que d'un simple rhume de cerveau, mais cela suffit pour que les visiteurs assiègent la rue des Tournelles afin d'obtenir de ses nouvelles. Quand survient sa guérison, c'est un soupir de soulagement unanime qui l'accueille. Le secrétaire perpétuel de l'Académie française, Régnier-Desmarais, célèbre l'événement dans une pièce en vers… en forme d'épitaphe :

« Ci-gît la femme qui voulut
Être un honnête homme et le fut,
Voilà votre épitaphe faite
Et, par avance, Dieu merci,
Puissiez-vous comme je le souhaite
La lire dans cent ans d'ici ! »

Cette célébrité, qui poursuit Ninon jusque dans son grand âge, trouve en Saint-Évremond un commentateur zélé, comme on peut s'en douter : « Vous êtes de tous les pays : aussi estimée à Londres qu'à Paris. Vous êtes de tous les temps ; et quand je vous allègue, pour faire honneur au mien, les jeunes gens vous nomment aussitôt, pour donner l'avantage au leur. Vous voilà maîtresse du présent et du passé ; puissiez-vous avoir des droits considérables sur l'avenir ! Je n'ai pas en vue la réputation : elle vous est assurée dans tous les temps. »

Saint-Évremond devait s'avérer bon prophète. Non seulement, après la mort de Ninon, le XVIIIe siècle allait continuer de célébrer sa liberté de mœurs comme d'esprit, mais de nos jours encore, son nom demeure synonyme de plaisir et de grâce. Bel exploit posthume, pour une femme qui fit de son corps le plus glorieux des champs de bataille !

La mort qui s'approchait d'elle à grands pas ne l'effrayait pas plus qu'elle ne la tentait. Elle n'avait besoin de l'aide de personne pour franchir le pas, pas même de la religion.

L'abbé de Châteauneuf, qui l'avait beaucoup fréquentée durant les dernières années de sa vie, devait analyser avec lucidité le personnage d'exception qu'elle fut : « Elle s'est gardée, écrivait-il, de l'erreur insensée de ceux qui, sous le nom de belle passion, voudraient presque ériger l'amour en vertu ; l'amour qu'elle n'a jamais pris que pour ce qu'il est, pour un goût fondé sur les sens, pour un sentiment aveugle qui ne suppose aucun mérite dans l'objet qui le fait naître ni ne l'engage à aucune reconnaissance, en un mot pour un caprice dont la durée ne dépend point de nous… Ninon suivait le bon plaisir de son corps sous la surveillance de son esprit. »

Le 17 octobre 1705, Ninon s'éteignait sans presque s'en rendre compte. Par testament, elle avait exigé que ses obsèques fussent discrètes, mais la postérité en a décidé tout autrement. Châteauneuf, encore lui, devait lui rendre un bien bel ultime hommage :

« Il n'est rien que la mort ne dompte.
Ninon qui près d'un siècle a servi les amours
Vient de finir enfin ses jours.
Elle fut de son sexe et l'honneur et la honte,
Inconstante dans ses désirs,
Délicate dans ses plaisirs,
Pour ses amis fidèle et sage,
Pour ses amants tendre et volage,
Elle fit régner dans son cœur
Et la galanterie et l'austère pudeur
Et montra ce que peut le triomphant mélange
Des charmes de Vénus et de l'esprit d'un ange. »

QUELQUES SOURCES

François Bluche, *Le Dictionnaire du Grand Siècle*, Fayard, 1990.

Françoise Chandernagor, *L'Allée du roi*, Julliard, 1981, nouvelle édition, Gallimard, 2006.

Émile Colombey, *Correspondance authentique de Ninon de Lenclos comprenant un grand nombre de lettres inédites* et suivie de *La Coquette Vengée*, Slatkine, 1968.

Condorcet, *Vie de Voltaire* (préface d'Élisabeth Badinter), Quai Voltaire, 1994.

Martial Debriffe, *Ninon de Lenclos, la belle insoumise*, France Empire, 2002.

Douxmesnil, *Mémoires et lettres pour servir à l'histoire de la vie de Mademoiselle de Lenclos*, s.n., 1751.

Roger Duchêne, *Ninon de Lenclos. La courtisane du Grand Siècle*, Fayard, 1984.

Claude Dulong, *Anne d'Autriche*, Perrin, 2008.

Philippe Erlanger, *Richelieu* (3 tomes), Perrin, 1967-1970, et collection « Tempus », 2006.

—, *Ninon de Lenclos et ses amis*, Perrin, 1986.

Paul Guth, *Moi, Ninon de Lenclos*, Albin Michel, 1991.

Françoise Hamel, *Notre dame des amours*, Grasset, 1998.

Ninon de Lenclos et Saint-Évremond, *Lettres sur la vieillesse*, Éditions Ombres, 2001.

Émile Magne, *Ninon de Lenclos*, Librairie Nizet, 1938 (1re édition 1913).

Henri Malo, *Le Grand Condé*, Tallandier, 1980.

Georges Mongrédien, *La Vie quotidienne sous Louis XIV*, Hachette, 1955.

Jean-Christian Petitfils, *Louis XIV*, Perrin, 2005.

Saint-Évremond, *Lettres*, René Fernois, 1967.

—, *Œuvres en prose*, René Fernois, 1969.

Madame de Sévigné, *Lettres*, Garnier-Flammarion, 1976.

Gédéon Tallemant des Réaux, *Historiettes. Mémoires pour servir à l'histoire du XVIIe siècle*, Alphonse Lavavasseur libraire, 1834.

Voltaire, *Le Siècle de Louis XIV*, Le Livre de poche, 2005 (1re édition 1751).

Archives nationales
Bibliothèque nationale
Bibliothèque de la ville de Paris
Archives familiales

Composition et mise en pages réalisées
par IND - 39100 Brevans

Achevé d'imprimer
en mai 2012
par Rotocayfo
pour le compte de France Loisirs, Paris

Numéro d'éditeur : 68437
Dépôt légal : mars 2012
Imprimé en Espagne